王権と都市

今谷 明 編

思文閣出版

はしがき

本書は、国際日本文化研究センターに於る共同研究、「王権と都市に関する比較史的研究」の成果報告書である。共同研究の目的・経過等については、本書巻末に付した「あとがき」および「共同研究の記録」を参照されたい。

ここでは、本書の構成について若干、解説しておく。

収載論文は、筆者（研究代表者、今谷）を含む十人の研究者から十一篇の玉稿を得ることが出来た。研究者の年齢上も、若手、中堅、大家のいわゆる老・壮・青の各世代に亘ってほぼバランスがとれている上、論文の対象地域（フィールド）に於ても、三篇が日本（古代〜近世）、三篇が中国・インド・中東、三篇が西欧、別に一篇が近代日中都市の比較とこれ又バランスがとれている。このように各地域まんべんなく王権または都市論を配置することが出来たのも、若手を中心とする研究者各位の御努力と研究会に於る熱心な討議の賜物といえよう。この場をお借りして、篤く謝意を申し述べたい。

なお、「王権」とは何か、「都市」の概念如何という点については、研究者の間で微妙な相違があり、研究代表者としては強いて統一を要請したり、概念規定を設けたりはしなかった。王権・都市の語義については、各論文の用法に注意されたいが、なお拙稿「王権都市論の系譜」に於て若干解説を試みたので参照して頂ければ幸甚である。

王権と都市◆目次

王権と都市

王権都市論の系譜

今谷　明

はじめに

ここで「王権都市」と称するのは、筆者独特の言い方である。一体、本共同研究の全体テーマが「王権と都市に関する比較史的研究」なので、総論的、包括的論文も幾つかあった方が望ましい。筆者は到底その任ではないが、共同研究を組織した手前、菲才をも顧みず、敢えて〝王権と都市〟にまつわる多少総括的、提言的な小論を披露してみようと思う。

「王権」という言い方は、すでにいささか論じたことがあるが[1]、多義性のある用語である。西欧の絶対王政期に、国王による課税権をめぐって展開された〝王権神授説〟あるいは〝帝王神権説〟から由来する用語であると考えられるが、原語は divine rights of kings で、これに邦語の「王権」の概念が含まれるのか、必ずしも自明ではない。とりあえず本稿では、王制・帝制にともなう帝王・君主の排他的な権力ないし権威を包括する語として「王権」を用いるが、日本中世のように、権威と権力が分裂した国制の下ではこの限りでない。その時はそれぞれ然るべく限定を付して「王権」を使うつもりである。

なおまた、本論文集に於て、筆者以外の研究者がこの用語を使う場合、必ずしも筆者と同一の意味で「王権」を使用されるとは限らない。この場合も、各自限定を付して使用されるであろうことをここに付言しておく。

さて、「王権」はそれ位として、「王権都市」と筆者がいうのは、ギリシアの都市国家、ローマの共和制都市、帝政期のローマという如く、国制の推転に応じて都市がどう変貌するのか、という問題を扱った概念、と受取って頂いて結構である。(2) 本稿では、イブン＝ハルドゥーン、エドワード＝ギボン、ウィットフォーゲルという、王権と都市に関心を持ち続けた三人の歴史家を俎上にのせ、彼等が王権都市を如何に考えてきたかを些少ながら論じることとしたい。

一　イブン＝ハルドゥーンの王権都市論

アラブの歴史家、イブン＝ハルドゥーン（一三三二〜一四〇六）は北アフリカのハフス朝（一二二八〜一五三四）の首都チュニスに生れ、南スペインのグラナダ王国からエジプトのマムルーク朝まで、諸アラブ王朝に法官ないし宰相として歴仕し、その傍ら大著『世界史序説』（森本公誠氏訳『歴史序説(一)〜(四)』岩波文庫）を著した歴史家として知られる。最晩年には中東を席捲したチムールと対面し、チムールの下問に応じて王権論を談じたことも有名である。(3) 歴史家としては、我が国の北畠親房や洞院公賢と生涯が重なり、(4) ほぼ同時代人であるが、その史論の洞察の深さでは、比較にならない。

イブン＝ハルドゥーンは『歴史序説』の第一部で文明とその諸形態を論じ、その第三章では「王朝・王権、カリフ位、政府官職」と題して、王権をとりあげ、続いて四章にて「都会の文明、諸聚落と都市」と題して都市をテーマとし、さらに両者（王権と都市）の関係を論じている。まことに驚くべき洞察で、王権都市を共同研究テーマとする私共の立場からは、まず第一に尊重せねばならぬ古典的著作というべきであろう。

ハルドゥーンは、文明の前提として、「人間特有の社会関係と支配権の必然性」[5]を説くが、この支配権を行使する仲裁者・抑制者のもつ権能が「王権」mulk である。彼は第三章〔二一〕項に於て「王権の真義とその種類について」と題し、王権の発生事情を考察している。彼は「王権（政治的権力）は人間にとって必要不可欠」と措定し、その理由として「人間はお互いの権利侵害や確執といった動物的性質を持っている」故に敵意、騒動、流血が生じるので「人間は抑制する者が必要なのであり、その人物こそ統治者なのである。」と規定している。その過程で形成されるのが「王権」という事象である。[6] ここでは西欧近代の社会科学で大問題となった諸概念がすでに開示されており、一驚せざるを得ない。

ハルドゥーンはさらに、

　この王権というのは高貴な地位であって、あらゆる願望は王権を目指しており、王権をこそ守るべきものだとされるものである。[7]

と、王権の高貴さ、貴種性を強調しているが、一方で次項に、

〔二二〕苛酷な支配は王権にとって有害であり、往々にして王権の崩壊を導く

という命題を立て、主権者（王権）と人民の関係を論じている。いわく、

　人民の関心は主権者と人民とのあいだの関係にある。（中略）主権者としての意味を持つのは、人民を支配して彼らに関わる諸事万端を処理するときである。[8]

このように彼は王権の統治に筆を進め、圧制が結果的に防衛の衰退を引起し、王権の崩壊に至る過程を論ずる。

ハルドゥーンは「人民は、ときには支配者を殺そうとさえする」とも言及している。このような彼の冷厳な認識は、明らかにマリーン朝・ハフス朝・ナスル朝等、彼が歴仕した当時のマグリブ地方での政治参加の経験によるものであろう。

では次に、ハルドゥーンの都市論を見ていこう。彼は『歴史序説』第一部第四章に於て、

市・町・村・およびこれらに類するあらゆる都会文明の形態、そこに生ずる諸事情、ならびにその発展について

という項目を立て、人民の集住形式の到達点として都市を把えている。すなわちハルドゥーンによれば、都市生活とは、

田舎や砂漠の生活およびその表象ののちに発生するものである。

とし、都市が「人類共通の必要不可欠事」であるとはしていない。遊牧民や初期ゲルマン民族のように、都市を忌避し、都市と見れば破壊して回った民族も存在することを彼は充分に認識している。

ハルドゥーンの都市論の特色は、彼が都市を王権（または王朝）と密接不可分の存在と考えていたことである。彼は第四章の冒頭で、

〔一〕王朝があってこそ都市が存在する。都市は王権の副産物である。

という項目を立て、

人類が都市の建設に駆り立てられるのは、王権の意志によって強制される場合であり、（中略）都市の建設にとって、王朝・王権はなくてはならぬ存在である。

と、都市にとっての王権の不可欠性を指摘した。この考え方は、以下の第二、三項の表題にも通底している。

〔二〕王朝は都市への定住を促す
〔三〕大都市や高層記念物を建てうるのは、強力な王権のみである

このように、ハルドゥーンは都市を王権によって説明するのであるが、実はこの考え方は、彼の史観の要《かなめ》であって、『歴史序説』の最も枢要な規定であるらしい。訳者の森本氏は次のようにいう。

彼（ハルドゥーン）は人間社会を文明の進んだ都会 hadr とそうでない田舎としての砂漠 badw に分け、そこに住む人間は生活環境の違いから、後者のほうが前者よりもより強力な結束力をもつ社会集団を形成しやすく、そこに内在する連帯意識（アサビーヤ）が歴史を動かす動因となる。(9)

ともあれ、ハルドゥーンは都市と田舎の生活習慣の相違から、社会集団の連帯意識という彼独特の概念に到達し、この連帯意識こそが歴史を動かす、と規定する。ハルドゥーンは、都市の興亡、盛衰にも留意し、建設された都市がその後どう維持されるかを考察して王朝が都市と〝一蓮託生〟の関係になるとして、

平穏や休息、過重労働よりの解放を望み、田舎や砂漠では欠けていた文明生活を全うしようとするからであり、また一つは王権に対して攻撃しようとする敵愾心を燃やしている者から守らねばならないからである。(10)

と説く。このように都市の機能・メリットは大きいが、都市生活は一方で奢侈と堕落に傾くので、かつての民族の連帯意識を失い、やがて新たな連帯集団に攻撃され、征服される運命となる。

王権が何故、都市を重要視し、その領有を望むか。ハルドゥーンは、その原因の一つとして、都市の防衛機能を指摘する。彼は、都市を王権の「避難所」であるとして、

支配者たちの近隣にある都市は、彼らに対して攻撃したり、叛乱したり、憧れの王権を彼らの手から奪おうと熱心に望んでいる者にとって、しばしば避難所の役目をする。すなわち、そうした者はその都市を根城に

して支配者たちと戦うのである[11]。

と述べ、以下、都市の軍事的機能に説き進む。

都市を占領するのはきわめて困難なことで、都市は多数の軍隊に相当する価値を持っている。その都市にある城壁が防禦の役をして、多数の兵員も莫大な戦力も必要としない。（中略）このような堅固さは城壁によっても得られる。それで都市では多数の兵員を要しない。こうした城郭を持ち、それによって敵の攻撃を防ごうとする者は、逆にその都市を占領しようとする人々の力を殺ぎ粉砕することもできる[12]。

このように、ハルドゥーンは、都市の掌握が政権の維持、つまり統治の要であり、政権の争奪は都市の掌握いかんにかかっていることを述べる。

アラブの歴史家、イブン＝ハルドゥーンは、王権と都市の関連に注目し、都市・王権それぞれの本質を見究めた上で、彼独自の王権都市論を展開した。一四世紀にこのような学説が出てきたことは、驚くべきである。しかし、執筆当時の彼はイベリア半島南部から北アフリカ西部にかけての、いわゆるマグレブ圏での見聞を基としており、当時アラブ圏随一の大都市であったカイロさえ未だ体験も滞在もしていない[13]。このように、彼の見聞の範囲に〝マグレブ的限界〟があった上に、都市国家や共和制都市という発想が彼には欠如しており、彼の想定する都市はすべて王制下の都市であったから、「国制上における都市の形態」という視点がなかった。この点を補い、王権都市論を啓蒙的に展開したのが、一八世紀英国の歴史家、エドワード＝ギボンであった。

二　エドワード＝ギボンのローマ都市論

ギボン（一七三七～一七九四）は英国サリー州（ロンドン南方）に郷紳の子として生れた。旧教に改宗したためオックスフォード大学を放学され、スイスのローザンヌに於てラテン語、古典等を独学、二七才の時イタリアに旅行し、ローマのカピトリーノの廃墟にて霊感を得、一七七二年、国会議員の傍ら、大著『ローマ帝国衰亡史』を執筆し始めた（一七八七年完成）。啓蒙主義時代の歴史家として知られ、経済学者アダム＝スミス、哲学者ヒューム等とはほぼ同時代である。(14) 以下、彼の都市論の引用はすべて『ローマ帝国衰亡史』（完名引用の煩を避け、以下『衰亡史』と略）に限られる。

ギボンは、『衰亡史』執筆以前から、都市の興亡といった事象に興味を抱いていた。既述のカピトリーノの霊感の場面を記した『自叙伝』の条《くだ》りに、

ローマ衰亡のことを書物に著さうといふ考へが初めて私の念頭に浮んだのは（中略）折から裸足の修道士たちがユーピテルの神殿内で晩禱を誦んでゐる声を耳にしつゝ、カピトールの遺跡の真中に坐つて冥想してゐた時の事であつた。しかしながら、最初の計画は帝国より寧ろ市の衰頽のみに限られてゐて、私の読書思索はぼつ〳〵その目的で始められたが(15)（下略）

とある如く、彼は帝国よりも都市ローマの衰退を叙さんと考えていた。また彼はイタリア旅行中、ローマの前にフィレンツェにも四ヶ月滞在して調査と見学に従事し、(16) 一時は『フィレンツェ革命史』の著述を考えていたこと(17)からも、彼の都市史への関心が伺える。

一方で彼は、如何にも英国郷紳の出身らしく、代議政体の意義や、民主制・共和制・帝制といった国制の問題をつねに意識していた。この点が、スルタンの王制以外は視野になかったハルドゥーンと立場を異にしている。このようなギボンの政治的立場について、ロイ＝ポーター氏は、「繰り返し明言している混合政体への愛着(18)」と記し、混合政体の支持者と位置付けている。ポーター氏のいう「混合政体」とは、貴族・平民間の均衡のとれた共

和政治を意味するらしいが、ことはそう簡単でない。ギボンは『衰亡史』第一巻の出版後、パリに於てマーブリ僧院長との論争に捲き込まれたが、この論争の様子を報じた未知の評論家による『歴史記述法補遺』には両者の立場を次のように記している。

僧院長は（中略）ティトス・リーウィウスを礼賛する習慣やなどからただ共和制度のみを讃める人だから、共和国の優秀を自慢し始めた。（中略）然るに、経験によって民主政治の不都合な点を心得ていたギボン氏は、決して彼の意見に賛成せず堂々と君主政治弁護を試みた。[19]

これによれば、ギボンは君主制（王制）擁護派であるように受取られ、このことは彼が『衰亡史』に於て「五賢帝時代を人類史上最善の時代と評価した[20]」ことと符合している。さらにギボンが、フランス大革命を嫌悪し、この点でバークと立場を共にしていたことは周知である。またギボンが軍人皇帝時代以降の専制と、東ローマ（ビザンツ）帝国の東方的帝制を極度に嫌悪していたことは諸説一致しており、ローマの国制に関しては、共和制以降、初期帝政（穏健な元首制）あたりを最も評価していたと考えて大過ないか。ともあれ、本稿ではギボンの政治的立場を追及するのが目的ではないから、彼が国制変転に関心を抱き続けていたことを確認して、次に彼のローマ都市論を検討したい。

ギボンはハルドゥーンの如く、抽象的思弁を弄することは極力避け、具体的史実の叙述に関して、個別に論評を行った。ローマに於る民主政と帝政の差が都市にどう現われるか、彼は次のように描く。

民主政体下においてこそ、市民たちはその主権者的権能を行使することができるが、ただそれが始末もつかぬほど厖大な大衆の手に委ねられることになると、おのずからまず権力の乱用が生まれ、やがては失われることにもなる。だが、歴代皇帝の施政方針で、市民集会がすべて弾圧されてしまったあとは[21]（下略）

彼は民主政の行詰りを述べたあと、帝政下に「市民集会」が禁圧された事実を強調する。こうして、

国家権力を行使できるのは、どこでもつねに元老院や皇帝の派遣する高官だけであり[22]（下略）

と述べるように、市民が自由と主権を喪失していく点を強調している。

ギボンは、共和制（民主制）下の都市が帝政期にどう変貌をとげたかを随所に記している。これを総て指摘することは不可能であるが、その一端を以下に記してみよう。まず市民の住宅に関して、

アテナイやローマの共和時代にあって、個人住宅のつつましやかな簡素さは、いかに自由の条件が平等であるかを示していた。一方それに対して、人民主権という考え方は、公共用建造物の示す壮大さに、もっともよく現われていた。そして、そうした共和主義精神は、その後富と帝政とが導入されてからも、決して完全には失われなかった。[23]

と、共和時代の市民住居の質素さを強調するが、後段では、帝政下に於ても「共和主義精神」が残存した点を留意して、共和制→帝政の間を通じて都市の上での連続性を認めている。

しかし、帝政期には、明らかに顕著な特徴が都市構造に現れた。「煉瓦の首都を受けたが、これを大理石のそれにして子孫に遺した」というアウグストゥスの言を引いて、ギボンは同帝が「神殿その他の壮麗な公共建造物」を一〇以上建設したこと、ウェスパシアヌス帝（在位六九～七九年）の盛業として「カピトル神殿の修復、フォルム、平和神殿の建設、コロセウムの着工など派手な土木工事[24]」を列挙している。記念物的な公共建築に限らず、円形劇場、劇場、神殿、柱廊《バシリカ》、凱旋門、浴場、水道等々、用途こそ異なれ、すべて最下層の市民たちまでが、その健康、信仰、はたまた愉楽のために利用できるような施設がそろっていた。[25]

と、貧民対策用の施設が、ローマと属州都市に争って建設されたことを指摘している。ところでギボンは、四一

〇年の西ゴート王アラリックによるローマ包囲の条で、再び帝政下のローマをとりあげ、市民生活の頽廃ぶり等を縷説しているが、その象徴として演劇が帝政期にどう変ったかを、

アッティカの天才たちの摸倣以上を願わなかったローマ人の悲劇・喜劇の詩神は、共和政倒壊の後はほとんど完全に沈黙を守った。その地位を力もないのに受け継いだのは、放縦な道化劇《ファルス》、柔弱な音楽、それにすばらしい野外劇などであった。(26)

と叙している。歴代皇帝が人気取りのため、「公衆の悦楽への貢献」すなわち大衆に迎合して俗悪趣味を助長したとギボンは指弾している。

ギボンの王権都市論でもう一つ見逃せないのは、コンスタンティノープルの建都であろう。ギボンはコンスタンティヌス大帝の遷都の意図を、同地（ビザンチウム）が「欧亜の境界線」「強力な自然の要害」「四通八達の要」等々という地政学的要害性に優れていたことをまず強調し、次いで軍事的な意味で防御性に如何に秀でているかを例示している。

一方では強大な軍事力をもって、ドナウ、タナイス両河の間に住む蛮族どもを抑えるとともに、他方では憤懣ながら屈辱的条約の軛に屈したペルシア王の行動に対し、たえず油断なく監視の眼を光らせておくためだった。(27)

と、ビザンチウムへの遷都の目的が、東方北方の異民族への防禦であったことを強調する。最後に、この地の要害性について、三角形の二辺を海に囲まれ、その一辺は鉄鎖によって海峡封鎖が可能であった点を述べ、残りの一辺について、

ヨーロッパ大陸側からの攻撃に対しては、前線がきわめて狭く、防衛には甚だ容易だった。(28)

と大城壁（テオドシウスの三重城壁）さえ固守すれば、難攻不落であったことを指摘する。これに続き、ギボンは新首都の諸施設の結構を描いているが、大帝を東洋的専制君主として把えているので、概して筆致は冷笑的である。(29)ともかくも、蛮族侵入前後のギボンの都市描写は、コンスタンティノープルをはじめ防禦性を強調することに主眼が置かれている。例えば、アラリック王のラヴェンナ攻撃について、

西帝国皇帝の難攻不落の居城を守る沼地のほとりまで進出した。しかしこの慎重なゴート族指導者は、成功の望みのないラヴェンナ包囲には手をつけず（下略）

と、湿地と海辺に面したラヴェンナの要害性に、(30)流石のアラリックも敬遠せざるを得なかったとする。

ギボンは、四七六年のオドアケルの建国（西ローマ帝国の滅亡）で『衰亡史』を擱筆してもよかったのに、なお約千年延命した東ローマ（ビザンツ）帝国の興亡に筆を費した。しかし前記のように、ギボンは心に東洋的専制を嫌悪しており、ビザンツへの思い入れは薄い。況《ま》して彼はコンスタンティノープルへの訪問も調査も行っていないので、ビザンツ都市論は期待出来ない。却って、ローマの廃墟には異常な程執着し、トルコによる君府占拠のあと、なお、ローマ廃墟論に最後の一章（七一章）を割いている。流石に、考古学者を案内に立ててローマ市調査に数ヶ月従事したギボンの面目が表れている。

要するにギボンは、ハルドゥーンが提起した王権・都市に関する原理論を、現実の地中海世界史上に於て、具体的に展開した。しかしギボンの念頭に、より東方の、ペルシア以東の王権や都市は入っていなかった。マルクス主義の立場から、(31)東方的専制と都市の問題を本格的に検討したのは、カール＝ウィットフォーゲルである。

三　ウィットフォーゲルのアジア的王権論

ウィットフォーゲルは、のちに〝水の理論〟として著名になった問題の書、『オリエンタル・デスポティズム』[32]の冒頭に於て、

十六世紀、十七世紀（中略）鋭敏な観察力にめぐまれた西欧の多数の旅行家や研究者たちは、当時の巨大な地理学上の偉業と比較できるような知的な発見をした。近東、インド、中国の諸文明を熟視して彼らは、これら全ての中に古典古代や中世、近代のヨーロッパのいずれにも存在しない制度的特徴の複合を意味ぶかく見いだした。

と指摘している。例えば中国の首都を例にとると、秦の咸陽城以来、例外なく方形に近い碁盤目で、宮城は〝天子南面〟の思想に拠って真北—真南の方向を厳格に守る。渤海・日本・南詔等の衛星国までその摸倣に終始しているのであるから、確かに西欧や地中海世界にない「制度的特徴」が、都市にも典型的にあらわれている、ということはいえよう。このような制度を生み出した権力を、ウィットフォーゲルは「東洋的専制主義」と位置付け、その根源的な成り立ちを考察しようとした。マルクスの『資本論』に対して、『権力論』とも称される所以《ゆえん》である。

カール＝アウグスト＝ウィットフォーゲル（一八九六〜一九八八）は、米国の中国研究家と位置付けられることが多いが、元はドイツの経済学者である。ユダヤ系ドイツ人としてハノーバーに生れ、ハイデルベルク大学でマックス＝ウェーバーに師事した。早くからドイツ共産党員として政治活動に携ったが、一九三九年の独ソ不可侵条約で脱党した。一九二五〜三三年にフランクフルト社会研究所員として中国研究に従事、しかしナチスの迫害で逮捕され、約一年の間収容所を転々としたのち奇蹟的に釈放され、三三年合衆国に亡命、コロンビア大学、

ワシントン大学教授を歴任した(33)。第二次大戦後は、マッカーシズムと連動して反共の立場を強め、そのことが日本の社会科学者の忌避する所となり、戦後永らく彼の著作は日本ではタブー視されていた(34)。

さて、ウィットフォーゲルは、フランクフルト研究所時代に『解体過程にある中国の経済と社会』(35)を著し、旧中国の乾燥あるいは湿潤沼沢地に於る治水事業が、大規模な国家的管理下に維持存続してきたこと、その事業が複雑な官僚制度を発達させ、専制支配の基盤になったという視点を打出した。李冰父子による蜀の都江堰の大灌漑運河や、清朝下の河道総督・漕運総督などという水防管署の存在は、たしかに「大規模な国家管理」の名に値するとはいえよう。その後ウィットフォーゲルは、米国教授時代の一九三五〜三七年に中国に滞在調査し、一九三八年に『東洋的社会の理論』(36)を発表した。この中国滞在の成果ともいうべき著作に於て、ウィットフォーゲルは西欧社会と中国社会（都市を含む）の差異を明確に論じている。やや長い引用となるが以下に紹介しよう。

　ヨーロッパの中世では、都市に於ける早期ブルジョア的生産関係の胚種の発展は、農業の基礎と融和し難き対立をなすものではなかつた。こゝでは封建的都市支配者を排除することが出来た。こゝでは都市における自治的市民制度《ビュルゲルツーム》が成立し得た。封建的権力が直接にその上に基礎を置いた所の、粗放的・分散的農業生産は、それと無関係に進行してゐた。しかし、東洋の治水官僚《ワッサーバウ・ビューロクラーティ》制度の諸都市からは、アジア的国家権力は除き得なかつた。ヨーロッパ中世の好戦的な封建勢力が、封土《レーン》の性質上、その騎士従臣を国内到る処に分置したのに反し、その官吏及び軍人が、中央財政によつて俸給を得てゐた、アジア的中央集権的政府は、その権力装置を大量的に諸都市に集中せしめた。しかし、かゝる諸都市は同時に行政的にも技術的にも治水管理の中枢であつた。かくして、アジア的官僚主義的専制政治は、都市市民制度《ビュルゲルツーム》の独立的、社会的及び政治的発展を根柢から妨げつゝ、麻痺的にこの市民制度の上に横たはつてゐた(37)。

このように、ウィットフォーゲルは、封建的武士勢力を排除し得た西欧中世諸都市に対し、水防官僚に骨がらみとなった中国の諸都市を鮮やかに対比している。

ウィットフォーゲルはその諸著作に於て、都市論はとくに志向していない。筆者が遇目した、彼の都市論の比較的まとまった箇所としては、右に引用した文章を含む前後（具体的には『東洋的社会の理論』第四編第四章五、「産業資本主義の根帯」）だけといってよい。にもかかわらず、中国帰りの著者によってたまたま示された都市比較論は、極めて具体的で興味深く、含蓄が深い。大体、右の第四編第四章は、「比較経済史の具体的諸問題」と題されている如く、個別事例研究であって、本論とは言い難く、いわば彼にとって余技余論を並べた感が強いが、私はその故にウィットフォーゲルの真骨頂がよく現れていると思うのである。

戦後になって、ウィットフォーゲルは、『オリエンタル・デスポティズム』[38]に於て「水力社会に通例のその他の造営活動」という一節を設け、専制国家に於て成立する都市の特質を次のように論じた。

これらの水力的、非水力的事業一切を遂行しうる政府機構は、そのための手段も支配者とその宮廷のための宮殿や行楽の場、その補助者のための宮殿風の建物、高貴な死者のための記念物や陵墓を建築するために容易に使用することができた。

こう規定した上で、その具体例を史実に当って検証しているのだが、私にいわせれば右の規定そのものが、すでに約六〇〇年前にイブン＝ハルドゥーンによって喝破されていることの繰り返しであり、感心しない。むしろ筆者は『オリエンタル・デスポティズム』に於る特徴とは、水防官僚制度がキプチャク汗国を通じてロシアに移殖されたとする点、またマルクスの所謂「アジア的生産様式論」と〝水の理論〞との関連、等であると考える者であるのだが、それらは本論文の趣旨と離れており、別に機会があれば改めて論ずることとしたい。

ともあれ、ウィットフォーゲルのアジア論（王権・都市を含む）は、彼が本来マルキストから出発し、後年強烈な反共に転じ、中ソ両国体制の激しい批判者として立ち現れることになった点で、我が国社会科学者・史家の反発と黙殺を惹起したのであるが、ソ連すでに崩壊し、中国も現実に資本主義化している現在、冷静な立場で〝水の理論〟の当否を議論すべき段階に達していると思うのである。本稿では、政治的プロパガンダに近い部分がないではない『オリエンタル・ディスポティズム』より寧《むし》ろ、一九三八年の著作である『東洋的社会の理論』の個別論文の中に彼の真骨頂がみられることを確認して、この拙い「王権都市論」の回顧を閉じることとしたい。

（1）拙稿「王権論」（子安宣邦氏編『日本思想史辞典』ぺりかん社、二〇〇一年に所収）。
（2）かかる意味での王権都市について、筆者の基本的な考え方に関しては、拙稿「王権と都市」（岩波講座『天皇と王権を考える(3)』二〇〇二年）を、また文化的な王権と都市の関連については、長谷部史彦氏「王権とイスラーム都市――カイロのマムルーク朝スルタンたち」（岩波講座『世界歴史』10、一九九九年）をそれぞれ参照されたい。また中央アジアと小アジアの地域に限定して論じた拙論として、「王権と都市に関する比較史――トルコ圏を中心として」（『横浜市立大学論叢人文系』55―一、二〇〇四年）、拙著『「王権と都市」を歩く――京都からコンスタンチノープルへ』（ＮＴＴ出版、二〇〇四年）がある。参照して頂ければ幸甚である。
（3）チムールとの対面を含むハルドゥーンの伝記については、森本公誠氏「解説」（前掲岩波文庫『歴史序説(四)』）を参照。
（4）北朝の重臣で史書『増鏡』の著者。
（5）森本氏前掲「解説」（『歴史序説(四)』、三八〇頁）。
（6）王権の発生事情については、ジャレド＝ダイヤモンド著『銃・病原菌・鉄』（倉骨彰訳、草思社、二〇〇〇年）をも参照。
（7）『歴史序説』第一部第三章〔二一〕項「王権の真義とその種類について」。

(8) 同右一部三章〔二二〕項。
(9) 森本公誠氏「イブン・ハルドゥーン」(平凡社『世界大百科事典』巻二、一九八六年)。
(10)『歴史序説(一)』第四章〔二〕項。
(11) 同右四章〔二〕項。
(12) 同右四章〔二〕項。
(13) 彼は後年、カイロに亡命して、その壮麗・殷賑さに驚嘆したが、『歴史序説』執筆時(一三七七年)は、彼にとっての大都市とは、グラナダ、セビリヤ、チュニス程度であった。カイロを見た目には、グラナダ、チュニス等は片田舎に過ぎなく思われたという(森本氏前掲「解説」)。
(14) 歴史家ギボンについては、ロイ＝ポーター著『ギボン――歴史を創る』(叢書ウニベルシタルス、中野好之・海保真夫・松原慶子訳、法政大学出版局、一九九五年)および『ギボン自伝』(中野好之訳、ちくま文庫、一九九四年)、『ギボン自叙伝――わが生涯と著作との思い出』(村上至孝訳、岩波文庫、一九四三年)等を参照。
(15)『ギボン自叙伝』(村上訳)一八四頁。
(16) 同右一八〇～一八一頁。
(17) 同右一八九頁。
(18) ポーター氏前掲著『ギボン』緒論(二一頁)。
(19)『ギボン自叙伝』(村上訳)二一七～二一八頁。
(20) 秀村欣二氏「ギボン」(平凡社、『世界大百科事典』巻七、一九八六年)。
(21)『衰亡史』第一巻第二章、(筑摩書房、中野好夫訳、四〇頁)。
(22) 同右、二章、四二頁。
(23) 同右、二章、五四～五五頁。
(24) 以上、同右二章、五一頁。
(25)『衰亡史』二章、五五頁。
(26)『衰亡史』第三一章、四〇八年、一一一頁。

(27)『衰亡史』第一七章、三三四年、四頁。
(28)同右（前注(27)に同じ）、九頁。
(29)新首都建造の総括としてギボンが述べる次の条りには、彼の王権論の考え方がよく表わされている。彼はいう、
古代ローマ人の自由精神から生まれていた諸美徳（中略）質実剛健性も、いつのまにかアジア宮廷の虚飾威容の悪風に犯されてしまっていた。共和政下にあっては目立った個人的才幹や影響力も、帝政下となると目に見えて影が薄く、さらに歴代帝の専制独裁がすすむにつれて、完全に失われてしまった。そしてそれらに代って、上は玉座の階に伺候する（中略）奴隷どもから、下は専制権力最卑賤の手先どもにいたるまで、厳しい上下の階位職制が確立された（『衰亡史』第一七章、一九〜二〇頁）。
(30)『ギボン自叙伝』による限り、彼はイタリア旅行でラヴェンナには立寄っていないようである。その故か、ラヴェンナの記述は具体性を欠き簡潔である。同様に、イスタンブールを訪問も見聞もしていないギボンの筆は、コンスタンティノープルに関して誤りが多い。
(31)ウィットフォーゲルが、『オリエンタル＝ディスポティズム』（湯浅赳男訳、新評論、一九九一年）を著したのは一九五七年で、当時彼は共産党を離れ、所謂〝反共〟の立場にあったとみられるが、前掲書の枠組、キーワード、考え方はマルクス理論に則っており、敢えて彼の学問的立場をかく位置付けた。
(32)本邦初訳は『東洋的専制主義』（アジア経済研究所訳、論争社、一九六一年、絶版）、この書名での新訳は、湯浅赳男訳、新評論刊、一九九一年。本稿での引用は、湯浅氏の新訳による。
(33)ウィットフォーゲルの生涯については、鶴間和幸氏「ウィットフォーゲル」（尾形勇他編『20世紀の歴史家たち(3)』刀水書房、一九九九年）およびG・L・ウルメン著、亀井兎夢訳『評伝ウィットフォーゲル』（新評論、一九九五年）を参照。
(34)その一例をあげる。足立啓二氏著『専制国家史論』（柏書房、一九九八年）は気鋭の東洋史家による力作だが、奇妙なことに、ウィットフォーゲルの名は一行も出てこない。
(35)邦訳は『新訂　解体過程にある中国の経済と社会(上)(下)』（平野義太郎監訳、原書房、一九七七年）。
(36)邦訳は森谷克己・平野義太郎訳編『東洋的社会の理論』（初版は日本評論社、一九三九年、復刻版は原書房、一九七六

年）。

（37） 前掲（前注（36））『東洋的社会の理論』第四編第四章五、邦訳本二八九頁。

（38） 本書を含むウィットフォーゲルの立場と背景については、湯浅赳男氏著『経済人類学序説――マルクス主義批判』（新評論、一九八四年）、および同氏著『文明の歴史人類学――アナール・ブローデル・ウォーラーステイン』（新評論、一九八五年）に詳細に論じられている。

なお、本書は天安門事件の頃、漸く中国でも翻訳出版されたが、意外にもその後、知識人の間で愛読された時期があった。既に湯浅氏が触れておられることだが、『朝日新聞』一九九〇年三月三〇日付「経済地球儀」の欄に、こういう指導部しか持てない中国社会、中国という存在そのものへの懐疑が起っている。国分良成慶応大助教授（中国政治）の話では、「アジア的専制」を分析したドイツの中国学者、ウィットフォーゲルの著作が、知識人の間で広く読まれているという。（船橋洋一記）

と記されている。

I　日本

「山背遷都」の背景――長岡京から平安京へ――

仁藤敦史

はじめに

これまで長岡京時代の一〇年は、政権所在地による時代区分に基づくならば、平城京と平安京の狭間に位置し、奈良時代と平安時代の中間に位置付けられる過渡期的な評価がなされてきた。この曖昧な位置付けの理由の一つとしては、本格的な発掘以前において、長岡京がわずか一〇年の「未完成な都」と評価されたことが大きく[1]、さらには古代の正史たる『続日本紀』と『日本後紀』の区切りが桓武の治世の半ばにあたる延暦一〇年(七九一)までを対象としていることも無関係ではないと考えられる。一人の天皇治世の中間で時代が区切られるという問題は十分に議論されてこなかったのではないか。時代の「連続と断絶」という課題を、桓武朝および長岡京時代は我々に突き付けている。

本稿では七九四年の平安京遷都よりも七八四年の長岡京遷都に、強く時代の画期を見出し、両者を同じ指向性を有する「山背遷都」として一体的に評価したうえで、この背景を従来のような政治的理由ではなく、都市機能

論として再検討することを課題としたい。(2)

一　研究史の検討

長岡京遷都の理由については、従来多様な議論があるが、平城京廃都・長岡京占地・長岡京廃都の各論に区別して論じる必要があると考える。(3)

まず平城京廃都の理由としては、①新王朝の創設、②旧勢力・仏教勢力の排除、③平城宮における死穢の忌避などが理由とされてきた。(4)また長岡京遷都の理由としては④秦氏や百済王氏の存在、⑤緊縮財政による複都制の廃止、⑥水陸交通の要地などが指摘されている。(5)

さらに長岡京廃都（平安京遷都）の理由としては⑦種継暗殺事件、⑧早良親王（崇道天皇）に対する怨霊畏怖、⑨大洪水の被害、⑩長岡京の都市としての未熟さ、⑪長岡宮における死穢の忌避、⑫後期造営での宮構造の変更などが論点となっている。(6)

加えて都城論として、宮域ではA後宮の形成、B内裏と朝堂院の分離、C豊楽院の成立、京域ではD分割型から集積型への転換、E京貫の盛行などの変化が指摘されている。(7)

これらの議論のうち、平城京廃都の理由としては①「新王朝の創設」が、長岡京遷都の理由としては④「秦氏や百済王氏の存在」、⑤「緊縮財政による複都制の廃止」が、平安京遷都の理由としては⑧「早良親王（崇道天皇）に対する怨霊畏怖」、⑨「大洪水の被害」などが概説書では比較的強調されているが、これらの理由は個別の説明とはなっていても平城京廃都から平安京遷都までの一貫した説明にはなっていない。とりわけ、平安京遷都に対する積極的な理由付けに乏しいことが問題となる。

平城京廃都の理由として有力視される①「新王朝の創設」については、天武系の天皇により建設された平城京および難波京廃都が主目的で、天智系を自覚する桓武が新王朝の創設を示すために長岡京遷都を断行したと解されている。[8] 桓武による「新王朝」論という通説は、長岡遷都以外にも、国忌・郊天祭祀・陵墓臨時奉幣などを大きな根拠としているが、『新撰年中行事』の記載などから、いずれも十分な論拠がないことを前稿において論じた。[9] とりわけ、桓武が『続日本紀』の編纂にあたり、中国史書のように「前王朝」の末、すなわち称徳朝までではなく現王朝の途中までを叙述の対象にしたこと、さらには『日本書紀』(日本紀)と連続する『続日本紀』という題名を付した点は、「王朝交替」や「新王朝」という意識では説明できず、反対に天武系王統との連続性を意識したものと位置付けられる。辛酉革命による即位(七八一)と甲子革命による遷都(七八四)、庚申→辛酉への変更による意図的な天応改元なども、根拠としてしばしば主張されるが、「革命思想を伴わない天命思想は思想というに値しない[10]」という滝川政次郎による重要な指摘があるように、当然ながら万世一系と革命思想は表裏の関係にあり原理的に両立し得ないことは自明である。

平城京廃都と長岡京遷都を桓武の新王朝意識の象徴とみる見解は有力であるが、天武系の恭仁遷都や平城遷都の事例と比較するならば、遷都一般が王朝交替と直結するわけではない。

むしろ重視すべきは、「王朝交替」よりも治世の開始すなわち「代替わり」ごとの遷都であり、基本的には「歴代遷宮」の慣行の延長線として考えるべきものである。たとえば、治世の開始と遷都については、桓武朝の次の平城天皇の即位時に公卿らの奏上として「代替わりごとの遷都は古来の恒例・故実である」との主張がある。

『日本後紀』大同元年(八〇六)七月甲辰条

国家恒例、就レ吉之後、遷二御新宮一。請預営構者……亮陰之後、更建二新宮一、古往今来、以為二故実一。臣等准二據旧例一、預請二処裁一。

このように父光仁からの「血」の更新と新たな治世の開始が遷都や改元、新銭鋳造などの新制として表現されたとすれば桓武の施策はよく理解できる。[11]王朝交替を前提とする限りは、平安京遷都に対する内的必然性が説明できず、二度目の「平安遷都は理念うすき遷都」との評価しかできなくなる。

②「旧勢力・仏教勢力の排除」についても、種継暗殺事件や長岡京への寺院の移転が認められなかったこと（これは移転費用の圧縮として考えることもできる）から、遷都に反対する勢力が根強く存在したことを示すことは事実であるが、長岡京遷都への積極的な根拠とはなり得ないし、平城廃都の理由とはなっても、次の平安京遷都との関係は希薄である。

つぎに長岡京遷都の理由としては④「秦氏や百済王氏の存在」、⑤「緊縮財政による複都制の廃止」が有力視されている。④「秦氏や百済王氏の存在」については、基本的に国費による造営であり、一氏族の勧誘のみにより遷都が決定されたことは考えにくいので、これも過大には評価できない。⑤「緊縮財政による複都制の廃止」についても、緊縮財政とは相反する二度の遷都は後述する三善清行の「意見封事」によれば、「造都と征夷」は国家の富の三割を消費した大事業と評価されている。複都制から単都制への移行という緊縮効果よりも遷都で多くの国富を浪費したことは明かであり、従いにくい。複都から単都への移行については、官人の集住という別の観点により評価すべきである。すなわち、長岡京遷都は都市史的には、首都平城京からの遷都だけでなく副都難波京の廃止・統合でもある。複都制を廃止することにより、官人予備軍として期待された渡来系が多く居住し、在地性が強かった河内・摂津を本貫地とする官人たちを一つの京に集めることを大きな目的としたと考えられる。[12]

一方、長岡京廃都（平安京遷都）の理由としては⑧「早良親王（崇道天皇）に対する怨霊畏怖」、⑨「大洪水の被害」が有力視されている。

⑧「早良親王（崇道天皇）に対する怨霊畏怖」については、小林清による批判がすでにあるように(13)、第一に怨霊が強く意識されるのは平安遷都後であり、早良親王の霊に対する処置が、皇太子の病気平癒のために諸陵頭を派遣し、守戸一戸を置き、溝を作ったことなど極めて軽微であり、莫大な費用を要する平安京遷都と政策的に釣り合いがとれないことがまず問題であり、当初は皇太子の病気平癒に限定された処置として位置付けるべきものである。

『日本紀略』延暦一一年（七九二）六月癸巳条

皇太子久病、卜レ之崇道天皇為レ崇、遣二諸陵頭調子王等於淡路国一、奉レ謝二其霊一。

『類聚国史』二五追号天皇、延暦一一年六月庚子条（《　》は細字、以下同じ）

勅、去延暦九年、令三淡路国充二某親王《崇道天皇》守冢一烟一、兼随近郡司、専二当其事一。而不レ存二敬衛一、致レ令レ有レ崇。自レ今以後、冢化置レ隍、勿レ使二濫穢一。

第二に長岡京が怨霊の住む忌避すべき場所であったとすれば、桓武が京内の仮御所としての東院に二年近く滞在したことは説明しにくい。

『類聚国史』二八天皇遷御・『日本紀略』延暦一二年正月庚子条

遷二御東院一。縁レ欲レ壊レ宮也。

『類聚国史』七八献物・『日本紀略』延暦一三年一〇月辛酉条

車駕遷二于新京一。

これらの記載によれば、桓武は平安遷都を決意してからも、長岡京内の東院に仮御所として住み、ようやく翌年一〇月に平安京に移動していることが確認される。さらに、廃都後の土地利用として皇族や寵臣にしばしば京内の土地が賜与されていることも指摘できる。

『日本後紀』延暦一六年（七九七）正月壬寅条

長岡京地一町賜二従四位下菅野朝臣真道一。

『日本後紀』延暦一六年二月戊寅条

長岡京地二町賜レ諱。《淳和太上天皇》。

『日本後紀』延暦一六年三月丁酉条

長岡京地五町賜二従四位下多治比真人邑刀自一。同京地一町賜二大田親王一。

『日本後紀』延暦一八年正月戊午条

長岡京地一町賜二従五位下藤原朝臣奈良子一。

『日本後紀』延暦一八年八月癸酉条

長岡京地一町賜二民部少輔従五位下菅野朝臣池成一。

ちなみに、小林清によれば、平安時代には怨霊の祟りは拡大するが、道真の怨霊が活発化しても平安京は廃都されていないことも指摘されている。

つぎに⑨「大洪水の被害」については、

『日本紀略』延暦一一年六月乙巳条

雷雨。潦水滂沱、式部省南門為レ之仆。

『日本紀略』延暦一一年八月辛卯条

大雨、洪水。

『日本紀略』延暦一一年八月癸巳条

幸二赤目埼一、覧二洪水一。

『日本紀略』延暦一一年八月甲午

遣レ使賑二贍百姓一。以レ遇二水害一也。

などの記事が根拠とされている。[14] まず雷雨により水が溢れ、式部省の南門が倒壊したとある。その二ヶ月後には、大雨による洪水が発生、二日後には桓武が赤目崎に行幸して洪水を視察し、翌日には水害の被害を被った百姓に賜物をしたとある。この被害の詳しい状況は不明だが、天皇が洪水の被害状況を視察するために行幸していることはこれ以前に例がなく、水害により百姓に物を賜っていることは少なくない被害が発生したことを想定させる。

さらに、和気清麻呂の薨伝には、

『日本後紀』延暦一八年二月乙未条和気清麻呂薨伝

長岡新都、経二十載一未レ成レ功、費不レ可二勝計一。清麻呂潜奏。令下上託二遊猟一相中葛野地上、更遷二上都一、清麻呂為二摂津大夫一、鑿二河内川一、直通二西海一、擬レ除二水害一、所レ費巨多、功遂不レ成。

とあり、平安京への遷都ついて「潜奏」した記載のあとに、清麻呂が摂津大夫であった時に河内川の水害除去のため治水工事を行ったが失敗したことが記載されている。従来、時系列が前後することから両者の記載は独立した記事と考えられている。[15] 少なくとも清麻呂の確実な摂津大夫在任期間は延暦二年（七八三）三月から延暦七年六月までであり（ただし摂津職が廃止される延暦一二年まで他の大夫記載はみえない）[16]、河内川の治水は、次の史料によれば延暦七年（七八八）三月のことと考えられている。

『続日本紀』延暦七年三月甲子条

中宮大夫従四位上兼民部大輔摂津大夫和気朝臣清麻呂言、河内・摂津両国之堺、堀㆑川築㆑堤。自㆓荒陵南㆒導㆓河内川㆒、西通㆓於海㆒。然則、沃壌益広、可㆓以墾闢㆒矣。於㆑是、便遣㆓清麻呂㆒、勾㆓当其事㆒。応㆓須単功廿三万余人給㆑粮従㆑事矣。

一方、「潜奏」の日時は葛野への視察が延暦一二年一月に行われていることからすれば、前年の一一年のこととなる。薨伝において記載の順番が時系列的に逆転しているのは、「潜奏」の内容にこの失敗談が含まれていたと考えれば矛盾はなくなる。加えて、独立した記事とすれば、先祖の功績を誇り顕彰すべき薨伝において、ことさらに治水に失敗したことを記載することは不自然である。二つの記事は「潜奏」に含まれた一連の記載とすることで初めて合理的に解釈できる[17]。すなわち、「上都」平安京への遷都を「潜奏」した和気清麻呂は、治水工事には巨額の費用がかかるもので、結局は失敗した経験談を語ることにより、長岡京の放棄を桓武に納得させたのではないか。

水害が長岡京廃都の大きな契機となったことは支持される。しかしながら現在までのところ、考古学的には水害の痕跡が中枢部にはほとんど確認されないことを重視するならば、都市域への直接的な被害という側面だけで評価すべきではないと考える。都市的な建設や消費を支えるべき水上交通や京内外の津の機能に致命的かつ重大な障害が発生したため、長岡京が放棄されたのではないか。後述するように、これまで副次的あるいは名目的な要因として等閑視されてきた⑥「水陸交通の要地」という問題が注目されるのである。

③⑪にみられる死穢の忌避については、歴代遷宮を経過した都城段階において遷都の理由とすることは難しいのではないか。平城京段階で、なぜ歴代ごとの遷都がなされなかったのかを説明する必要がある。また⑦種継暗

殺事件の以降においても、後期の造営は進められており、一時的な混乱はみられるものの、根拠とはならない。⑩長岡京の都市としての未熟さ、⑫後期造営での宮構造の変更については、後述するように一定程度の根拠があり、長岡京の都市的な発展段階において評価すべき要因と考える。

二 「水陸之便」

長岡京遷都の理由として、⑥「水陸交通の要地」を指摘する議論はこれまでにも多かった。しかしながら、副次的または名目的な要因として列挙されるだけで、第一の要因として強調する研究は少ないと思われる。さらに問題なのは、平城京と長岡・平安京の「水陸の便」を比較する場合にも、物流および都城の歴史的な変化を深く考慮せず、同一の土俵で両者を単純に比較することが一般的であったことである。

⑥「水陸交通の要地」という要因が無視できないのは、遷都の宣言に理由として何度も記されていることによる。

〔長岡京〕

『続日本紀』延暦六年（七八七）一〇月丁亥条

以㆓水陸之便㆒、遷㆓都茲邑㆒。

『続日本紀』延暦七年九月庚午条

水陸有㆑便、建㆓都長岡㆒。

〔平安京〕

『日本紀略』延暦一三年（七九四）一〇月丁卯条

遷都詔曰、云々、葛野乃大宮地者、山川毛麗久、四方国乃百姓毛参出来事毛便之弖、云々。

『類聚国史』七二踏歌・『日本紀略』延暦一四年正月乙酉条

宴二侍臣一、奏二踏歌一曰、山城顕レ楽旧来伝、帝宅新成最可レ憐、郊野道平千里望、山河擅レ美四周連。

『日本後紀』大同元年（八〇六）七月甲辰条

此上都先帝所レ建、水陸所レ湊、道里惟均。

すなわち、長岡京遷都にさいしては「水陸之便」「水陸有レ便」が理由とされ、平安京遷都においても、「葛野の大宮の地は、山川も麗しく、四方の国の百姓の参り出で来る事も便にして」「郊野道平かにして千里を望む」「水陸の湊《アツマ》る所なり。道里惟《ココ》に均し」などと評される。いずれも水陸の交通の便利さが強調されている。

こうした表面的な理由だけでなく長岡京遷都の前後では水陸交通網の整備が確認され、実際に長岡京および平安京が交通上の要地に所在したことは、さまざま観点から指摘できる。(18)

まず、水上交通については、淀川（西国）・木津川（大和）・琵琶湖（東国）を利用することが可能であり、長岡京左京二〇三次の発掘調査（現京都市南区久世東土川町）によれば首都に瀬戸内海と直接通じる港湾施設たる津と運河が設定されたのも長岡京が最初である。周辺から出土した木簡の記載によれば、造営資財の荷揚場や資財の加工場としての機能を果たしていたことが確認される。(19) さらに、淀川と桂川（葛野川）・宇治川・木津川の合流点に位置する山崎津は、長岡京遷都により整備され、河川交通による大量の物資輸送が可能となった。延暦三年（七八四）に山崎橋の料材を南海道に属する阿波・讃岐・紀伊国の三国に調達させているが（『続日本紀』延暦三年七月癸酉条）、この時点から整備が開始されたと考えられる。ちなみに延暦六年には桓武は「高椅津」へ行幸、帰途に大納言藤原継縄宅に立ち寄っているが（『続日本紀』同年八月甲辰条）、この「高椅津」を山崎橋の津と解して山崎津に比定する説もある（吉田東伍『大日本地名辞書』）。延暦期における山崎津の整備は、遣唐使船の難波口での難破に代表される難波津の機能低下と連動している。

『続日本紀』天平宝字六年（七六二）四月丙寅条

遣唐使駕船一隻、自二安芸国一到二于難波江口一、著レ灘不レ浮。其柂亦復不レ得二発出一。為レ浪所レ揺。船尾破裂。於レ是。撙二節使人一、限以二両船一。

河川交通だけでなく、当地には畿内では最大の駅馬二〇疋（大同二年以前は三〇疋）を常備する山崎駅が置かれ（『延喜式』兵部省・『類聚三代格』巻一八、大同二年一〇月二五日官符）、嵯峨朝には山崎（河陽）離宮としても利用され水陸交通の要地と位置付けられた。薬子の変においては、宇治橋・淀（与渡）津とともに山崎橋の市と津に兵士を駐屯させている（『日本後紀』弘仁元年九月戊申条）。

陸上交通については、まず山陰道について「丹波道の　大江の山」（『万葉集』巻一二―三〇七一番歌）と詠まれるように、古く長岡付近は山陽道と分岐する地点とされていた。さらに、平城京時代の山陽道・東海道・東山道・北陸道は大和国から北上してすべて山背国を経由することとなっていたため、「山背遷都」により奈良坂越えの難所を経由する必要がなくなったことが大きな変更点として指摘できる。

平城遷都直後の和銅四年（七一一）には木津川・淀川沿いに都亭駅が設置されている。

『続日本紀』和銅四年正月丁未条

始置二都亭駅一。山背国相楽郡岡田駅、綴喜郡山本駅、河内国交野郡楠葉駅、攝津国嶋上郡大原駅、嶋下郡殖村駅、伊賀国阿閇郡新家駅。

藤原京から平城京への遷都に連動して駅路の交通体系が山背国を中心に整備されたことが確認される。[20] こうした変更により平城京時代の山陽道・東海道は大和国から北上して奈良山を越える必要が生じた。泉津から平城京までの奈良山越えの車賃については、「造法華寺金堂所解」に記載があり、「運雑物車賃」の約三分の一がこのための経費として計上されており、[21]大きな負担となっていたことが知られる。

律令国家が農民に課した税である田租・出挙・調・庸・雑徭などのうち、調と庸のみが中央へ貢納され、残りは地方の経費として消費された。これは当時の輸送能力との関連で、重量の軽い物だけが都に運送され、重い米は地方に留められたからと考えられる。すなわち、奈良時代の物資輸送は、調庸の布などに代表される軽貨が中心であり、米を中心とする重貨の税物輸送は、最低限の食料米の運搬を除けば想定されていなかったことになる。さらに田令公田条には「凡諸国公田、皆国司随二郷土估価一賃租、其価〔販売〕送二太政官一、以充二雑用一」とあるように、京進されるべき地子も大宝令では「販売」すなわち交易により軽貨と交換して京進することが規定されていた。[22]この点を重視すれば地子物たる米も多くは京進されておらず、米の京内での需要はそれほど高くなかったことが知られる。しかしながら、都城における都市的消費の増大は、やがて食料米としての米の需要を増加させただけでなく、東西市における交易物としての米の価値も高めることとなったと考えられる。

延暦期において水上を輸送された米が京内の重要な交易品目となっていたことについては、大宰府から調綿額を定めた延暦二年の太政官符に、「綿代輸米交二関京下一、亦除二水脚粮一之外輙載二私物一漂二失官物一」とあることから確認される（『類聚三代格』巻八、延暦二年三月二二日官符）。大宰府から貢納される綿に代えて米が水上交通により運ばれていたことがまず注目され、その目的が京内での交易にあり、官物以外に私物の米も投機的な物資として運び込まれていたことが指摘できる。[23]奈良時代初期に構想された、軽貨に交易された地子米の扱いとは反対に、米が投機的な物資として京内に船で大量に運搬されていた状況を延暦期には想定することができる。

平城京の段階と「山背遷都」の段階では、米に代表される重貨の役割が大きく変化し、安定的に大量の米を諸国から輸送する必要に迫られていたと想定される。従来は、平城京と長岡・平安京の段階における交通の問題は、単純な水陸交通の比較に留まることが多く、水上交通の必要性の高まりについての十分な認識がなかった点が、問題点として指摘できる。水陸交通の便を遷都理由に指摘しても、形式的、二次的な要因として扱われることが多かったのは、水上交通に傾斜した米の輸送の必要性についての認識が低かったことによる。こうした観点から長岡京遷都の前後における水陸交通や物流の整備を年表風に整理するならば、次のようになる。

延暦三（七八四）年　摂津大夫和気清麻呂による海上交通の神たる摂津住吉神への叙位
　山崎橋の料材を南海道に属する阿波等三国に調達させる
　「仰二阿波・讃岐・伊予三国一、令レ造二山崎橋料材一」
延暦四（七八五）年　淀川の分流を造成する三国（神崎）川の開削工事
　「遣レ使、堀二摂津国神下・梓江・鯵生野一、通二于三国川一」
延暦五（七八六）年　左右京、東西市人に物を賜う
延暦六（七八七）年　高椅津への行幸
延暦八（七八九）年　三関の廃止

とりわけ河川交通に対する整備事業が多く行われていることが注目される。

さらに、三関の廃止は関所が陸上交通における物流の障害となっていたことを示している。連動して、「難波大宮既停。宜下改二職名一為上レ国」（『類聚三代格』巻五、延暦一二年三月官符）とあるように、摂津職の関津が延暦一二年以前に廃止されていたことが確認されるが、長岡京遷都は副都難波京の廃止と連動していたことを前提とする

ならば、延暦三年の長岡京遷都以降、大宮は廃止されていたことになる。東国に対する三関の廃止と西国に対する難波津の廃止は、東西諸国から物流の改善に大きく貢献したことが確認される。

『延喜式』兵部省諸国駅伝馬条によれば、平安京を中心とする放射状の交通体系が記載されており、これを基準に描かれた「行基図」にも平安京を中心とする放射状の交通路が描かれている。しかしながら、こうした交通網は平城京段階から構想されたものではなく、主に延暦期後半から弘仁期にかけて再編されたことが明らかにされている(24)。律令制の当初は放射状の幹線だけでなく幹線間を途中結ぶ連絡路も維持されていたが、駅馬数の減少、駅の部分的な廃止を経て駅路自体が当該期に廃止されたことが指摘できる。都を中心とする動脈路だけを維持する政策は、支配層の共同利害として都市貴族たちの生活を維持するためのものであったと考えられる。「中心と周縁」を規定する「行基図」にみられる国土観もこうした交通路の再編と無関係ではない。

平安初期における幹線連絡路の廃止にともなう放射状交通路網への再編は、地方からの貢納物を都市平安京に吸い上げるストローの役割を果たしていた。そのため、後述するように、その中心に位置する長岡・平安京は、米を買って生活する都市民の増加により、交通路の閉鎖は深刻な経済的危機を招くようになった。「水陸之便」が重視された背景に、都市的消費の増大による、米など重貨の運搬に適する水運に傾斜した交通路の整備が連動していたことが推定される。

三　米の都市的消費と水上交通

水上交通路の整備が、京内での米の消費増加に由来するとの見通しを述べたが、ここでは、この点をさらに深く検討したい。

『本朝文粋』巻二、意見封事、延喜一四年（九一四）四月二八日三善清行上奏文

至㆓于桓武天皇㆒、遷㆓都長岡㆒、製作既畢、更営㆓上都㆒。再造㆓大極殿㆒、新構㆓豊楽院㆒。又其宮殿楼閣、百官曹庁、親王公主之第宅、后妃嬪御宮舘、皆究㆓土木之巧㆒、尽㆑賦調庸之用㆒。於㆑是天下之費五分而三。

この三善清行の主張によれば、蓄積されていた諸国の正税は全体を一〇とすれば、天平期の国分二寺の造営で五割（天下之費十分而五）、桓武朝の長岡京・平安京の造営で三割（天下之費五分而三）、仁明朝に一割（二分而一）、貞観年間の応天門と大極殿の修理で五分を消費したとあり（失㆓一分之半㆒）、延喜の時代には一割にも満たない蓄えしか残っていないと指摘している（当今之時、曽非㆓往世十分之一㆒）。これらがどの程度正確な数値であるかはわからないが、少なくとも聖武朝の国分寺造営と桓武朝の二度の遷都という国家的造営事業に多くの諸国の正税が消費されたことは確実であろう(25)。

こうした傾向を一次史料で裏付けるのが天平期の諸国正税帳と延喜一〇年の「越中国官倉納穀交替記」の記載である(26)。すでに指摘があるように(27)、後者のうち完存する礪波郡意斐村の不動倉記載によれば、天平期に相当する「東第二板倉」と延暦期に相当する「北外第二板倉」の蓄積ペースが前後の時期に比較して極端に低いことが指摘されている。前者の記載によれば天平期にはそれまで順調だった新たな稲穀蓄積は頭打ちとなり、後者の記載によれば天平末年の出挙制の確立以来、稲穀収取は順調に進むが、延暦年間には不動穀蓄積の停滞期となる。こうした稲穀蓄積における天平期と延暦期という二度の停滞期は、「意見封事」が主張するように聖武朝の天災疫病による人口減少と造寺造都への消費、桓武朝の二大国家事業である「造都と征夷」により消費されたものであると推測される。

都への米需要の増大およびその運搬については播磨国の事例が知られている。

『類聚国史』巻八三、政理部五不動穀、大同二年（八〇七）九月己亥条

播磨国内、封戸巨多、運租之労、於レ民為レ弊、加以界近二都下一、雑用繁多、動用穀頴、不レ足レ支レ用、不動之貯、以為只九万斛、熟尋二其源一、由二封戸之数多一也。

これによれば、九世紀以降『延喜式』に定着する平安京への米の運搬制度たる年料租舂米や年料別納租穀とは別に、不動穀支出が増大したありさまが記載されている。[28]

こうした「山背遷都」による物流の変化に対応して、都市貴族化した官人層への禄制改革も、実物貢納経済から都市生活にともなう「米・労働力・銭」のリンクを前提とする制度に転換する。[29]

律令制下の禄制は、原則として調庸などの実物貢納経済に基礎を置くもので、その貢納体制と禄制は連動しており、現物給与が中心であった。奈良時代までは銭や物品貨幣（米・布）だけでは、必要な物資がすべて手に入るような経済段階ではないため、長屋王のような有力王族でさえも、直接生産に関与しなければならなかった。一方、大同期の禄制改革は、給与の財源ともなった現物貢納が十分機能しなくなったことを背景にはしているが、これだけが理由ではなく、同時進行した官制改革とも連動させ、都城内での流通経済の発展を積極的に利用した点も重視しなければならない。

とりわけ要劇料は職事官を対象に劇官を選んで銭を支給したもので、番上官に与えられた番上粮（米）と対になる給与であったが、大同三年に「衆司」に支給することに改められ、翌年には、官位の高下を問わず職事官に対して人別日ごとに米二升を与えることになり、「食料之儲」（生活給）としての役割を与えられることになった。[30]これは、平安京の流通経済の発展に対応し、米を中心とする要劇料の支給に銭から転換したもので、米価の高騰に銭支給では価値が低下するためであった。

『類聚三代格』大同三年九月二〇日詔に「宜下要劇・馬料・時服・公廨悉革二前例一、普給中衆司上」と見えるのが、大同期に行われた禄制改革の方針であり、これ以後、各種の変更が具体的に規定されたことが知られる。要劇料は米による「生活給」、馬料は位階制秩序に基づく銭支給、さらに、時服は衣類賜与により「天皇の臣下」であることを意識させる、という全体的な構想のもとに禄制改革が行われたことが確認される(31)。さらに、これらの格が「弘仁格」雑格に基本的に継承されていることからすれば、大同期だけの一時的なものではなく、政策基調としては弘仁以降、『延喜式』段階まで変更されていない。

長岡・平安京段階では米を買って生活する都市民の増加により、交通路の閉鎖は深刻な経済的危機を招くようになった。薬子の変において、宇治橋・淀（与渡）津とともに山崎橋の市と津に兵士を駐屯させたことは先述した（『日本後紀』弘仁元年九月戊申条）。さらに承和の変のさいには、宮門と内裏の固守、左右京の街巷の警固とともに「山城国五道」すなわち宇治橋・淀津（南都）、大原道（北陸道）、大枝道（山陰道）、山崎道（山陽・南海道）の固めが命令されている（『続日本後紀』承和九年七月一七日条）。この命令から七日後の二四日には「是日、遣レ使賑二贍京中一、以下被レ閇二警固一飢者衆上也」（『続日本後紀』承和九年七月丙辰条）とあるように、警固による要路の閉鎖が生活物資の流入を途絶させ、京内では飢える者が発生し、食料を与える賑給が行われたとある(32)。山城国とは区別された京内賑給例の増加や「飯米銭」（『続日本後紀』承和九年七月丙辰条）などの記載は外部からの米に依存する都市民の生活を物語っている。交通の途絶が平安京の都市生活に深刻な打撃を与えたことが確認される。短期間の物流の麻痺が都市に飢饉などの危機的状況を容易に出現させ得ることが指摘できる。反対に、三関や難波津の廃止が物流の促進に大きな効果をもったことが証明される。承和の変による警固は、人為的な交通規制であるが、一方で「遣レ使賑二給京中百姓一、以二霖雨経レ日穀価騰貴躍一也」（『日本後紀』延暦一五年八月丙寅条）のように、「霖雨」を理由とする京内の米価高騰の事例も多く存在する。(33) 米など重量物の輸送が水上交通に依存している状況では、水量の増加により船での交通は困難となる。霖雨による交通の途絶は、大洪水による長岡京の放棄を深刻な問題として認識させてくれる。たとえ長岡京本体への水害の影響は軽微なものであったとしても、河川交通が甚大な被害を被れば、長岡京の都市生活が維持できなくなったことは容易に想定できる。水上交通の便がよいことは、反対に霖雨の時期には桂川と淀川に囲まれた長岡京が周辺から孤立する危険を有していたことが大洪水により意識されたのではないか。おそらく桓武は赤目崎への行幸時に、長岡京の水害に対する都市生活の脆弱性をより深く認識したであろう。加えて治水対策の専門家でもあった和気清麻呂による失敗談は、長岡京の放棄を決定的にしたと考えられる。水上交通を重視した「山背遷都」という方向性は維持しつつも、長岡京以外の適地を探すことが模索されることとなる。

四　近江遷都と「山背遷都」

以上、都市的消費の増大により水上交通に傾斜した「山背遷都」が構想された可能性を論じてきた。従来は、桓武の個人的な問題や政治的な背景から遷都の理由が語られてきたが、都市史的な都城固有の発展段階に「山背遷都」を位置付けようと本稿では試みた。

さらに、あと二つの要因をここでは最後に指摘しておきたい。第一には首都と副都の合体により生じた問題であり、第二には近江遷都と「山背遷都」の関連性である。いずれも、在地性を強く残す豪族層を京内に集住させ、国家にのみ依存する都市貴族化を要求する「百官の府」という都城の属性に由来するものである。

まず第一の問題は、長岡京遷都が副都難波京の廃止と連動している点である。すでに、難波京と複都制の関係については論じたことがある。(34) すなわち、天武朝から平城京段階まで我が国では難波京が副都として機能していた。複都制は都城制の未熟な段階に発生し、単一の首都として容易に統合できない機能を補完していた。難波京は、平城京単独では不足していた西国からの物資の集積地としての役割に加えて、広義の難波地域(河内・摂津国)に居住し、在地性を強く残しつつも官人予備軍として期待された多くの渡来系氏族の受け皿となっていた。天武朝段階における不十分な豪族層の集住を補完する意味があったと考えられる。平安初期において盛んとなる本貫地を左右京に移動させる京貫において、摂津・河内国からの事例が約三分の一を占めることを重視するならば、奈良時代末に官人集住の強化の必要性から、平城京と難波京の統合が政策的な課題となり、長岡京遷都により首都への集住が強化されたと考えられる。すでに天智朝における近江遷都において、こうした政策的課題は意識されていたが、受け皿として都市的生活を支える都城制が未熟であったことから短期で失敗することとなった。飛鳥に都が移された後に、いわば妥協的な策として飛鳥と難波に二つの京を設定することにより、官人制の成熟を期待したことになる。近江遷都から約一〇〇年後に、ようやく豪族層を本貫地から引き離し彼らを京内に集住させ、国家にのみ依存する都市貴族化させることに成功した。いわば第二の近江遷都を一〇〇年後に天智の後継者を自認する桓武が実現したと評価することも可能である。

これを長岡遷都に即して述べるならば、長岡京は副都からの遷都が先行したため、後発の首都平城京との融合が、位階制秩序にもとづく宅地班給の徹底や八朝堂の規模、内裏の独立などの点で構造的に不完全であった。そのため同規模の構造を有する平安遷都が必然化したものと考えられる。都城の発展段階として首都と副都の合体による単都への移行が政策的課題となった時、副都からの遷都が先行した弊害が長岡京廃都の一つの要因となったのである。形式的には副都として出発し(八堂)、新たな変更(内裏の独立、集積型条坊)を加味したために、長岡京は首都および居住区画の秩序の面では不十分な達成度であった。少なくとも平安京では豊楽院と十二朝堂および均分的な宅地の整備が行われていることは明らかである。

第二の要因は、桓武による天智の後継者意識の強さである。端的には長岡京遷都の理由として、古津から大津への改名など、天智の近江京遷都を模範とする意識が認められる。

『日本紀略』延暦一三年一一月丁丑条

詔。云々。山勢実合二前聞一、云々、此国山河襟帯、自然作レ城、因二斯形勝一、可レ制二新号一、宜下改二山背国一、為中山城国上、又子来之民、謳歌之輩、異口同辞、号曰二平安京一、又近江国滋賀郡古津者、先帝旧都、今接二輦下一、可下追二昔号一改中称大津上、云々。

ただし、前述したように、それは天武系から天智系への王系の交替よりも、天智系と天武系を基本的に区別しない、共通の祖としての天智という位置付けが強い。天武系の時期においても天智による「不改常典」が強調されたのもこうした背景による。[35] 第一の要因と連動して、天智が十分には達成できなかった大和や河内・摂津地域からの本貫地移動を、一〇〇年後に隣接する「山背遷都」という形で成し遂げたと評価される。

近江京は、飛鳥から離れ旧伴造層を中下級官人として集住させる適地であったが、同時期の倭京や難波京と同じく、まだ条坊制による「京」を付属させない都城制成立以前に位置付けられる過渡期的な段階で、大津宮を中心とする広大な領域性・多元性・分散性をその特色とする。

広大な領域性と分散性について補足するならば、大津宮の「京」域は、通説のように琵琶湖西岸に必ずしも限定されたわけではなく、琵琶湖東岸地域における白鳳寺院の多さや「于時、天皇幸二蒲生郡匱迮野一而観二宮地一」(『日本書紀』天智九年二月条)とあるように、蒲生野への再度の遷都構想の存在を考慮すれば、湖上交通を前提に東岸にも広がり、さらには中臣鎌足の「山階陶原家」が「山階精舎」に発展したこと（『帝王編年記』斉明三年条、『家伝』上）、宇治橋守による私粮運搬の制止（『日本書紀』天武元年五月是月条）などの記載によれば、西は山階から宇治にかけても広義の「京」域として機能していたと考えることができる。そのように考えるならば、平安京が旧近江京と近接していたとする「先帝旧都、今接二輦下一」との表現は必ずしも誇張ではなくなる。近江遷都の時点で湖上交通の拠点とされていた「古津（大津）」が、平安遷都においても改めて注目されたことも指摘できる。

近江京は給食・給粮を予定した「大炊（省）」「大蔵（省）」の拡充設置、中下級官人に対する刻みが増えた官位二六階の制定（『日本書紀』天智三年二月丁亥条）などからうかがわれるように伴造層の急激な官人化を試みたが、結局これは失敗におわったと考えられる。近江京は天智天皇による急激な律令制化を受け入れる器になるべき宮であったが、全豪族の賛同を得ることができず、わずか五年で荒廃することになる。[36]

平安京は、それまでの複都制における古道を北上した首都と、水系を遡上した副都を一つにまとめて位置付けたものとの評価もしばしばなされる。[37]現象面の評価としては正しいが、なぜ北上しなければならなかったのか、なぜ単都として合体しなければならなかったのかの説明は必ずしもなされていない。私見では、都城の北へのつり上げと、首都と副都の合体は畿内豪族層を難波と飛鳥という二大本貫地から引き離すことに大きな目的があり、加えて彼ら都市貴族たちを維持する水上交通に傾斜した物流の流れと均衡する場所に平安京が位置したため、以後永続的に都として機能したと考える。すでに天智朝の近江遷都においてその基本的な構想は存在したものの、早熟的な改革のため短期で挫折することとなった。しかし、基本的構想は桓武朝まで継承されたと考えられる。

桓武天皇は長岡遷都により平城京と長岡京の合体を通じて官人集住の徹底を図り、続けて行われた平安遷都では京貫の盛行をもたらした。その内訳は広義の難波地域豪族が多かった。[38]この京貫は自発的申請によるもので、

「第二の集住現象」として位置付けることができる。藤原京段階における上からの強制的な宅地班給に比較するならば、以前にも増して都への求心力は強まり、真に都が「百官之府」となり、豪族層の都市貴族化が完成したといえる。平安京が在地社会とは異なる都市空間として強く認識されるようになったのはこの段階と考えられる。

おわりに

千年の都となった平安京の存在を視野に入れるならば、桓武天皇にとっては、とにかく「山背」への遷都が必要であった。遷都の理由に、「水陸の便」として陸運だけでなく水運が明記されていることが注目される。平城京段階よりも都市的な消費が増大したため、交易物としての米の価値が高まった。それにより重貨の運搬に適している水運に傾斜した交通路の必要性が増大したことが指摘できる。すなわち、淀川や琵琶湖の水運を重視した「山背遷都」が構想されたのである。首都に瀬戸内海と通じる港湾施設たる津が設定されたのも長岡京が最初である。水害による長岡京からの撤退もこうした観点から再評価され、荘園からの貢納物により維持された中世都市京都の萌芽をこの時期に見ることができる。

ちなみに、中国北魏における内陸部の平城から中原洛陽への遷都も食料の調達が理由とされているのは参考となる。(39)

(1) 喜田貞吉は、延暦一〇年（七九一）の平城宮諸門の移建記事（『続日本紀』延暦一〇年九月甲戌条）を根拠に、長岡京遷都の遅れを強調したが（喜田貞吉「帝都」『著作集』五、平凡社、一九七九年）、むしろ発掘の進展により建築資材の再利用は一般的であったことが確認されるようになり、反対に平安遷都直前まで建設の継続が確認できる史料として活用されるようになった（小林清『長岡京の新研究』比叡書房、一九七五年）。

（2） これまでも「山背遷都」の用語を用いた研究はいくつか存在するが、一貫した論理で二度の遷都を説明することの重要性は指摘しても、後述するように④「渡来人の居住地」や⑩「都市機能の未熟性」を強調されるのみで必ずしも統一的な説明には成功はしていない（井上満郎「平安京の造営と衰微」『東アジア世界における日本古代史講座』七、学生社、一九八二年）。一方で、笠井純一「『山城遷都』に関する疑問」（『続日本紀研究』二二四、一九八二年）は、「山城遷都」の用語を使用しつつも、陪都としての長岡京の立場を強調し、延暦一三年の平安京遷都に「重要な転機」を求め、②「旧勢力・仏教勢力の排除」として大和以外の地が「なしくずし的」に選ばれたという消極的な理由を述べるのみである。また、林陸朗『長岡京の謎』（新人物往来社、一九七二年）は、「長岡京と平安京とは対立関係でとらえるのではなく、むしろ山背という概念で一括されるべきものである」との重要指摘をされるが、その結論は新王朝説による郊天祭祀の継続によるものとする。郊祀は単発的で、これを二度の遷都の共通要因に位置付ける論拠としては弱いと思われる。

（3） 近年までの研究史については、林陸朗註（2）前掲書、井上満郎『研究史　平安京』（吉川弘文館、一九七八年）、佐藤信「長岡京から平安京へ」（『日本古代の宮都と木簡』吉川弘文館、一九九七年、初出一九九一年）などが詳細である。

（4） ①「新王朝の創設」は、瀧川政次郎「革命思想と長岡遷都」（『京制並に都城制の研究』角川書店、一九六七年）、林陸朗『長岡京の謎』（新人物往来社、一九七二年）、②「旧勢力・仏教勢力の排除」は、安井良三「平安遷都試考」（『文化史学』一二、一九五六年）、村井康彦『古京年代記』（角川書店、一九七三年）、笹山晴生「平安京の歴史的位置」（『古代を考える平安の都』吉川弘文館、一九九一年）、③「平城宮における死穢の忌避」は、八木充『古代日本の都』（講談社、一九七四年）などで提起されている。

（5） ④「秦氏や百済王氏の存在」は、喜田貞吉註（1）前掲書、⑤「緊縮財政による複都制の廃止」は、岸俊男『日本の古代宮都』（岩波書店、一九九三年）などが主張する。なお⑥「水陸交通の要地」については、遷都の理由として各氏ともに副次的理由に掲げるが、第一の理由とするものはない。

（6） ⑦「種継暗殺事件」と⑧「早良親王（崇道天皇）に対する怨霊畏怖」は、喜田貞吉註（1）前掲書、⑨「大洪水の被害」は、小林清註（1）前掲書、⑩「長岡京の都市としての未熟さ」は、村井康彦『日本の宮都』（季刊論叢日本の文化九、角川書店、一九七八年）、井上満郎『京都　躍動する古代』（ミネルヴァ書房、一九八一年）、⑪「長岡宮における死穢の忌避」は、八木充註（4）前掲書、⑫「後期造営での宮構造の変更」は、古瀬奈津子「桓武天皇はなぜ平安京へ遷都したか」(『新視点日本の歴史』三、新人物往来社、一九九三年)などがある。
(7) A「後宮の形成」B「内裏と朝堂院の分離」C「豊楽院の成立」については、橋本義則『平安宮成立史の研究』(塙書房、一九九五年)、古瀬奈津子『日本古代王権と儀式』(吉川弘文館、一九九八年)、D「分割型から集積型への転換」は、山中章『日本古代都城の研究』(柏書房、一九九七年)、E「京貫の盛行」は、松瀬洋子「京貫官人の史的動向」(『寧楽史苑』一七、一九六九年)などがある。
(8) 清水みき「桓武朝における遷都の論理」(門脇禎二編『日本古代国家の展開』上巻、思文閣出版、一九九五年)。
(9) 拙稿「桓武の皇統意識と氏の再編」(『国立歴史民俗博物館研究報告』一三四、二〇〇七年)。
(10) 滝川政次郎「革命思想と長岡遷都」(『京制並に都城制の研究』角川書店、一九六七年)。
(11) 保立道久『平安王朝』(岩波書店、一九九六年)。
(12) 拙稿「複都制と難波京」(『古代王権と都城』吉川弘文館、一九九八年、初出一九九二年)。
(13) 小林清註(1)前掲書。
(14) 同前。
(15) 長谷部将司『日本古代の地方出身氏族』第二章第一節(岩田書院、二〇〇四年)は、この部分について「その時間関係は必ずしも時系列通りではない」と評価する。
(16) 『続日本紀』延暦二年三月己丑条(任命)・同七年六月癸未条(在任)。
(17) 小林清註(1)前掲書は、「「費不㆑可㆓勝計㆒」は長岡京造営に必要な洪水対策費が多額にいる事をいっているのではなかろうか。それは摂津大夫の時、河内川の水防工事に巨額の費用を費やしたが、結局失敗したことがつづいて記されていることから、この経験のある清麻呂は、長岡京の防水工事に計ることが出来ない程多くの費用が要ることを知って、平安京へ再造営をすすめたと考えることは、無理な解釈ではないと思っている」とする。
(18) 足利健亮『日本古代地理研究』(大明堂、一九八五年)。高橋美久二『古代交通の考古地理』(大明堂、一九九五年)など。
(19) 京都市埋蔵文化財研究所調査報告第一六冊『長岡京左京出土木簡』一(京都市埋蔵文化財研究所、一九九七年)。
(20) 直木孝次郎「平城遷都と駅の新設」(『飛鳥奈良時代の研究』塙書房、一九八八年、初出一九七一年)。

(21) 福山敏男「奈良時代における法華寺の造営」(『日本建築史の研究』桑名文星堂、一九四三年)。『大日本古文書』編年十六―二八四頁。
(22) 岸俊男「賃租と販売」(『日本古代籍帳の研究』塙書房、一九七三年、初出一九六六年)。
(23) 寺内浩「京進米と都城」(『受領制の研究』塙書房、二〇〇四年、初出一九八九年)。
(24) 高橋美久二「都と地方間の交通路政策」(『国立歴史民俗博物館研究報告』一三四、二〇〇七年)。
(25) 松尾光「不動および動用穀について」(『白鳳天平時代の研究』笠間書院、二〇〇四年、初出一九八〇年)。
(26) 『大日本史料』第一編第四巻、延喜一〇年雑載。
(27) 渡辺晃宏「天平時代の不動穀」(『史学雑誌』九八―一二、一九八九年)。
(28) 同前。
(29) 櫛木謙周「平安京の生活の転換」(新版『古代の日本』近畿Ⅱ、角川書店、一九九一年)。
(30) 『類聚三代格』巻六、大同三年九月二〇日詔・大同四年閏二月四日官符、『日本後紀』大同四年閏二月庚辰条。
(31) 拙稿「初期平安京の史的意義」(『古代王権と都城』吉川弘文館、一九九八年、初出一九九四年)。仁藤智子「律令官僚制の再編と禄制改革」(『平安初期の王権と官僚制』吉川弘文館、二〇〇〇年、初出一九九五年)。
(32) 櫛木謙周註(29)前掲論文。
(33) 寺内浩註(23)前掲論文。
(34) 拙稿註(12)前掲論文。
(35) 拙著『女帝の世紀』(角川学芸出版、二〇〇六年)。
(36) 拙稿「「大津京」の再検討」(『古代王権と都城』吉川弘文館、一九九八年、初出一九八六年)。
(37) 岸俊男『日本の古代宮都』(岩波書店、一九九三年、初出一九八一年)。
(38) 『類聚符宣抄』皇子賜姓条、延喜二一年二月五日太政官符・『日本後紀』延暦一五年七月戊申条。
(39) 藤井律之「北魏皇帝の行幸」(前川和也・岡村秀典編『国家形成の比較研究』学生社、二〇〇五年)。

「庭」に関する一考察——大嘗宮を中心として——

金　銀貞

はじめに

日本古代宮都の中枢部にある王宮の基本構造は、大きく内裏・大極殿・朝堂・曹司に区別できる。これらの空間は基本的にはその性格を異にしているものの、日本古代の政務・儀式・饗宴の舞台として重要な役割を果たしたことは確かであろう。そのため宮都中枢部を構成する内裏・大極殿・朝堂・曹司などは宮都研究の中心テーマとして注目され、数多くの成果があげられた(1)。しかし、こうした宮都中枢部に関する研究も、殿舎と共にかなりの割合を占めている「庭」については、ただ殿舎に附属した空間と見なし、そのあり方にあまり注意を払ってこなかった。

「庭」とは、人工的な場で、建物とのつながりを通じて一定の空間を形成し、殿舎とともに日本古代における政務・儀式・饗宴などを行う重要な空間であった。その上、「庭」は政務・儀式・饗宴の場にとどまらず、臨時的に神々を媒介とする神事の場という、いわゆる神聖なる空間として使われたことも見逃せないところである。

そこで本稿では、まず宮内における「庭」のあり方を検討し、その上で特に、朝庭院の朝庭に造営された大嘗宮に着目し、いかにして朝庭は神事の場となり得たかについて検討を試みたい。このような考察は「庭」の性格や意義を一層明らかにするだけではなく、ひいては日本古代宮都空間の理解を深めるために大いに役立つと考えられる。

一　王宮と「庭」

宮都中枢部を構成する内裏・大極殿・朝堂・曹司などは、主に殿舎とそれに囲まれた、あるいは附属する広場からなり、その広場は「庭」と呼ばれた。

「庭」の訓は「ニハ」で、(2)『時代別国語大辞典　上代編』によると、「ニハ」とは、事を行うための場所、仕事をするための場所、家屋の前後の空地・庭、広い水面・海面とされている。(3)つまり、「庭」には自然的に造られた空間ではなく人工的に造られた空間や、何かをするための限定された場の意味が含まれていたことがわかる。このように「庭」が場所を表す言葉であるとするならば、実際に「庭」はどこを指し、また何をする場所であったのであろうか。本節では「庭」のあり方を明らかにするため、飛鳥時代～平安時代における「庭」の使用形態をまとめ、それを検討したい。(4)

まず、飛鳥時代における「庭」を含む表記やそこでの行事をみると、**朝庭**―宴・賓礼・射礼・相撲・政務・仏教行事、**朝堂庭**―賓礼・饗、**庭中**―賓礼・奏楽、**庭**―朝拝・奏楽・誓約、**中庭**―賓礼、**大殿庭**―宴、**旧宮安殿庭**―宴、**東庭**―射礼、**西門庭**―射礼、**南庭**―須弥山・呉橋・権宮・殯宮の造営・発哀、**殯庭**―殯宮などが認められる。(5)こうした用例から宮内における「庭」を含むところは一か所に限らず、複数存在していたことがわかる。また「西門庭」(6)のように殿舎ではなく、門に附く空間が「庭」とされ、それに東庭と同様に射礼が行われたことは、西門前の空間が儀礼の場として使われたことを物語っている。

次に、奈良時代における「庭」を含む表記やそこでの行事をみると、**朝堂庭**―賓礼・授位、**庭**―政務・奏楽・誓約、**太政官庭**―誓約、**図書蔵辺庭**―誓約、**義部省庭**―考唱などがみえる。その他にも朝庭・公庭・闕庭の用例も確認できる。特に、この時代において注目すべきは、朝堂の庭の使用頻度は以前より減少している反面、図書蔵辺庭・太政官庭・義部省庭のような各官衙に附く「庭」の存在がみえはじめている点である。

一方、平安時代における「庭」を含む表記やそこでの行事をみると、以下の通りである。すなわち、**庭**―政務・大嘗祭・饗宴・節会・喪礼・祈雨・法会・射礼、**庭中**―拝舞・歌舞・大祓、**殿庭**―政務・飲宴奏楽・節会・勅奉・拝賀、**前庭**―挙哀、**内庭**―拝受詔命、**中庭**―宴・読経・拝舞、**後庭**―曲宴・奏楽、**南庭**―祈願・観射・祓除、**大庭**―大祓、**射庭**―射礼、**紫宸殿南庭**―仏教行事、**仁寿殿東庭**―相撲、**冷然院南大庭**―大祓、**北殿東庭**―奏楽、**建礼門南庭**―射礼、**会昌門南庭**―挙哀、**右衛門陣庭**―詔、**祭庭**―祭祀、**掖庭**―曲宴などがみえる。また、行事の場所として使われたのではないが、朝堂院中庭・紫宸殿前庭・春興殿庭・侍従所庭中・椒庭・闕庭などの用例も確認できる。つまり、平安時代における「庭」は、右に掲げた用例からもうかがえるように、そのあり方がさらに細分化されたことがわかる。その上、仁明天皇以後から紫宸殿を始め内裏の中心殿舎に附く「庭」の用例が多くみられることも注目される。また建礼門南庭(大庭)で射礼と大祓が行われており、これは飛鳥浄御原宮の西門庭と共に門前の空間を考える上で示唆に富むと思われる。

以上、飛鳥時代~平安時代の諸宮における「庭」のあり方を考察した。史料上における「庭」を含む場所が、果たして諸宮のどこを指すのか、いわゆる比定の問題が課題として残るが、次のようにまとめることができる。

第一に、「庭」を含む表記は一貫せず、おおむね宮内の殿舎に囲まれた空間を指し、そして宮内の「庭」を含むところは一か所に限らず、複数存在していた。

第二に、「庭」は単独というより朝堂庭、殿庭などのように殿舎とともに使われた例が多くみえる。つまり、「庭」は建物と一体となって政務・饗宴・儀式の場所として用いられたと考える。

第三に、「庭」を含む表記は時代が下るにつれ、朝堂の庭のような宮内の中心殿舎に附く空間だけではなく、各官衙の空間を表す意味として使われた。

一方、このような「庭」のあり方を理解するにあたって看過できないのは、その使用頻度が高く、また政務・饗宴・儀式の中心舞台であった朝庭に対する理解であろう。したがって、ここでは朝庭の意義について考えてみたい。

朝庭は堂宇に囲まれた広場を指し、朝堂とともに朝堂院をなしている。よって、朝庭に対する検討は朝堂も視野に入れるべきである。岸俊男氏は、朝堂は百官が毎朝日の出とともに出勤して政務を行う場であったとし[(7)]、吉川真司氏は、朝堂では古くから口頭による上申・決裁が行われたと述べた[(8)]。また、朝堂院（朝堂と朝庭）は大極殿を正殿とし、即位・元正朝賀・外国使節や隼人の謁見・授位・告朔・宣命が行われる場でもあった。このさい、朝庭は、今泉隆雄氏が指摘しているように天皇が大極殿に出御し、官人たちが冠位・位階によって列立する場所であった[(9)]。すなわち、庭上では再拝を行うことによって君臣上下の秩序が確認されたと思われる。さらに豊楽院の朝庭は、橋本義則氏が述べたように、天皇と臣下とが一体となって行う饗宴や種々の芸能・行事を通じて天皇と臣下との「共同体意識の高揚の場」であった[(10)]。その上、近年吉川真司氏の研究によって朝堂・朝堂院の本質もさらに明らかになり、氏は朝堂・朝堂院は倭国の支配集団の求心的秩序を保つために不可欠な装置であって、朝堂の本質は五位以上官人の侍候空間であると主張している。[11] その他にも朝庭は、殯礼・射礼・大祓などの場として使われ、[12] まさに政務・饗宴・儀式の中心舞台であったと理解できよう。以上の朝庭のあり方がその本来の性格であることは異論ないとしても、ここでもう一つ注目したいのは、即位儀礼の一環として行われた践祚大嘗祭の中心舞台である大嘗宮が、朝庭に造営されたことである。神々を媒介とする神事である大嘗祭が、他ならぬ朝庭で行われたことは、朝庭のあり方を考えるさいに興味深い。よって、大嘗祭の意義を踏まえた上で、大嘗宮と朝庭について検討を行いたい。

二　即位と大嘗祭

古代日本の即位儀礼は、先帝が崩御し一定期間を経た後に行う儀礼と、先帝の譲位によって即日行う儀礼があるなど、そのあり方は多少複雑であった。[13] 一方、令制下における即位儀礼は、神祇令践祚条に「凡践祚之日。中臣奏二天神之寿詞一。忌部上二神璽之鏡剱一。」と定められており、また集解同条の古記に「践祚之日。答。即位之日。」とあるように践祚の義と、神祇令即位条に「凡天皇即位。惣祭二天神神祇一。散斎一月。致斎三日。其大幣者。三月之内。令二修理一訖。」や、同大嘗条に「凡大嘗者。毎レ世一年。国司行レ事。以外毎レ年所司行レ事。謂所司者。在京諸司預二祭事一者是也。」と記されているように践祚大嘗祭の義という二義からなっている。特に、右に掲げた大嘗条から「大嘗」には天皇一代に一度だけ悠紀・主基の両国司によって行われる践祚大嘗祭と、毎年京諸司によって行われる新嘗祭の二義があったことは注目される。なぜ、このように「大嘗」が二義に分けて定められたのかについては議論の余地があるものの、とりあえず辞典上での意味をみると、「新」は「ニヒ」と読み、[14] 初々しいことを指し、「嘗」は「ナメ・ナヒ・ナヘ」と読み、[15] 舌で嘗めまわすことを表す。そして「新嘗」の訓は「ニヒナメ・

ニハナヒ・ニヒナヘ・ニヒナメ・ニフナミ」で、神にその年の新穀を初めて捧げて、それを人間が賜り食べることを意味した。[16] 一方、「大嘗」は「オホニヘ」と読み、[17] ここで「オホ」とは、物事・程度・量の広大なことや物事を褒め尊ぶ意味で、新嘗祭の壮大なることを表す敬語であった。[18]

つまり、践祚大嘗祭は天皇が即位した後初めて新穀を神に捧げる新嘗祭であったことが理解できる。しかし、実際の両祭事の儀式次第は決して同一線上のものではなかった。

新嘗祭は、毎年一一月卯の日の神事と辰の日の豊明節会からなり、祭場は神嘉殿、[19] 神饌・神酒は官田から収穫された稲と粟が使われた。[20] これに対して践祚大嘗祭は、七月以前の即位であれば当年一一月、それ以後であれば翌年の一一月下の卯の日から午の日にかけて神事（卯日夜〜辰日の早暁）と直会（辰・巳両日の節会、午日の豊明節会）が行われる。そして、龍尾道南庭に造営される大嘗宮が祭場となり、神饌・神酒は悠紀・主基両国から収穫されたものが用いられた。[21] また、践祚大嘗祭は国家が挙行する祭祀のなかで最も大規模な祭祀で、[22] 神祇官をはじめ太政官、八省以下まですべての官司が関与して祭祀の準備にあたっていた。その主な次第をみると、悠紀・主基国郡の卜定→検校行事の任命→抜穂使の派遣→北野の斎場の設置→神服使の派遣→由加物使の派遣→大祓使の派遣→大奉幣及由奉幣→御禊→大祀斎戒→由奉幣・卯日の班幣・大嘗宮の鋪設及儀衛・神饌搬入・廻立殿渡御・大嘗宮渡御・国風古詞の奏・神饌・辰日宴会・巳日宴会・午日豊明節会・叙位賜禄→解斎大祓であって、[23] まさに一年を要する大神事であった。

践祚大嘗祭の初見記事は天武二年にみえ、[24] 天武天皇以後天皇の即位儀礼として定着したと考えられる。国家にとって最も大規模の神事であった践祚大嘗祭を、天武天皇が即位儀礼の一環として行った以上はそれなりの理由があったに違いなく、これは大嘗祭の本質につながる問題であると思われる。大嘗祭は多くの研究者によって論じられ、その結果、大嘗祭の意義に対する評価は分かれているが、天皇権を形成するにあたって重要な儀式であったとの認識においては概ね一致している。そのなかで代表的な研究成果を紹介したい。

池浩三氏は、大嘗祭の本義は新しく即位する天皇が神と共に新穀を相嘗する儀を通じて天孫的霊能を獲得することにあったと述べている。(25)さらに大嘗祭研究において優れた成果を成し遂げた折口信夫氏は、大嘗宮に設けられた神座の「衾」の寝具に焦点を合わせ、これを天孫降臨神話で天孫が包まれて降臨する「真床襲衾《マドコオフスマ》」とし、これに天皇が籠もることによって天皇霊を体内に取り入れたという、いわゆるマドコオフスマの論を主張した。(26)このような折口信夫氏の見解は大嘗祭を天孫降臨神話と結び付けて理解する試論となったといえる。これに対して岡田荘司氏は、寝座(神座)は神の降臨の場であって天皇といえども不可侵の「神の座」であったと指摘した。(27)一方、岡田精司氏は、大嘗祭は伝統的な王位就任儀礼ではなく治世の最初に挙行する大規模な神祭り、すなわち神座での聖婚儀礼であり、律令的国郡制支配に対応した呪術的に全国土を服属せしめる祭儀であったとしている。(28)

以上、このように大嘗祭に関する研究は、大嘗祭が天皇権形成においていかに作用したかという問題に帰結している。そして、それはいうまでもなく天皇権の神聖化・絶対化という結果を招いたと考えられる。

三　大嘗宮と「庭」

前節では、天皇の即位儀礼として践祚大嘗祭の意義について指摘した。それでは、践祚大嘗祭が新しく即位する天皇の天皇権の絶対化・神聖化を実現させるための重要な儀式であったことに問題ないとするならば、当然、その中心建物である大嘗宮が、いかにそれに対応できる建物として造営されたかについての考察も避けられないだろう。よって、本節では大嘗宮の造営について考えてみたい。

践祚大嘗祭の斎場は悠紀・主基国郡の斎場（稲実殿地）、北野の斎場、朝堂院の大嘗宮の三か所に造営された。そのなかで宮内に造営された大嘗宮の所在地は、ようやく平安時代に編纂された儀式書によってその様子が明らかになった。大嘗宮の所在地を考えるにあたってまずあげられる史料は、

『儀式』巻第三　践祚大嘗祭儀中

（前略）先レ祭十日、各大嘗宮料雑材并萱運二置朝堂第二殿前一、先レ祭七日、鎮二大嘗宮斎殿地一、其儀也。

がある。この貞観一四年（八七二）頃編纂された『貞観儀式』の記載から大嘗宮の造営に必要な雑材と萱が朝堂第二殿前に運ばれたことはわかるが、実際、どこに大嘗宮が造営されたかは明確ではない。

しかし、『北山抄』巻第五　践祚抄　大嘗会事をみると、

先レ祭七日、両国、龍尾道前造二大嘗宮一。東悠紀、西主基。先十余日。雑材等運二置第二殿前一、鎮二祭殿地一畢。諸工一時起、其宮五日内造了。

との記事がみえ、大嘗宮が龍尾道前に造営されたことがわかる。

また、『延喜式』神祇　践祚大嘗祭　大嘗宮条には、

凡造二大嘗宮一者。前レ祭七日。（中略）神祇官中臣。忌部二官人依レ次立。率二悠紀国司及雑色人等一為二一列一。亦中臣。忌部相別。率二主基国司以下一。准レ上階單行。各自二朝堂院東西腋門一入。至二宮地一。龍尾道南庭。分列二左右一。悠紀在レ東。主基在レ西。鎮二祭其地一。

とあり、『北山抄』と同じく大嘗宮の造営場所は龍尾道南庭であったことが確認できる。

すなわち、大嘗宮造営の経緯をみると、大嘗祭が行われる一〇日前に大嘗宮造営に必要な雑材と萱が朝堂第二殿前に運ばれ、その後大嘗宮は「龍尾道南庭」に祭儀七日前に着工し、五日以内に造営して、祭儀終了の午の日

には取り壊すという、まさに仮設の建物であった。

一方、これ以前の時代も大嘗宮の所在地が平安時代と同様に龍尾道南庭（龍尾道前）であったかは確かではない。なぜならば、表1からもわかるように天武天皇代～元明天皇代の大嘗祭が挙行されたことは確かであるが、どこに大嘗宮が造営されたかは記されていないからである。奈良時代に入ると、大嘗宮に関する記事は孝謙天皇―南薬園宮、淳仁天皇―乾政官院、光仁・桓武天皇―太政官院とみえ、これは大嘗宮の所在地を把握するために大きな手掛かりとなる。しかし、ここで問題となるのは「南薬園宮」「乾政官院」「太政官院」といった場所が果たして平城宮のどこに比定されるのかということである。

このように史料上ではなかなか解明できなかった大嘗宮の所在地は、一九八二年奈良文化財研究所が行った平城宮跡第一六三次調査を皮切りに次第に明らかとなった。まず、平城宮跡第一六三次調査によって東区朝堂院の朝庭で大嘗宮跡の北端部が検出され、また翌年の第一六九次調査から東区朝庭にはA・B・Cの三期にわたる大嘗宮跡が重複していたことがわかった[29]。その後、上野邦一氏によってA～Cの三期より先行する〇一期と〇二期の大嘗宮が東区朝庭に存在したと主張され[30]、これは平城宮で即位した六人七代の天皇の大嘗宮の比定問題や東区朝堂院の造営時期の問題に係わって多くの議論を引き起こした[31]。とにかく発掘成果によって東区朝庭に三期、あるいは五期にわたって大嘗宮が造営されたことは動かせない事実となった。そしてそれらの遺構と史料上にみえる六人七代の天皇の大嘗宮の所在地を対応させてみると、朝庭の外に造営された孝謙天皇の南薬園宮を除けば、ほぼ東区朝庭に造営されたことが推測できる。

その上、二〇〇四年に実施された平城宮跡第三六七・三七六次発掘調査で中央区朝庭院から大嘗宮跡とみられる臼屋（SB一八六三〇）、膳屋（SB一八六三五・SB一八六三六）、正殿（SB一八六四〇）、御厠（SB一八六四五）、

表1　大嘗祭関連記事

天皇名	即位年月日	大嘗祭年月日	内　容
天武天皇	天武二・一一・丁卯	天武二・一二・五	大嘗に侍奉れる中臣・忌部及び神官人等並びに播磨・丹後二国の郡司、亦以下の人夫等悉く禄を賜ふ。
持統天皇	持統五・一・一	持統五・一一・戊辰	大嘗す。
文武天皇	文武一・八・一七	文武二・一一・二三	大嘗す。
元明天皇	慶雲四・七・一七	和銅一・一一・二一	大嘗す。
元正天皇	霊亀一・九・二	霊亀二・一一・一九	大嘗す。
聖武天皇	神亀一・二・四	神亀一・一一・二三	大嘗す。
孝謙天皇	天平感宝一・七・二	天平勝宝一・一一・二五	南薬園宮に於いて大嘗す。
淳仁天皇	天平宝字二・八・一	天平宝字二・一一・二三	乾政官院に御して大嘗の事を行ふ。
称徳天皇	天平宝字八・一〇・九	天平神護一・一一・二二	大嘗の事を行ふ。
光仁天皇	宝亀一・一〇・一	宝亀二・一一・二一	太政官院に御して大嘗の事を行ふ。
桓武天皇	天応一・四・三	天応一・一一・一三	太政官院に御して大嘗の事を行ふ。
平城天皇	大同一・五・一八	大同三・一一・一四	朝堂院に御して大嘗の事を行ふ。
嵯峨天皇	大同四・四・一三	弘仁一・一一・一九	朝堂院に於いて大嘗を行ふ。
淳和天皇	弘仁一四・四・二七	弘仁一四・一一・一七	朝堂院に於いて大嘗を行ふ。
仁明天皇	天長一〇・三・六	天長一〇・一一・一五	八省院に御して禋祀の礼を脩す。
文徳天皇	嘉祥三・四・一七	仁寿一・一一・二三	帝八省院に於いて事ある。大嘗祭によるなり。
清和天皇	天安二・一一・七	貞観一・一一・一六	車駕朝堂院の齋殿に幸す。親ら大嘗祭を奉る。
陽成天皇	貞観一九・一・三	元慶一・一一・一八	豊楽院に御す。自ら大嘗祭を供す。
光考天皇	元慶八・二・二三	元慶八・一一・二二	朝堂院斎殿に御す。親ら大嘗祭を奉る。

(注)この表は、六国史における関連記事をまとめたものである。

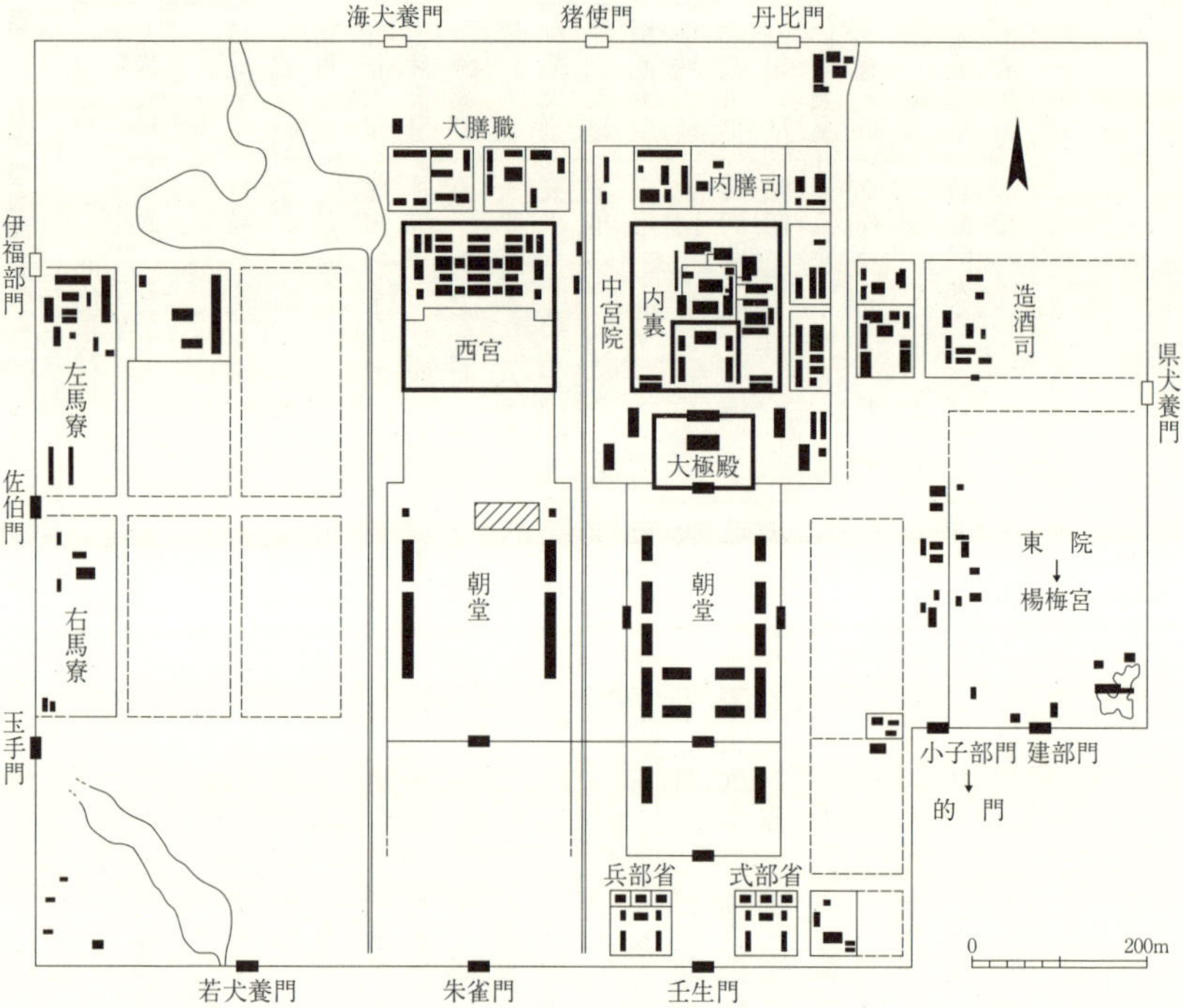

図1　平城宮発掘調査配置図（寺崎保広『古代日本の都城と木簡』に掲載された図を基に作成）

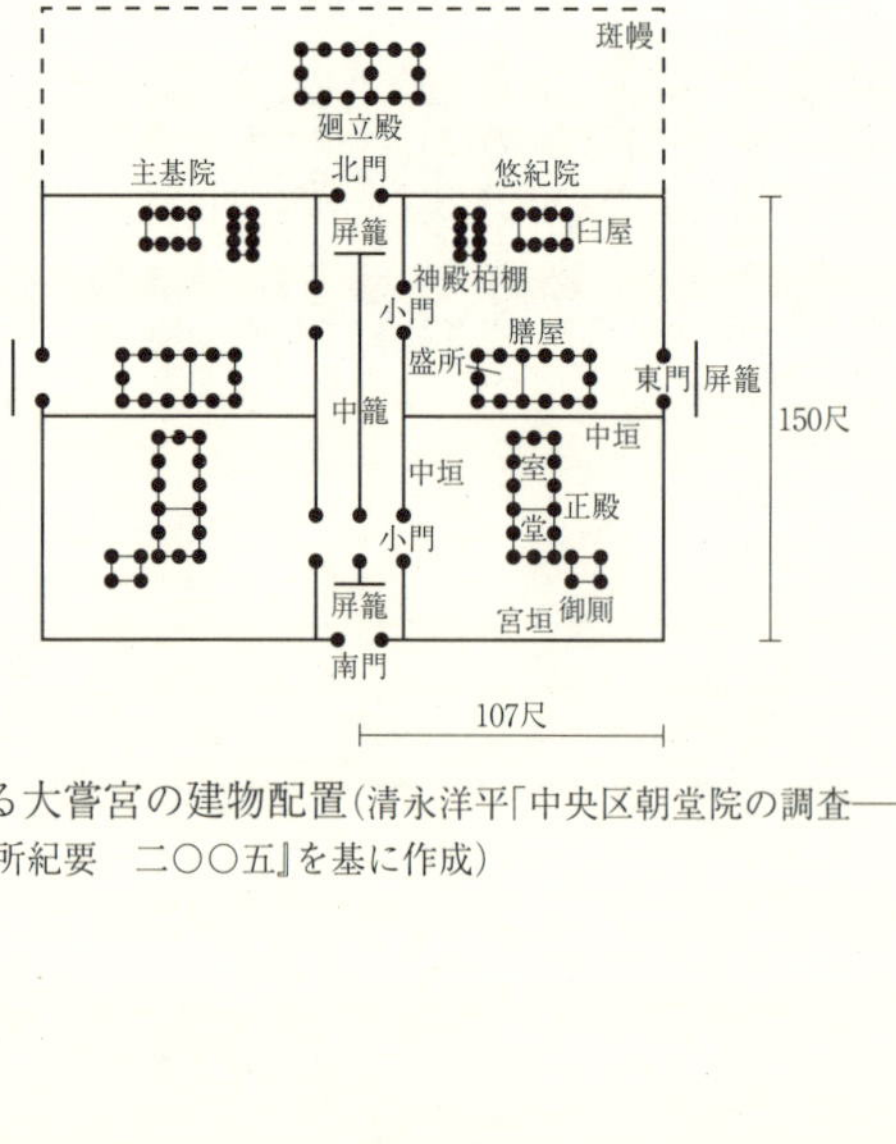

図2　『儀式』による大嘗宮の建物配置（清永洋平「中央区朝堂院の調査——第367・376次」『奈良文化財研究所紀要　二〇〇五』を基に作成）

北門（SB一八六三一）、南門（SB一八六四四）、東門（SB一八六四一）などの遺構が検出され、この遺構が称徳天皇の大嘗宮跡であることが明らかになった。また、臼屋（SB一八六三〇）と膳屋（SB一八六三五）の柱穴内から出土した土器・瓦・専などによって天平宝字年間以降～奈良時代後半、すなわち淳仁天皇以後の遺構であるとされた(32)。

以上をまとめてみると、平城宮における六人七代の天皇の大嘗宮の所在地は、元正・聖武天皇—東区朝庭、孝謙天皇—南薬園宮、称徳天皇—中央区朝庭、淳仁・光仁・桓武天皇—東区朝庭に造営されたことがほぼ確実であり、また「乾政官院」や「太政官院」は他ならぬ「朝堂院」を指す言葉であったことがわかる(33)。これに加えて東区朝堂院の建て替えの時期の問題も、聖武天皇の平城還都以後であった可能性がさらに高まったと思われる(34)。

四　大嘗宮と設《しつら》え——賢木（榊）・木綿——

大嘗宮は、一一月卯の日から午の日まで四日間の行事のために造られた仮設の建物であった。しかし大嘗宮は、臨時の建物とはいえ、それが神事を行う斎場であり、また前節で述べたように朝庭に造営されたことを考えると、その造営に関する検討は必要である。したがって、本節では大嘗宮の造営について考察していきたい。

大嘗宮の造営に関する記事は、『儀式』巻第三　践祚大嘗祭儀中に詳しく記されている。

（前略）先レ祭十日、各大嘗宮料雑材并萱運二置朝堂第二殿前一、先レ祭七日、鎮二大嘗宮斎殿地一、其儀也、神祇官中臣・忌部官人、依レ次率二悠紀国司及稲実卜部・禰宜卜部・造酒童女・焼灰等一、令レ持二鎮料雑物二輦一、入レ自二朝堂院南掖門一、酒一缶次レ之、鍬四柄裹レ布、次レ之、執下著二木綿一賢木上子弟二人次レ之、執二丈尺一工二人次レ之、到二龍尾道南庭第二堂間一、少時跪侍、悠紀在レ左、主基在レ右、于レ時焼灰率二造酒童女一参進、童女始鑽木燧、次稲実公鑽二出火一、次焼灰吹レ火、次子弟以二松明一炬レ之、東北角一人、東南角一人、所所随レ便六人、訖稲実卜部辨二備鎮物一、率二童女一先鎮二東北角一、次東門、次東南角、次南門、次中央、主基准レ此、其料庸布四段、安芸木綿一斤、几木綿二斤、堅魚・海藻各十斤、腊一斗六升、塩四升、瓶十口、食薦十枚、雑菓子五升、柏五把、宮主執二祭文一、入二南門内一、再拝両段、訖読二祝詞一、主基入二其門内一再拝、鎮畢二国童女各執下著二木綿一賢木上、捌二御殿四角并門処一、訖執二斎鍬一、国別四柄、以二布袋一、結以二木綿一。始掘二殿四角柱塪一、塪別八鍬、然後諸工一時起レ手、其宮地東西廿一丈四尺、南北十五丈、中二分之一、東為二悠紀院一、西為二主基院一（後略）

その様子を大略すると、祭祀が行われる一〇日前に大嘗宮の造営に必要な雑材と萱を朝堂第二殿前に運んでおき、祭前七日を期して土地の神を鎮める地鎮祭が行われる。この地鎮祭では稲実卜部が鎮物を弁備し童女を率いて、宮地に食薦を敷いて幣物と神饌を悠紀院・主基院の東北角→東門→東南角→南門→中央のルートで捧げる。その後、悠紀・主基両国の童女は各々木綿をつけた賢木を執って、御殿（正殿）の四角および門の建つべき地に挿し立てる。ついではじめて正殿の四角の柱坑を掘り、終われば諸工が一斉に手を下ろして大嘗宮の造営がはじまる。ここで注意を払わなければならないことは、木綿をつけた賢木が御殿（正殿）の四角と門の建つところに挿し立てられていることである。

一方、次の『延喜式』巻第七　神祇七　践祚大嘗祭　大嘗宮条には、『儀式』とは異なる記事が記載されている。(35)

（前略）二国造酒児各執二賢木一着二木綿一。竪二於院四角及門処一。訖執二斎鍬一。国別四柄、以二布袋一、結以二木綿一。始掘二殿四角柱塪一、塪別八鍬、然後諸工一時起レ手。其宮地東西廿一丈四尺、南北十五丈、中二分之一、東為二悠紀院一、西為二主基院一。（後略）

とみえ、『儀式』と比べると木綿をつけた賢木を立てるべき殿舎の位置に相違点がみられる。要するに、『儀式』

には木綿をつけた賢木が御殿（正殿）の四角と門処に立てられたとあるのに対し、『延喜式』には悠紀院・主基院の四角と門処となっているのである。これは大嘗宮の造営において、実際に区画された場所が御殿（正殿）の建物であったか、あるいは悠紀院・主基院の地面であったかの問題につながり、決して看過できないことであろう。次の史料はこの問題を解く重要な鍵となる。

大嘗祭において木綿をつけた賢木の設えに関する記事は、大嘗祭で用いられる稲のための斎田とその保管場所である斎場の造営においても確認できる。

まず、『儀式』巻第二　践祚大嘗祭義上をみると、

（前略）次使与二国司一共卜二定稲実殿地一、即以二木綿一繋二賢木一、立二地四角一、次卜二定御田六段一、田称二大田一、稲称二撰子稲一、即使及国司向二御田一、以二木綿一繋二賢木一、立二田四角一、令二夫四人守一レ之。（中略）鎮畢、使執二斎鉏・鎌一、艾二除草木一、始掘二柱穴一、其院方十六丈、以レ柴為レ垣、高四尺、以レ楉結レ之四節、門在二東方一、編二葦・楉一為レ扉、高八尺、廣一丈、院四角挿二賢木一、其内構二作雑殿一。（後略）

とあり、抜穂使と国司がともに稲実殿地（斎場）と御田六段（斎田）を卜定し、その四角に木綿をつけた賢木を立てて斎場と斎田の区域を標示している。また、稲実殿地の地鎮祭が終わった後、抜穂使は斎鉏や鎌で草木を苅り除きはじめて柱穴を掘り、方一六丈の四角に賢木を挿している。そして斎場には使政所屋・使宿屋・五間屋・造酒童女宿屋・八神殿・高萱御倉・稲実殿・物部女宿屋の八棟の雑殿舎が造営された。

つまり、抜穂使と国司によって卜定された稲実殿地と御田六段の四角に木綿をつけた賢木を立てた後、地鎮祭が終わってから院の四角に再び賢木が挿された。

そして、こうした設えは卜定された宮城の正北に造られた北野斎場においても確認できる。次の史料はその様

子をうかがわせる。

『儀式』巻第二　践祚大嘗祭義上

（前略）次応レ卜二定斎場之状牒送山城国一、至二於其日一、検校以下率二神祇官一、至二北野一卜二定其地一、其儀神祇官・悠紀・主基両国司并山城国郡司等就二荒見河一、陳二置祓物一、各五色薄絁各一尺、木綿二斤、米二升、酒一斗、薄鰒・堅魚・海藻各一連、食薦二枚、干柏六把、並国辨備、訖行事以下・雑色人以下、共就二祓場一、悠紀在レ上、主基在レ下、大祓、悠紀先発二祓詞一、次主基、訖各就二幄下一、卜二定斎場一、悠紀在レ東、主基在レ西、行事以下先同行二野中一、執二其塊一将帰卜レ之、卜訖立二標四角一、立二賢木一著二木綿一、方四十八丈為レ限。（中略）次斎場預官人等點二定斎場内外院・服院并雑殿地一、外院四十丈、内院十二丈、服院十丈、其内院悠紀在二外院西一、主基在二外院東一、服院在二両内院中間一、南去五許丈、（後略）

北野斎場での殿舎は内院・外院・神服院に区切られて造営され、外院は斎田の稲が京に到着する以前に造られたが、内院は到着後の一〇月上旬両国の国司によって造られた。しかし、内院の造営においては「次鎮二稲実殿地一、（中略）鎮畢造酒童女先執二斎鉏一掃レ地、并掘二院垣四角柱穴一、先艮、次巽、次乾、役夫終レ之、（中略）次始作二内院雑殿一、造酒童女執二斎鉏、掘二稲実殿四角柱穴一」とあり、稲実殿地の地鎮祭が終わった後に、造酒童が四角に木綿をつけた賢木を立てるような行為は見あたらない。造酒童女はすぐ斎鉏を執って地をはらい、内院の垣が造作される四角の柱穴や、稲実殿の四角の柱穴を掘っているだけである。ここでなぜ、内院（方一二丈）と外院（方四〇丈）の規模が合わせて方四八丈をも越えているにも拘わらず、方四八丈の四角に木綿をつけた賢木の標を立てたのか。また、斎場の中心建物である内院に木綿や賢木の設えは施されなかったという疑問も生じる。しかし、これは大嘗祭の全体構造から考えると、北野斎場の造営においても斎場の境界を、木綿をつけた賢木によって区画されたことは確実であり、このような認識の下で理解するならば大した問題にはならないと思われる。

特に、悠紀・主基両国の稲実殿地（斎場）と御田六段（斎田）、北野斎場で確認されたように、木綿をつけた賢木が建物ではなく区画される地面の四角に施されたことは、大嘗宮の造営を考える場合において示唆に富むと思う。言い換えれば、大嘗宮の場合にも、『儀式』にみえる御殿（正殿）の四角と門の建つところよりは、『延喜式』にみえる悠紀院・主基院の四角と門処に木綿をつけた賢木が挿し立てられた可能性が高いと考えられる。

それでは、このように木綿をつけた賢木を挿し立てることには、いかなる意味があったのであろうか。次に賢木と木綿について考察していきたい。

賢木は、榊とも言い、訓は「サカキ」であって(36)、ツバキ科の常緑樹で長さは四尺余りの葉のついた枝に近いもので、古代の人々によって神事のさいに用いられた(37)。例えば、園韓神祭で山人は榊を持って現れ、その榊が斎場の中央に立てられたことや、賀茂葵祭において榊が賀茂の神霊の依り代と見なされたことは、賢木（榊）が神霊の宿る木として考えられていた証拠であろう(38)。

一方、木綿は、訓は「ユフ」で(39)、こうぞ（楮）などの皮をはぎその繊維を蒸して水に浸し、さらに細かく裂いて糸としたものである。そして賢木（榊）の枝につけて垂らしたり、手に持ったり、たすきにしたりして神事に用いられた(40)。賢木（榊）や木綿に関する記事は、古典や史料上にも確認できる。

『萬葉集』巻三―三七九

久堅之《ひさかたの》　天原従《あまのはらより》　生来《あれきたる》　神之命《かみのみこと》　奥山乃《おくやまの》　賢木之枝尓《さかきのえだに》　白香付《しらかつけて》　木綿取付而《ゆふとりつけて》　齊戸乎《いはひへを》　忌穿居《いはひほりすゑ》　竹玉乎《たかたまを》

繁尓貫垂《しじにぬきたれ》　十六自物《ししじもの》　膝折伏《ひざおりふして》　手弱女之《たわやめの》　押日取懸《おすひとりかけ》　如此谷裳《かくだにも》　吾者祈奈牟《あれはこひなむ》　君尓不相可聞《きみにあはじかも》

反歌『萬葉集』巻三―三八〇

木綿《ゆう》畳《たたみ》　手取持而《てにとりもちて》　如此谷母《かくだにも》　吾波乞嘗《あれはこひなむ》　君尓不相鴨《きみにあはじかも》

この歌は、大伴坂上郎女が祖先の天忍日命《あめのおしひのみこと》を祀るさいに、奥山の榊の枝に木綿を取り付けて祈りを捧げている内容で、木綿を取り付けた榊は祖霊の宿る木として用いられたことがうかがえる。それに、反歌においても木綿畳を手に取り持って祈りを捧げている。

また、『萬葉集』巻七―一三七八

木綿懸而《ゆふかけて》　斎此神社《いはふこのもり》　可超《こえぬべし》　所念可毛《おもほゆるかも》　恋之繁尓《こひのしげきに》

の如く、神社に木綿を懸けることはそこが神域であることを表すための設えであった。その他にも、木綿をつけた賢木が神域の結界であることを示す設えとして用いられた例は、『延喜式』巻第五　神祇五　木綿賢木条「凡斎宮諸門。常立下著二木綿一賢木上。月別立替。所レ須木綿一斤。麻八両。」や、同定斎王条の「神部以二木綿一著二賢木一。立二殿四面及内外門一。賢木。木綿所司儲之。」にもみえ、伊勢太神宮の諸門には常に木綿をつけた賢木を立てることによって神域として区分したのであろう。

ちなみに、賢木（榊）に対する理解を深めるため、いい材料となるのが斎串である。斎串とは、祭祀に用いられる神聖な串を指し、「削り掛け」や「挿幣帛木」と称された。その形態は長さ二〇～三〇センチ、幅一・五～二・五センチで、上端部を圭頭状にし、下半部を鋭く尖らせている。そして左右の肩の部分に刀子で上から斜め下方に向けて切り込みが入っている。この斎串を地面に突き刺すことにより、それに囲まれる一定の空間は外側と区別された空間となる。[41] 黒崎直氏は、萬葉集に歌われた斎串は大きく聖域を画するものか、あるいは供物を標示するるのかに区分されるとし、特に、斎串の本義は神の依るという「神聖な木」であったと指摘した。[42] こうした黒崎氏の主張を裏付けるような祭祀遺構が、一九八四年に山形県飽海郡八幡町俵田遺跡で検出された。遺構の四方約五メートルの範囲内で人面墨描土器、須恵器小甕、木製の人形・刀形・馬形・斎串などの一二〇点の遺物が検出され、斎串が祭祀に用いられた可能性を示した(43)。

一方、木綿や賢木のような設えはこうした画すべき空間だけではなく、神聖なる品にもつけられた。例えば、悠紀・主基両国の斎田で収穫された稲穂などを上京するさいに、その列次をみると、「合別実二御稲一束一、二合為レ荷、荷別有二四脚一、以二木綿・賢木一挿二籠上一」とあって、御稲が納められた籠の上に木綿と賢木が挿されている。これは刈り上げた稲実を霊物として見なした認識からであろう。

また、「上道向レ都、其行列健児四人各執二白木一、左右列立、後陣健児亦同、子弟四人執下著二木綿一賢木上、後陣健児亦同、次レ之、禰宜卜部当レ途而列、稲実公著二木綿鬘一次レ之(44)」の列行の諸人のなかには、白木をもつ健児、木綿をつけた賢木をもつ子弟、木綿鬘をつけた稲実公がみえる。これらは神の神聖を標示するものであったと考える。つまり、木綿や賢木（榊）は神霊の宿る木や神域、あるいは神聖なる品であることを表すものとして用いられたことがわかった。

以上、大嘗祭における悠紀・主基両国の斎田と斎場・北野斎場・大嘗宮の正殿の四角や門処には木綿をつけた賢木（榊）が挿し立てられ、それによって外側と画された神聖なる空間が造られたことを明らかにした。

おわりに

以上、王宮における「庭」のあり方の考察を行った上で、朝庭に造られた大嘗宮について検討してきた。相当の部分において推測が多いが、その内容をまとめておきたい。

「庭」を含む表記は、おおむね宮内の殿舎に囲まれた空間を指し、また宮内の「庭」を含むところは一か所に限らず、複数存在していたことがわかった。すなわち、「庭」は建物とのつながりを通じて一定の空間を形成し、それと一体となって政務・饗宴・儀式の場所として用いられたことが再確認された。特に、「庭」を含む場所のなかで朝庭は政務・儀式・饗宴の中心舞台として用いられたが、その他に臨時的ではあれ践祚大嘗祭においては神々を媒介とする神事の場となり、仮設の大嘗宮が造られた。そして大嘗宮が具体的にはいかにして神事の場となり得たかについて考察を試みた結果、悠紀院・主基院の四角と門処には、神霊の宿る木や神域を表す木綿をつけた賢木（榊）が挿し立てられ、こうした設えによって外側と画された神聖なる空間が造られたことが明らかになった。こうした性格をもつ践祚大嘗祭は、天皇権の神聖化・絶対化をアピールするにあたって充分にその役目を果たしたに違いないと考えられる。

本稿での検討は、推測に立脚するところが多かっただけに、残された課題も少なくない。特に、史料上にみえる「庭」を含む場所と、実際の諸宮におけるその所在地の問題については検討できなかった。これは文献史料だけでは解明し難く今後の考古学の発掘成果が期待される。しかし、そのさい、注意すべきことは飛鳥京の場合である。後代においては朝庭で行われたはずの行事が、斉明朝においては須弥山の園池、すなわち石神遺跡が饗宴の場となり、また飛鳥寺の西側が服属儀礼の場として使われたことは、それらの空間が朝庭の補助的な役割を果たしていた可能性をうかがわせる。したがって、飛鳥京において「庭」は宮内だけではなく、宮の周辺にも存在していたと考えられる。

（1）岸俊男『日本古代宮都の研究』（岩波書店、一九八八年）、今泉隆雄『古代宮都の研究』（吉川弘文館、一九九三年）、福山敏男「大極殿の研究　朝堂院概説」（『福山敏男著作集五　住宅建築の研究』中央公論美術出版、一九八四年。初出は一九五五年）、古瀬奈津子「「政治の場」と儀式・政務」（『日本古代王権と儀式』吉川弘文館、一九九八年）、同氏「「政治の場」と儀式・政務――宮の構造と政務運営法――内裏・朝堂院分離に関する一考察」（『日本古代王権と儀式』吉川弘文館、一九九八年）、橋本義則「平安宮草創期の豊楽院」（岸俊男教授退官記念会編『日本政治社会史研究　中』塙書房、一九八四年）、井上亘「朝政・朝議の形成と展開」（『日本古代朝政の研究』吉川弘文館、一九九八年）、仁藤敦史『古代王権と都城』（吉川弘文館、一九九八年）、寺崎保広『古代日本の都城と木簡』（吉川弘文館、二〇〇六年）、早川庄八「前期難波宮と古代官僚制」（『思想』七〇三号、一九八三年）、吉村武彦「古代における宮の庭（一）」（『千葉大学教養部研究報告』A―一八(下)、一九八六年）などによる。

（2）『和名類聚抄』に「庭、邇波《ニハ》　屋前也」とみえる。また、「場」や「壇」の訓も「ニハ」であった（『類聚名義抄』）。

（3）『大漢和辞典』によると、「庭」の意味は堂の正面下のひろば、朝廷、役所、宮中、禁裏、家内、かりば、邸内に樹木泉石を配置して観賞するところ、ばしょ・ところである。一方、『正字通』には「庭」と「廷」の両字について「廷、古者廷不レ屋、諸侯相朝雨沾レ衣失レ容則廃、後世始屋レ之、故加レ广、廷・庭。實一字也。」とあって、廷には屋根がなかったため、諸侯が朝する時、雨が降り、衣が濡れて容を失い、それで朝を廃したが、後世になってはじめて廷に屋根をかけることになったので廷に广を加えたとされている。したがって、廷・庭は実は同字であると考えられる。

（4）各時代における「庭」のあり方は、六国史をはじめ『類聚国史』、『日本紀略』、『大日本古文書』の分析結果によるものである。その他に、「庭」の表記のなかには「蘇我馬子宅庭中」（皇極三四年五月戊子条）、「百済寺南庭」（皇極元年七月庚辰条）のように宮外の場を指す用例もみえる。なお、本稿において飛鳥時代は五九二～七一〇年、奈良時代は七一〇～七九四年、平安時代は七九四～八八五年（光孝朝）までとする。

（5）一方、「庭」の用例には、「近江朝庭」（天武元年六月辛酉条）のように某朝庭といった表記も存在し、この用例は以後にも表れる。これには該当天皇の統治時代だけではなく、天皇が居住し政務を行う場所としての全体的な宮を指す意味が含まれていると考える。

（6）『日本書紀』天武四年正月壬戌条の「公卿大夫及百寮諸人。初位以上。射二于西門庭一。」、同五年正月乙卯条の「乙卯。置レ禄射二于西門庭一。中的者則給レ禄有レ差。」がある。

（7）岸俊男「朝堂の初歩的考察」（『日本古代宮都の研究』岩波書店、一九八八年）。

（8）吉川真司「律令国家の政務と文書」（『律令官僚制の研究』塙書房、一九九八年）。

（9）今泉隆雄「平城宮大極殿朝堂考」（『古代宮都の研究』吉川弘文館、一九九三年、初出は一九八九年）。今泉隆雄氏は、大極殿・朝堂で行った政務・儀式・饗宴を、次の①大極殿—朝堂型…即位、朝賀　②大極殿—十二朝堂の朝庭型…告朔、選叙などの宣命宣布　③大極殿—十二朝堂型…朝政　④閤門—四朝堂型…正月元日・七日・一六日の饗宴、大嘗・新嘗祭の饗宴、その他の饗宴、と四類型に分類している。

（10）註（1）橋本義則前掲論文。

（11）吉川真司「王宮と官人社会」（上原真人・吉川真司等編『列島の古代史　ひと・もの・こと3　社会集団と政治組織』岩波書店、二〇〇五年）。吉川真司氏は、朝堂の上申・決裁は太政官曹司（官政）→外記庁（外記政）→南所（南所申文）→内裏陣座（陣中文）へ遷移したとしている。

（12）大日方克己『古代国家と年中行事』（吉川弘文館、一九九三年）、和田萃『日本古代の儀礼と祭祀・信仰　上・下』（塙書房、一九九五年）。

（13）天皇歴代の即位儀礼は、桓武天皇までは（称制の後に即位した天智・持統を除き）、先帝の崩御の場合には一定の期間の喪礼を経て大葬を終わった後、そして孝徳よりはじまった先帝譲位の場合には即日に践祚（＝即位）の儀を行い、その後践祚大嘗祭を行うのが通例されている（日本思想大系新装版『律令』神祇令補注参照）。一方、荒木敏夫氏は、即位儀礼は律令以前の六世紀から七世紀後半までの「即位」だけが儀礼として行われていた段階、七世紀末の天武・持統期から八世紀の「即位儀」と「大嘗」儀礼の二つの儀礼からなる段階、奈良時代にいたり新たに「践祚」・「即位儀」・「大嘗」の三つの儀礼からなる段階に分化したとする（荒木敏夫「古代王権と儀礼」、『日本古代王権の研究』吉川弘文館、二〇〇六年）。その他に、井上光貞「古代の王権と即位儀礼」（『日本古代の王権と祭祀』東京大学出版会、一九八四年）、加茂正典『日本古代即位儀礼史の研究』（思文閣出版、一九九九年）がある。

（14）「尓比嘗屋《ニヒナヘ》に生い立てる」（『古事記』雄略紀）や「おもしろき　野をばな焼きそ　古草に　新草《ニヒくさ》交じり　生ひは生ふるがに」（『万葉集』第一四—三四五二）

(15)「七年聞レ之嘗《ナメヅリ》レ舌飲レ唾」(『霊異記』中五話)。
(16)『類聚名義抄』、『時代別国語大辞典　上代編』(三省堂、一九六七年)より。
(17)「離二天照大御神之営田之阿一、埋二其溝一、亦其於下聞看大嘗《おほにへ》一之殿上屎麻理散一」(『古事記』神代)、「侍二奉大嘗《おほにへ》一」(『日本書紀』天武二年一二月戊午条)。
(18)『古語大辞典』、『時代別国語大辞典　上代編』より。
(19)『儀式』巻第五　新嘗会儀、『延喜式』巻第一二　中務省　小忌侍従条。
(20)『延喜式』巻第三一　宮内省　大斎条。
(21)『延喜式』巻第七　神祇七　践祚大嘗祭。
(22)『延喜式』巻第一　四時祭上　祭祀大中小条に「凡践祚大嘗祭為二大祀一。祈年。月次。神嘗。新嘗。賀茂等祭為二中祀一。大忌。風神。鎮花。三枝。相嘗。鎮魂。鎮火。道饗。園韓神。松尾。平野。春日。大原野等祭為二小祀一。」とある。
(23)『儀式』巻第二　践祚大嘗祭上〜巻第四　践祚大嘗祭下、『延喜式』巻第七　神祇七　践祚大嘗祭、川出清彦『祭祀概説』(学生社、一九七三年)。
(24)『日本書紀』天武二年一二月戊戌条。
(25)池浩三『祭儀の空間——その民俗現象の諸相と原型——』(相模書房、一九七九年)。
(26)折口信夫「大嘗祭の本義」(岡田精司編『大嘗祭と新嘗』学生社、一九七九年)。
(27)岡田荘司「大嘗祭——〝真床覆衾〟論と寝座の意味——」(『国学院雑誌』九〇巻一二号、一九八九年)。
(28)岡田精司「古代王権と宮廷祭祀」(『古代王権の祭祀と神話』塙書房、一九七〇年)、同氏「大王就任儀礼の原形とその展開——即位と大嘗祭——」(『日本史研究』二四五号、一九八三年)。同氏『古代祭祀の史的研究』(塙書房、一九九二年)。
(29)奈良国立文化財研究所『平城宮発掘報告XI』(一九八二年)、『奈良文化財研究所年報　一九八六』(一九八六年)。巽淳一郎「平城京東区朝堂院において検出した大嘗祭の構造について」(『日本歴史』四五一号、一九八五年)。
(30)上野邦一「平城宮の大嘗宮再考」(『建築史学』二〇号、一九九三年)。
(31)註(9)今泉隆雄前掲論文、保坂佳男「朝堂院の変遷について——太政官院としての把握より見たる——」(『国史研究会年報』五号、一九八四年）。寺崎保広「平城宮における大嘗宮と西宮についての覚書」（『古代日本の都城と木簡』吉川弘文館、二〇〇六年）。

(32) 清永洋平「中央区朝堂院の調査――第367・376次」（『奈良文化財研究所紀要　二〇〇五』）。寺崎保広「新出資料と〝古代史像の見直し〟について」（国史談話会大会公開講演、二〇〇四年）。同氏「平城宮における大嘗宮と西宮についての覚書」（『古代日本の都城と木簡』吉川弘文館、二〇〇六年）。金子裕之「平城宮・大嘗宮の諸問題」（国士舘大学考古学会編『古代の信仰と社会』六一書房、二〇〇六年）。

(33)「乾政官院」は藤原仲麻呂が唐の則天武后や玄宗にならって唐風に官名を改めたもので、「乾政官院」と「太政官院」は同一の施設であったと考えられる。その用例をみると、天平宝字三年（七五九）九月戊寅条の「乾政官奏」、同四年（七六〇）正月丙寅条の「乾政官大臣」、同五年（七六一）三月丙戌条の「乾政官奏」、同七年（七六三）二月癸未条の「乾政官処分」、同八年（七六四）七月甲寅条「乾政官符」、同八年（七六四）九月癸亥条の「乾政官符」などがみえる。一方、「太政官院」の用例は、延暦四年（七八五）正月に桓武天皇が長岡宮の大極殿の完成によりはじめて朝を受け（丁酉、天皇、御二大極殿一受レ朝）、また、同八月には太政官院の垣を築いた大秦公忌寸宅守に授位する内容（乙酉、授二従七位上大秦公忌寸宅守従五位下一、以レ築二太政官院垣一也。）や、延暦五年（七八六）七月に「太政官院」で百官の座が設けられた記事から（丙午、太政官院成。百官始就二朝座一焉。）「太政官院」が「朝堂院」を指す言葉であったことがわかる。

(34) 註(32)寺崎保広前掲論文。

(35) 悠紀・主基両国の悠紀とは「斎忌（斎み清まわる意）」、「斎城（聖域の意）」であり、主基は「次（ユキに次ぐ意）」と解される。

(36)『類聚和名抄』に「坂樹、日本紀私記云、天香山之真坂樹、佐加木《さかき》・龍眼木、佐賀岐《さかき》」とあり、『新撰字鏡』には「榊・杷・椗三字佐加木《さかき》・龍眼、佐加木《さかき》」とされている。

(37) 和田萃「呪符木簡の系譜」（『日本古代の儀礼と祭祀・信仰　中』塙書房、一九九五年）。また、今泉隆雄氏によれば、古代日本において常緑樹のスギ・カシ・ツバキや、落葉樹の槻・カツラなどは神の依り代として使われたとされる（今泉隆雄「飛鳥の須弥山と斎槻」（『古代宮都の研究』吉川弘文館、一九九三年）。

(38) 倉林正次「大嘗祭の成立」（岡田精司編『大嘗祭と新嘗』学生社、一九七九年）。また、倉林正次氏は賢木（榊）の用例として賀茂葵祭をあげられている。すなわち、賀茂葵祭の斎場は神社の北方、丸山の麓の御生野《ミアレノ》があたえられ、そこには大規模な神籬《ヒモロギ》が作られる。また方八メートルの四囲を松・檜・榊などで高さ二メートルに覆い、全面には葵桂のかずらを飾りつけ、その中央に四手をつけた榊をたてる。この神籬は神霊をそこに宿し出現せしめるための場所であったとした。

(39)『類聚和名抄』に「木綿由布《ゆふ》、折レ之多白糸者也」とある。

(40)『時代別国語大辞典　上代編』より。

(41)註(37)和田萃前掲論文。

(42)黒崎直「斎串考」(元興寺仏教民俗資料研究所考古学研究室編『古代研究』一〇号、一九七七年)。

(43)山形県教育委員会「俵田遺跡　第2次発掘調査報告書」(『山形県埋蔵文化財調査報告書』七七集、一九八四年)、佐藤庄一「山形・俵田遺跡」(『木簡研究』八号、一九八六年)。

(44)『儀式』巻第二　践祚大嘗祭義上。

信長の本能寺〝御殿〟について

今谷　明

はじめに

既報（『京都新聞』二〇〇七年八月七日付朝刊第一面、他紙は同日夕刊か翌日朝刊）[1]のように、信長が明智光秀の大軍に襲撃されて自殺した当時（天正一〇年＝一五八二）の本能寺の遺構が、初めて発掘され、信長が同寺境内に〝織田御殿〟ともいうべき屋敷を構えていたことが推測されるに至った。本稿では遺構・遺物の概略を紹介すると共に、文献による裏付けを行い、「織田御殿」が信長の王権による京都支配上、如何なる意義を有していたかを考察したい。

一　遺構の状況

1　旧本能寺の東側、池須町の遺構

本能寺は、天正一八年（一五九〇）の秀吉による都市改造で寺町通の現位置（中京区寺町御池下ル東側）に移転さ

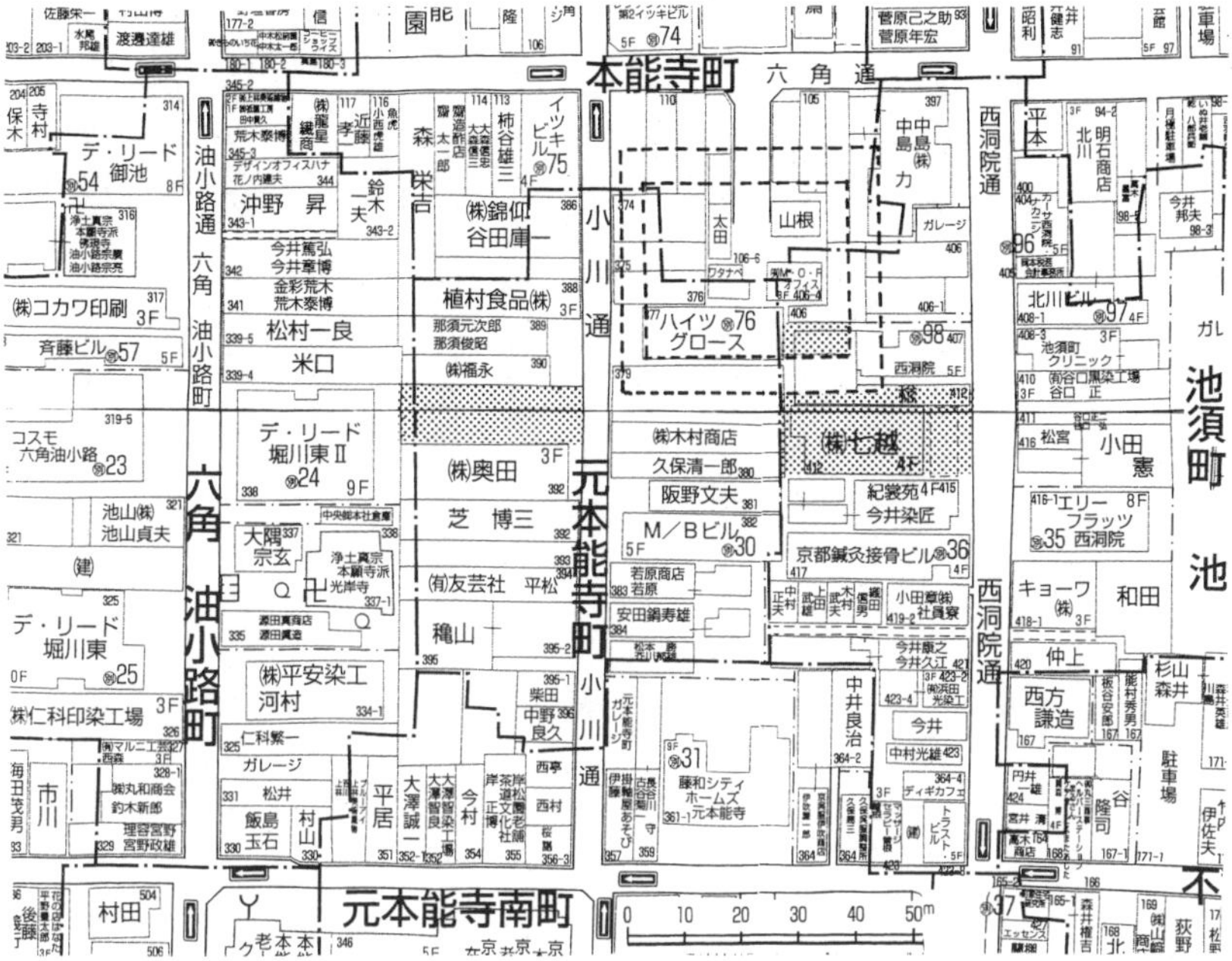

図1　本能寺址の発掘現地（アミ目部分）とL字型の堀

せられた(2)。信長が襲撃にあった天正一〇年の段階では、現地より西南方の西洞院六角通西南方（正確には北が六角通、南が蛸薬師〔＝四条坊門〕通、東が西洞院通、西が油小路通に囲まれる方（条坊）一町の範囲、現京都市中京区池須町、本能寺町、元本能寺町、元本能寺南町、六角油小路町の一帯）にあった。堀川蛸薬師を東へ入ると、右手に堀川高校、次いで特養ホームの新しい建物があるが、旧本能寺はそのホームの北側一帯である。特養ホームの東北角（小川通蛸薬師）に「此附近　本能寺」を刻した石碑が立つが、遺構は石碑から蛸薬師通を隔てた北側にある(3)。

さて、遺構は旧本能寺境内の中央東寄り、二箇所の東西方向に短冊型の用地で、偶然にも二〇〇七年八～九月にかけて相次ぎ発掘が行われた。うち重要なのは東側の池須町（地番は同町四一二番地）遺跡で、付図のように、東西方向から北転するL字型の堀が確認された。東西方向の堀は、境内の中央よりやや北寄りを走っており、西洞院通りの一〇メートル近く手前で真北方向に転じている。当時、西洞院通西側には、自然河川である西洞院川が南北に走っており(4)、その川を外堀と見立てれば、その内側に内堀が築かれていたことになる。

池須町遺構の発掘はマンション建設に伴うもので(5)、西洞院通の六角と蛸薬師のほぼ中間西側を間口とし、間口幅約一七メートル、奥行三〇余メートルの矩形と、奥北側に一〇余メートル四方の方形を連接した、いわばL字型の敷地約七〇〇平方メートルを発掘した（新聞には一二三〇平方メートルとあったが、これは堀周辺の調査面積であろう）。L字型の堀は、奥北側（発掘敷地＝調査地の西北方形部）から発見された。堀の状況は同紙によると、

堀跡はL字形の部分が見つかった。幅六メートル、深さ一メートルで護岸が底に向けて斜めに落ち込んだ形。石垣は長さ約二メートルほどが残り、六〇―八〇センチ程度の川原石七個を平らな面をそろえて三段に積み、すき間に小石を丁寧に詰めていた(6)。

とあり、調査代表の吉川義彦氏によると、「石垣の丁寧な造りは職人技(7)」と、技巧を尽した施工だったようである。堀は調査地奥北部から発見され、幅六メートルで、この奥北部の南半が東西方向の堀に当り、南北方向の堀もその西側がわずかの幅で見出された。すなわち、西へ伸びる東西方向の堀がこの調査地奥西部で北転し、北へ伸びているのである。

次に、出土遺物中、最も注目されたのは瓦で、それについて『京都新聞』は、

瓦は、底にたまったヘドロの上に大量に埋まっており、境内を整地するため一斉に廃棄したとみられる。瓦には焼けてレンガ色になっているものもあったが、全く焼けていないものもあった(8)。

と報じている。要するに、幅六メートルの堀の底に大量の瓦が投棄されており、焼け瓦もかなり出土した。その

瓦について、同紙は、
瓦の中に、「能」の異体字で「ヒ（火）を避ける」意味で、現在も本能寺で使われる「䏻」の字を記した丸瓦があり、本能寺の瓦であることが裏付けられた。

とある。瓦がどの建物の瓦であったかは微妙なところで、後に検討するとして、やはり堀の中から出た伴出土器について、

堀跡からは十六世紀中ごろの土器《かわらけ》が見つかったが、詳細な年代分析が終っておらず、堀ができた時期は不明。上層に十七世紀前半の整地層があり、焼け瓦は本能寺の変の火災に伴う可能性が極めて高いという。

（『京都新聞』八月七日付一面）

と報道されている。吉川代表に筆者が聴き得た談によれば、土器は一六世紀後半の可能性が高く、また吉川代表の談として同紙に、

焼けた瓦は全体の半分程度、寺は半焼程度だった可能性が高い（同紙八月七日付一面）。

と報ぜられている。要するに焼けた瓦については、天正一〇年（一五八二）六月の事変に伴う火災による可能性が極めて高い、ということであろう。

なお、L字型堀の内側（西北側）の状況は、右述の一七世紀前半の整地によって攪乱されており、堀築造時の建物の手掛りとなる遺構は見出されなかったという。

2　旧本能寺の中央西寄り、元本能寺町遺構

池須町遺構から西方へわずかに三〇数メートルを隔てた元本能寺町三九一番地の土地で、偶然にも池須町発掘

の翌月、二〇〇七年九月にマンション建設に伴う発掘が行われた。調査地は旧本能寺境内の中央を南北に貫通する小川通の西側に間口があり、幅は約一〇メートル、奥行が西へ向って三〇メートル余の短冊型矩形の土地である。池須町の堀の南縁を西方へ延長すれば、この元本能寺町三九一番地の用地に交わるため注目され、京都市埋蔵文化財研究所の手で発掘調査が行われた。近辺の住民向けに現地説明会が行われ、資料も配布されたが、筆者も新聞社記者も現段階では入手していない（後に入手、註9参照）。いずれ発掘報告書を待ちたいが、差当り、『京都新聞』の発表記事[9]により概略を述べる。

結論からいって、堀の痕跡は全く出土しなかったのである。若干の柱穴・礎石の裏止め程度は出たらしいが、本能寺の変当時の建物を明確に推測させる遺構では必ずしもなかったようだ。そこで、池須町から出土したL字型の堀は、小川通手前で北転し、同通より西側に伸びていないことが明らかとなった。よって堀は、西洞院通より一〇メートル西寄りの南北線と、小川通、北は六角通に挟まれたほぼ正方形の、いわゆる単郭城塞型の堀と推測されるに至った。堀の内側の方型空間は、約四〇メートル四方の敷地であったと見られる。その方形敷地に、どのような建物が建っていたかは、文献史料の検討のあとに考察したい。

二　文献史料の考察

1　洛中還住後の本能寺と堀

池須町の遺構に於て、最も注目されたことは、L字型の幅六メートルの堀と石垣（高さ一メートル）が発掘されたことであった。一メートルの石垣というのは大変浅く、城郭用の堀などではないと推定されるが、それにしても石垣の固め方の丁寧さといい、寺院の堀としてはやや異例である。しかも、その石垣・堀が、本能寺全域を囲う堀ではなく、境内東北隅の、面積にして四分の一弱の範域を囲むものであることが推測されている。堀の年代は、伴出土器から一六世紀後半と推定されているが、堀構築の背景をさぐるため、天文法乱後の法華寺院の状況と本能寺再建について、簡単にふり返っておこう。

天文五年（一五三六）六月下旬の天文法華の乱後[10]、山門延暦寺や近江守護六角氏の厳しい圧力によって、法華寺院・衆徒は和泉堺へ追放され、洛中に於る布教は厳禁された。乱では上京の一部と下京の略々全域が焼失したのであるが、その余烬さめやらぬ同年閏一〇月、執政細川晴元は、次の三条の禁制札を町の辻々に建てた[11]。

一、日蓮衆僧の集会・洛中洛外の徘徊

一、日蓮宗の牛王推札の家

一、日蓮宗諸寺再興

この後、法華寺院と日蓮党は京都から姿を消したが、六年後の天文一一年（一五四二）一一月、帰洛を勅許する後奈良天皇の綸旨が出された[12]。翌年より早速日蓮宗寺院は故地に再建を始めた[13]。本能寺はやや遅れ、前述の如く天文一四年に土倉沢村より新用地を買得し、同年直ちに再建にかかった[14]。その後、山門が同一五年に紛議をもちかけ、同寺の再建に横槍を入れ、これが近江守護六角氏の調停により落着したのは天文一六年二月のことであった[15]。この時の和与の条件は、紫色の袈裟着用禁止等、主として法衣に関するものであったが、山門に祭礼用脚千貫の納入を規定する他、「諸宗誹謗事」として折伏を厳しく禁じており、依然として日蓮党の一揆的行動に警戒を怠らぬものであった。

右のような還住再建の状況にあって、日蓮宗寺院に堀のような防禦的、軍事的施設の構築が果して可能であったのだろうか。池須町遺跡出土の堀の成立年代を考える上で参考になると思われるのは、平成六年度（一九九四）

発掘の本圀寺の遺跡であろう。当遺跡は現在西本願寺の敷地内であるが、平成初年に本願寺聞法総合施設が建設されることになり、京都市埋蔵文化財研究所の手で発掘調査が行われた(16)。室町戦国期の本圀寺は南北が六条坊門と七条大路、東西が堀河小路と大宮大路に挟まれる広大な敷地であり、現西本願寺はすっぽり右域内に収まることから、発掘前に「本圀寺に関する資料が得られるもの」と期待されていた。果して発掘の結果は、旧本圀寺（天文法乱以前）の東側堀が出土したのである。右報告書は、中世本圀寺遺構について、

室町時代の遺構には、堀、土壙、溝、柱穴、井戸がある。溝1（堀）は南北約34mにわたって検出した。それぞれ調査区外に延長し検出面での規模は幅約6m、深さ約2m、断面形は台形を呈する。出土遺物より16世紀中頃には一旦埋没するものの、最上層には江戸時代後半の遺物も含まれることから、規模を縮小しながらも長期にわたって機能し続けたものと推定できる。埋土の観察から水流の痕跡はごく底部にしか認められず、いわゆる空堀であったようである。また、堀の底部では橋脚とみられる柱および柱跡も出土した。（土壙以下略す）

と述べている。次にこの堀から出土した瓦について、

溝1（堀）と江戸時代の大型遺構出土の瓦類が約半数をしめる。瓦類には軒丸・軒平瓦、丸・平瓦、塼、鬼瓦などがあり、明らかに本圀寺所用の瓦である「本国寺」「大光山」「大光山本国寺」「大光山本圀寺」銘の瓦も多数出土した。このほか室町時代以降の瓦類の多くも本圀寺に関係する瓦であろう。

と、本国寺銘の瓦出土を報じ、堀が法乱以前の本圀寺東縁堀であることを明らかにした。結論として、同報告書は、

今回の調査で検出した室町時代および江戸時代の遺構は、本圀寺に関係するものである。溝1（堀）は寺域

の東限に位置し、法華の乱の際にいったんは埋没したものと推定できる。調査地点に北接する現東急ホテル建設に伴う調査でも、法華の乱前後の遺物を多量に含む堀を検出しているが、これらはほぼ同時期に機能していたものだろう。

としめ括っている。法乱後に一旦埋没させられた堀が、いつ掘り戻されたかについて、調査に関係された吉川義彦氏の談によると、洛中還住で掘戻された等という短期の埋没でなく、はるか後年、恐らく江戸時代に至って堀が復活したのである旨、言明された。洛中還住時の山門の厳しい統制といい、軍事施設につながる堀の復活は有り得ないと推測される。元亀二年（一五七一）の山門焼打で、延暦寺が壊滅して以降の可能性があるものの、文献や遺物から推して想定し難い。以上の点から、法華寺院の洛中還住（天文一六＝一五四七）以後、山門の圧力その他もあって、日蓮宗各寺は、堀を埋め戻され、兵杖を禁止される等、全く牙を抜かれた状況であり、本能寺の池須町遺構で出土したL字型の堀は、本能寺自らが掘った堀である可能性は極めて低いとみられる。

2　天正八年の普請について

本能寺の凶変の二年前、石山本願寺の落城も旦夕に迫った天正八年（一五八〇）二月、信長は従前京都での定宿としていた妙覚寺から本能寺へ移徙することを決意し、所司代村井貞勝に本能寺の「普請」を命じた。『信長公記』[17]同年二月廿六日条に、

本能寺へ御座を居《す》ゑさせらるべきの旨にて、御成りありて、御普請の様子村井春長軒に仰付けらる。

とあるのがそれである。しかしこの記事は、「普請の様子」を見物に「御成」あったと読み取れ、普請が始まったのはその以前と推測される。なお、その以前信長が妙覚寺に寄宿していたことは、『信長公記』同年二月廿一日条

に、

　信長公御上洛、妙覚寺御成り。

とあるにより明らかである。本能寺普請の開始はこの二月二一～二六日の間とみられるが、他に史料がなくその時期は判明しない。[18] 次に『兼見卿記』によれば、この普請は三月十七日条に、

　向春長軒（村井貞勝）、右府信長之御屋敷普請、本応（能）寺、多武峰へ下向之義申了、

とあるのが初見である。吉田兼見は近日中に大和多武峰へ下向の予定があり、それを村井貞勝に報らせに赴いたのであるが、その時本能寺普請を知ったらしい。次で閏三月五日条に、

　向村長（貞勝）、（中略）面会云、松木一木（本）所望之旨、以入魂被申訖、安間之由申了、

と、貞勝が松樹一本を請求し兼見が請負ったことが見えている。この松は本能寺御殿の庭木の用とみられる。兼見は吉田社馬場南西の一本を掘出し、吉田郷内の三人の植木職人に命じて村井方へ運ばせた。「枝葉不取一本」[19]とあるから、余程慎重に掘起して植換えたものであろう。ところが、この後兼見の日記には本能寺御殿の状況が全く記されておらない。「信長御上洛之由」[20] 等と信長の上京は再三報ぜられるが、その居所が妙覚寺か本能寺かは書いていないのである。そこで止むを得ないが『信長公記』に拠ってその後の本能寺御殿の状況を追ってみよう。三月八日条には、

　妙覚寺に至つて御帰洛

とあるから、本能寺邸は全く出来てもいなかったようである。ところが翌日、三月九日条に、

　北条氏政より御鷹十三進上せられ、

　一、鴻取　一、鶴取　一、真那鶴取　一、乱取と申してこれあり。一、御馬五疋

已上

洛中本能寺にて進上（中略）此時の御取次、滝川左近

とあり、北条氏政からの献上物の請取を本能寺で行っている[21]。鷹一三羽と馬五疋の請取であるから、わずか一ヶ月とはいえ、信長ははや本能寺に移っていたのかとも思われるが、前述のように松樹の所望がこの翌月のことであり、三月九日は信長はまだ妙覚寺を宿としており、普請の進捗の把握と督促のため、本能寺に一時立ち寄っていたと見るべきであろう。それでは本能寺普請が完成し、妙覚寺から移徙したのはいつか。後述のようにイエズス会巡察使ヴァリニャーノが翌年夏に信長を訪問した時は、本能寺が居館であったからそれ以前とみられるが、『信長公記』天正九年二月廿日条に、

信長御出京、本能寺に至って御座を移させらる。

とあるのを、公式の移徙の期日としてよいのではないか。結局、本能寺御殿は、発意から約一年の後に完成し、信長は妙覚寺から移徙したとみられる。

3　イエズス会側の記録について

以上は、日本側の文献のみによって、本能寺御殿が天正八年二月〜翌年二月の間に築造され、信長が移徙したとみられることを論証したのであるが、ここに問題は、当時来日し信長に優遇されていたイエズス会宣教師側の記録であって、それによる織田御殿の様相は日本側の記録による推定と相当に異っている。まず、ヨーロッパ人側の記録を以下に掲げ、それをどう評価すべきかを考えてみたい。

まず、ルイス＝フロイスの『日本史』は、二箇所に亘って本能寺御殿のことを回想している。その一はイエズ

ス会インド管区巡察使A＝ヴァリニャーノが高槻から上洛して信長に謁する天正九年（一五八一）二月のことを叙した部分であり、次のようである。

A、復活祭の日の夕食後、巡察使（ヴァリニャーノ）は多数のキリシタンに随伴されて（高槻から）都《ミヤコ》に向かって出発した。そして同夜都に到着すると、翌日さっそく、司祭は我らの修道院から一街を距てたところにある、信長が宿泊している本能寺と称する寺院――彼は僧侶を追放し、同所に幾つかの邸を造った――に彼を訪れた。（信長）は種々質問し、かなりの時間にわたって巡察使を引き留め、同師を手厚くもてなした。(22)

今一つは明智光秀が本能寺を襲撃する天正一〇年六月の時のもので、

B、このようにして、信長が都に来るといつも宿舎としており、すでに同所から仏僧を放逐して相当な邸宅となっていた本能寺と称する法華宗の一大寺院に到達すると、明智は天明前に三千の兵をもって同寺を完全に包囲してしまった。(23)

このA、B、の史料を並べてみると、信長は本能寺の「衆僧を追放し」「相当な（複数の）邸宅を造った」ことになっており、発掘調査から推定したような敷地四分の一弱を接収、どころの話でなく、全地没収して僧侶を追立てたようにも読める。「本能寺」とは云い条、実は同寺は別の地に移転していて、西洞院六角の方一丁はあげて〝織田御殿〟に成り了《おお》せていたかの如くにも読める書き方である。

ところで、フロイスの『日本史』は、後年著者が長崎に於て記録や回想を基に編んだ〝教団史〟〝殉教史〟の類（二次史料）であって、同時代の記録とはいえない。そこでより記録に近いイエズス会士の文書はと考えると、『イエズス会日本年報』(24)があり、この方が『日本史』よりも史料の信憑性が高いと思われる。よって同年報所収「一五八二年の日本年報追加」(25)に描かれる本能寺の記述は、信長が都において宿泊する例であり、僧侶を悉く出し、相当に手を入れた天王寺〔本能寺の誤〕Tennojiと称する僧院の附近に着いて、三万人は天明僧院を完全包囲した。

となっている。やはり衆僧を追放して全域織田御殿となしたかに読める記事である。

大体、当時南蛮寺は、本能寺より方一丁余を隔てた姥柳町に在り、そこでの見聞を基にしているから、フロイスの記述は信ずべきではあるが、一方では宣教師は彼等にとっての〝悪魔〟である仏教の不利益について大袈裟な書き方をしている例が多く、信長の本能寺（の一部？）接収についても、誇張して報じている可能性がないとはいえない。以下、フロイス筆『日本年報追加』の信憑性について検討したい。

日本側の文献・記録では、天正九年二月の信長移徙後の本能寺または寄宿地について、どう表現しているであろうか。以下遇目の史料を列挙する。

前右府本能寺へ明智日向守依謀叛押寄了。〔言経卿記天正一〇・六・二〕

於京都本能寺信長御生害云々。〔蓮成院記録同年六・二〕

当信長之屋敷本応（能）寺而放火之由告来。〔兼見卿記同年六・二〕

明知（智）本のう（能）寺法花寺也、信長いられ候所へ明知取懸、やき打ニ申也由申候。〔天正十年夏記（勧修寺晴豊記逸文）六・二〕

このようにいずれの公卿日記も信長宿所を「本能寺」と表記し、寺名を省略した記録はない。フロイス言う如く「僧侶を悉く出し」た筈ならば、本能寺は別の地に移り、西洞院六角の地は「織田御殿」ないし「信長御所」等の表現であるべきだが、皆右記のように寺名を表記している点は、本能寺は未だ他所に移らず、境内の一角に信長居住、と解するのが無理がない。次に本能寺の公式の記録である『両山歴譜』では、天正八・九年条には移転の記述が全くなく、天正十年条は次のような記事である。

五月、家康公御上洛（中略）信長モ上洛、六月朔日寄宿当寺、二日黎明ノ頃明智日向守光秀謀叛、従丹波蜂起、本能寺囲、（中略）此時方丈堂宇為一時灰烬、

これによれば、信長は「当寺に寄宿」光秀は「本能寺囲」であるから、あくまで西洞院六角の地は〝本能寺〟であったことになる。本能寺側の記録にかく記されている事実は重い。大体『両山歴譜』には、天文法乱後の堺移居、洛中還住等も余さず記されており、天正八～九年に移転があれば記載するのが自然である。以上のことから、フロイスの「僧侶を悉く出し」は誇張で、境内一部を接収した際の状況を右の如く大袈裟に書いたと考えざるを得ない。

たしかに、安土宗論後の日蓮宗寺院は、「信長の許しによって存立する宗派(26)」であり、信長の如何なる無理難題も承諾せざるを得ぬ惨めな存在であったが、日本側の記録による限り境内全域没収、他所移転の事実はなかったと考えざるを得ないのである。

三　御殿の建築について

以上のように、本能寺の天正八年普請とは、境内の一部を信長が接収し、宿泊用の建物を造営したと考えるのが妥当であり、それは今回の二ヶ所の発掘調査の結果とも整合することがほぼ明らかとなった。池須町出土のL字型の堀こそ、この信長御殿の環濠であり、地域は境内東北隅の、小川通以東、ほぼ方寨型の区画であると結論される。ではその環濠内に建設されていた建物はどのようなものであったろうか。発掘調査の結果からは、攪乱その他で全く手がかりがないのであるが、以下に筆者の臆説を交え推測してみたい。

堀の深さが僅かに一メートルということは、城郭様の防禦施設である可能性を低くしている。後北条氏使者と

の対面等、信長が本能寺宿舎を儀礼的なことに使用している事実から、武家屋敷の典型としてよく引用される、『匠明』の「昔主殿の図」[27]あるいは上杉本洛中洛外図の細川管領邸[28]の如き建物が想起される。次に規模であるが、発掘調査から推定される内堀の内側の地面は推定約三七メートル四方とみられる。この空間に建つべき建築が想定されなければならない。

『匠明』主殿図と全く同型式の現存建物とされるのが国宝の園城寺光浄院客殿で、上杉屏風の細川管領邸も正面、中門廊付近が全く同様式とされている。[29]光浄院客殿と略々同形式でやや大ぶりな国宝園城寺勧学院客殿の建坪は四九尺×六〇尺（約一五メートル×一八メートル）で、[30]先述の推定内堀内面に充分収まる大きさであり、且つ庭園の敷地も余裕を以て間に合う。今参考までに、勧学院客殿、光浄院客殿、護国寺内月光殿[31]の写真を掲げておく。

本能寺の織田御殿とは、要するにこのような建物であったと筆者は推測するものである。

むすびにかえて――王権と都市、あるいは聚楽第・二条城への過程

以上を要するに、信長の在京御殿としては、予想外に小規模な、簡素な建築であることが推測されるに至った。前右大臣の屋敷としても余りに小さく、「防御施設にしては中途半端で、信長のパワーにふさわしくない[32]」との意見があったのも無理はない。これを秀吉の聚楽第の「南北七町、東西四町」の区域、[33]家康二条城の二六万平方メートル[34]に比しても、径庭があり過ぎる。

ただし、聚楽第・二条城に比せらるべきは信長が永禄一二年（一五六九）正月、本圀寺の変後に将軍義昭のために築いた二条御所（新第）であって、これが本来の在京儀典城郭であった。しかし二条新第は義昭の追放後、誠仁親王に献上されており、天正一〇年の織田父子は、本能寺・妙覚寺という法華寺院の一部を間借りする状態で

写真１　園城寺光浄院客殿　全景

写真２　園城寺光浄院客殿　車寄と妻飾

写真3　園城寺勧学院客殿

写真4　園城寺勧学院客殿　玄関と車寄

写真５　護国寺内月光殿（旧園城寺日光院客殿）

あった。今一つ留意すべき事情は、本能寺普請の始る天正八年二月は、大坂石山の本願寺が落城目前で、信長は同寺が焼亡しなければ、石山に移徙する計画だったのではないかということである。いずれにせよ、信長の官位「前右大臣」といい、在京御殿の貧弱なさまといい、「信長は死ぬまで政権構想に迷いがあった」とする池上裕子氏の説[35]を首肯させるものがある。天正四年（一五七六）の段階では、近江安土城に拠って全国を統括できると楽観していたものが、正親町天皇の度重なる譲位拒否にあうなど[36]、全国統一が進むに従って自らの王権構想が容易でないと認識するようになったのではあるまいか。

一方秀吉は、防禦性に全く欠ける信長の本能寺御所の教訓から、堅固な〝防衛都市京都〟をむしろ過剰なまでに意識するようになっていたのではないか。その結果が、京都に〝御土居〟をめぐらし[37]、さらに寺町で東側の防禦を固めるという〝ガチガチ〟の城郭都市を構築し、その上聚楽第は堅固な堀に天守閣まで構えるという、屋上屋を重ねることになったと思われる。

(1) 『京都新聞』は一面に概報、同日付社会面(三一頁)に石垣の写真を掲げている。他紙『読売』『朝日』『毎日』とも、関西版の翌日地域面に後追いで写真(主として出土瓦)と概要を報じているが、『京都新聞』が情報量に於て他紙を圧倒している。その理由は、同紙の記者が該遺跡を早くから注目して発掘現場に通っていたこと、他紙は『京都新聞』に抜かれて、いわゆる「後追い記事」になったためと見られる。

(2) 宮内庁所蔵『寛永洛中絵図』、京都市編『京都の歴史』巻四、一九六九年、『両山歴譜』天正十七年条ほか。

(3) 特養ホームの新築にさいして、一応の発掘調査が行われたが、寺院の遺構は何も出なかったそうである(関西文化財調査会代表吉川義彦氏の談)。従って、旧本能寺の遺構は、高橋康夫氏の推定(同氏著『洛中洛外』(平凡社イメージリーディング叢書)一九八八年)どおり、蛸薬師以北とみられる。なお、天文十四年八月十八日付室町幕府政所執事同奉行人連署奉書(『本能寺文書』)によれば

下京六角与四条坊門、油小路西洞院中間、方四丁町事、雖為沢村千松私領、相副本証文数通、売渡当寺之段分明也

とあって、本能寺が天文法乱後、和泉堺より洛中還住に当って土倉沢村より件の条坊一町を買得したことが明らかである(藤井学著『本能寺と信長』思文閣出版、二〇〇三年)。本能寺はこの買得敷地どおり再建された訳である。なお『本能寺文書』は影写本の他、藤井学他三氏編『本能寺史料』中世篇(思文閣出版、二〇〇六年)に、『両山歴譜』は藤井学編『本能寺史料』古記録篇(思文閣出版、二〇〇二年)にそれぞれ翻刻されている。

(4) 上杉本『洛中洛外図屏風』ほか。前掲藤井学著『本能寺と信長』によれば、「道の中央あるいは西寄りを西洞院川が貫流して染色業や製紙業が早くから成立していた町通りである。本能寺がある六角と四条坊門の間は川魚を生洲《いけす》に生かして商売する魚屋があって町名を池須町といい」(同書一四〜一五頁)とある。

(5) 『京都新聞』前掲八月七日付一面。同紙記事には「マンション建設に伴い、関西文化財調査会(上京区・吉川義彦代表)が七月下旬から約百三十平方メートルを調査した」とある。年度末には発掘報告書が出版される予定であるが、本稿では取敢えず『京都新聞』の情報および現地説明会配布資料をデータとして引用する。

（6）同紙一面
（7）同紙社会面（三七頁）
（8）同紙第一面
（9）同紙〇七年一〇月二〇日付朝刊および一二月二三日付朝刊（いずれも一面）。〇七年九月八日付「本能寺跡発掘調査公開資料」（京都市埋蔵文化財研究所発行）。建物については、本堂または付属堂舎と考えられるという（川上貢氏の談）。
（10）この戦乱の原因・経過・結果については拙著『天文法華の乱――武装する町衆』（平凡社、一九八八年）、辻善之助著『日本仏教史巻五中世篇之四』（岩波書店、一九五〇年）、立正大学編『日蓮教団全史(上)』一九八四年等を参照。
（11）『本能寺文書』、佐藤進一氏編『中世法制史料集Ⅱ室町幕府法』（岩波書店、一九五七年）。
（12）『両山歴譜』天文十一年条所収同年十一月十四日付法華宗廿一箇寺御房宛後奈良天皇綸旨。
（13）『本圀寺年譜』天文十五年条に「去る癸卯年（天文十二）約定、庫裏・書院等再建す、此時より木材造り始め」とある。
（14）『両山歴譜』天文十四年条に、

　本能寺、旧地を引き西洞院六角方四町巷所に移り再建する所

とある。
（15）『本能寺文書』所収天文十六年二月日付山門三院執行代宛法華十五ヶ寺連署条々。以上の経過は拙著『京都・一五四七年』（平凡社イメージリーディング叢書、一九八七年）および辻善之助前掲書（前注(10)）参照。
（16）財団法人京都市埋蔵文化財研究所発行『平成六年度　京都市埋蔵文化財調査概要』一九九六年所収「七、平安京左京七条二坊・本圀寺跡」、以下本圀寺遺跡に関してはすべて該報告書による。なお本圀寺なる寺名は、近世以降、水戸光圀による外護以来（圀はいわゆる則天文字）の用法で、戦国期以前は本国寺が正しいが、便宜上、現在の寺名で通す。
（17）奥野高広・岩沢愿彦校訂『信長公記』（角川文庫版、一九六九年）による。
（18）『史料綜覧』では二月廿一日条に「信長入京シテ妙覚寺ニ館ス、尋デ（中略）又本能寺に移ラントシ、村井貞勝ヲシテ之ヲ修理セシム」と記されており、廿一日以降に移転修築を命じたとしている。なお、当時「普請」の語は、新築・改築・修理いずれの意味にも用いられており、『史料綜覧』の如く「修理」の意に限る必要はないように思われる。
（19）『兼見卿記』天正八年閏三月六日条

（20）『兼見卿記』天正八年七月廿四日条
（21）この時の氏政使者の上洛は、『兼見卿記』三月十三日条に「自相州《（氏政）》右府信長へ御音信之使者上洛、為此御所《（二条第）》見物、自春長軒相添清《（村井）》三、各来」とあって、全く事実に相違ない。
（22）フロイス『日本史』第五三章（第二部三一章）川崎桃太氏訳。
（23）同右第五六章
（24）天正七年来日したヴァリニャーノが、従来の『耶蘇会士日本通信』の制度を改め一年に一つの公式の年報報告をローマに送ることとしたもの。個人の書信と異って印刷公開を前提にしたもので（五野井隆史氏「イエズス会日本年報」平凡社『世界大百科事典（2）』所収）、まず最初に日本に於るイエズス会の近況を記し、次で日本国内の一般状勢を述べ、然る後各地の布教状況を報告し、最後に結びの言葉で終る形式であった（柳谷武夫氏『新異国叢書3』序文、雄松堂、一九六九年）。
（25）『新異国叢書3』所収、西暦一五八二年一一月五日付口ノ津発（フロイスが信長の死につきイエズス会総長に送りたるもの）と目次にある。
（26）小島道裕氏著『信長とは何か』（講談社選書メチエ、二〇〇六年）一七四頁。
（27）日本建築学会編『日本建築史図集』（新訂版、彰国社、一九八〇年）、太田博太郎著『書院造』（東京大学出版会、一九六六年）。
（28）堀口捨己「洛中洛外屏風の建築的研究」（同氏著『書院造りと数寄屋造りの研究』鹿島出版会、一九七八年）、なお上杉本洛中洛外図の景観年代については拙著『京都・一五四七年――描かれた中世都市』（平凡社イメージリーディング叢書、一九八七年）を参照。
（29）前掲『日本建築史図集』（註（27））、永井規男「光浄院客殿」（『日本建築史基礎資料集成16』中央公論美術出版、一九七一年）。
（30）滋賀県教育委員会事務局社会教育課編『国宝園城寺勧学院客殿・重要文化財毘沙門堂修理工事報告書』一九五七年。
（31）もと園城寺境内にあった日光院客殿を江戸の護国寺に移建したもの。重要文化財。
（32）『京都新聞』八月七日付社会面、西川幸治氏の談。さて冒頭で指摘した能字の焼瓦であるが、客殿屋根は檜皮又は柿葺と考えられるので、筆者の推測は、方一丁を囲む寺全域境内外側の土屏の瓦ではなかろうかということである。

(33) 北は一条、南は春日、東は大宮、西は千本とする『山城名勝志』の説、これより更に広く北は一条、南は二条、東は堀川、西は内野とする『京羽二重織留』の説もある。

(34) 北は竹屋町、南は押小路、東は堀川、西は西ノ京式部町。森谷尅久氏「二条城」(『国史大辞典』)。

(35) 同氏著『織豊政権と江戸幕府』日本の歴史15(講談社、二〇〇二年)。

(36) 拙著『信長と天皇』(講談社現代新書、一九九二年、のち同社学術文庫に収む)。

(37) 御土居の構想は、古くは河内高屋城(拙稿「河内高屋城の現況と保存問題」『日本歴史』四〇一号、一九八一年)、新しくは山科本願寺等各地の守護所や寺内町の防御のあり方から考えつかれたと思われる。

〔追記一〕 本稿をなすに当り、京都新聞記者佐分利恒夫氏、関西文化財調査会代表吉川義彦氏には種々御教示を頂いた。特記して謝意を表したい。

〔追記二〕 〇七年一二月に、本能寺域の東南隅に当る池須町四二三番地の一〇平方メートルの広さの短冊型の地が発掘された(『京都新聞』一二月二七日付夕刊社会面、および京都市埋蔵文化財研究所発行「平安京左京四条二坊十五町・本能寺跡の調査」)。この結果、寺域南辺を東西に走る堀が確認され、天正八年普請のさい、寺域全体を囲う外堀が構築された可能性があることが判明した。とりあえずここに言及して、後考に待ちたい。堀の幅は、内堀と同じ4メートルで、内側は土塀の存在が推測されるという。

近代の都市類型——横浜と上海——

加藤祐三

はじめに

近代になって生まれた都市が多くある。ユーラシア大陸の西から東へと眼を移すと、産業革命の中心地としてのイギリスのマンチェスターやその輸出入港リバプール、植民地インドとイギリスを結ぶボンベイ（ムンバイ）、インドと中国・東南アジアを結ぶアヘン輸出港カルカッタ（コルコト）、アジアのハブとして成長したイギリス植民地シンガポールと香港、そして条約により開港し急成長した横浜や上海など、さらに移民受け入れ港として成長したアメリカのニューヨークやオーストラリアのシドニー、また貿易港で捕鯨基地でもあるアメリカ東部のボストンなどである。

いずれも新しく近代になって誕生した都市であり、急速に人口を集めた結果、現代におけるトップクラスの大都市に成長した。これらの近代都市は、いかなる要因で生まれ、なにゆえにかくも著しい成長をとげたのか。こうした広い関心のなかで、とくに横浜と上海という二大開港都市をとりあげて対比し、一九世紀における新しい近代都市誕生の契機とそれらの都市の特性を考えたい。

開港都市は、列強が貿易（通商）拡大を目的として結んだ条約の産物である。当時の条約は主に二国間で結ばれた国際関係（国家間関係）の法的な表現であるが、現実の国際政治は多国間の力関係で動いており、その一部分が二国間の条約として結実したものである。ある二国間で条約が結ばれると、「最恵国待遇」（最初の条約を締結した国がもっとも有利な取扱いを受けること）という列強間の条約ゲームが展開され、事後においても複雑な様相を呈したことは、後述の通りである。

開港都市は国内的な要因より対外的・国際的要因が優先して生まれた点で、過去にない新しい都市類型である。その解明により近代の都市類型の一つを明らかにできる。それと同時に、古代以来の一国内における「王権と都市」とは異なる開港都市の分析を通じて、歴史に底通する「王権と都市」を考えることができるのではなかろうか。

本書収録の論考の多くが中世・近世を対象とするので、あえて「近代の都市類型」と題し、「横浜と上海」の副題をつけた。

まず、これまで筆者が発表した近代都市に関する主な論考を掲げ、何をどこまで明らかにできたかを示しておきたい。

近代に生まれた都市としてまず想起される産業革命の綿工業都市マンチェスターは、河川沿いに運河を開削し、原料の搬入に便利な土地に製綿工場を建造することで発達した。低湿地のため耕作地に適さず地代が安いことも一因であった。(1) 原料（綿花）輸入→工場での加工→製品（綿製品）輸出という加工貿易の経済合理性を徹底させる仕組みとして生まれた工業都市のはしりである。

シンガポールは、一八一九年、イギリス人ラッフルズがマレーの王族から買収し、旧来の中心都市マラッカ（先行した宗主国のポルトガルとオランダの拠点）に代わる「インド以東」へのイギリスの足がかりとして建設が始まり、やがて赤道を跨いでオーストラリアなどと結ぶ航路のハブとして成長した(2)。「インド以東」の東端、アヘン戦争で割譲後のイギリス植民地・香港については、その戦略的な重要性を支える都市建設と都市機能の強化の過程を主に財政面から分析した(3)。

ついで一九世紀中ごろを中心として江戸・北京・ロンドンの三都を比較する『世界繁盛の三都』を発表した(4)。日本の「三都」（江戸・京都・大坂）を模した書名としたが、そのヒントは、漂流の苦難を乗り越え救出され、アメリカで高等教育を受け、みずからの意思により帰国を強行したジョン万次郎の発言「世界に三つの繁盛の都あり」（一八五三年）である(5)。

三都ともに伝統のある首都であり、「王権と都市」を語るにふさわしい。本書のなかで私は都市の諸類型を「政治都市」「宗教都市」「商業都市」「開港都市」「工業都市」「植民地都市」の六つに分類し、江戸・北京・ロンドンの三都を「政治都市」と位置づけた(6)。

人口サイズを見ると三都ともほぼ一〇〇万人前後であるが、北京は中国唯一の、ロンドンはイギリス唯一の大都市であったのに対して、日本には人口約一三〇万の江戸のほかに、三〇万の大坂、二五万の京都と、複数の大都市があるのが特徴である(7)。日本の都市化は世界に二〇〇年ほど先行している。

なお人口増は近代の特徴の一つであるから、都市の規模を現代の常識から安易に過去に遡ることは避けなければならない。参考としてあげれば、世界の総人口は一八〇〇年が一〇億人、一九〇〇年が一五億人、二〇〇〇年が六三億人と急増しているから(8)、一九世紀中ごろの都市規模は現在の約四分の一が平均だと見てよい。

「都市史研究の課題と展望」[9]は、都市史研究一般の総論のような題名だが、条約に基づいて開港した都市の特性を考察するための総論であり、近代の都市類型すべてを包含しているわけではない。

さらに文明史の観点から「日本の都市」を分析した論考を発表した。[10]「文明」という用語・概念は、一八二八年、シビタス（都市化）から新しく造語されたフランス語のシビリザシオンであり、[11]すぐに英訳され、やがて日本語訳された。[12]本書はシリーズ『日本文明史』の最終巻のため、対象とする時代は幕末明治期から現在までであり、主に横浜と東京をとりあげている。

江戸から東京へと展開する時代の克服すべき基本的な課題（不燃化計画、道路・街区計画、小売業中心から工業化へ等々）を述べ、「東京市区改正」や「東京築港論」などをとりあげ、関東に国際貿易港が横浜しかない現状に対し、東京の開港を主張（東京築港論）する田口卯吉らの論説もとりあげた。[13]

横浜と上海の比較都市史に関する拙稿[14]は、条約による開港都市として両者が共通面を持つと同時に、二つの条約の政治的性格が異なるため開港場の権利関係（治外法権など）が大きく異なることを明らかにしたが、首都（江戸・東京と北京）、近隣の植民地（香港）、他の開港場などとの関係などには及ばず、都市がネットワーク化される時代の重要な問題点が残る。

本稿は、こうした筆者の関心の延長上に、横浜と上海という二つの開港都市を「比較」と「関係」の両面から、[15]新たに考察しようとするものである。対象とする時代は一九世紀中ごろ、二つの開港都市の誕生する前後に限定する。

近代とはグローバル化の時代[16]であり、都市形成も一国内の要因では決まらないため、国際関係を適切に分析することが不可欠である。また各種の共和制や議会制民主主義が進展する時代であるため、「王権」を単に王政・

君主制に限定せず、広く各種の政権形態をも包含して「王権と都市」を分析する必要があると考える。

一　上海――敗戦条約による開港都市――

1　概念図「近代国際政治―四つの政体」について

本稿の分析を進めるさい、開港の法的根拠となる条約を「敗戦条約」と「交渉条約」の二つに区分している。世界に進出した列強は、まず植民地を築き、「先取先占」論を武器に列強間のみの安定的関係を模索した。アジアに関していえば、時代順に、一六～一八世紀のポルトガルによるゴア・マラッカ・マカオなどの植民地化、一八世紀を中心とするオランダによるインドネシア、イギリスによるインド・セイロンの植民地化、そして一八～一九世紀のイギリスによるシンガポール・香港などの植民地化がある。(17)

一八三九年から実質的に始まるアヘン戦争は、一八四二年の南京条約で終結する。戦勝国イギリスは広大で強力な清朝中国を丸ごと植民地とするだけの政治的意図も軍事的能力も持たず、代わりに敗戦国の清朝に対して、列強間の戦後処理の原則と同じ「敗戦条約」の締結を求めた。(18)これが列強の一国が列強以外の国に課した史上初の敗戦条約であり、「懲罰」として賠償金支払いと領土割譲を課した。

国際政治は、しばらくの間、列強・植民地・敗戦条約国という三つの政体からなる構造を有していたが、そこにペリー艦隊が日本に来航、次の二節で述べる通り、その世界最大・最強の海軍力を「誇示」はしたが「発動」することはせず、幕府は「避戦」に徹し、話し合いと土産物の交換・招宴による意思疎通を通じて、日米和親条約の締結（一八五四年）にいたる。ここに敗戦条約とは異なる、戦争を伴わない「交渉条約」が生まれた。戦争を前提としない交渉条約には「懲罰」の概念がそもそも存在せず、したがって賠償金支払いも領土割譲もない。

概念図　近代国際政治―4つの政体

①列強
②植民地
③敗戦条約国
④交渉条約国

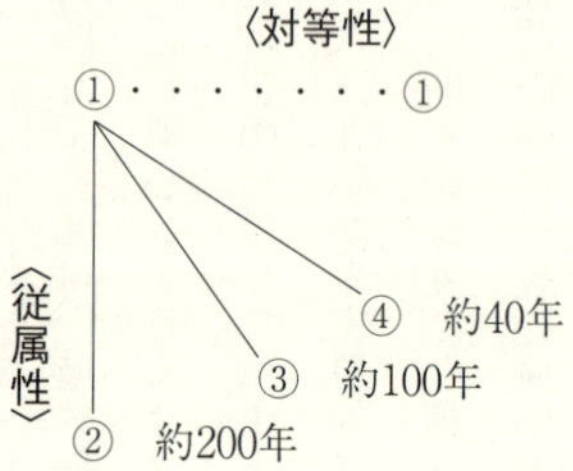

①列強―19世紀中葉では「海洋国」の英、米、蘭、仏、露（スペイン、ポルトガル）。
②植民地―インド（1773年～）、インドネシア（1619年バタビア建設～）など。立法・司法・行政の国家三権すべてを喪失。条約締結権（元首の立法権の一つ）も失う。
③敗戦条約国―中国（アヘン戦争の南京条約＝1842年、以降、複数の敗戦条約）。「懲罰」として賠償金支払い、領土割譲を伴う。司法・行政の一部喪失（領事裁判権の総括として高等法院、関税自主権、税関管理権、租界の徴税権・警察権など）。
④交渉条約国―日本（日米和親条約＝1854年、通商条約＝1858年）、タイ（通商条約＝1855年）。「懲罰」なし。司法・行政の一部喪失（関税自主権、領事裁判権）。日本の場合、アヘン禁輸条項の明示など有利な内容もあり、また早期に条約改正を達成。
［注］約40年、100年などは政体の持続期間を示す。従属性の強い政体ほど持続期間が長い。

ここに列強・植民地・敗戦条約国・交渉条約国の四種の政体からなる「近代国際政治」が生まれた。その概念図を上に掲げる。[19] ③が敗戦条約、④が交渉条約である。従属性の強さは、②③④の順で、④の従属性がいちばん弱い。

2　香港（植民地）と五港開港場

アヘン戦争はアヘン貿易の可否をめぐる中英間の紛争に端を発する。すなわちイギリスが植民地インドで生産したアヘンを中国に売り込んだのに対して、清朝政府のアヘン厳禁派官僚の林則徐が一八三九年六月、広東において外商アヘンを没収する政策を実施、イギリスの貿易監督官はその提案を了承して外商たちにアヘン提出を命じた。林則徐は没収アヘンを広東の海浜の村の虎門沿岸に穴を掘って投げ入れ、生石灰をまぜ化学処理による焼却処分にした。[20]

この事態を憂慮した最大のアヘン貿易商ジャー

デンが急ぎ帰国し、もしこのままに放置すれば中国市場を失いかねないと内閣を説得、対外強硬派のパーマストン外相の強い主張により同年一〇月、出兵を閣議決定した。その直前の九月、在華イギリス軍艦が発砲を始め、実質的な戦争の火ぶたが切られた[21]。イギリス派遣軍の到着が一八四〇年六月のため、年表などにアヘン戦争は一八四〇年~四二年と書かれるが、実際の戦争は一八三九年の戦闘から始まる。

アヘン戦争の終結を示す南京条約（一八四二年）は、戦勝国イギリスが敗戦国の中国に対して香港の割譲、賠償金支払い、上海ほか五港の開港などを取り決めた[22]。当時の香港島はほぼ無人島といってよい状態にあり、内湾が良港であるため、戦争中にイギリス海軍が占拠し、派遣軍（軍艦）の停泊地として利用していた基地である[23]。

アヘン戦争中、華南の香港に加えて、華中（中国中部）の重要な停泊港兼物資補給港が舟山（列島）であった。舟山は長江の河口に蓋をするような位置にあり、イギリスはここを南京を抑える戦略的拠点と位置づけた。いうまでもなく南京は、明代前半の帝都（首都）であり、北京につぐ第二の都会である。

また南京条約で取り決めた賠償金の完済期限（一八四六年）までという名目で、イギリス派遣軍は戦後も舟山に駐屯した[24]。イギリス内部では、香港と並ぶ植民地として舟山を割譲すべしと主張する意見があったが、ついに実現しなかった。

一方、開港場としてイギリスが広東・アモイ・福州・寧波・上海の五港を求めたのは、当時の国内流通の実情を調査した結果である[25]。このうち広東は清代の公行《コーホン》制度いらいの貿易港で省都であり、アモイ・福州・寧波は宋代に貿易港として栄えていたが清代に鎖港した。上海は対外貿易の経験はないが、清代になって首都北京を結ぶ国内水上交通の一大拠点の一角を占めるとともに、開港五港のうち最北に位置し、首都北京にいちばん近い。

イギリスが上海を要求したのは、中国の二大水上交通路（東西に流れる長江と南北に走る大運河）が交差する地点に近いという、地政学的な重要性による。上海は長江下流域の支流である黄浦江に面した安定した河港であり、かつ中国全土から見て南北の中央（華中）に位置し、広大なマーケットを擁すると見られた。

またアヘン戦争中に上海ではほとんど戦闘がなく、戦争の圏外にあったため[26]、広東などと比べると対英感情は悪くなく、すくなくとも政治的には中立であった。ここなら貿易商品を国内流通網に乗せることができると期待し、五港開港場の最有力候補と考えた。最大の貿易商品は、後述の通り、禁制品のインド産アヘンである。

南京条約には五港の開港時期に関して記載がない。そこでイギリスは領事の着任をもって開港の日とした。初代領事バルフォアの上海着任は一八四三年三月、さっそく上海道台の宮慕久と協議し、一八四五年、第一回土地章程を結ぶことができた[27]。これが清朝の地方官との初の協定であり、その後の上海租界形成の根拠となる。

3　主な貿易商品

イギリス政治の主流は自由貿易であり、経費（財政）負担の大きい植民地支配を小さくし、民間企業による貿易の拡張を求める主張が強かった。イギリスの対中輸出の首位がインド産アヘン、輸入首位が中国紅茶である[28]。インド産アヘンにはベンガル・アヘンとマルワ・アヘンの二種類あるが、中国へ密輸されたのは主にベンガル・アヘンであり、植民地化に伴いイギリスが専売制により生産したものである[29]。

専売制であるから、生産から輸出までを植民地政府が排他的に管理し、輸出段階での落札価格から生産コストや管理経費を引いた分がそのままアヘン税となる。このアヘン税は、植民地税収の太宗を占めた[30]。

この時期における「自由貿易」とは、政府が国際的な流通過程から手を引くという意味、すなわち国策会社の東インド会社を解散して民間貿易商に開放するという意味に限定される。「自由貿易」によるアヘン貿易がこれほど盛んに行われたのは、植民地支配によるアヘン専売制があってこそである。

南京条約には、アヘン貿易に関する規定がない。交渉過程でイギリス全権ポッチンジャーがアヘン貿易合法化を求めると、清朝全権の耆英が「皇帝の出したアヘン禁輸令を撤回することはできないが、各国商船によるアヘン搬入の検査を行う必要もないし、いかなる措置も講じる必要がない」と返答し、この双方の意思確認（念書）をもって条約上にはアヘン条項を記載しないこととなった。(31)

その二年後、清朝政府はアメリカの意向に従い、望廈条約（一八四四年）においてアヘン禁輸を明記した。このアヘン禁輸条項を持つ望廈条約に対して、イギリスは最恵国待遇を主張しない（すなわちアヘン禁輸に同意しない）という苦しい選択をして、アヘン禁輸の拘束を免れた。(32)

したがって国際条約上ではアヘン条項のない南京条約と禁輸条項のある望廈条約が並存するため、名文上ではアヘン禁輸ということになる。しかし、現実には「公然たる密輸」が横行していた。

このアヘン密輸がイギリスの対中貿易の首位にあり、その最大輸入港が上海である。(33) インドからアヘン専用の運搬船で運び、それをいちどアヘン貯蔵船に荷揚げし、そこから小舟で陸揚げした。南京条約以前には広東湾の金星門《キムスンムン》にあったアヘン貯蔵船の係留地を、上海開港に伴い黄浦江が長江に合流する地点の呉淞に移した。ここは狭義の上海県の外であるが、上海道（道は県の上の行政単位）には含まれる。

イギリスの上海貿易報告は一八四七年からアヘン貿易を明示的に組み込むこととし、これにより密輸アヘンをイギリスの公的統計に公然と明示するとともに、上海港を狭義の黄浦江沿岸の上海から一挙に四〇キロ以上も先までを含む広域に拡張した。(34)

4 上海——県城と租界

上海港は長江の支流である黄浦江に面した河港で、長江下流域から約四〇キロ遡ったところに位置する。宋代に県が置かれ、官僚の所在地として円形の県城が作られ、かなりの繁栄を誇っていた。イギリスはこの県城（人口は約五〇、〇〇〇人と推計）を避けて、すぐ北にひろがる何本ものクリークが走る低湿地を借地して租界とするため、一八四五年、上海道台と「土地章程」を結ぶ(35)。

この土地章程によれば、イギリス人居留民が中国人地主から借地する私人間の契約であるが、この私人間の契約にイギリス領事と上海道台とが契約者の保証人となることにより公的性格を付与した(36)。なお北京の清朝中央政府は、この土地章程の締結にはまったく関与していない。

一八五〇年、広西省で太平天国軍が蜂起し、三年後には南京を占領、それに呼応して上海の小刀会も蜂起したため、県城内に住む多数の中国人がイギリス租界に避難してきた。外国人だけの居留地を想定していた居留民側も、流入する中国人を排除できず、いわゆる「雑居」を事実上公認し、一八五四年、これを許容する第二回「土地章程」を結んだ(37)。

租界を形成するための初期の基盤投資は、黄浦江河岸に埠頭を設け、そこから直角に道路を入れ、その突きあたりに競馬場を置いた。その中間に居住地と倉庫用地などを配置、周辺から土を運んで盛り土をした。基盤投資は居留民（貿易商が主体）が音頭をとり、イギリス領事がこれを支持する形で進めた。すなわち一八四六年、「借地人会議」が発足、その常設組織として三名からなる「道路・碼頭委員会」が成立、居留民から利子（一〇％）をつけて返済する方式の募金により建設費を捻出、その募金管理もこの委員会が所管し、一八五四年、上海工部局が成立、その機能を継承した(38)。

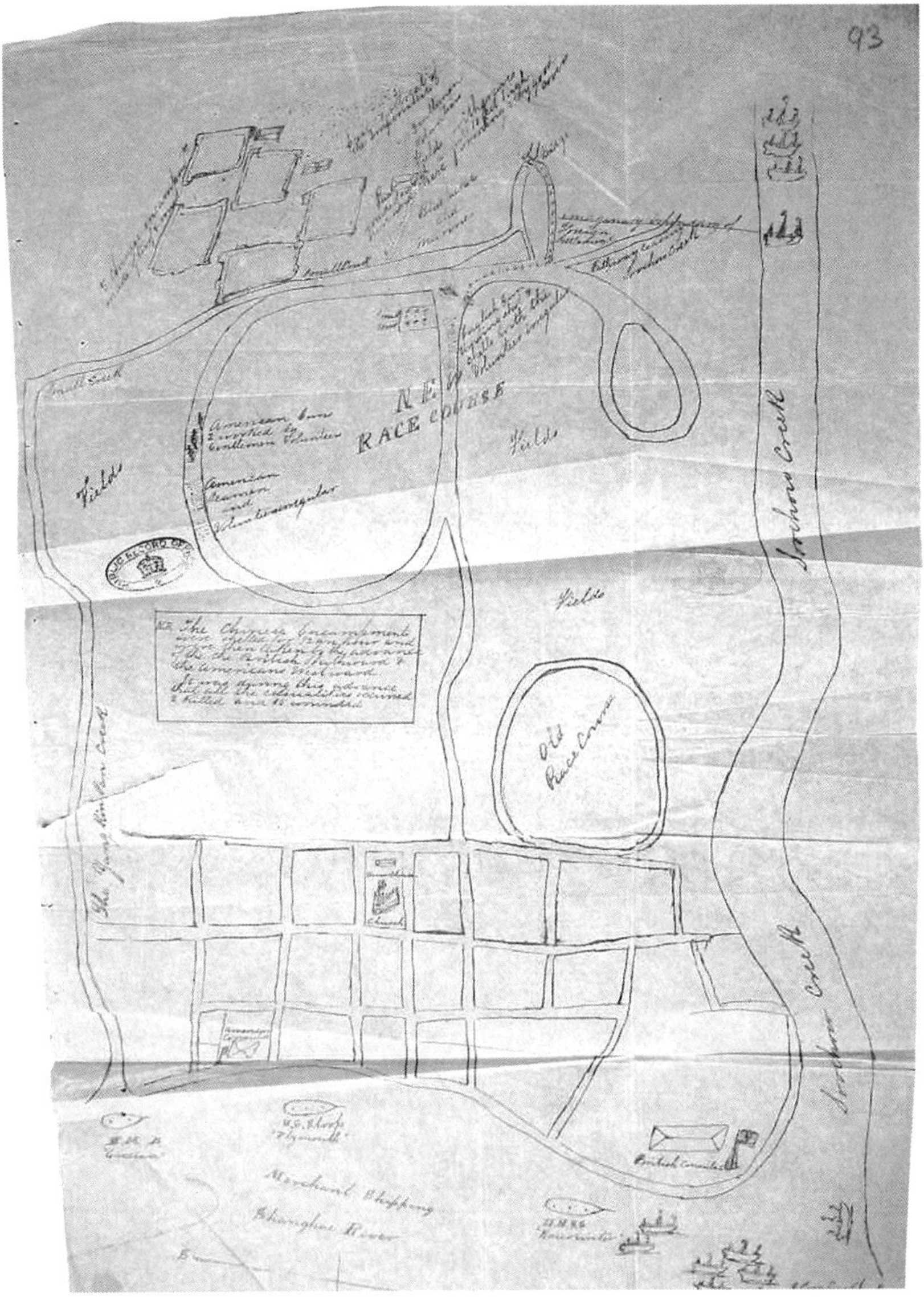

上海租界の地図（PRO, ADM1-No. 5629）

言い換えれば、上海在留の貿易商は莫大なアヘン密輸の利益の一部を都市基盤投資にまわし、都市形成の最大の功労者となった。一八四七年段階で、公園・競馬場・公共墓地・病院が完成、英国教会も建設中であり、これら租界内の土地建物への投資額はすでに六三万ドルだが[39]、これは同時期の香港植民地の三〜五年分の財政規模に相当する[40]。

その拠金額に応じて居留民はその必要とする用地を優先的に確保できた。埠頭に近い広大な用地は最大貿易商のジャーデン・マセソン商会が獲得し、面積は一八ムー（約三六〇〇坪＝約一二、〇〇〇平方メートル）、借地料は坪換算で二八、〇〇〇文（当時の洋銀換算で約一八ドル）である[41]。

参考のために横浜居留地の事例を見ると、英一番館はジャーデン・マセソン商会が確保し、面積は一七〇五坪（約五六〇〇平方メートル）、借地料は坪単価で約二八ドルである[42]。面積は上海が横浜の約二倍、借地料の単価は横浜のほうが四割ほど高い。

なお前頁の上海租界の地図は、初期の上海租界を描いたもので、イギリス公文書館（Public Record Office）の文書のなかにある[43]。時期に関する記載がないが、競馬場が二つあることから、移転完了前の一八四七年のものか、あるいは計画図であろう。

5　居留民の主な職業

一八五〇年の上海の外国人居留民数は二五二名、うち独身男子が一五四名（六一％）である。その構成を見ると、出身地別ではイングランドが一七一名（六八％）、職業別では一八〇名のうち貿易商が七五名（四二％）であるのに対して、船員が九一名（五一％）、ついで宣教師九名、外交官五名となっている[44]。異常に多い船員とは、アヘン貯蔵船の乗組員である。

なお比較のためにあげると、香港植民地の在留イギリス人は、一三〇五名（同じ一八五〇年段階）であるから[45]、上海がいかにアヘン貿易に特化した居留民構成かがわかる。

二　横浜――交渉条約による開港都市――

1　交渉条約の前提

日本がアメリカと結んだ条約は、ペリー提督との日米和親条約（一八五四年）、ハリス総領事との日米修好通商条約（一八五八年）、それに最恵国待遇を主張して列国と結ばれた一連の条約（うち通商条約は安政五か国条約とも呼ぶ）などである。いずれも戦争を伴わず、話し合いの結果として結ばれた交渉条約である[46]。上海開港がアヘン戦争敗北の南京条約（敗戦条約）に基づくのに対して、横浜開港は話し合いの結果である二つ交渉条約に基づく。条約内容になぜこの相違が生じたのか、これは近代史最大の課題の一つといって良かろう。

第一が時間差、つまり一八四二年の南京条約と一八五四年の日米和親条約の間にある一二年という時間差、第二が清英間の利害関係と日米間の利害関係の相違、第三が清朝の対外政策と幕府の対外政策の相違である。本稿の範囲を越える大問題だが、二つの都市の「王権と都市」を論じるのに必要な限りで言及したい。

第一の時間差については、長崎に入るアヘン戦争情報が幕府の対外政策に大きな影響を及ぼしたことがすでに明らかになっている。その象徴的な事例として、幕府が強硬な対外令である「異国船無二念打払令」（文政令、一八二五年）を撤回して穏健な「天保薪水令」（一八四二年）に転換したことがあげられる[47]。

その直接の契機はアヘン戦争情報の分析であった。すなわちイギリス海軍の戦略が清朝の物資（主に食料）運搬ルート（長江と大運河）を封鎖することにあると判断し、これを日本に当てはめると、廻船が江戸に入るときに通過する浦賀水道を封鎖するには敵艦一隻でも可能と読み替えた。

「鎖国の祖法」により外洋船（軍艦）を持たず、当然ながら海軍を有さない幕府としては、陸地に置いた砲台（台場）の武備だけに頼って強大な海軍力を誇る相手に勝てるとは考えなかった。武家政権の幕府と諸藩が、彼我の軍事的優劣を冷静に分析した結果である。

「天保薪水令」への転換は一八四二年八月二八日、南京条約の調印の一日前であった。わずが一日の差は偶然といえるが、年に二通ほどしか入らないアヘン戦争情報（風説書、別段風説書と呼ばれる）を的確に分析して対外政策に活かしたという点では、幕府の情報分析力と世界情勢の判断力はきわめて高かった。

これにつづき、幕府は可能なかぎりの情報を収集し、それを分析のうえ対外政策に適用し、段階的に対外関係を有利に進める政策を実施していった。長崎の出島に駐在したオランダ商館からの情報も大きく影響した。交渉の相手国としては、西からのイギリスより東からのアメリカと北からのロシアの二か国が徐々に大きく浮上してくる。

その頃のアメリカの対日要求は貿易にはなく、アメリカ捕鯨船の避難港の確保、太平洋を挟んで発生する日米双方の漂流民を救助することなどに主眼が置かれていた(48)。イギリスがインドでアヘンを生産し、その最大の市場として清朝中国を位置づけていたような貿易と財政がからむ関係はまったく存在していない。

ロシアの対日要求も似たような面が強く、食料など物資補給が当面の問題であったが、国境の画定という問題がある点でアメリカと違う。ロシアにとって日本は最遠の「極東」に位置しており、船舶を通じた遠路の交流しかありえず、日本に対して強い圧力にはならなかった。プチャーチン使節の派遣がペリーを模し、それもわずかに遅れて来日したことを見抜いた幕府は、米露両国を同時に相手とはせず、対米交渉に専念した。

出島のカピタン（オランダ商館長）から入る情報も幕府は積極的に活用すると同時に、幕府の対外政策を海外に伝達する媒介者としてカピタンを利用した面も見逃せない。カピタンの提出する海外情報のうち、いちばん大きな影響を与えたものがカピタン・クルチウスの一八五二年四月七日付「当子年《とうねのとし》阿蘭陀《オランダ》別段風説書」で、ペルレイ（ペリー）艦隊の来航を伝え、その艦船の構成まで一覧している。(49) ペリー来航の一年三か月前に提出されたものである。

これは各種の新聞報道をバタビアで編集し、長崎へ運び、カピタンの名のもとに長崎奉行へ出されたもので、艦隊が中国海域にすでに結集して日本へ向かう段階にあるのか、それとも中国海域への派遣を決定した段階であるのか、カピタン自身も判断がつかず、ましてやこれを受理した幕府には肝心の時期がわからなかった。この写しが浦賀奉行の水野筑後守から奉行所の現場の与力たちに伝わったのが、嘉永五年一二月、すなわちペリー来航の約半年前である。

アメリカはいちばん遅れて日本に登場したが、急速に接触を深めた。一八四五年に日本人漂流民を救出して送還のため浦賀に来た捕鯨船マンハッタン号、一八四六年に同じく浦賀に来航した東インド艦隊司令長官ビッドル提督、そして一八四九年に漂着アメリカ人の救出を目的として長崎に来航した東インド艦隊のグリン艦長、この三回のアメリカ船来航の経験はいずれも平和裏に解決、幕府はアメリカとの交渉を優先させる方針を固め、そこにペリー艦隊の来航を迎える。

一方、世界情勢を見ると、イギリスは中国における太平天国に対応しつつ、同時にまた露土戦争（イギリスはトルコを支援）の開戦直前にあり、対日外交を進める余裕がなかった。ロシアはペリー派遣の報道を得てすぐにプチャーチンの日本派遣を決め、ペリーに遅れて二度に渡って来日するが、露土戦争の開戦間近と聞いて、交渉をあきらめた。こうした空白をついてペリーが対日外交の唯一の勢力となる。

2　避戦を可能にした条件

二度にわたって来航したペリー艦隊は、一八五四年の二度目には、世界最大・最先端の蒸気軍艦三隻と帆走軍艦六隻、乗組員約一八〇〇人を擁する大部隊となった。ともすると巨大な艦隊のイメージが先行し、ペリーの発動した「砲艦外交」に幕府が屈して日米和親条約が結ばれたと誤解する人がなお多いが、一門の大砲も火を噴いていない。それは偶然の結果ではなく、双方の努力の結果であった。

日米ともに戦争を回避する力が強く作用した。幕府は、自らの政策（鎖国の祖法）によって外洋船を持たず、軍艦も海軍もないため、軍事格差を冷静にみきわめた。陸地に設置した砲台からの発砲でペリー艦隊を撃破できるとは考えず、いかにして戦争を回避し（「避戦論」に徹し）、かつ外交的に有利な内容の条約を引きだすかを模索した[50]。阿部老中の指示では「穏便の取り計らい」である。

外交には情報収集・分析を基礎とした交渉が不可欠であり、その役目を担ったのが『通航一覧』（外国船の日本到来を目的別・国別・編年でまとめた資料集）などを編纂していた昌平校（昌平坂学問所）の林大学頭である。

ペリーが文書では漢文、口頭ではオランダ語を使う方針[51]とわかるや、老中の阿部正弘は漢学の総本山でもある昌平校の第一一代・林大学頭（復斉）を亜米利加《アメリカ》応接掛《おうせつかかり》筆頭に任命し、町奉行ら計五人を配置した。

外交交渉には通訳の役割が大きい。漢文については応接掛五人のほかに与力を含め二〇人はくだらない。オランダ語についてては森山栄之助ほか優秀なオランダ通詞四名を長崎から呼び寄せて対応した。

一方のペリー側は漢文通訳がウィリアムズとその秘書の羅森の二名のみ、オランダ語通訳がポートマン一人に過ぎない。まず人数の面で応接掛がペリー側を圧倒した。

また、ペリーは出国前に国務長官からフィルモア大統領の発砲厳禁命令を受けていた[52]。大統領は交戦権を持たない（議会が持つ）ため、脱出・自衛の発砲以外に自ら発砲してはならないというものである。日本の砲台に設置した大砲の数十倍の破壊力を持ち、移動する艦船から発砲できる武備を擁していたが、それを「誇示」することはできても「発動」することはできない「鍵」がかかっていた。

さらに肝心な点は、ペリーが東海岸を出発、大西洋を横断、喜望峰を経てインド洋から中国・沖縄・日本へと、世界の四分の三という長い航路をまわってきて、独自の補給線を持っていないことである。蒸気軍艦の石炭、乗組員約一八〇〇人の食料・水などは香港・広東・マカオ・上海などで入手した。

万一、日米間で交戦状態となれば、当時よく使われた手段である「中立宣言」をイギリスが発動するかもしれない。そうなればイギリス植民地やその影響下にある港（上掲の香港・広東・マカオ・上海など）への入港が不可能となり、物資補給が途絶えてしまう。事実、一八五四年に露土戦争が勃発、イギリスがトルコ側に付くと、プチャーチン使節を乗せたロシア艦隊は上海などでの補給を断たれた。

いよいよ一八五四年三月八日、横浜村の仮設の応接所で初の日米公式会談が行われた。林大学頭とペリー提督、双方数人の代表と通訳がつく会談の進行役兼主任通訳は、幕府のオランダ通詞・森山栄之助である。まずペリーが死んだ船員を埋葬したいと提案すると林が承諾した。

ついでペリーが「現在のような国政を改めないならば、国力を尽くして戦争に及び、雌雄を決する準備を整えている」と強硬な発言を行う。林は冷静に、「戦争もあり得るかもしれぬ」と受けたうえで、「貴官の言う我が国の国政とは事実に反することが多い」として論破した。[53] ペリーは納得し、ここに実質的な条約内容の交渉に入る。途中で食事が出て、和気藹々の宴、それから調印式の行われる三月三一日までの約三週間、土産の交換と相互の招宴と平行して条約の詰めがなされた。こうして締結された日米和親条約は全一二か条からなり、片務的な条項はあるものの、不平等な条項はない。[54]

3　ペリーの見た下田と箱館

避難港として箱館と下田を開港すると条約に明記した以上、自分で両都市を見たいとペリーが提案し、幕府が承諾して実現した。和親条約の調印直後に半日ほど横浜村を散策する機会があっただけで、日本の都市に滞在し見聞を深めることのできたのは箱館と下田だけである。ペリーは自分が見聞した他の都市との比較のなかで記述しており、その点で一九世紀中ごろの都市を知る貴重な資料である。

下田には四月一八日から二五日間滞在した。「外海に近く、たやすく安全に近づけること、出入りが便利であることを考えるとき、あらゆる必要な目的を満たすのに、これ以上の望ましい港を選ぶことはできなかったであろう」[55]と満足げに記している。下田の戸数を約一〇〇〇、人口を約七〇〇〇と推定し、[56]多数の役人と軍人がおり、人口の五分の一が小売商と職人と見ている。

ペリー一行の滞在場所として幕府は下田最大の了泉寺をあて、士官たちには居心地の良い別棟が提供された。「なにもかも清潔だったから、物質面で日常生活に不満をいう理由はなかった」とし、街の印象を次のように記している。[57]

下田の町はこぢんまりと作られていて、規則正しい町並みになっている。……街路の幅は約六メートル、敷石が敷かれ、舗装されたところもある。下田は文明の進んだ町であることが見てとれ、町を作った人々の衛生や健康面への配慮は、わが国が誇りとする進歩をはるかに上回っていた。……

もう一つの避難港の箱館に着いたのは五月一七日である。[58]「広くて美しい箱館湾は、入港しやすく安全な点で世界屈指の良港」とペリーは第一印象を述べ、ジブラルタルに似ているとも付言する。箱館の戸数を一〇〇〇戸以上とし、松前を除けば蝦夷島で最大の町と記しているが、確かに当時の主な城下町の規模と比べると小さいが、他の小都市の規模と比べれば決して小さいとはいえない。[59]

箱館の町は互いに直角に交わる街路によって整然と作られ、……排水をよくするため砕石舗装され、街路の両脇には広い溝があり、家庭水や雨水が流れこみ、……立派な下水溝もある。……箱館は他の日本の町と同じくとても清潔で、街路は排水に適するように作られ、たえず水をまいたり掃いたりして綺麗で衛生的な状態を保っている。……[60]

ついで鍛冶屋、高価な商品を保管する耐火倉庫（土蔵）、商店に並ぶ品物（定価が付けてあり値切ることができないと指摘）、仏教や神道の寺院、海産物とその全国的な運送業者のことなどにふれ、「同時に一〇〇〇艘もの帆船（北前船）が箱館港に停泊しているのを目撃した」と驚き、「この国ほど制定法や国内規則が徹底的に施行されている国は世界のどこにもない。帆船の構造に関しても同様である」と述べる。[61]

木造船の造船技術の高さに驚嘆し、三〇人乗りの船の図面を描き、掲載している。こうした箱館での見聞をもとに、日本の現状を（箱館に限らず）一般的に当てはまるように記述するとして、次のように述べる。[62]

実際的および機械的な技術において日本人は巧緻を極める。簡素な道具、不完全な機械知識にもかかわらず、彼らの完璧な手工技術は驚くべきものである。……ひとたび文明世界の過去および現在の知識を習得したならば、将来の機械技術上の成功を目ざす競争において、強力なライバルとして参入してくるだろう。

箱館を出て四日後の一八五四年六月七日、約束通り、旗艦ポーハタン号に乗ったペリーがふたたび下田に姿を見せ、六月二五日まで二〇日間、下田に滞在した。横浜村で対応した応接掛が了泉寺で待ち受けており、日米和親条約の追加条約（幕府は「条約付録」と呼んだ）の交渉に入った[63]。

追加条約の争点は「遊歩地」（居留民の移動できる範囲）であるかに見えるが、実際には日米間での条約や外交交渉に使う言語問題が最大の懸案事項であった。日米和親条約は日本語版、英語版のほかに漢文版、オランダ語版の計四種類あるが、双方の全権が同じものに署名した版は一つも存在しない。言い換えれば条約の必要要件を満たす有効な版が一つも存在しない[64]。何語を正文（条約で解釈上のより所となる特定言語の文）とするかの交渉をせずに進めた結果である。

追加条約の末尾に、さりげなく「右の条約付録はエゲレス語と日本語にてとり認め、名判いたし、これをオランダ語に翻訳して、その書面を合衆国と日本全権双方が取り交したもの[65]」と明記した。日本語と英語を正文としオランダ語の訳文を付すことを初めて確認した上で、双方全権が同じ文面に初めて署名（連署）した。

4　二段階の条約―開国と開港

日米和親条約は、両国の国交樹立を基本とし、箱館（函館）・下田をアメリカ船の避難港として開港（第二条）、一八か月以降に下田にアメリカ外交官の駐在を認めた（第一一条）が、ひろく自由貿易やアメリカ人居留民の在留などは認めていない。

ペリーはアダムス中佐をサラトガ号で太平洋経由急ぎ帰国させ、九九日目にワシントンに着いた。アダムスを喜んで迎えたピアス大統領はこれを会期中の議会にかけて批准を求め、八月一七日に可決された。その一月半後にアダムスは出国、イギリスP&O社の蒸気郵船を使い、中国海域まで来るとポーハタン号に乗り換え、一八五五年一月二六日、下田に批准書を持って来て、幕府と交換(66)、これにより条約が発効した。

これが狭義の「開国」、すなわち国交樹立である。

日米和親条約の第一一条の規定に基づき、一八五六年に総領事ハリスがオランダ語通訳ヒュースケンと家僕だけを連れて下田に来て、九月三日、玉泉寺に初の領事館を置いた(67)。下田奉行との交渉がはかどらない中で、一八五七年六月一七日、下田協約（九か条）の調印を見る。これは翌年の日米修好通商条約につながる内容を含んでいる。

下田に閉じ込められ、幕府との正式な通商条約の交渉に入れないでいたハリスは、やっと江戸での交渉の約束を取りつけ、一八五七年一二月、星条旗を掲げて下田を出発、陸路江戸へ向かう。一二月一二日の西の丸下の役宅における老中・堀田正睦《まさよし》と対話のなかで「中国の戦争（第二次アヘン戦争）が終わればイギリス艦隊が大挙して来航する」とする香港総督バウリングの古い手紙を使って幕府に迫り、「その前に丸腰の自分との交渉をすれば有利な結果となる」と主張(68)、実質的な交渉に入った。

隣国で清朝中国とイギリスとの間で、アロー号事件（一八五六年一〇月八日）に端を発した第二次アヘン戦争が戦われていたとき、江戸においては日米間の平和的交渉が進められていた。通商条約では開港に伴う細かい諸規定（関税率・開港地・港湾規則・居留民の移動できる範囲を定める遊歩地の範囲など）を定めなければならない。それに基づき外国との通商、そのための外国貿易商の居留などが始まる。

日本のどの港を開港したいか、ハリスは明白なイメージを持っておらず、上掲の蕃書調所における対話でも具体名をあげていない。一八五八年一月一八日、ハリスの提出した条約草案の三条では、下田と箱館に加えて、大坂・長崎・平戸・京都・江都（江戸）・品川、ニボンの西海岸通りの二港、九州の石炭産地に近い港と列挙し、一一港の候補をあげるが、このなかに横浜（神奈川）は入っていない。[69]

横浜（神奈川）開港を提案したのは、貿易による経済の繁栄を理解していた幕臣（目付）で交渉担当の一人・岩瀬忠震《ただなり》である。長崎でのロシア応接を終えて急ぎ江戸に戻る途上の一二月二一日、旅先から老中への上申書を書き、大坂開港は将軍のお膝元の江戸の没落を意味するから断固として許さず、江戸の近辺として「武州横浜の開港」を提案する。[70]

日米修好通商条約（一八五八年）では、南京条約とは違い、五港開港の年月日を条約上に明記している。すなわち神奈川（条約上は横浜ではない）と長崎の開港の日は、ハリスがアメリカ独立記念日を希望したため、一八五九年七月四日で合意した。ところが日米修好通商条約に対する最恵国待遇を主張するオランダ・ロシア・イギリス・フランスとあいついで修好通商条約を結ぶ（安政の五か国条約と略称される）なかで、ロシアとの条約に開港の日を七月一日としてしまった。[71]三日早い開港のほうが有利と判断され、一番手のアメリカが最恵国待遇を主張し、条約締結の五か国にとって開港の日は七月一日（安政六年六月二日）となった。[72]

ここにおいて狭義の「開国」（国交樹立）と「開港」（通商上の具体的な取決め）の二つが接続した。両者をふくめて広義の「開国」と呼ぶ。この日米和親条約から日米修好通商条約までの四年間は、幕府にとって世界情勢の情報収集や分析を進め、かつ国内的な合意形成にとって、きわめて大切な時間であった。

それも二つの条約がともに戦争とは無縁なところで双方が主張し反論し、やがて妥協点を見つけて合意したものであり、その間にすこしずつ相互理解が進められたことの意義はきわめて大きい。なお最終的に開港場の数が五港（北から箱館・新潟・神奈川・兵庫・長崎）となったのは、南京条約の五港を意識したためである。

また日本側の理解を深めた要因の一つに、日本語と英語の中間にオランダ語訳を付すとした日米和親条約（下田追加条約）の規定がある。アメリカにとって負担になるだけの当条項が、蘭学の基盤を持つ日本にとっては後々まできわめて有利に働いたことも特記すべき点である。[73]

5　中心地形成―神奈川宿と横浜村

通商条約上の開港地の名称は、神奈川であって横浜ではなく、兵庫であって神戸ではない。神奈川宿と横浜村の関係は、上海でいえば県城と低湿地を開発して建設した租界との関係に似ている。当時の地名表記では、一般的に神奈川は東海道の宿場の神奈川宿を指し、横浜は横浜村を指していた。両者ともに海に面しており、神奈川宿から横浜村まで海路では直線で約四キロだが、通常は陸上交通を使うため、遠回りの坂道を上下して、二倍の八キロを行く必要があった。

横浜村は一八五四年、ペリーと日米和親条約の交渉をした地で、ペリーはYoku-hamaと表記している。[74]現在の大桟橋の付け根から横浜開港資料館、神奈川県庁の一帯で、広い後背地を持つ。一方、神奈川宿は街道の両側に家並みがつづき、広い空地がないうえに、東海道の往来が激しいため、幕府はここに応接所を設けることはできないと判断、横浜村に応接所を置くこととし、ペリー一行を案内して合意を取り付けた。

ペリー側が横浜村会談に合意した理由は、第一に横浜村の正面の海は深く、大型船が近くまで接近できること、第二に海面に開けた横浜村なら艦隊から大砲の照準を合わせ、いざのときに制圧できると考えたこと、第三に後背地が広いこと、であった。[75]入り江のように入り込む遠浅の神奈川湊とは対照的である。

応接掛は神奈川宿の本陣に本拠を置き、船を使って横浜村と往来し、新しく建設した横浜応接所で交渉にあたった。幕府にとってペリーとのこの交渉は忘れがたい記憶であり、神奈川宿と横浜村とは明らかに区別される二つの異なる場所であった。

一方のハリスは、このような幕府とペリーとの交渉の詳細や横浜村と神奈川宿との位置関係などについて知るよしもなく、日米和親条約調印の地としての横浜村をあまり意識しなかった模様である。米上院の第三三会期第二次に提出された『ペリー艦隊日本遠征記』は一八五六年の刊行、それを手にする前にハリスはアメリカを発ち、シャム（タイ）で通商条約の改定交渉にあたり、そのまま下田へ着任（一八五六年八月二一日）している。(76)

双方代表の意識差を埋めないままに、日米修好通商条約の協議が進められた。ペリーとの交渉時とは違い、幕府とハリスは双方の立ち会いの下に開港場の土地を確定していない。そして一八五八年七月二九日に調印、神奈川開港を条文に明記した。

翌年七月の開港の日まで一年もないため、幕府は横浜を当然の前提とし、すぐに居留地の基盤整備に着手、九〇、〇〇〇両を投下し、翌年春から低湿地に土を盛り、道路を入れて区画を作る工事にかかり、税関を設け、外国人向けに一時的滞在のための簡易宿舎まで準備し、七月一日の開港の日を迎えた。(77) 現在の横浜市中区山下町の一帯で、その周囲を堀で囲み関所（検問所）を設けたため、その内側の意味から関内《かんない》と呼ばれる。(78)

現在の日本大通を境に山手側を外国人居留地とし、海岸と運上所（税関）に近い場所（現在のシルクセンター）を一番とし、ここを基点に海岸にそって二番、三番とし、二〇番までいって二一番は一番の背後に戻る。それぞれの区画を外国人居留民に賃貸した。

日本大通から桜木町側を日本人町とし、江戸や近在などから問屋や商人を誘致した。貿易業務は外国人貿易商が日本人問屋を訪ねて交渉し、買い付けた商品を海外に輸出した。日本人商人による輸出業務（直輸出）は明治一五年（一八八二年）以降である。

ハリスは条約上の神奈川とは神奈川宿を指すとして譲らず、神奈川宿の青木橋にある本覚寺にアメリカ総領事館を設けた。一八五九年、総領事から公使に昇格すると江戸麻布の善福寺に置いた公使館へ移り、新しい横浜居留地（横浜村）の領事館にはついに一歩も足を踏み入れなかった。

これに対して幕府と外国人居留民は神奈川宿説ではなく横浜村説を支持したので、列国外交団を主導したイギリス公使オールコックが、一八六〇年一月、開港場を横浜として最終的に合意した。(79)

また横浜居留地は、幕府が自らの責任で建設した上で居留外国人を迎え入れたため、外国人居留民側に居留以外の諸権利を主張するだけの根拠を与えなかった。(80) それに対して上海租界は基盤整備を外国人側が行ったため、その初期投資に見合う権利をのちに居留民側が主張し、やがて居留民団が租界内の警察権から徴税権までを掌握し、治外法権を実質的に行使した。横浜と上海の差は対照的である。

6　主な貿易商品

横浜の貿易品は、当初だれも想定しなかった生糸輸出がいちじるしく伸び、首位に立った。(81) カイコの病気が発生して中国の養蚕業が打撃を受け、代わりに世界の生糸需要が横浜港に殺到したためである。この生糸特需が幸いし、関東甲信の養蚕地帯が活気をおび、輸出用の生糸生産に励み、産地から横浜港まで「生糸の道」もできた。

上海港の輸入首位に立ったアヘンについては、日米修好通商条約の交渉過程でハリスが禁輸を主張、(82) 条約の第四条に禁輸条項が定められた。(83) これはアメリカ政府が清朝中国と結んだ望厦条約（一八四四年）を継承したものである。

幕末日本はアヘン輸入や賠償金支払いに伴う銀流出がないばかりでなく、生糸輸出による外貨収入があり、それをもって必要な物資を選択的に購入し、お雇い外国人の人件費など特定の支出に充てることが可能となった。

7　居留民の主な職業

開港二年後の一八六一年の居留民統計[84]がいちばん早いが、それによれば五二名中の四八名（九二％）が男子で、家族連れは例外である。出身地別ではイングランドが三〇名と五七％を占め、他の多くは中国人と思われる。修好通商条約に一番乗りをしたアメリカは、南北戦争（一八六一～六五年）に突入したため多くが引き上げ、代わりにイギリス人が首位に立った。

職業別では貿易商が二八名（五八％）、外交官が四名、その他の詳細は明らかにされていないが、都市計画や道路・公園整備の専門技術者やヘボンのような外科医の宣教師などが滞在していた。通商条約でアヘン禁輸となったため、上海のようなアヘン貯蔵船の船員（五一％）はいない。

一八六五年になると横浜居留民は四〇九名となり、これ以降、一八七一年が九四二名、一八七五年が二四九六名と増加していく。やがて国籍別の人口統計も完備され、一八七五年では五二％が、一八八〇年では六三％が中国人で、最大多数を占める。

三　開港都市における擬制的王権

1　近代における「王権と都市」

既述の通り、開港都市は条約の産物である。多国間の力関係で動く国際政治の一部分が二国間の条約として結実し、この条約を核として都市化が始まる。開港都市は国内的な要因より対外的・国際的要因が優先する点で過去にない新しい都市類型であり、この解明により近代に特有の都市類型を明らかにできるとも指摘した。開港都市は古代以来の一国内の「王権と都市」とは明らかに異なり、新しい近代の産物である。それでは近代の産物である開港都市や工業都市をも包含する、歴史を通じた「王権と都市」を考えるにはどうしたら良いか。いささか遠回りになるが、次のように考えてみたい。

「王権と都市」の関係をもっとも直裁に表すのは、いうまでもなく、王権とその所在地の首都（帝都、国都ほかの言い方もあるが、以下では首都で通すことにする）との関係にほかならない。都市をいかに定義するかによるが（首都以外にも多数の都市が存在する）、都市のなかで首都は王権にとって格別の意味を持つ。王権の所在地としての都市（中国語では「都城」）は、他の諸都市（中国語では「城市」）とは区別される別格の、支配の象徴であり、それに相応しい各種の機能を有し、形態上でも象徴的な各種の特徴を持つ。

王宮や城壁、豪華な建造物、王権の象徴（玉座など）の存在、支配を実行する行政制度や軍隊の整備、その経済的繁栄を支える流通機構や市場の存在、整然たる街路と衛生・保安上の各種の配慮などがある。王権の支配が、この地上に実現されるものである以上、その容器としての首都は王権にとって不可欠の前提となる。

しかし、首都以外にも都市は存在するから、首都とそれ以外の都市との関係をどう考えるか、そもそも都市をいかに定義するかの問題は避けて通れない。都市とはなにか、この問題はこれまで多くの研究者・論客が知恵を絞ってきたもの[85]の、いまだ十分に納得できる学説は生まれていないと思われる。

私も都市の定義として、先行研究が掲げる次の五項目を参照する。すなわち①人口の集中、②市が立ち、周辺の商品取引の中心、③農業以外の職業の人が多いこと、④特有の政治機構をもつこと、⑤周辺の集落に文化的な影響力をもつこと。

この五項目に対して、私はさらに三項目を追加した[86]。⑥城壁など都市の境界を示す一定の施設（ある時期になると不要物として解体）、⑦道路・運河・橋梁・大型建造物、各種のライフラインなど都市基盤（インフラ）の集積、⑧膨大なエネルギー消費である。

近代における都市を定義しようとすれば、とりわけ次の三つが不可欠の要素だと思う。すなわち、①人口の集中、②インフラの集積（とくに水道、ガス、医療施設、ライフライン、交通・通信ライン）、③それに見合う政治・行政の機能である。この条件を満たす都市は首都に限らず、日本では数百にのぼる。

一方で「王権」とは、近代以前の「政治権力」ないし「政治的支配権」とほぼ同義で使われる。一民族を支配する王であろうが、多民族を擁する帝国の帝王（諸王の王）であろうが、格別の区別をしないで「王権と都市」を論じることができる[87]。中世・近世の日本における天皇と征夷大将軍の関係は、前者の権威、後者の権力として把握され、「王権」とは権威と権力の二つを含む広義の「政治的支配権」と理解して良かろう。

では、近代以降はどうか。共和制・議会制・大統領制などの政体が生まれ、王（または帝王）を追放した政体を持つ国も多く、むしろ「王権」は表面から消えた国が多い[88]。この場合でも「王権と都市」という問題設定が可能だと私は考える。

すなわち「王権と都市」を「政治的支配権と都市」と広く解釈し、近代以降にも適用すると同時に、首都以外の新たに生まれた都市類型をも「王権と都市」のなかに包含できる。こうした広義の政治的支配権は「王権」に起源しているものの、時間の経過のなかで形を変えているため、正しく歴史的に遡及しないかぎりその姿が見えてこない。

そこで近代になって生まれた都市、本稿の対象である開港都市や工業都市などを考察する場合、「王権」に代えてこれを「擬制的王権」と命名し、その歴史的連続（継承）性の変遷過程を遡及する方法を採用してはいかがであろうか。

2　近代国際政治の構造

擬制的王権と名づけるだけでは意味がない。近代都市の多様な展開を把握し、近代に特有の課題を解明するためには、一定の理論武装が必要である。近代になって新たに生まれたものを近代の特性と考えれば、すぐ思い浮かぶこととして、工業という新しい産業の誕生、就労構造の変化（一次産業・二次産業、三次産業の構成の変化）、貿易量の拡大、人と情報の地球規模での往来、軍事技術の進歩と破壊力の飛躍的な向上、世界的な人口爆発、多国間関係の重要性、近代国際政治の変貌、さらには知識基盤社会の展開などがあり、枚挙に暇がない。

前述の通り、開港都市とは列強の貿易拡大を目的として結ばれた条約を核として誕生・成長した都市であり、国内的な要因より対外的・国際的要因が優先する点で過去にない新しい都市類型である。近代国際政治の新たな展開のなかにこそ、開港都市誕生の秘密が隠されている。

そうだとすれば、二国間条約の当事者が何を求め、どのような経緯を経て条約として結実したか、言い換えれば条約交渉史（交渉過程）に第一の鍵がある。

第二の鍵は、貿易を担うのは貿易商であって条約交渉者（政治家と外交官ないし海軍提督）とは別であり、それは背後にある経済発展に左右されるから、広く経済情勢を判断しなければならない。

第三の鍵は、開港都市を政治家や市民がどのように建設しようとしたか、言い換えれば都市に対して、どのような政治的価値を認識したか、である。

第一の条約交渉史には、武力による強圧から、単に無知による錯誤や不作為まで広い範囲にまたがる諸問題がある。敗戦条約と交渉条約の差異は、なによりも前者においては戦勝国が強圧的（武力的）な態度を取るのに対して、後者においては対話と論争が可能となる点にある。

その先は、情報をどこまで正確に把握し、理論武装し、論争を有利に進めるかである。いわゆる世界情勢を長期にわたり、多面的に収集・分析し、それを基盤として現実の条約交渉にあたることができたか否か。もちろん交渉言語や対話能力など、実務的な交渉力がなくてはならない。

中国最初の条約・南京条約の交渉過程におけるイギリスと中国、日本最初の条約・日米和親条約の交渉過程におけるアメリカと幕府、これら四者の相対的力量を比較すると、前述の通り、初の日米交渉における日本側交渉陣（林大学頭ら応接掛）の能力と意思がきわだって高いことがわかる。

ひとたび結ばれた条約は改正がきわめて困難である、この現実を知るのは後のことであった。たとえ問題があっても簡単には改正できず、メリットはメリットとして、デメリットはデメリットとして、両者をともに継承せざるをえず、メリットだけを部分的に享受することはできない。それを如実に示す事例として、安政の通商条約で禁輸としたアヘン密輸をめぐる裁判（横浜の領事裁判から日英の政治交渉に発展）がある。[89]

条約の有効期限が明示されていないことも条約改正の大きな障害となった。有効期限の明示がなければ、条約改正は双方が合意したとき以外には実行されない。有効期限の記載を明記しなかったのは、無知か、不作為の結果か、あるいは当時の国際法の常識のいずれかであり、これも国際政治の一つの現実であった。

3　貿易と経済発展

第二の貿易と国内の経済発展との関係では、経済活動に携わる商人や投資家などのマインドが大きく影響すると同時に、彼らの社会的地位も影響する。この問題を広く取り扱うのは本稿の範囲を越えているが、指摘すべきなのは次の点である。

すなわち固い科挙制度が支配し、官尊民卑が世を覆っていた清朝中国の末期的症状と比較すると、幕末日本はかなり好調な経済成長があり、その一端を担う商人の台頭は、士農工商の身分制度に風穴を開けつつあり、なかでも幕臣のなかに貿易の重要性を認識する者がいたことが重要である。

その代表がハリスとの交渉にあたった岩瀬忠震であり、大名や幕臣の大多数が貿易無用論（ないし貿易有害論）を主張するなかで独自の論陣を張り、老中の支持を得て修好通商条約の交渉に当たった[(90)]。

清朝中国では敗戦条約に伴う賠償金支払い義務が増税を生み、かつアヘン流入による銀の流出で、銀（貿易決済用で馬蹄銀と呼ばれる）と銅銭（国内流通用の通貨）との銀銅比価がいちじるしい「銀高銅安」へと変動させた。それが実質的な増税と税金不払いの社会現象を招来し、国内経済にも大きな打撃を与え、財政構造をほぼ破壊してしまった[(91)]。

それに対して交渉条約には賠償金支払いによる富の流出がなく、金銀比価の国際差額は一時的変動として抑え込むことができた[92]。また日本からの生糸輸出が予期せぬ勢いで急成長するなど、マーケットという予測不能なものの与えた好影響も無視できない。

4　都市の政治的価値（1）

第三に開港都市の経営を政治家がどのように進めようとしたかの問題である。歴史を広く見ればわかる通り、国家（中央政府）と都市とは時に対立し、時に協調する。あるいは対立を含みつつ共存する場合もある。成立過程からすれば、各地にできた都市が横に連合して一つの国家（中央政府）を樹立する場合もあれば、その反対に強力な皇帝（中央政府）が全国的支配を貫徹し、各都市は中央政府の意思を貫く官僚の所在地（駐在地）にすぎないとする政治思想もある。

中国は伝統的に後者のタイプである。皇帝の鎮座する首都を中心として、その意思を全国に伝える強大な官僚組織（文官と武官）を持ち、その末端が全国に約一三〇〇ある県の役人＝知県である。都市は、基本的には中央政府（皇帝）の意思を貫く官僚の所在地にすぎないと考えられていた。

では皇帝の所在地である首都はどのように作られたのか。北京は明代後半に南京から移転して首都となり、清朝→民国→中華人民共和国と継承されて現在にいたる。この北京は高い城壁で囲まれた城郭都市であり、皇帝の居所の紫禁城を中心とする内城とその南に外城をおき、合わせて面積六二平方キロある。

紫禁城をどこに置くかの基本思想として、漢代いらい継承された「四神相応観」がある[93]。東西南北に災害を守護する神獣がいるとするもので、この方位と地形を組み合わせ、東に青龍＝川、西に白虎＝長道、南に朱雀＝池、北に玄武＝亀と蛇＝丘陵を、それぞれ配置する立地を最適と考える。

しかし現実の北京は、四周にそれぞれ川を持つ変形が採用され、東に白河、西に玉河（玉泉山を水源とし通恵河を経て白河に注ぐ）、南に盧溝河、北に湿余・黄花河、鎮川などを配置する立地である。[94] 飲料水が不可欠であり、また水運が物資や現物税の最良の運搬手段であるという現実が、この河川を重視する変形解釈の背景にあったものと思われる。

清代において、内城には、満州族の戸籍組織であり軍事組織でもある八旗（正藍旗、正白旗など計八旗）の構成員が住み、蒙古族と漢族も同じ組織形態をとったので二十四旗（＝八旗×三）あり、京城二十四旗と呼ばれた。これが皇帝を警護し、いざのときに軍事出動する。その数四五万人との推計もある。ほかに科挙の最終試験を受験する書生が相当数、滞在する。こうして総人口約九〇万人の北京は、男性が多い社会（男性一・八に対し女性一）である。[95]

地方官のうち上層官僚（省レベルの総督や巡撫）はすべて科挙の合格者であることが原則である。科挙に合格すると、主に知県任官から始め、治安維持・徴税・裁判と刑の執行などにあたる。[96] 駐在地の県も北京と同じ城郭都市で、いずれも城外からの攻撃に備えて城壁を持つ。

城郭の形状は北京と同じ方形の場合もあれば円形の場合もあり、その中心に官庁がある。省都もほぼ同じ形状である。都市とは城郭の内部を指し、その外は農村とする都市観が根づよくあり、城壁の外への都市の拡張はよほどの理由がないかぎり不可能であった。

一方、広大な国を中央集権的な皇帝と科挙官僚により統治しきれない現実があり、省レベルの総督や巡撫は別として、その下位の単位の道（トップが道台）や県（トップが知県）などは、官僚の役職を金で買い取る買官制度により任官する者もいた。

問題を起こさず出世することが官僚の主な関心事となれば、時に虚偽の報告をし、余計な騒動を起こさないように努めることになる。南京条約の締結を、清朝全権の耆英は「中朝撫馴外夷、一視同仁」（内外に親疎の差別をせず、すべての人を平等に見て仁愛を施すこと）と表現し、これを敗戦とは把握せず、英夷（イギリスという野蛮人）にも仁愛を施したと解釈して皇帝に上申した。(97) また上海道台がイギリス領事と結んだ土地章程も、騒ぎが大きくならない程度にイギリス側の主張を取り入れて、短期間のうちに合意した。

出身地に任官することはできず（本籍回避制）、また同じ任地に長くはいられないから、出身地や任地への愛着が生じにくく、任地先の都市をどのように発展させるかという政治的関心はきわめて薄い。官僚は裁判・治水・徴税・治安などの公務を無事に果たし、究極的には次の昇進つまり上位の官職（知県から道台へ、そして地方官の最高職である総督や巡撫）への昇進に関心が傾き、最終的には北京（皇帝）志向がいっそう強まる。

現地採用の官僚たちは他の任地へ異動することがないが、そうかといって自分の都市をこうしたいと主張する権限も意欲も持たない。都市は科挙官僚にとっても現地採用の官僚にとっても、ともに政治的価値を持たない対象（あるいは持ちえない対象）であった。官尊民卑の風潮の強いなかで、官僚の態度がこのようであれば、商人たちも都市建設への情熱を示さず、それを持つ主体は国全体として不在となる。

5　都市の政治的価値（2）

これに対して、江戸時代は幕藩体制と呼ばれる、幕府と諸藩からなる政治制度である。三百諸侯がそれぞれ自分の藩を「国」と考えて、それぞれの繁栄のために力を尽くすと同時に、幕府の命令により参勤交代を義務として課せられていた。江戸在勤のとき大名（藩主）は各藩の江戸屋敷から江戸城に登城して執務をこなし、旗本と付き合うと同時に、各藩相互に日々の「外交」もこなしていた。

藩主としては「国」（城下町）を栄えさせることに懸命となり、それだけ都市への強い関心を持った。そのうえ参勤交代により通過する諸藩を見聞し、かつ「自国」や江戸と比較する機会も持つ。自分の城下町への関心はそのまま都市への関心へと広がった。

各地の城下町建設の基本モデルは、将軍の城下町・江戸、つまり徳川家康の都市づくりにほかならない。近世城下町の特性としてあげられるのは、城は将軍の居所であると同時に将軍政治の執務所であって、町はこの城の下に拡がる構造を持つ。つまり北京や欧州の都市のような城郭都市ではない。

言い換えれば、城下町は周囲に外壁を持たないため、周辺に無限に拡張する可能性を持つ構造である。日本史だけを考えれば当然すぎることだが、この特性は世界各地に類がない、近世日本に特有の都市形態であることを確認しておきたい。

家康が秀吉から関東六か国、二四〇万石を与えられ、入府（江戸入り）が天正一八年（一五九〇年）、それから関が原の戦いを経て慶長八年（一六〇三年）の開府（徳川幕府を開く）までの一三年間に、ハード面における都市づくりが実施された。中世の山城から近世の平城への大転換である。

城をどこに立地すべきか、家康以前の基本思想は北京と同じ「四神相応観」である。江戸でいえば、東（青龍＝川）は中川、西（白虎＝長道）は東海道、南（朱雀＝池）は江戸湾、北（玄武＝丘陵）は麹町台地と位置づけた。江戸のほうが原理に忠実である。(98)

ところが家康は、この四神相応観を捨て、城郭を持たない代わりに、城下に土地と人を配置して防御とした。すなわち江戸城を中心として「の」の字を描くように、譜代大名地、外様大名地、旗本御家人などの武家地（面積の約七割)、それに町人地と寺社地(残りの三割をほぼ折半)を配し、また運河(堀)を開き、防御と同時に水運の役目も果たさせた。(99)

そのうえで都市インフラとして道路網(五街道ほか)を整備し、その維持管理に助郷制度(沿道の村々の労働奉仕)を導入、また井戸水に塩分が上がってくるため埋立地には神田上水(一六一五年には完成)や玉川上水(一六五四年完成)を建設して上水を供給した。なお排泄物は肥料として農村に還元されたので、下水道は必要なかった。

全国の城下町も外周に城壁を持たず、代わりに武家地・町人地・寺社地を有効に配置する点で江戸モデルを採用し、町人地には鍛冶町・紺屋町・桶屋町など城下町一般に共通するものもあるが、土地の特性に応じて町人地の内部構成などはそれぞれ独自に行った。

旗本は旗本で天領という都市に強い関心を抱いた。開港都市の横浜村ほか計五か村を、一八五九年二月、上知(上地)して天領扱いとし外国奉行(のち神奈川奉行)の管轄下に置いたので、(100)旗本たちの都市への関心が横浜でも発揮されたという側面も見逃せないであろう。それも条約という対外関係を核とし、更地のうえに作られた新しい都市である。

具体的には、この直後から始まる区画整理、埠頭の建設、外国人居留民への区画賃貸(売却の主張を排して)の方法と手続き、運上所(税関)の役割、日本町への商人の誘致、都市に付随すると考えられていた遊郭の建設などに心血を注いだ。

これを前提として、外国の新しい利点も積極的に取り入れた。たとえば遊郭に代えて横浜公園を作ったが、(101)これは彼我(内外人)がともに利用し親睦を深めるための公園という願いを込めて「彼我公園」と呼ばれた。

開港場(居留地)を神奈川宿とするか横浜村とするかの内外の紛争にさいしても、上海租界モデルを主張する列国外交団の見解に対抗し、最終的に横浜村で合意させ、かつ外国人居留民の自治権を排除した幕府（担当は神奈川奉行）の都市構想および対外政策の果たした役割はきわめて大きい。[102]

明治の中央政権ができてからも、幕藩体制の伝統を完全に否定することはできず、県庁所在地は昔の城下町か奉行所の所在地に置かれたものが多い。そこには強い伝統があり、中央から派遣される知事も地元の意向を無視することのできない政治構造があった。[103]

こうした全国的な傾向のなかで、開港都市の横浜や神戸には近世の城下町がない。都市化の核は条約である。横浜の場合、開港いらい都市化が先行、明治になって成立する神奈川県はその県庁所在地を横浜に置いた。人口わずか五〇〇人にも満たない横浜村が市域を拡大し、全国から人を集め、急速に成長して横浜市となり、いま人口三六〇万人超の最大の政令市である。「三代住んで江戸っ子」といわれたのに対して、「三日住めば浜っ子」といわれる所以である。

横浜にとって開港は都市化の核であり、交渉条約という「良質な遺伝子」[104]を持つ。そのため開港を祝う周年事業の意義はきわめて大きい。開港の翌年（万延元年＝一八六〇年）、熊野神社が祭られている州乾弁天で祝祭が行われたが、[105]開港記念事業を本格的に意識して取り組み始めたのは開港五〇周年（明治四二年＝一九〇九年）からである。[106]戦後の開港一〇〇周年（一八五九年）、そして開港一三〇周年・市制公布一〇〇周年を祝う横浜博覧会（一九八九年）[107]へとつづき、さらに来年（二〇〇九年）には開港一五〇周年を迎える。

一八七九年、市町村制が施行されると、横浜は市議会において市長を選出して市制を敷いた。この年は開港二〇周年でもある。有力な市議会議員には横浜を代表する貿易商などが選出された。中央政府任命の県知事とは異なり、市制下の横浜では市議会選挙を先行させ、三人の市長候補を市議会が選考する「地方自治」的な方法を採用し、このなかから中央政府が市長を選出した(108)。

生糸の売り込み商を主とする横浜の貿易商たちは、貿易業務にとどまらず、横浜の都市建設に努力し、新興都市の文化の発展にも力を入れた。外国人貿易商は商売相手であるので、友好的に付き合うと同時に、外国人貿易商らが上海などの事例をあげて過大な権利の主張をすると断固として反対、仕事と国益とを峻別することにも敏感であった(109)。

また東京との関係になると、強い「横浜主義」が発揮された。とくに東京に国際貿易港を提唱する「東京築港論」が起きると、猛然と反対を唱え、それをテコに都市横浜の発展をめざして新たな都市計画を練り始める。

その最初の大きな契機となったのが、条約改正に伴う一八九八年の居留地撤廃（開港場独占の廃止、外国人が全国どこでも居留可能となる）(110)、また開港五〇周年記念事業（一九〇九年）を契機とする都市政策の変換、つまり従来の貿易（商業）都市にとどまらず工業化を目指そうとする都市政策の確立である(111)。これも都市政策が地域にとって高い政治的価値を有していた証拠である。

おわりに

横浜と上海という二つの開港都市の解明により、近代に特有の都市類型の一面を明らかにすることができた。また貿易を目的とする条約により生まれた二つの開港都市に、さまざまな面で条約の性格の違いが反映していることがわかった。

さらに両都市の間には都市への政治的関心の違いがあるが、それが両国の「政治的支配権（広義の「王権」）と都市」の関係の相違に通じる長い歴史的背景を色濃く反映していることがわかった。言い換えれば、歴史的に形成された両国の「王権と都市」の認識が、近代になって誕生した二つの開港都市にそれぞれ継承されたということができる。

（1）加藤祐三『イギリスとアジア――近代史の原画――』（岩波新書、一九八〇年）第二章。
（2）加藤祐三・川北稔『アジアと欧米世界』（中央公論社、一九九八年）第一章。
（3）加藤祐三「黒船前後の世界（五）香港植民地の形成」（『思想』一九八四年一月号）、のち加藤祐三『黒船前後の世界』（岩波書店、一九八五年、ちくま学芸文庫増補版、一九九四年）第Ⅴ章所収。
（4）加藤祐三『世界繁盛の三都――ロンドン・北京・江戸――』（日本放送出版協会、一九九三年）。
（5）『大日本古文書　幕末外国関係文書』三―五〇。
（6）註（4）前掲『世界繁盛の三都――ロンドン・北京・江戸――』二三〇頁。
（7）「世界大都市の人口変遷」（同右書）、二三六頁。
（8）戦後日本では市町村の三種の自治体を区別し、人口五〇、〇〇〇人以上を市、五〇、〇〇〇以下で五〇〇〇人以上を町、五〇〇〇人未満を村としているが、一九世紀中ごろの常識とは明らかに異なる。なお歴史人口統計は推計がきわめて難しいが、データなどについては註（7）前掲拙稿「世界大都市の人口変遷」を参照されたい。
（9）『横浜と上海――近代都市形成史比較研究――』横浜開港資料館、一九九五年。
（10）加藤祐三「日本の都市」（『地球文明の場へ』日本文明史七（角川書店、一九九二年）第四章。なお本書は書名が示すとおり文明史が主題である。文明を貫くキーワードとして私なりの理論を「文明の三角錐」説として掲げた（第一章）。すなわち、文明を構成する要素として「装置」「制度」「自然」「個体」の四つの概念を措定し、それぞれを三角形とし、「自然」を底辺において立体化すると、「文明の三角錐」ができる。「装置」とは人間の技術がつくりだした人工物、各種の道具をはじめ交通・通信機器からコンピュータまでを指す。「制度」とは言語・習慣・法律・組織形態・会社・国家・国際機関など、約束ないし共通了解事項を指す。「自然」とは空気・水・食料・動植物など人間存在の生物学的前提を意味する。「個体」とは心身を持ち毎日を生きている一人ひとりの個体と、その集合体としての家族などを指す。

時代が新しくなるにつれて、「自然」が後退し、「装置」が肥大、「個体」が劣化し、「制度」が不適合を起こして機能不全となる。これを私は「文明の危機」と呼ぶ。危機の克服は「自然」を回復し、「個体」を強化し、新たな「制度」を構築すること（法律なり慣習の見直し）にかかっている。

(11) Guizot, *Histoire de la civilization*, 1828. ギゾー著・安士正夫訳『ヨーロッパ文明史』（みすず書房、一九八七年）。

(12) 福沢諭吉『文明論之概略』（一八七五年）が代表的な作品。

(13) 横浜ほか五港開港場には外国人が居留して経常的な貿易業務を行うことができるが、東京と大阪は条約では「開市場」と呼ばれ、短期滞在による取引のみが許された。田口の東京築港は横浜港の機能を東京に移そうとするもの、その実現の障害として隅田川河口から品川沖にかけての遠浅という自然条件と東京の経済的脆弱さをあげ、それを克服するための皇居周辺のオフィス街化論と結びつく。なお東京港が国際貿易港となるのは八〇年ほど遅れて昭和一六年（一九四一年）である。

(14) 加藤祐三「二つの居留地」（註9前掲『横浜と上海――近代都市形成史比較研究――』）。

(15) 「比較」と「関係」という二つの概念は、歴史研究にとって大切な概念であると考えており、それについての論考「歴史研究における比較と関係」を書いた（『東洋文化』七五号、一九九五年）。現在も基本的にはこの考えを継承・発展させている。

(16) グローバル化（地球化）という用語は、最近、国際化（インタナショナル化）の代わりに使われるようになった。この語にはオゾンホールや地球温暖化など国境を越えた「一つの地球」（水の惑星・地球号）を思考し、一致して行動する必要があると説く側面があると同時に、判断や行動を「一つの地球的価値基準」に定めるべきとして、独自の文化から なる世界の多様性を否定しようとする側面もある。両者を混同してはならない。

(17) 加藤祐三『紀行随想　東洋の近代』（朝日新聞社、一九七七年）第二章。

(18) 註(3)前掲拙稿「黒船前後の世界（五）香港植民地の形成」、のち註(3)前掲拙著『黒船前後の世界』（増補版）、第Ⅳ章所収。

(19) 註(3)前掲拙著『黒船前後の世界』（増補版）の一六七頁掲載の概念図。なお日中間の条約比較は、「表　敗戦条約と交渉条約の比較」（四八四頁）に九項を掲げておいたが、先行研究の石井孝『日本開国史』（吉川弘文館、一九七二年）

にはこのうちの四項だけしかなく、条約発生の根拠となる戦争か交渉かの区別などの指摘はない。なお概念図に示した筆者の「近代国際政治――四つの政体――」を批判的に継承した研究として、森田朋子『開国と治外法権』（吉川弘文館、二〇〇五年）がある。

(20) 加藤祐三『東アジアの近代』ビジュアル版世界の歴史一七（講談社、一九八五年）。

(21) 註(3)前掲拙稿「黒船前後の世界（五）香港植民地の形成」、のち註(3)前掲拙著『黒船前後の世界』（増補版）、第Ⅴ章所収。

(22) 条約は中文（漢文）と英文で書かれている。中文版は王鉄崖編『中外旧約章彙編』、英文版は *BPP*（イギリス議会文書）: *Area Study: China*. Vol.31, p229-.

(23) BPP: *Area Study: China*. Vol.31, p.260.

(24) BPP: *Area Study: China*. Vol.36, p.180-. なお加藤祐三「ギュツラフ『所見』（一八四五年）と東アジア」（『横浜市立大学論叢』三六巻二・三合併号、一九八五年）は賠償金完済により撤収するさいに描いた中国周辺諸国との関係の将来像であり、開港に応じる可能性のいちばん高い国として日本を、ついでシャム・安南・朝鮮の順にあげている。

(25) 市場調査の一例として、通訳官ギュツラフによる「所見」（一八四五年）がある（註24参照）。

(26) J. Ouchterlony, *The Chinese War*. 1844.

(27) BPP: *Area Study: China*. Vol.40, p.439-445.

(28) インドから中国・東南アジアへのアヘン、中国からイギリスへの紅茶、イギリスからインドへの綿製品、これら三大貿易品による「十九世紀アジア三角貿易」については加藤祐三「Ⅱ　19世紀のアジア三角貿易」（『イギリスとアジア――近代史の原画――』（岩波新書、一九八〇年）を参照。

(29) 同右書、第六章。

(30) 加藤祐三「植民地インドのアヘン生産――１７７３～１８３０年――」（『東洋文化研究所紀要』八三冊、一九八一年）。

(31) PRO (Public Record Office) F.O.17/57-encl.20a. (1842.9.3)。また J. K.Fairbank. *Trade and Diplomacy on the China Coast*. 1953. を参照。軍事史の研究として、S. Graham, *The China Station; War and Diplomacy, 1830-1860*. 1978.

(32) 坂野正高『近代中国外交史研究』（岩波書店、一九七〇年）。また坂野正高『近代中国政治外交史』（東京大学出版会、一九七三年）。

（33）イギリスの対中貿易とそのなかで上海の占める割合に関しては、加藤祐三「黒船前後の世界（六）上海居留地の形成」（『思想』、一九八四年三月）、のち註（3）前掲拙著『黒船前後の世界』（増補版）、第Ⅴ章。

（34）BPP: *Area Study: China*. Vol.40, p.655&766. なおアヘン貿易の合法化を決めたのは第二次アヘン戦争の中間で結ばれた天津条約（一八五八年）であり、この年に日米修好通商条約が結ばれている。

（35）土地章程には「租界」という言葉はない。英語では merchants renting ground とあり、地図などでは Settlement と書かれることが多い。「租界」は「土地を賃借（租賃）する界域」の意味で自然に使われるようになり、条約での初出は煙台条約（一八七六年）。

（36）後述の日米修好通商条約では、地主である幕府が外国人居留民に土地（区画ごと）を賃貸する、公人（日本）対私人（外国人居留民）の関係を条約に明記した。

（37）*North China Herald*. 1854.7.8. ほかに A. M. Kotenev, *Land Regulation and Bye-laws for Foreign Settlement in Shanghai: 1845–1930*（タイプ版、上海档案館蔵）がある。

（38）加藤祐三「二つの居留地」（註9前掲『横浜と上海――近代都市形成史比較研究――』）。

（39）BPP: *Area Study: China*. Vol.40. p.620.

（40）註（3）前掲拙稿「黒船前後の世界（五）香港植民地の形成」、のち註（3）前掲拙著『黒船前後の世界』（増補版）、第Ⅴ章。

（41）*Shanghai Almanac for 1853*.

（42）『神奈川県史料』第七巻（神奈川県立図書館、一九七一年）二頁。

（43）上海地図（PRO 海軍省文書、ADM1-No5629）。二〇〇四年夏、ロンドン郊外キューの Public Record Office（のち National Archives と改称）を訪問した時に自分で撮影したため、すこし歪んでいる。フラッシュをたかなければ閲覧者が自由にデジタルカメラ撮影できる制度は画期的なものと思う。当文書館の創設は一八五一年だが、ビクトリア女王の即位直後の一八三八年の法律「公文書（パブリックレコード）を安全に維持するための法律」（一八三八年八月一四日前文と二一ヶ条）に基づく。収蔵文書数は九五〇万点（一七世紀後半から三〇年前まで）。その一部の日本関係文書については、楠家重敏編集・解題、加藤祐三監修『日本関係イギリス政府文書目録』（A4版五五二頁、横浜市立大学紀要、一九八八年）がある。デジタル検索となった現在でも分類・名称などは同じなので活用できる。なお本書のオンディマンド版が雄松堂出版から刊行されている。

(44) *North China Herald*. 1851.5.3.

(45) *Hong Kong Government Gazette*, 1851.

(46) 「図8　条約一覧」（註3前掲拙著『黒船前後の世界』増補版の四一一頁）を参照。

(47) 加藤祐三「黒船前後の世界（七）経験と風説」（『思想』一九八四年五月号）、のち註(3)前掲拙著『黒船前後の世界』（増補版）、第Ⅶ章。

(48) 加藤祐三「黒船前後の世界（二）ペリー派遣の背景」（『思想』一九八三年八月号）、のち註(3)前掲拙著『黒船前後の世界』（増補版）、第Ⅱ章。

(49) 加藤祐三「ペリー来航の予告情報」（加藤祐三『幕末外交と開国』ちくま新書、二〇〇四年）第一章。

(50) 加藤祐三『幕末外交と開国』（ちくま新書、二〇〇四年）第一章と第五章。

(51) ペリーは日本との交渉に日本語を使おうと考え、日本語のわかるアメリカ人を探すと、中国で宣教師を二〇年も勤めるS. Williamsを見出し、彼が任地の広東に戻っていると知るや、通訳を誰ひとり伴わずアメリカを出航、香港に到着した翌日に広東を訪れた。ペリーの要請を受けたウィリアムズは、頭を抱えて断った。自分が日本語を勉強したのは一二年も前のこと、それに自分の日本語教師が本国送還を待つ日本人漂流民（廻船の乗組員）で、小さいころから仕事に就き十分な書き言葉の訓練を受けていないため、自分の日本語では幕府との交渉に役立たない、と説明した。困ったペリーが中国語ならどうだと聞くと、それなら自信がありますと答え、ウィリアムズは中国語（漢文）の通訳としてペリーに同行する。ウィリアムズ『ペリー日本遠征随行記』、F. W. Williams, *The Life and Letters of Samuel Wells Williams, Missionary, Diplomatist, Sinologue*. 1889. を参照。またペリーが交渉で漢文とオランダ語を使うと幕府側が察知したのは、ペリー第一回来航のさい浦賀応接で出した名刺が漢字で書かれていたことからである。

(52) Mr.Conrad to Mr.Kennedy (Nov.5, 1852) "He will bear in mind that, as the President has no power to declare war, his mission is necessarily of a pacific character, and will not resort to force unless in self defense in the protection of the vessels and crews under his command, or to resent an act of personal violence offered to himself, or to one of his officers."

US Congress (S) 751-No.34.

(53) 林大学頭側の記録は「墨夷応接録」(『大日本古文書　幕末外国関係文書』付録一所収)にあり、ペリー側の記録は『ペリー艦隊日本遠征記』第一巻、第一九章。本書には何種類かの邦訳があるが、引用にさいしてはホークス編・オフィス宮崎訳・加藤祐三序文『ペリー艦隊日本遠征記』(栄光教育文化研究所、一九九七年)を使う。

(54) 註(50)前掲拙著『幕末外交と開国』。

(55) 註(53)前掲ホークス編『ペリー艦隊日本遠征記』第一巻、第二二章。

(56) 東海道の神奈川宿が戸数一三〇〇、人口約五〇〇〇人である。

(57) 以下のペリーの印象については、註(53)前掲『ペリー艦隊日本遠征記』第一巻、第二三章。

(58) 同右書、第一巻、第二三章。

(59) 嘉永三(一八五〇)年の三港の戸数を見ると、松前が五二二〇戸、箱館が一七三九戸、江差が一四五一戸(『函館市史』史料編第一巻)と、三港ともに東海道の神奈川宿の戸数を上回り、松前が他を圧して多数の戸数を有していることが分かる。松前には松前藩が置かれ、北前船の北端の港であり、かつ高田屋を中心としてロシア貿易にも係っていたからである。平成一九年八月、国際日本文化研究センターの共同研究「王権と都市に関する比較史的研究」で箱館と松前の実地調査を行ったが、そこで得た知見から両者の地理的な条件を比較すると、松前の港は狭く、かつ城が丘の上に築かれており、後背地の平野部が狭いのに対して、箱館は広い安定した港湾を持ち、広大な後背地があることがわかる。

(60) 註(53)前掲『ペリー艦隊日本遠征記』第一巻、第二三章。

(61) 同右書、第一巻、第二三章。

(62) 同右。

(63) 『大日本古文書　幕末外国関係文書』之六―二〇二。

(64) 日米で取り交した条約(四種類のもの)のうち日本側が保管したものは火事で消失して存在しないが、アメリカ側が保管したものが公文書館(US National Archives)にある。

(65) 『大日本古文書　幕末外国関係文書』之六―二二五。

(66) その直前、一八五四年一二月二三日、遠州灘を震源地とする大地震があり、巨大な津波が下田を壊滅状態に陥れた。

(67) ハリス『日本滞在記』中（坂田精一訳、岩波文庫、岩波書店、一九五三年）。
(68) 『大日本古文書　幕末外国関係文書』之十八―八八。
(69) 『大日本古文書　幕末外国関係文書』之十八―一七三。
(70) 『大日本古文書　幕末外国関係文書』之十八―八九。
(71) 『大日本古文書　幕末外国関係文書』之二十―三二一。
(72) 横浜では開港記念日を祝ってきたが、戦前は七月一日（陽暦）、昭和三年（一九二八年）以降、現在にいたるまで旧暦の六月二日を開港記念日としている。
(73) 例えば福沢諭吉がオランダ語を介して英語を学んでいく過程について、加藤祐三「幕末維新の国際政治――福沢諭吉の訳稿を通じて――」（『福沢諭吉年鑑』二〇、福沢諭吉協会、一九九三年）。
(74) US Congress (S) 751-No.34-p.125.
(75) 註(53)前掲『ペリー艦隊日本遠征記』第一巻、第二三章。
(76) 註(67)前掲『日本滞在記』中。
(77) 『大日本古文書　幕末外国関係文書』之二十三―二〇六。
(78) 山下町とその番地は開港当初と現在とで変わらない。関内は正規の地名ではなく、ＪＲの駅名であり、また通称として使われる。
(79) 『大日本古文書　幕末外国関係文書』之三十四―二〇一。
(80) 斎藤多喜夫「横浜居留地の成立」（註9前掲『横浜と上海――近代都市形成史比較研究――』）。なお史実一般に関しては『横浜市史』第二巻（一九五九年）所収の石井孝「外国人居留地の決定」（第一編第三章第四節）および秋本益利「居留地の成立と構造」（第四編）を参照。
(81) 『横浜市史』第二巻第二編第一章第一節。
(82) 『大日本古文書　幕末外国関係文書』之十八―一七三。
(83) 『大日本古文書　幕末外国関係文書』之二〇―一九四。
(84) PRO.FO46, Vol.21-No.13, Enclosure 3-6.

(85) A・ウェーバー、マンフォード、クラーク&スラック、バーク、P・ゲデス、マンフォードなどをあげることができるが、その概略については加藤祐三「都市史研究の課題と展望」(註9前掲『横浜と上海――近代都市形成史比較研究――』)。
(86) 加藤祐三「都市史研究の課題と展望」(註9前掲『横浜と上海――近代都市形成史比較研究――』)、九頁。
(87) 同右。
(88) 加藤祐三「近現代アジアの王政」(『月刊しにか』一九九三年一月号)。
(89) 加藤祐三「アヘン密輸ハートレー事件」(横浜居留地研究会編『横浜居留地と異文化交流――十九世紀後半の国際都市を読む――』山川出版社、一九九六年)。
(90) 岩瀬は一八五三年に阿部老中により目付(老中を補佐する要職、その職掌は広範囲にわたる)に抜擢され、一八五四年の日米和親条約の締結後に「海防掛」に任命された。一八五六年八月、大船製造の解禁による水運繁栄の状況を受けて、江戸・大坂・兵庫・堺・長崎など全国主要港湾に通船改会所を設け、出入の船から取引高の二%の税をとり、艦船・銃砲の製造、殖産興業の費用にあてる案を上申し、またアメリカ総領事ハリスの江戸出府許可を提案した。ほかに松岡英夫『岩瀬忠震』(中公新書、中央公論社、一九八一年)、川崎紫山『幕末三俊』(春陽堂、一八九七年)、福地源一郎『幕末政治家』東洋文庫版(平凡社、一九八九年)などを参照。
(91) この分野の研究は数多いが、とりあえず森正夫・加藤祐三『中国』下(『地域からの世界史』3、朝日新聞社、一九九二年)を参照。
(92) 『横浜市史』第二巻第二篇第一章第一節「三 金貨の流出」(石井孝執筆)。
(93) 註(4)前掲拙著『世界繁盛の三都――ロンドン・北京・江戸――』第二章第一節「大陸都市・北京」。
(94) 同右書、第二章。
(95) 同右書、第二章。
(96) 同右書、第二章。
(97) 『籌辦夷務始末(道光期)』第二冊、一五一三頁。
(98) 註(4)前掲拙著『世界繁盛の三都――ロンドン・北京・江戸――』第三章第一節「江戸の賑わい」。

(99) 鈴木理生『江戸の都市計画』(三省堂、一九八八年)。
(100) 『大日本古文書　幕末外国関係文書』之二十二―五三。
(101) 白幡洋三郎「造園の洋魂和才――横浜公園造成の経緯――」(『京都大学農学部附属演習林報告』五三号)。なお新しく横浜で生まれた事物については『横浜もののはじめ考』(斉藤多喜夫ほか執筆、横浜開港資料館、一九八八年)を参照。
(102) 斎藤多喜夫「横浜居留地の成立」(註9前掲『横浜と上海――近代都市形成史比較研究――』)。
(103) 明治期の地方自治制度、それに影響を及ぼした諸外国の制度および外国法の継受過程に関しては、山田公平『近代日本の国民国家と地方自治――比較史研究――』(名古屋大学出版会、一九九一年)を参照。
(104) この「良質な遺伝子」という表現を私が初めて使ったのは、「横浜の夜明け」(『日米交流一五〇周年特集号　フレンドシップ横濱一五〇』(二〇〇四年三月)、四～八頁。
(105) 『横浜市史稿　風俗編』(一九三一年)第二章第一節。
(106) 森鷗外作詞の「横浜市歌」や市徽章が定められ、開港記念横浜会館の建造が決議された(建築資金は募金により、着工は一九一四年、竣工が一九一七年)。開港記念日に合わせて刊行された肥塚龍『横浜開港五十年史』上下(横浜商業会議所、一九〇九年)は五年の歳月を経て完成、大隈重信と島田三郎の二人が序を書いている。
(107) 一九八九年の横浜博覧会は開港一三〇年・市制一〇〇年を記念したもので、これを機に現在のみなとみらい地区が形成され、地下鉄みなとみらい線も開通、横浜駅周辺・みなとみらい地区・関内地区(元町・中華街を含む)の三地区が一体的につながった。
(108) 『横浜市会史』(横浜市会事務局、一九八三年)第一巻、大西比呂志『横浜市政史の研究』(有隣堂、二〇〇四年)第一章。
(109) 註(102)前掲斎藤多喜夫「横浜居留地の成立」。
(110) 「条約改正の横浜」(『横浜市史』第四巻下、一九六八年)第四編。
(111) 「京浜工業地帯の形成」(『横浜市史』第五巻上、一九七一年)第三編。

Ⅱ　アジア・イスラーム

インダス文明の都市と王権

宇野隆夫

はじめに

世界の初期文明の中で、インダス文明は重要な位置を占めている。その一般的な理解は、インダス文明の都市が盛期ハラッパー期（紀元前二五〇〇～紀元前一九〇〇年頃）に繁栄したというものであり、初期ハラッパー期（紀元前三二〇〇～）を都市文明段階に含める考えも珍しくない。

インダス文明はインド西北部からパキスタンにかけて、およそ東西一二〇〇キロ、南北一五〇〇キロに及ぶ広大な領域をもち、ユーラシアの多くの文明・文化と交流関係をもった（図1）。それは旧大陸を特徴づける青銅器時代の古代文明の一つであり、そのことは都市形成という点に端的にあらわれている。その都市的な特色としては、大型のもので総面積が一〇〇ヘクタールを越える規模の大きさ、城塞（Citadel）と市街地（Lower town）の区分、城壁による防御、装飾品（ornament）を代表とする各種の手工業生産・交易の発達などが、明らかにされてきている。

ただしインダス文明の都市においては、大型の建物はあるが、神殿や王宮と推定できるものが未発見であるこ

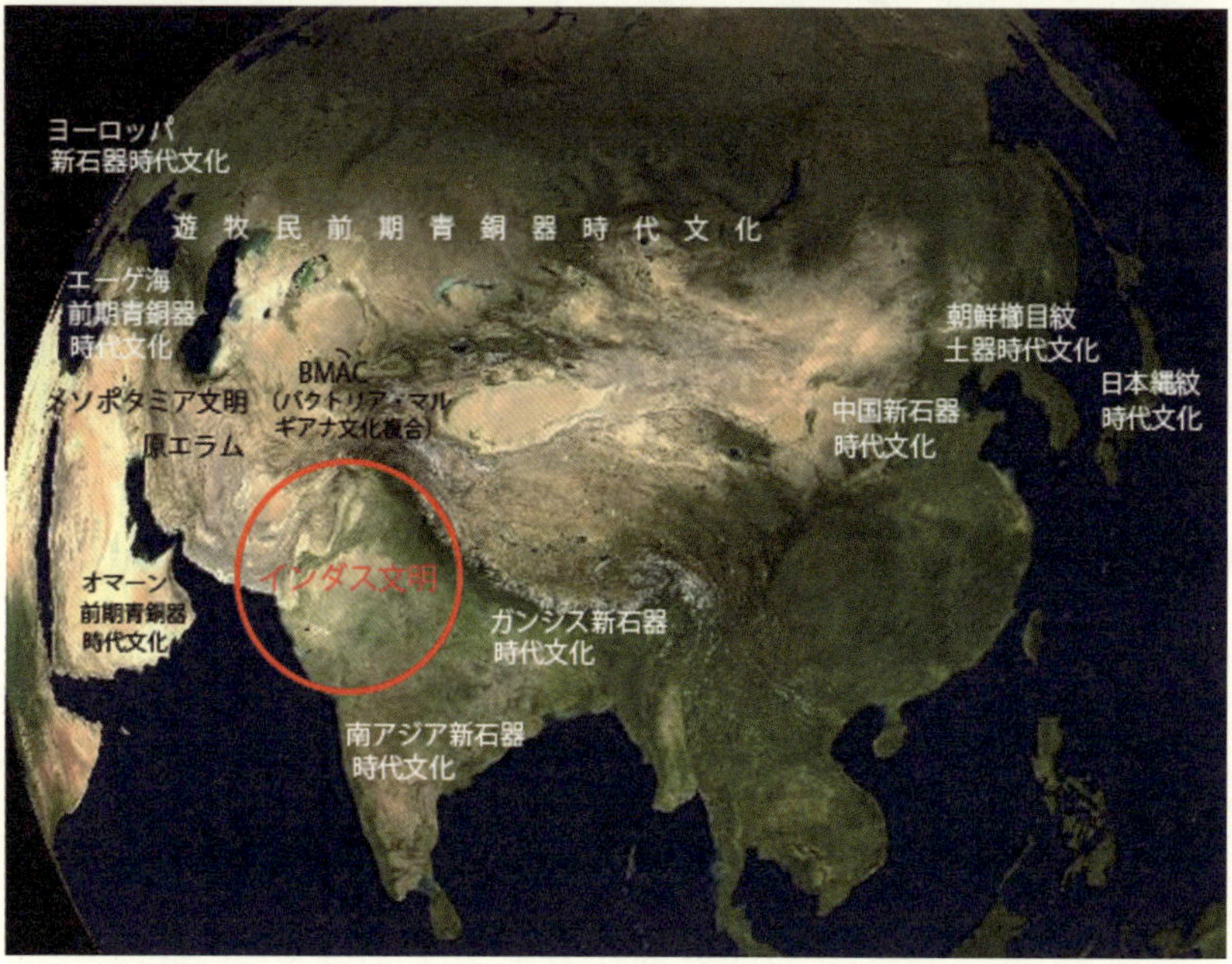

図１　インダス文明の位置と周辺の諸文明・文化(紀元前3000年紀)

と、王墓のような卓越した個人の存在を示唆する資料を確認できないことが大きな謎とされてきた。また銅・青銅のナイフ・ヤジリなどが若干存在するものの、攻撃用武器があまり発達しないことも、インダス文明の大きな特色である。

　このようにインダス文明の都市を営んだ仕組みの解明が、インダス文明研究の大きな課題である。インダス文明都市の本格的な調査例は未だに少なく、そのさらなる解明は今後の調査の進捗に待たなければならないところが多いが、本論では、従来知られている資料をもとにＧＩＳ（地理情報システム）分析を用いつつ、この課題に取り組みたい。

一　インダス文明の地形環境

　インダス文明の地形環境を知るために、SRTM3（NASAが配布する九〇メートルメッシュDEM、ディジタル・エレベーション・モデル）上に、インダス文明の遺跡分布、および本稿でとりあげる主要遺跡の位置を示した（図2、当該地域の新石器～鉄器時代の遺跡を表示した。地図は暖色であるほど標高が高いことを示す）。

インダス文明遺跡の領域は広大であるが、その地形は比較的シンプルであり、主にインダス平原、その周辺の丘陵・山地、アラビア海に面した海辺という三種類の地帯からなっている。なおインダス平原には、インダス川が流れ、またその東にガッガル・ハークラー川が存在するが、ガッガル・ハークラー川はヴェーダに記録されるサラスヴァティー涸川に相当する可能性が高いものである。

インダス文明の地形環境をさらに分かりやすくみるために、スロープ・モデル上に遺跡分布を示した（図3、暖色であるほど地形傾斜が急であることを示す）。インダス平原がインダス川中流域でくびれて上流域と下流域の平野に分かれること、インド西北部・グジャラート州一帯では海岸線が入り組み、インド北部のインダス川・ガンジス川境界域が独立した遺跡の集中する平野であることをみることができる。

このような平野と周辺丘陵・山地がまとまる地形と、後述の遺跡の密度分布分析の成果から、インダス文明を以下のように、四地域に大別しておきたい（図4）。

第Ⅰ地域（バローチスタン丘陵・インダス川下流域）：当地域で最初に遺跡形成がなされた西部バローチスタン丘陵域とインダス川下流域平野およびその周辺の低丘陵域。このインダス川下流域平野の中央に、インダス文明の標識遺跡である、モヘンジョ・ダロ Mohenjo-Daro 遺跡が所在する。

第Ⅱ地域（インダス川上流域）：インダス川上流域の平野とその周辺丘陵・山地域。この平原の中に、インダス文明のもう一つの代表的な標識遺跡である、ハラッパー Harappa 遺跡がある。このインダス川上流域平野の東南部にはガッガル・ハークラー川が西南流して、その流域に多くの遺跡が密集する。このガッ

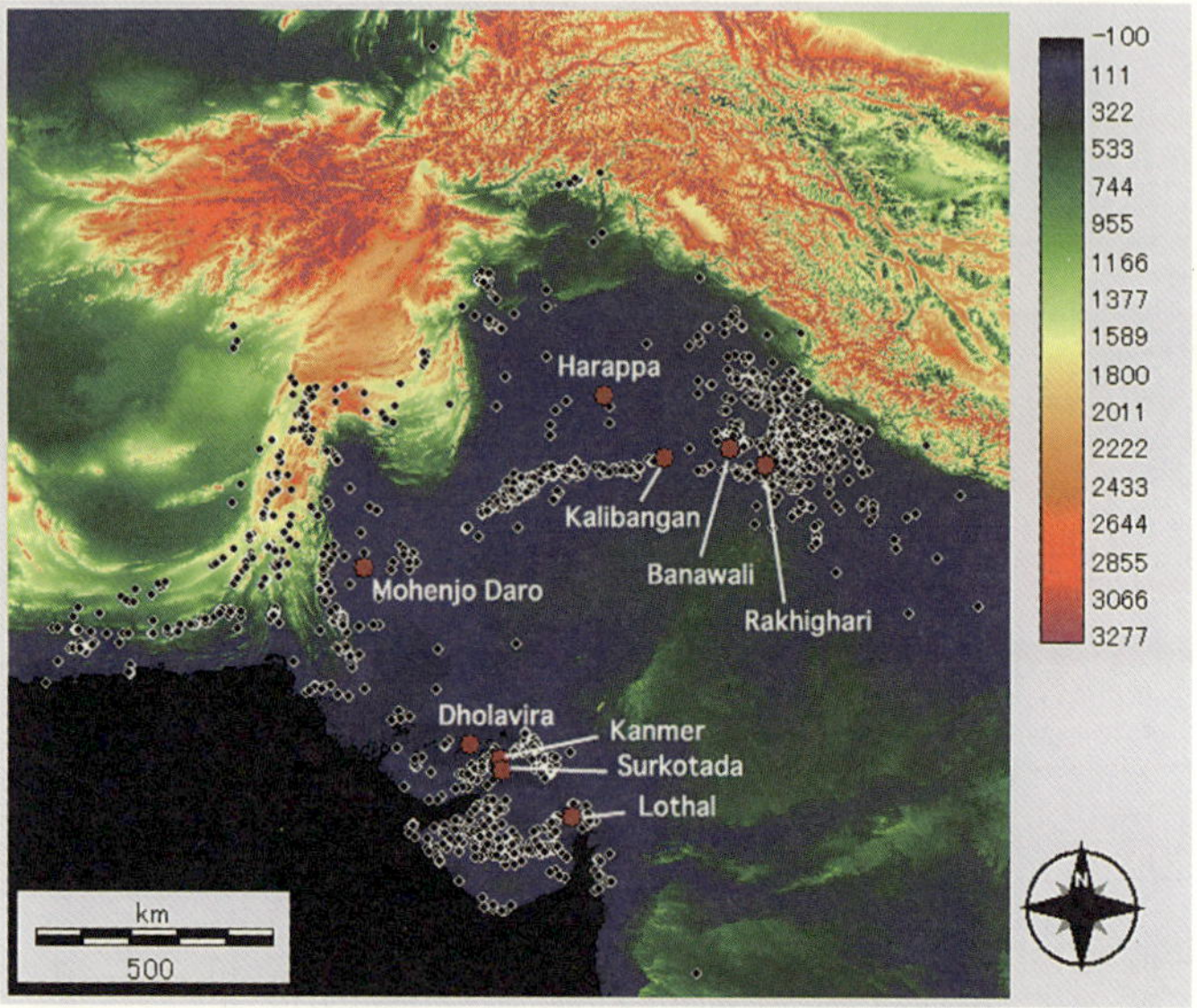

図2　インダス文明の地形環境と遺跡分布(DEM)

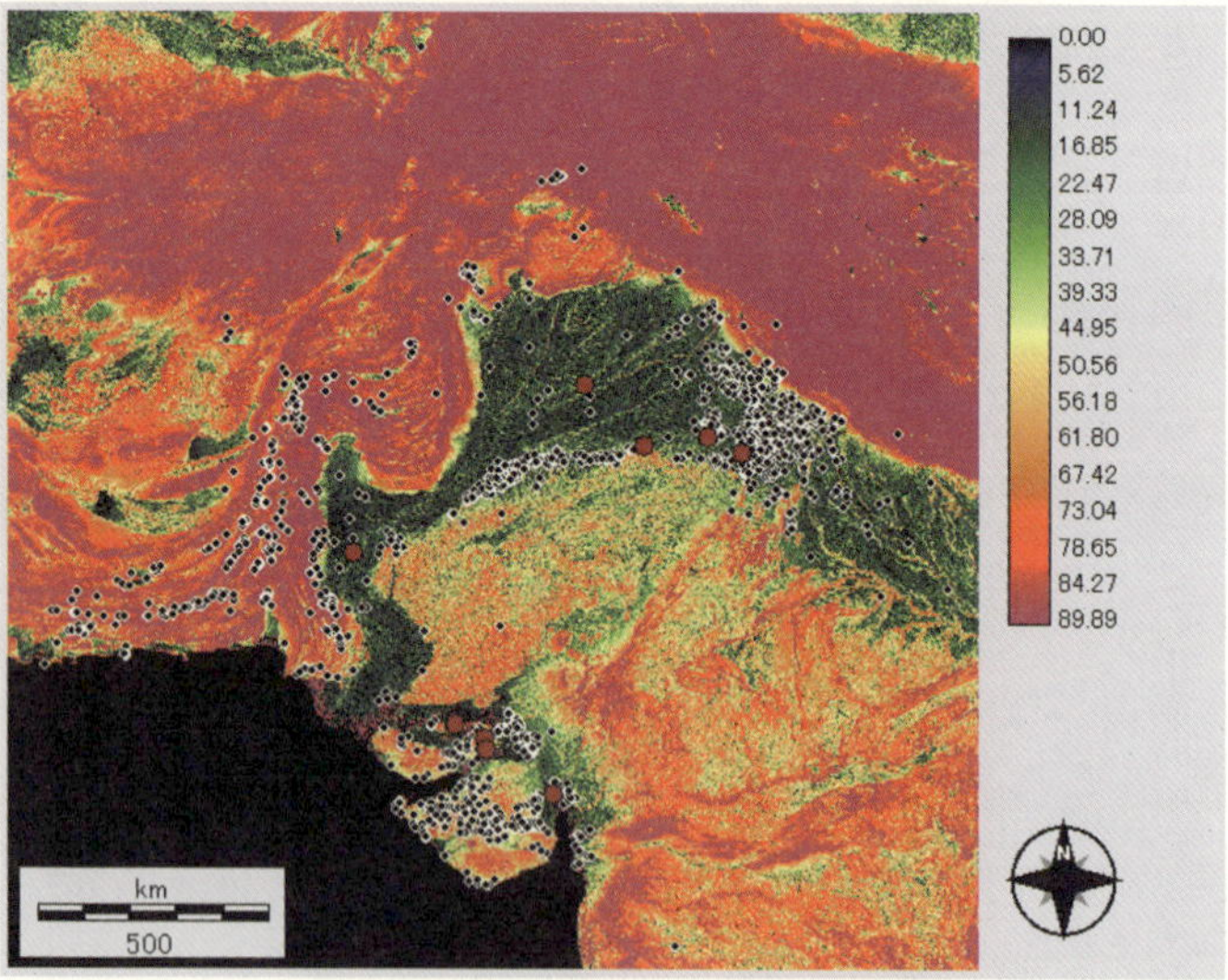

図3　インダス文明の地形環境と遺跡立地(Slope Model)

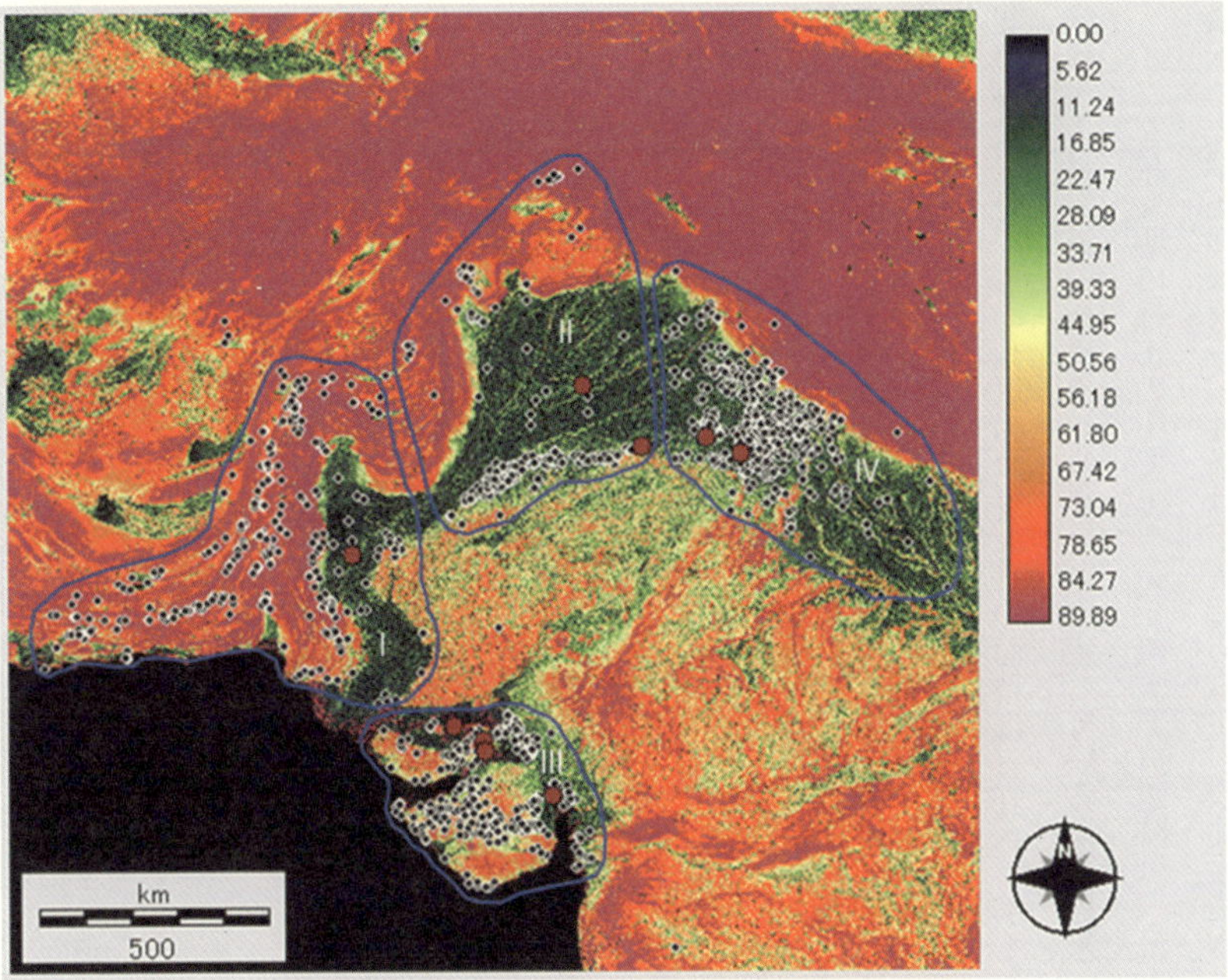

図 4　Slope Model と密度分布分析に基づいたインダス文明の地域区分

ガル・ハークラー川流域はインダス川流域と区別して扱われることが多いが、遺跡群の盛衰はインダス川上流域の遺跡群と一致している。本稿では当群をインダス平原を囲む丘陵裾に立地した、平野の遺跡群と一体的なものとして扱っている。

第Ⅲ地域（グジャラート）：インド西北部のサウラシュートラ半島を中心とする海辺の地域。他の地域と違って、小規模な丘陵・平野が入り組み、いくつかの地形単元に細別することが可能である。

第Ⅳ地域（インダス・ガンジス川流域の上流境界域）：インド北部のヒマラヤ山脈裾部に広がる平野である。ハラッパー遺跡やモヘンジョ・ダロ遺跡とならぶインダス文明の大遺跡であるラーキーガリー Rakhighari 遺跡が所在する。地形的には当地域の西部はインダス平原と連続し、東部はガンジス川上流域であって、独特の地形単元をなしている。インダス文明後半期を中心とする遺跡が密度高く分布する地域である。

二　インダス文明の主要遺跡

右に述べた地域の区分に沿いながら、インダス文明の主要遺跡の概要について述べる（表1）。なおインダス文明の都市の規模について、ケノイヤーはおよそ五〇ヘクタール以上の第1級都市、一〇～五〇ヘクタールの第2級都市、五～一〇ヘクタールの町、一～五ヘクタールの村、一ヘクタール以下のキャンプ・サイトに五大別している（Kenoyer 1998）。都市構造については、小磯学が城塞と市街地が分離しているものと一体のものに2大別した（小磯一九九八）。本稿でも基本的にこれに沿って検討しつつ、若干の私見を加えたい。

第Ⅰ地域

Mohenjo-Daro（モヘンジョ・ダロ）遺跡：パキスタン・シンド州、インダス平原の南半部インダス川下流域の中央に位置するインダス文明の標識遺跡である（図5・6）。西に城塞（沐浴場のマウンド、Mound of the Great Bath）、東に市街地（Lower town）がある。遺跡の堆積層は厚さ約二二メートルに及び、新石器時代から盛期ハラッパー期まで存続した。この地区のマウンドの面積は五五ヘクタールであるが（小磯二〇〇四）、周辺に遺跡が広がり、ケノイヤーは二五〇ヘクタール以上と推定している（Kenoyer 1998）。

インダス文明の都市の中でモヘンジョ・ダロ遺跡は、最も広く調査されていて、城塞からは沐浴場、穀物倉、僧侶の大学と呼ばれる、性格は不明であるが、公共建築物と推定できるものが存在する。沐浴場は一八〇〇平方

表1　インダス文明の主要遺跡（面積は Kenoyer 1998 による）

遺跡名 1	遺跡名 2	時期	面積（ha）	参考文献
Harappa	ハラッパー	Cemetery H, Transitional, Mature Harappan, Transitional, Kot diji, Hakra/Ravi	150+	Vats 1940, Meadow 1991a
Mohenjo-daro	モヘンジョ・ダロ	Jukar, Mature Harappan	250+	Marshall 1925-26: 74, Marshall 1931a, Mackay 1937-38, Anonymous 1964: 38-39, Flam 1981a: 239-40
Kalibangan	カーリーバンガン	Mature Harappan, Sothi-Siswal	12	Tessitori 1918-19: 23, Stein 1943a: 49-52, Joshi et al. 1984 520
Dholavira	ドーラヴィーラー	Mature Harappan, Amri-Nal	100	IAR 1967-68: 17, Possehl 1980: 97, Joshi et al. 1984: 529, Bisht 1989, 1991
Kanmer	カーンメール	Medieval, Mature Harappan	1.3	IAR 1985-86: 19, Osada et al 2007
Surkotada	スールコータダー	Mature Harappan, Early to Mature Harappan	1.7	IAR 1964-65: 12, Possehl 1980: 116, Joshi et al. 1984: 528
Lothal	ロータル	Late Sorath Harappan, Mature Harappan	7	Rao 1963a: 206, Rao 1979 & 1985, Possehl 1980: 108, Joshi et al. 1984: 530, 535
Rakhighari	ラーキーガリー	Mature Harappan, Sothi-Siswal	80+	IAR 1963-64: 90, Suraj Bhan 1975: 95-101,124, IAR 1980-81: 16, Joshi et al. 1984: 520
Banawali	バナーワリー	Post-urban Harappan, Mature Harappan, Early /Mature Trans. Sothi-Siswal	16	Suraj Bhan 1975: 123, Bisht 1982, Joshi et al. 1984: 519, 521, 526

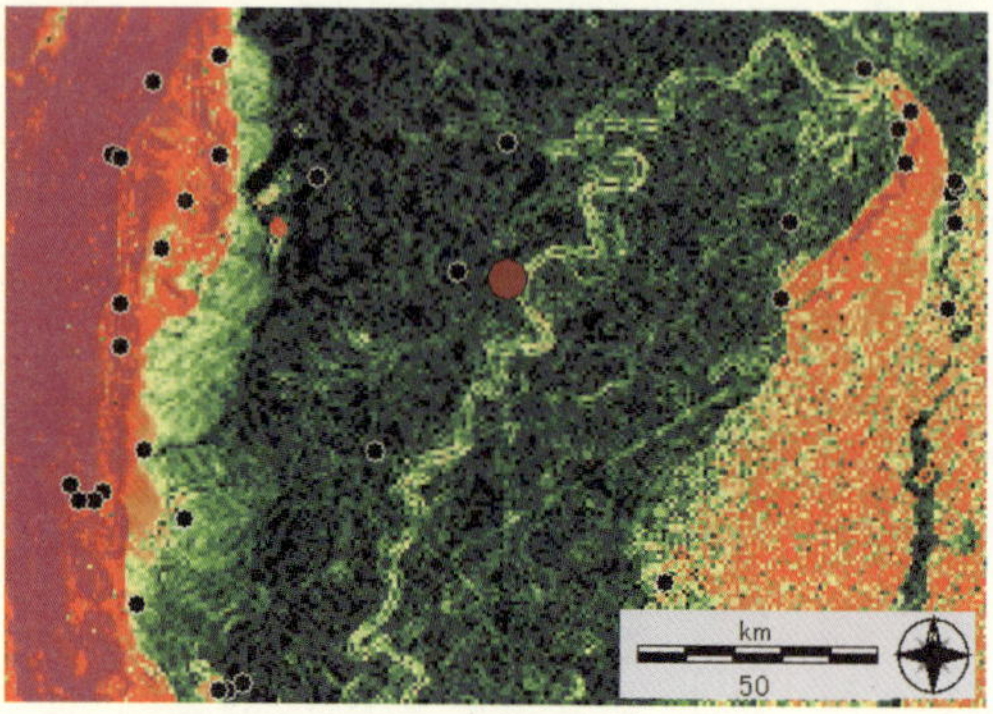

図５　モヘンジョ・ダロ遺跡の立地

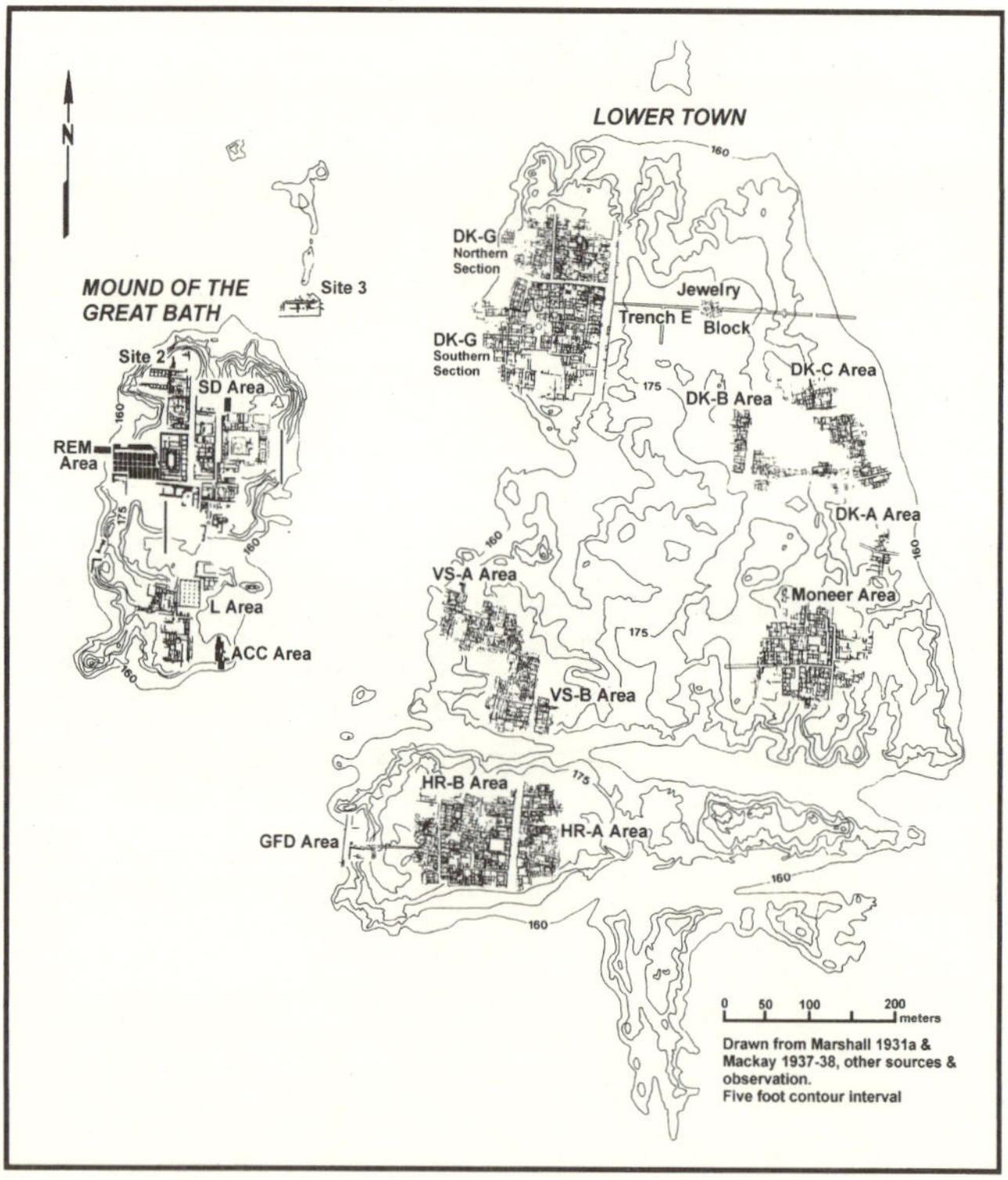

図６　モヘンジョ・ダロ遺跡平面図（Possehl 2002）

メートル、穀物倉は一三五〇平方メートル、僧侶の大学は約一七〇〇平方メートルの大型建物からなる。

市街地は、格子状（碁盤目状）の道路配置があり、下水道が完備している。ここには、およそ五〇〜二〇〇平方メートル・平均約一〇〇平方メートルの多様な一般住宅が多数存在する一方で、一〇〇〇〜二〇〇〇平方メートルの大型建物も少なからずあり、その性格の解明が都市統治機構の解明に直結すると指摘されている（小磯二〇〇四）。

第Ⅱ地域

Harappa（ハラッパー）遺跡：インダス平原北部のほぼ中心、パキスタン・パンジャブ州、インダス川の支流であるラーヴィー川左岸に位置する第一級の大型都市遺跡である。地形的には大平原の中にあり、遺跡の北にラーヴィー川の旧河道が近接してある（図7）。

当遺跡は最初に確認されたインダス文明の標識都市であり、当該文明をハラッパー文明と呼ぶことも広く行われている。新石器時代から、後期ハラッパー期まで長期にわたって存続した。都市域は、前期ハラッパー期に拡大して城壁が出現し、盛期ハラッパー期に城塞と市街地が分離した都市構造が確立した（図8）。すなわち遺跡の西部にある東西約二〇〇メートル南北約四〇〇メートルの平行四辺形の城壁と門をもつABマウンドが城塞であり、その西南と北のマウンドE・マウンドET・マウンドFが市街地である。城塞の南にはR-37墓地とH墓地がある。現在のマウンドの面積は一〇〇ヘクタール弱であるが、マウンドの周辺にも遺跡が広がり、ケノイヤーは一五〇ヘクタール以上と推定している（Kenoyer 1998）。

ハラッパー遺跡の顕著な遺構としては、城塞では二列に並ぶ床面積約八〇〇平方メートルの穀物倉と脱穀場かとされる直径約三・五メートルの円形作業台が一八基あり、マウンドのFの職人の住宅などがある。これらの建物の正確な性格は未解明であるが、「穀物倉」や「円形作業台」は城塞に特徴的な施設であり、都市経営と関わるものと推測されている。

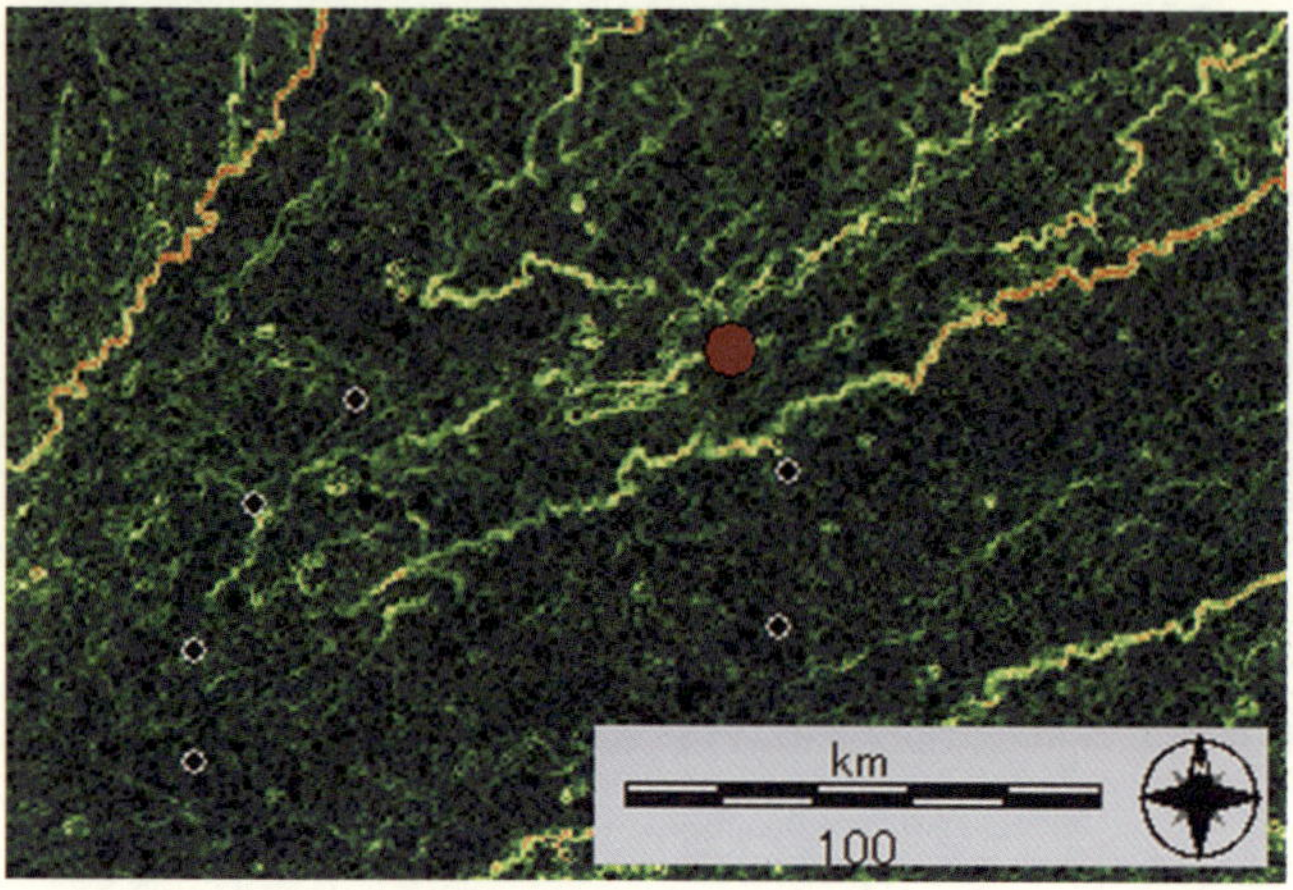

図7　ハラッパー遺跡の立地

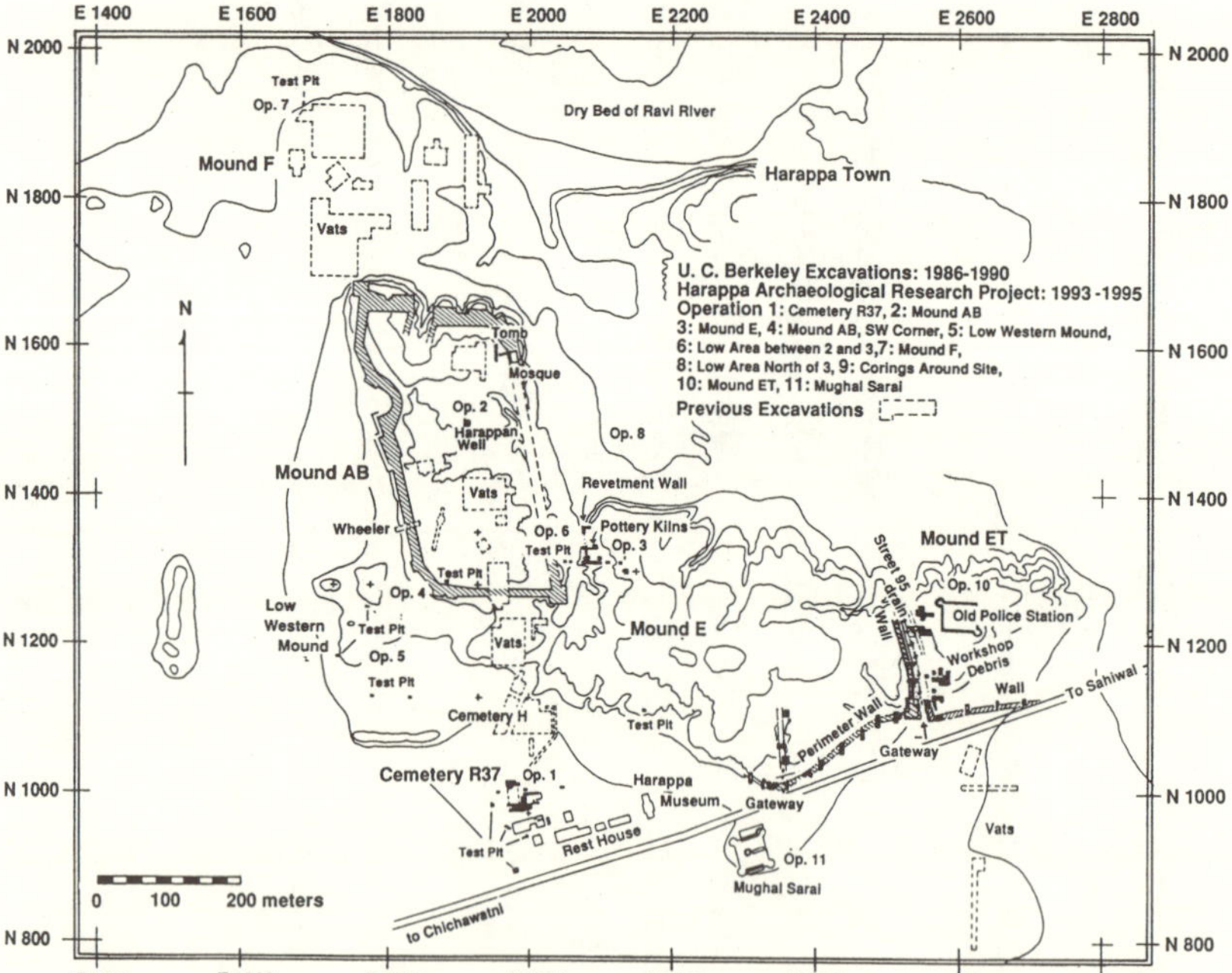

図8　ハラッパー遺跡平面図（Meadow and Kenoyer 1997）

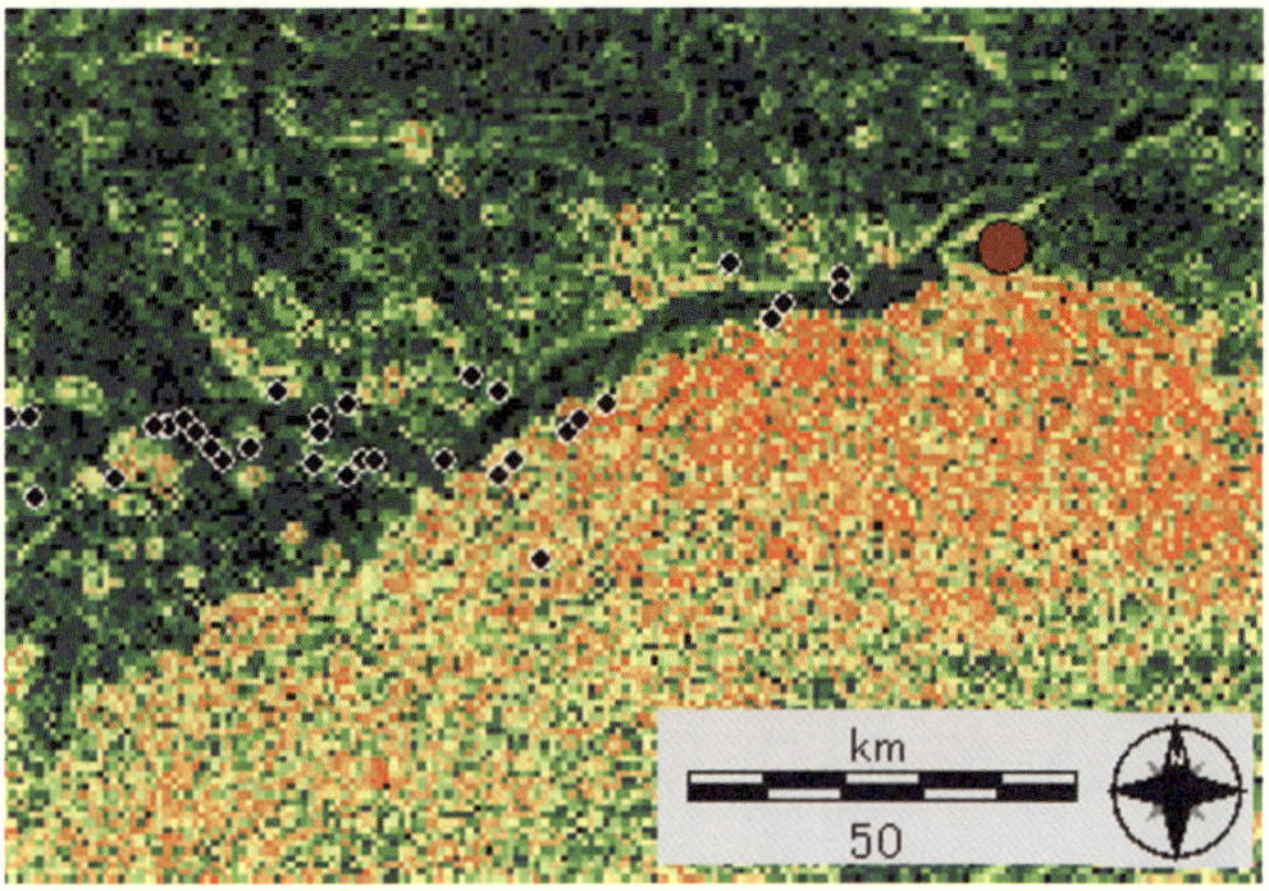

図９　カーリーバンガン遺跡の立地

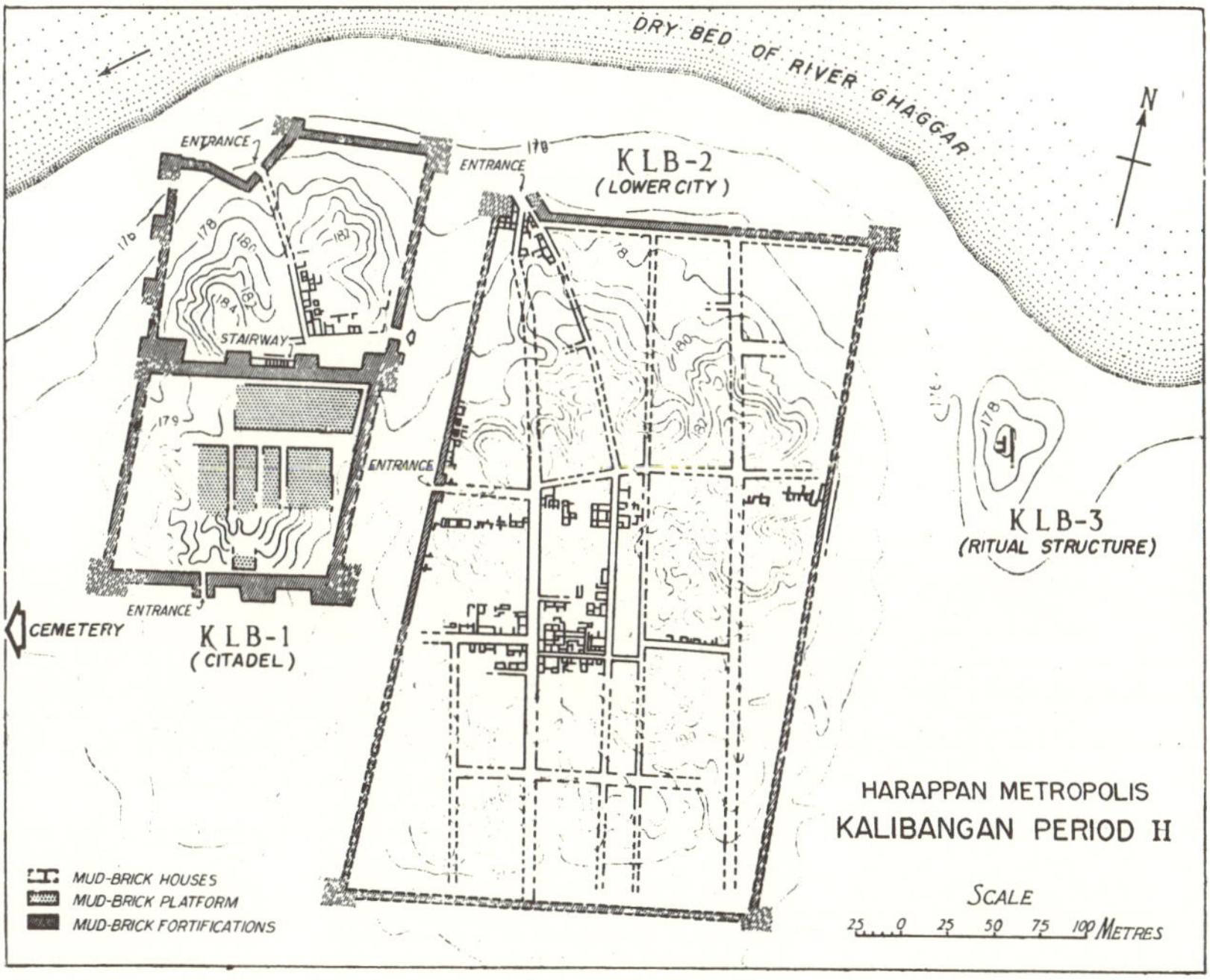

図10　カーリーバンガン遺跡平面図（Sharma 1999）

カーリーバンガン（Kalibangan）遺跡：インド・ラジャスターン州に位置して、ガッガル・ハークラー川河床の南に隣接する。インダス平原の中というよりも、インダス平原を囲む丘陵の裾部に立地していて、遺跡が帯状に分布する範囲の東端に位置している（図9）。

カーリーバンガン遺跡には、初期ハラッパー期と盛期ハラッパー期の二段階があり、盛期ハラッパー期には、西にある平行四辺形の城塞と、東にあるやはり平行四辺形の市街地からなっていた（図10）。城塞は南北の二地区に分かれて、その南の地区からをはじめとして火を使用した祭祀跡が発見されている。城塞の南西には墓地があり、市街地の南からは、畑と推定される、初期ハラッパー期の畝状遺構がみつかっている。

第Ⅲ地域

インド・グジャラート州を中心とする海辺の地域である。アラビア海に突き出したサウラシュートラ半島は丘陵を中心とする地形であり、その西北部のカッチ地域、その東部のバール地域の三つの地域に細別できる（図11）。海水面変動シミュレーションによると、盛期ハラッパー期にはカッチ地域のラン・低地には、海が入り込んでいたと推定できる（Teramura and Uno 2006）。すなわち、カッチ地方のドーラヴィーラー遺跡、カーンメール遺跡、スールコータダー遺跡は、島に立地した港町であったと推定できるものである。サウラシュートラ半島は盛期ハラッパー期にもインド亜大陸と陸続きであった可能性が高いが、今より海が入り込み、後述のロータル遺跡も海とのアクセスが良かったと推定できる。これらの港町はインダス文明の繁栄を支えたが、後期ハラッパー期に海退による陸化が進んだことが、インダス文明衰退の一因と推察している。

ドーラヴィーラー（Dholavira）遺跡：インド・グジャラート州カッチ地域の湿原に立地し、当地域最大の盛期ハラッパー期の遺跡である（図12）。石組みの城壁で囲んだ地区は一〇〇ヘクタール弱であるが、そのかなりは、貯水槽が占めていて、居住域はカーリーバンガン遺跡（一二ヘクタール）と同程度であるという（近藤二〇〇四）。なお城壁や壁に石を多用することは、第Ⅲ地域の特色であり他の地域では日干しレンガ・焼成レンガを使う。

当遺跡は、城塞と都市部が一体となった構造をとるものであり、城塞のマウンドの北に近接して市街地のマウンドが存在する。城塞は馬出し状の三門をもち、建物が密集して排水施設を整備している。大型井戸も存在して、排水施設に水を流している。市街地の中でも、城塞の北に隣接する地区を城壁で囲み Middle Town と呼ばれ、城塞の東北部の市街地が Lower Town とされている。市街地には格子状の道を整備して、建物や墓地がある。

これら城塞・市街地の全体を方形の城壁で囲むが、この遺跡の周囲には岩盤をくり抜いた貯水施設が配列され、雨水を集めて循環させたことが推定されている。

Kanmer（カーンメール）遺跡：インド・グジャラート州・カッチ地域に所在する盛期ハラッパー期と後期ハラッパー期を中心として営まれた遺跡である（図13）。約一・三ヘクタールの城塞は内外二重の石積み城壁で囲み、北・東・西の三辺の城壁を確認している。その方位は真北から、北辺が西へ約三三度、東辺が東へ約二九度、西辺が東へ約二八度振り、城塞東北コーナーは八六度、城塞西北コーナーは九五度をなす。東辺と西辺がほぼ並行し、ややいびつな平行四辺形となっている。門の位置は未確認であり、城塞の中には、日干しレンガと石を用いた壁で仕切った部屋が密集している。

現在、城塞の北には、乾期には涸川となる小河川が近接してあり、城塞の北と東に盛期・後期ハラッパー期の土器が散布している。城塞の周辺にマウンドは確認できないが、一〇ヘクタールを越える規模の市街地が存在した可能性が考えられる。

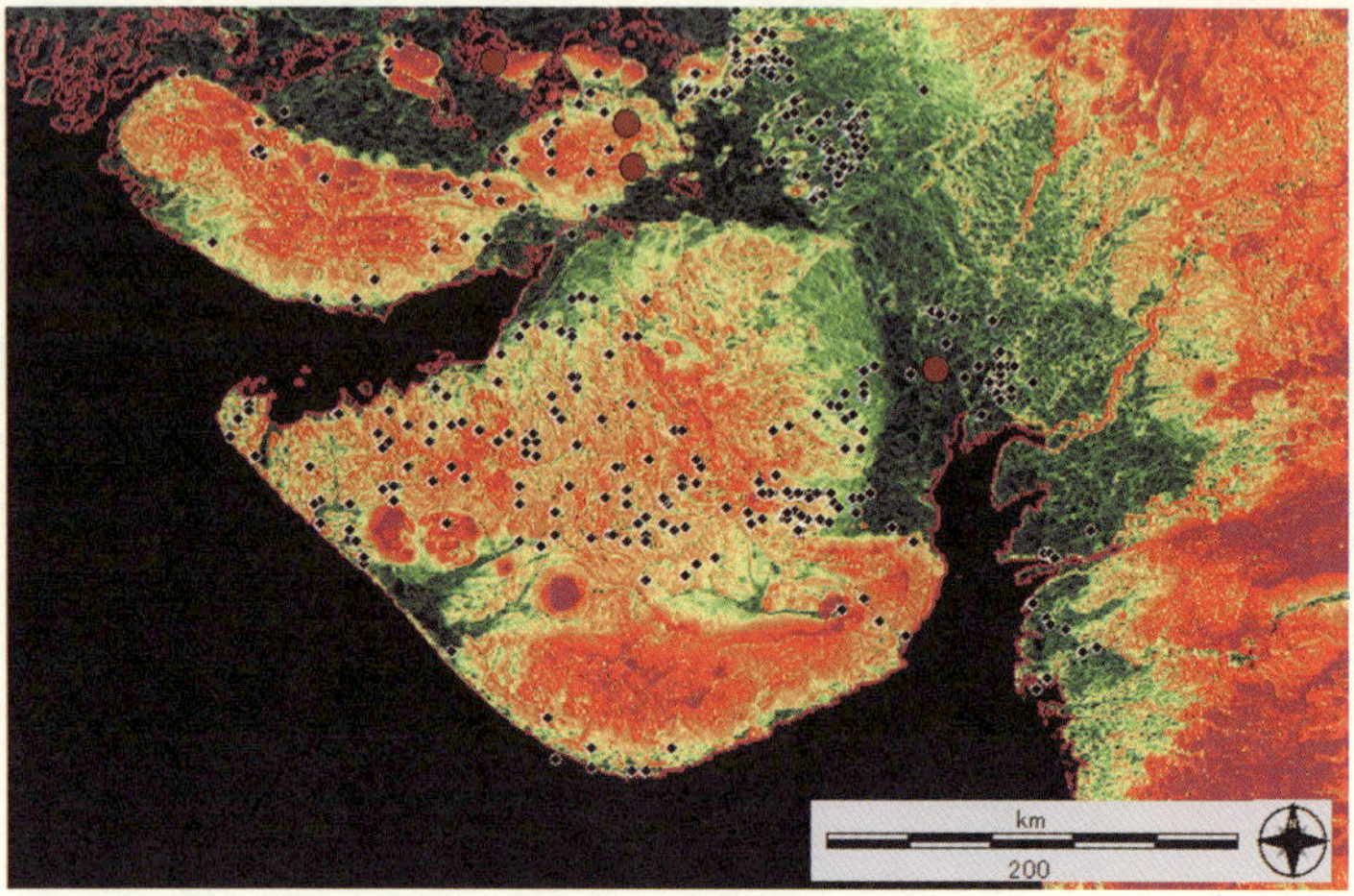

図11　グジャラート地域の遺跡立地

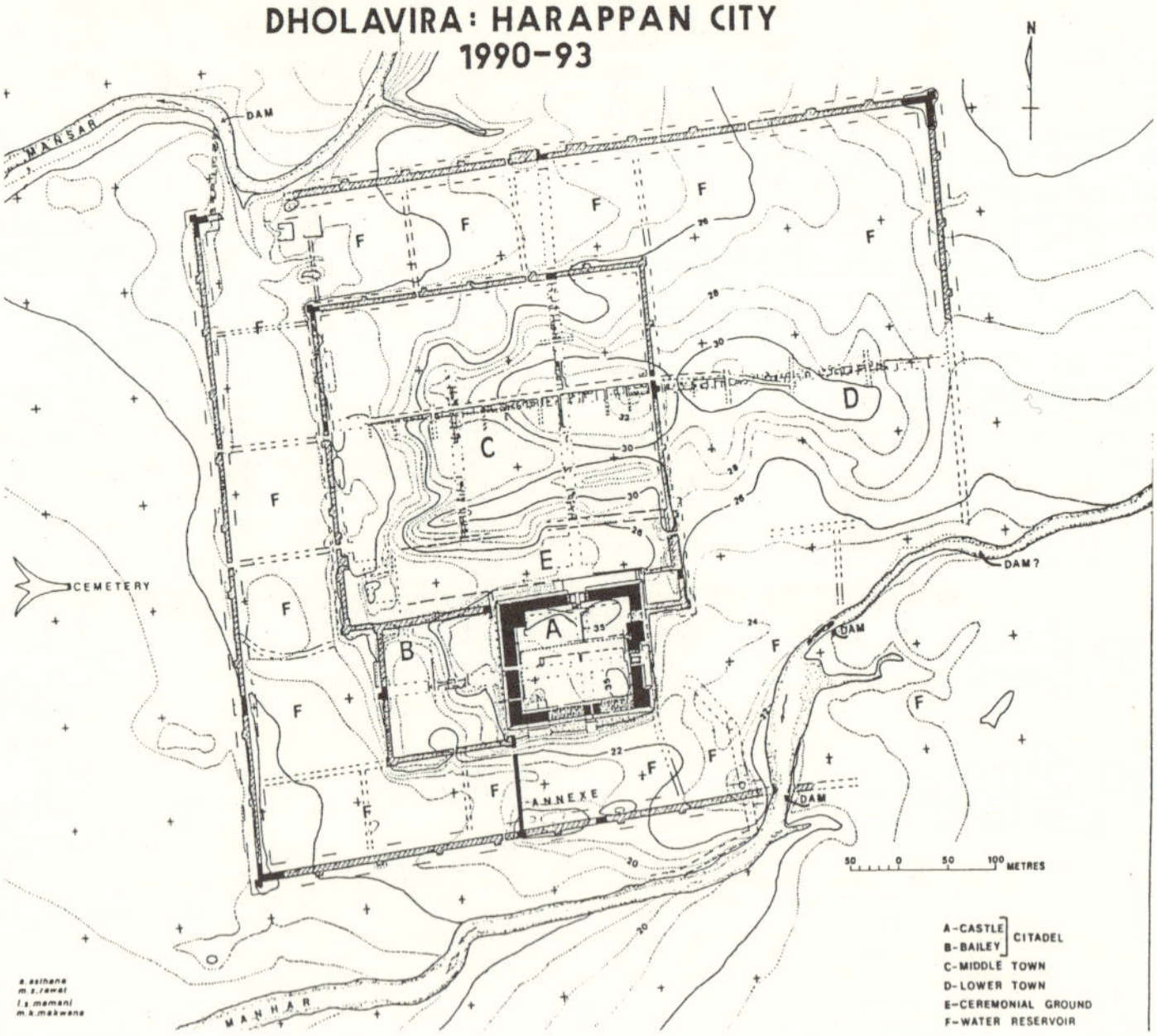

図12　ドーラヴィーラー遺跡(Joshi & Bisht 1994)

Northeast Corner of Phase1 Wall (Photogrammetric Elevation View, from North)

図13　カーンメール遺跡の石積み城壁と 3D モデル（宇野隆夫・寺村裕史作成）

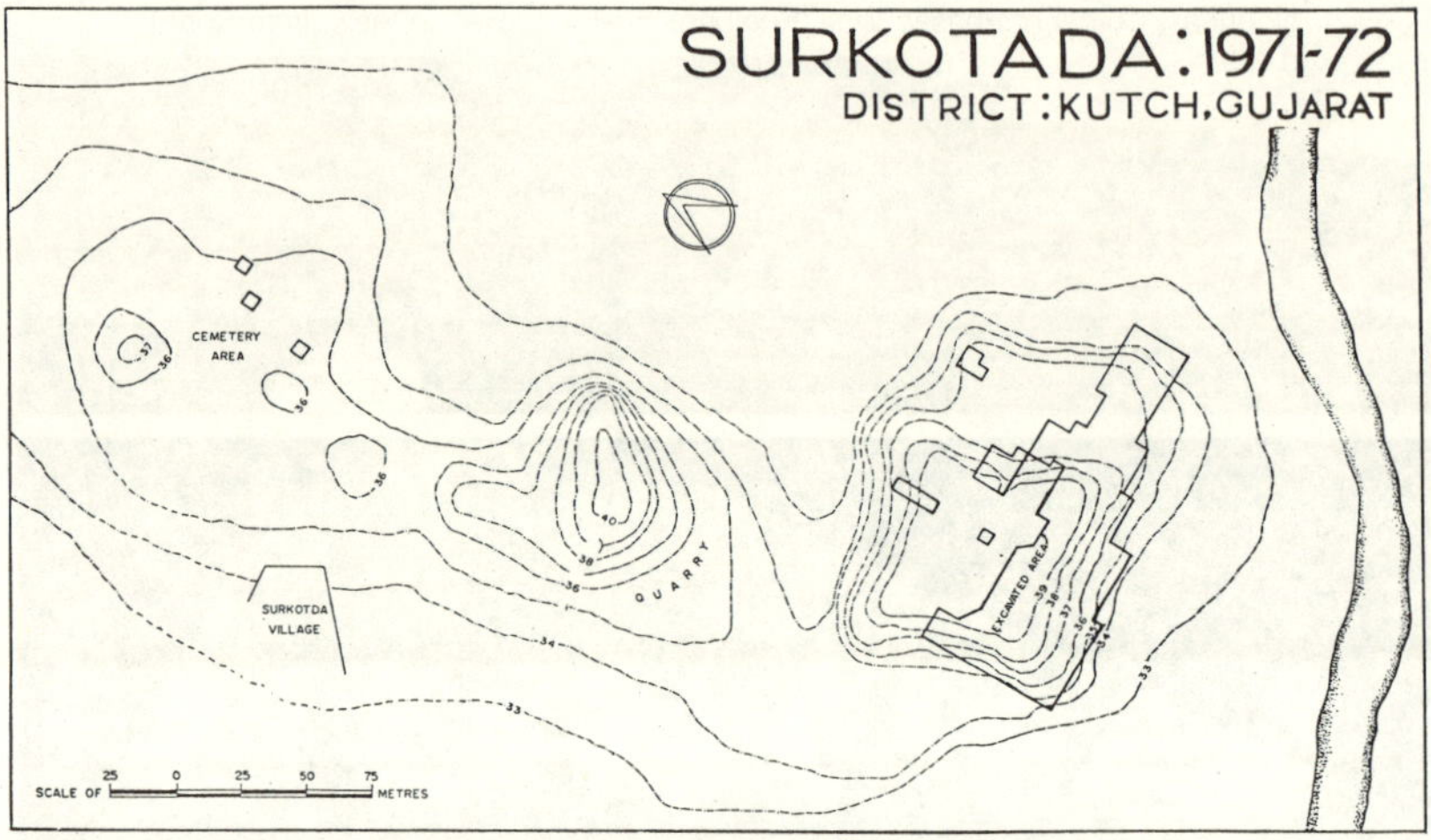

Fig. 3. Contour plan.

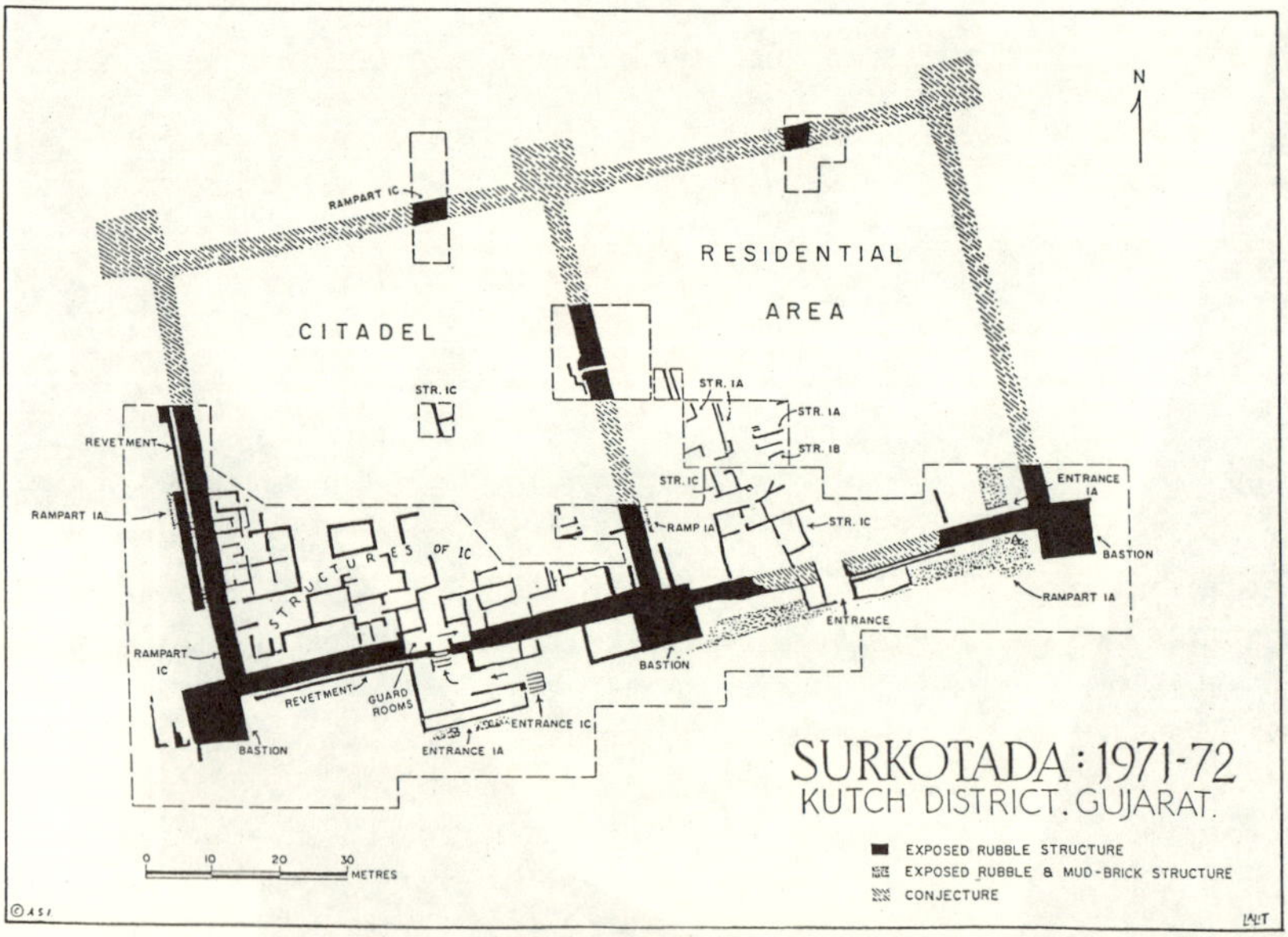

Fig. 4. Sketch plan of structures.

図14　スールコータダー遺跡平面図(Joshi 1990)

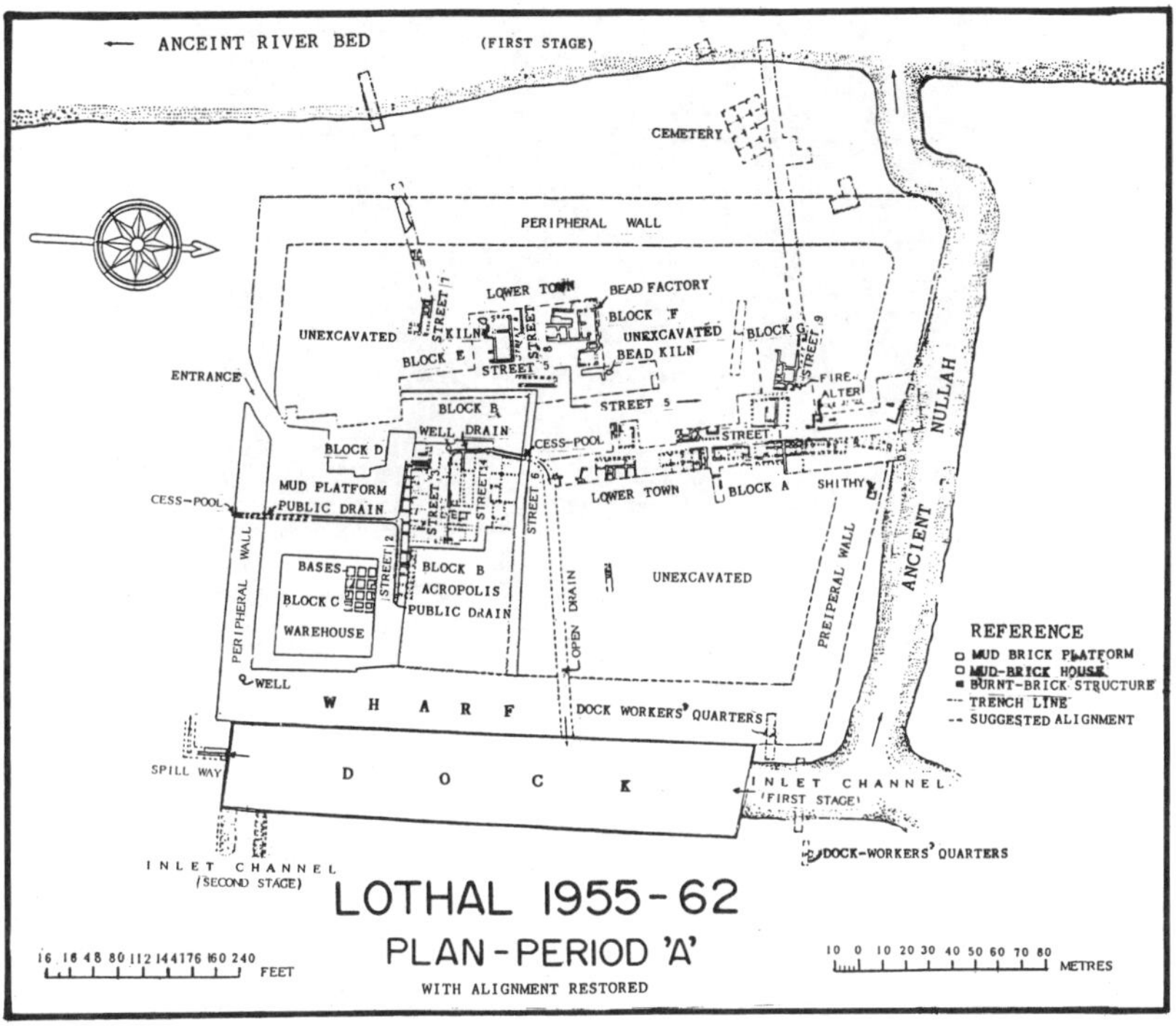

図15　ロータル遺跡平面図（Rao 1979）

スールコータダー（Surkotada）遺跡：インド・グジャラート州・カッチ地域に所在する小規模な型の盛期ハラッパー期の遺跡である（図14）。ほぼ正方形で同規模である西の城塞と東の市街地とが接する構造をとり、建物が密集している。城塞・市街地の北西部には、グジャラート地域特有の甕棺を用いた墓地がある。

ロータル（Lothal）遺跡：インド・グジャラート州・バール地域に所在する、約七ヘクタールの盛期ハラッパー期・後期ハラッパー期の遺跡である（図15）。遺跡の西に接して旧河道が存在し、そこから遺跡の北に運河を引き込んでいた。遺跡の東には港または貯水槽と推定される長さ約二一九メートル、幅二七メートル、深さ四・五メートルの焼成レンガを

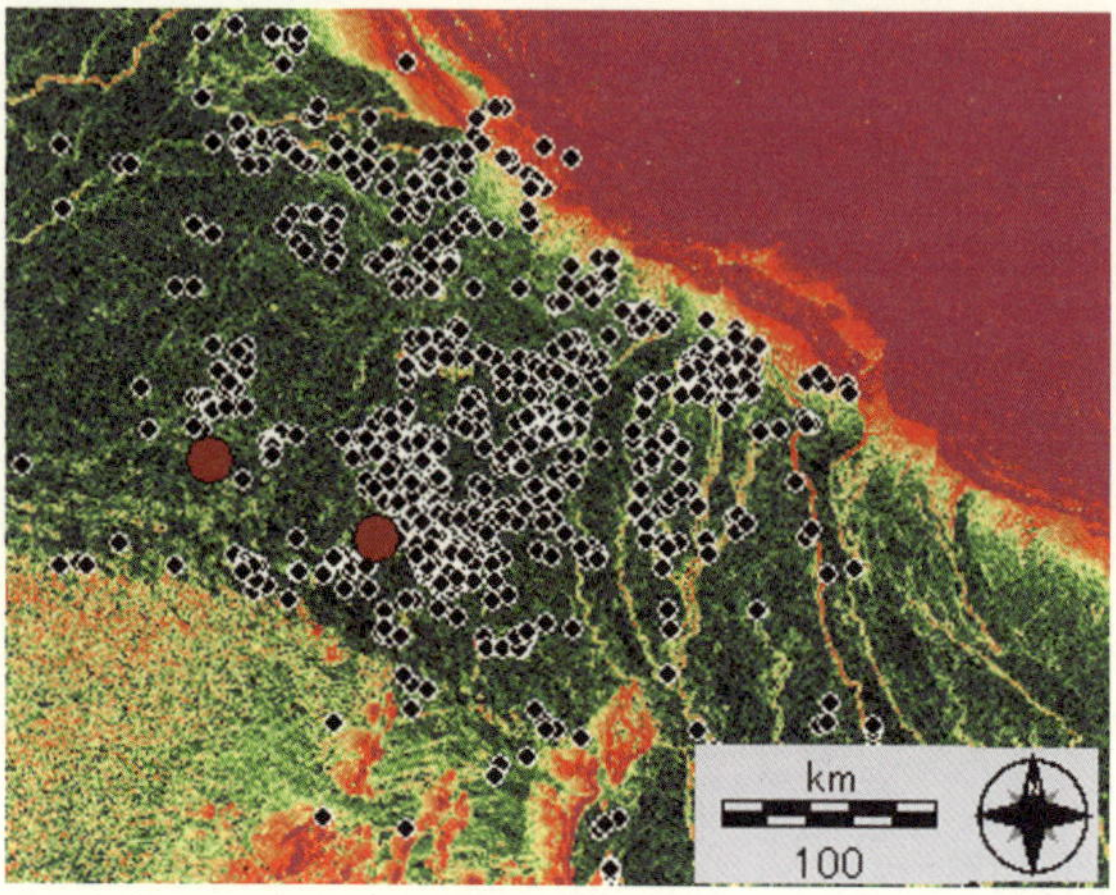

図16　ラーキーガリー・バナーワリー遺跡の立地（右：ラーキーガリー、左：バナーワリー）

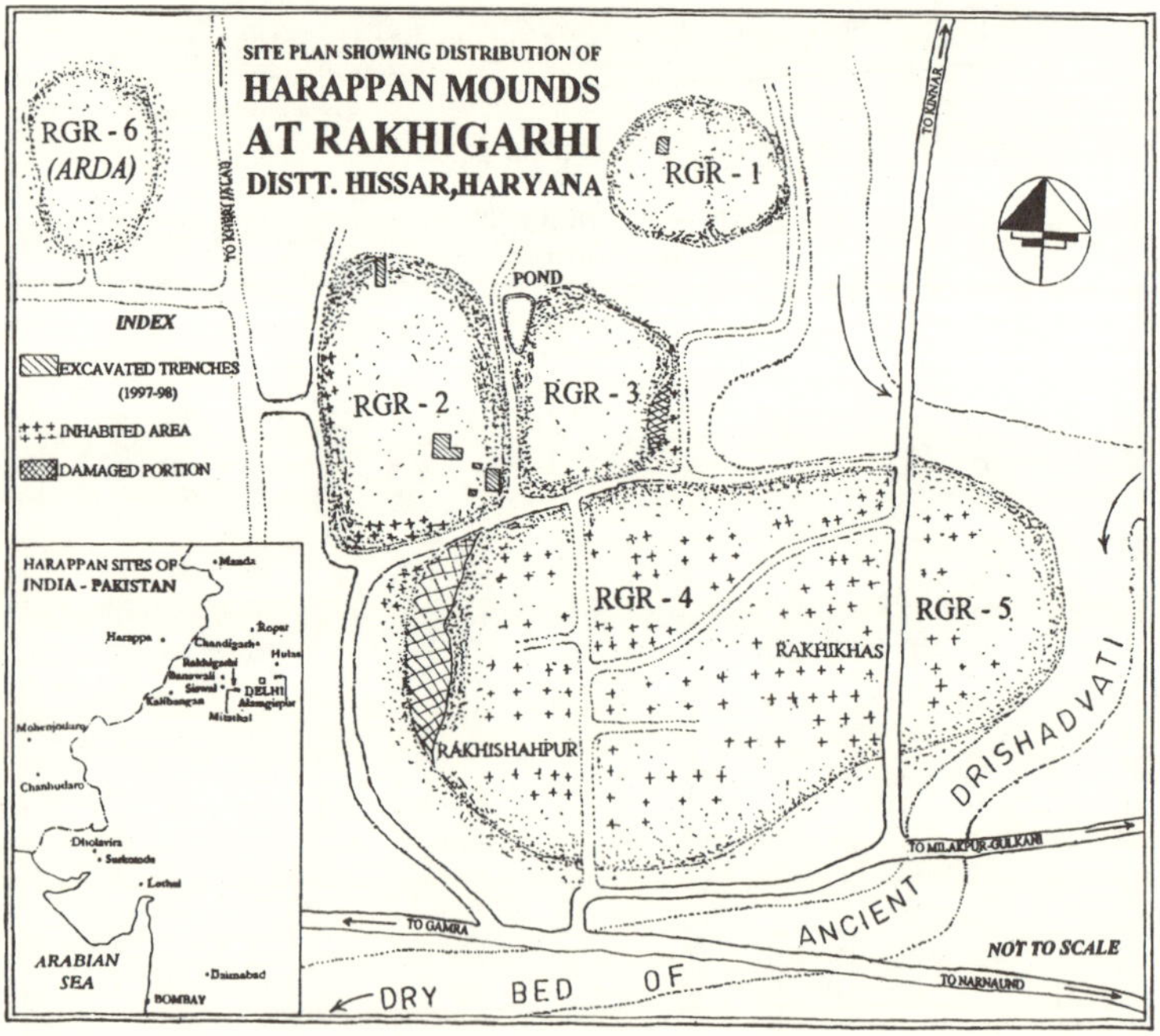

図17　ラーキーガリー遺跡平面図（Nath 1998）

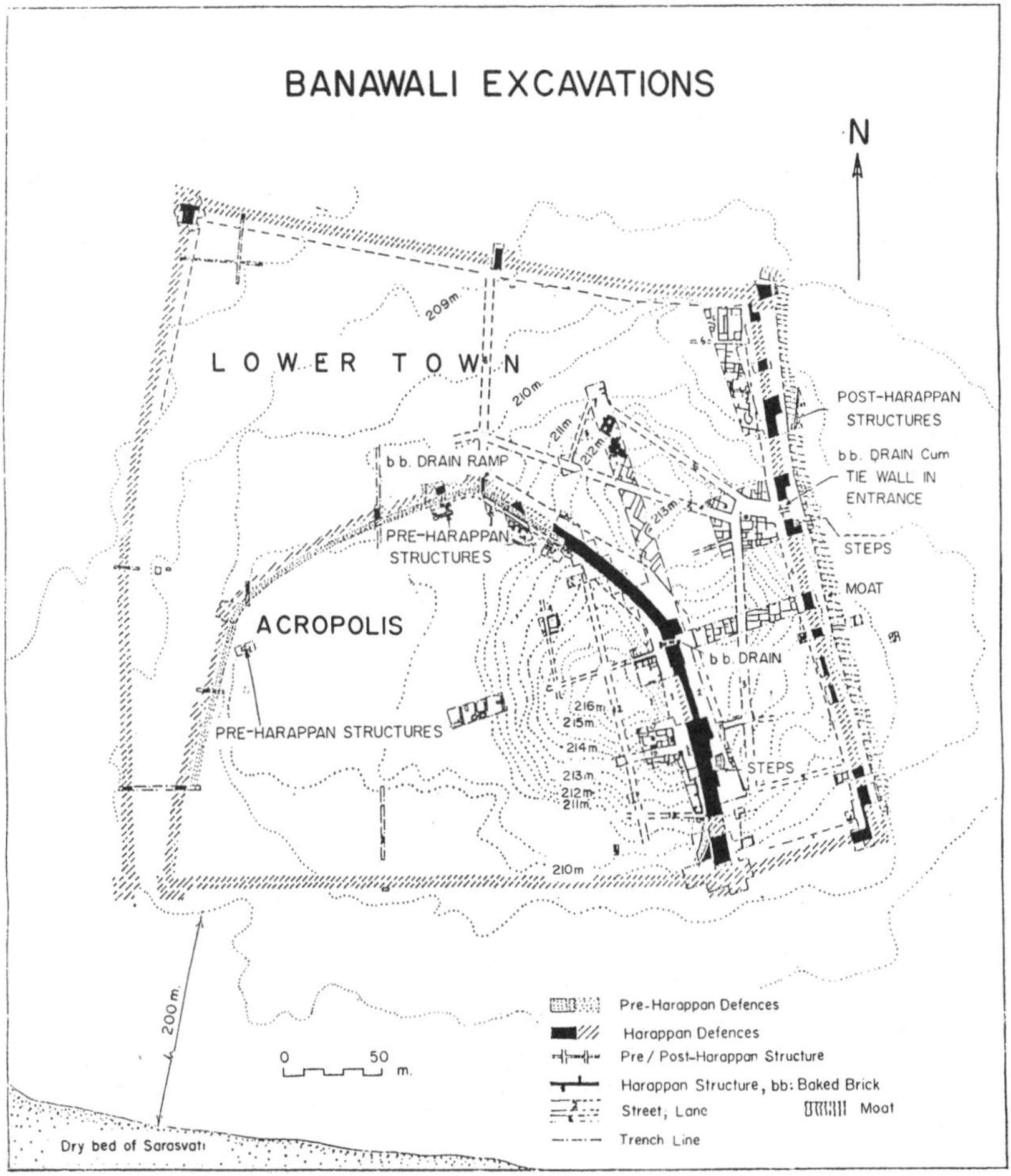

図18　バナーワリー遺跡平面図(Joshi ed. 1993)

用いた大きなドック状施設があり、この運河に接続している。

遺跡の南東部には城塞があり、その北と西に市街地があって、城塞と市街地を厚い城壁で一体的に囲む構造をとっている。市街地には、格子状の道路があり、ビーズの工房や火の祭祀跡が確認されている。

第Ⅳ地域

ラーキーガリー（Rakhigarhi）遺跡：インド・ハリヤナ州に所在するインド側最大のインダス文明遺跡である。インダス川上流域とガンジス川上流域の中間の大平原の中に立地している（図16）。この地域はヒマラヤ山脈からの豊富な伏流水によって地下水位が高く、現在もインド最大の穀倉地帯をなしている。

遺跡は南に接して旧河道があり、五つのマウンドからなっている（図17）。ＲＧＲ-２マウンドが城塞であり、その東を中心として複数の市街地のマウンドや墓地のマウンドがある。

詳細は未報告であるが、街路、排水・貯水施設、銅・貴石の工房が調査され、金・貝装身具も出土している。

バナーワリー（Banawali）遺跡：インド・ハリヤナ州の西部に位置するインダス文明期の中規模遺跡である（図18）。南約二〇〇メートルの位置にガッガル・ハークラー川河床がある。城塞と市街地を囲む不定形であるが方形に近い城壁がある。ただし城塞が半球形であり、市街地の街路も格子状ではなく、独特のものとなっている。

三　考　察

以上、現在までに知られている主なインダス文明の遺跡について、概説した。これらの相互の関係を知るために、新石器時代から鉄器時代にいたる当地域の遺跡分布について、ＧＩＳ密度分布分析の結果を示す（図19、

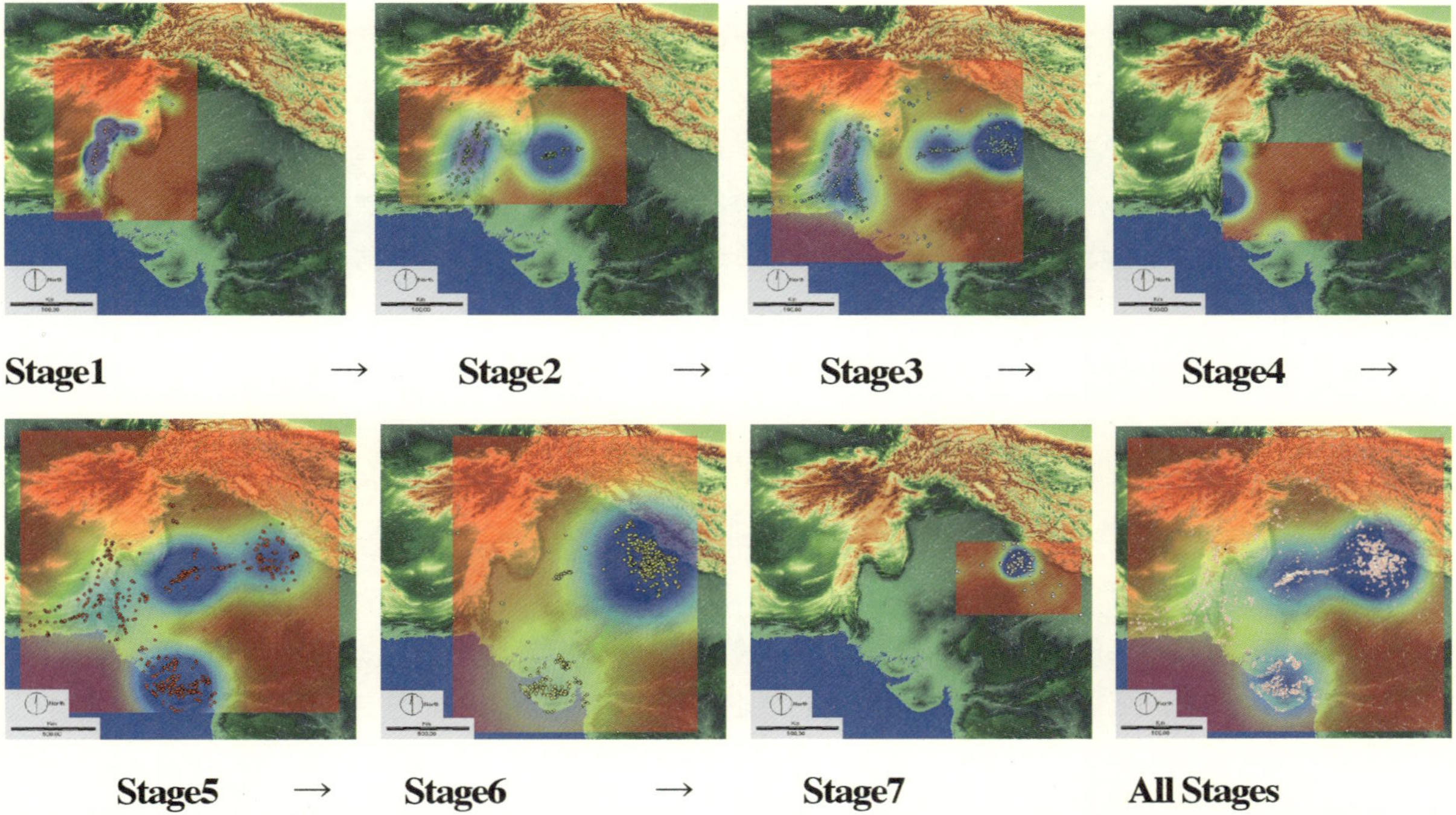

図19　インダス文明地域遺跡分布の推移（Stage1: 7000–4300B.C., Stage2: 4300–3200B.C., Stage3: 3200–2600B.C., Stage4: 2600–2500B.C., Stage5: 2500–1900B.C., Stage6: 1900–1000B.C., Stage7: 1000–600B.C.。Stage3 が初期ハラッパー期、Stage5 が盛期ハラッパー期、Stage6 が後期ハラッパー期。Teramura and Uno 2006）

Teramura and Uno 2006)。

インダス文明の最盛期である盛期ハラッパー期とは、当文明域の四つの地域のすべてにおいて遺跡が増加した段階（Stage5）である。それ以前は遺跡分布が西から東・南へ拡大する段階、それ以後は遺跡分布の中心が東へ移動する段階であった。

このことは、インダス文明の繁栄が、これら各地域社会の確立と、相互交流とによって、成り立っていたことを示唆している。その交流がどのような形でなされたかを考えることが、インダス文明都市の経営システムを考える基礎を提供するであろう。

インダス文明の範囲は広大であり、都市構造においても、文物の様式においても、一定の地域的特色が存在することが明らかになってきている。このことは逆に、インダス文明地域を通じて共通する特色がどのように形成されたかを考えることが重要であることを示している。

インダス文明都市の著しい特色は、方形の形と格子状の街路を採用したことにあると思う。とりわけ方形の形は同時代の西アジアや中国にはないものであり、インダス文明の都市は、世界最古の方形都市としての位置づけを与えて良いものである。城壁の方位からみて、真北方位や直角を正確に測量する技術はなかった可能性が高く、それらは基本的に平行四辺形であるが、方形を指向して建設したことは確かである。バナーワリー遺跡のように半球形の城塞を築く特異な例はあるが、例外的あるいはインダス文明東辺の地域的現象と推定しておきたい。

インダス文明よりも後の時代の中国では、方形都市を多数建設したが、それは天円地方、すなわち天上界は円形（ドーム）、地上世界は方形であると考える宗教思想あるいは世界観に根ざしたものであった。インダス文明においても、地上の世界は四角いと共通して認識されていたことが四角い都市を建設した要因であったと思う。

図20　インダス文明の印章（Kenoyer 1998より転載）

このことは印章の形が示唆しているであろう。都市が不定形な西アジアでは円形スタンプや円筒印章を使用するのに対して、方形都市を営んだインダス文明や中国では方形のスタンプ印章を用いていて、好対照をなしている（図20）。印章には、神聖な図像や文字を描くのであり、そのキャンバスは世界の形を表したと考えるのである。このような世界観がどのようにして共有されたかという視点で、都市構造を見直したい。そして世界観あるいは宗教観念が共有される場の第一の候補は、大型の建物や特殊な構築物を設けた城塞であり、第二の候補は交易の場であったであろう。

インダス文明の都市についてみると、ケノイヤーによる第一級都市（五〇ヘクタール以上）と第二級都市（一〇〜五〇ヘクタール）の違いが非常に大きく、第二級都市と町（五〜一〇ヘクタール）の違いは小さい（Kenoyer 1998）。また村とされる一〜五ヘクタールの集落にも都市的な構造のものがあり、慎重な評価が必要であると推定できる。

インダス文明都市の立地・構造・規模をみると、インダス川上流域のハラッパー遺跡、インダス川下流域のモヘンジョ・ダロ遺跡、インダス川・ガンジス川境界域のラーキーガリー遺跡という三遺跡が突出している。これらは大平原の中に立地する大遺跡であると同時に、城塞が市街地から独立して存在することが特徴的である。

世界的にみて、城塞（あるいは神殿や王宮）と市街地を分離する場合には、城塞を防御に適した高所に配置することが大多数であり、大平原で城塞と市街地を分離することは異例であるといって良い。その堅固な城壁は、軍事的目的よりも特別な隔絶した空間を作ることに意義があった可能性が高いであろう。

これらの大遺跡では、複数のマウンドや平地部の地区からなる広大な市街地をもつが、城塞の機能は市街地の人々だけのための場であったのではなく、周辺の集落を統率する多くの人々が集まり、儀礼に参加する場であったことが、城塞と市街地とを分離した一因と推察する。これらの大型で複雑な構造をとる遺跡を、インダス文明の都市（大都市）と位置づけたい。

なお、以上の遺跡と同様に城塞が、市街地から分離するが一〇ヘクタール級と小規模なカーリーバンガン遺跡の城塞も、大都市のそれと同様の機能をもったであろう。ただしこの遺跡は第Ⅱ地域の遺跡の分布域の東端にあたる丘陵裾に立地し、立地地形・遺跡分布からみて、その領域が広いものではなかったと推定できることが、規模の小ささとが対応するであろう。このクラス（一〇ヘクタール前後）の遺跡を、町（中小都市）と位置づけたい。

これらに対して、海辺のインド・グジャラート州域では、ドーラヴィーラー遺跡やロータル遺跡のように、城塞と市街地が一体となっていることが特徴的である。これらの遺跡は海水面変動シミュレーションによると、インダス文明期には海へのアクセスがよく（Teramura and Uno 2006）、港町の型を示していたと推察する。このような遺跡における手工業製品やその原材料の活発な広域流通も、その性格を示唆していて、その市街地には在地の人々だけではなく、交易に携わる多くの人々が行き交ったであろう。そしてこのような港町では、より国際的であったであろう市街地に城塞が隣接して、両者の関係を強めることが重要であったものと思う。

なおドーラヴィーラー遺跡の範囲が一〇〇ヘクタール級であることを重視するなら、これを都市（港湾都市）と評価することも可能であるが、その全体が居住域ではないことから、現状では港町と理解しておきたい。またカーンメール遺跡も、将来、城塞に接して市街地が存在することが明らかになれば、港町の型に含まれるであろう。一六ヘクタールのバナーワリー遺跡は、ガッガル・ハークラー川の上流域に立地し、川港町の可能性があると考えるが、約二〇〇メートル離れた河床との間の運河の有無など、その検証は将来の課題である。

スールコータダー遺跡は、上記の港町と共通する城塞・市街地一体型の構造をとるが、五ヘクタール未満と規模が小さく、評価が最も難しいものである。将来、インダス文明の一般的な集落がこのようなものであると判明すれば、それを村と評価して良いであろう。ただしもっと小規模な集落が主流であったなら、スールコータダー遺跡のような存在は、それらの結節点として評価する必要が生じるであろう。その整った構造から、後者の可能性が高いと推察するが、これもまた今後の課題である。

結び

以上、インダス文明の都市について、その立地・規模・構造から、都市・町の枠組みを再検討して、城塞・市街地分離型の都市（大都市）、都市と同様の構造をとりつつ規模がより小さい町（中小都市）、および城塞と市街地とが一体となった港町を抽出した。

そして大平原に立地する都市において城塞と市街地とを分離するという特異性を重視して、城塞をインダス文明の世界観を共有して経営の仕組みを作り出す隔絶した空間であったと推定した。井戸・導水・貯水施設や火を使った祭祀跡の存在から、それは水や火を用いた宗教儀礼の執行という形をとったものと推定できる。港町の城塞も同様の機能をもち、ここでは隔絶性より、国際的な市街地を掌握することが重要であり、城塞・市街地一体型の構造をとったと推察した。

このようなインダス文明の都市に関する推定が大過なければ、それは王権という視点からはどのように評価できるであろうか。王権を特定個人の卓越した権力あるいはそれが継承される王朝と認定するなら、そのような王権はインダス文明の中で確認することは難しく、将来発見される可能性も少ないであろう。他方、宗教的観念の共有に根ざした諸都市の連合体制も王権の一つの在り方であるとするなら、それはインダス文明に適合的である。

インダス文明は、旧大陸青銅器時代の一つの社会類型になると推定するものである。青銅器時代の社会は多様であり、私は少なくとも三つの型があったと推定している。メソポタミア・エジプト・中国（夏商周）文明のように都市と王朝が存在したもの、インダス文明のように都市が発展するが王朝の存在を確認できないもの、ヨーロッパ青銅器時代のように都市とは別の形で社会発展がなされたものである。なお、インダス文明型の都市の端緒は新石器時代にあり、人類史における最初の都市形態であったと推察している。

〔参考文献〕

小磯学一九九八「都市の形にみるインダス文明の地域性」『網干善教先生古稀記念考古学論集』関西大学考古学研究室。

小磯学二〇〇四「モヘンジョ・ダロ建物再考」『古代インドの都市像を探る』関西大学国際シンポジウム資料集。

近藤英夫編著二〇〇〇『インダス』日本放送出版協会。

近藤英夫二〇〇四「インダス文明の最近の理解――都市類型に注目して――」『古代インドの都市像を探る』関西大学国際シンポジウム資料集。

ＮＨＫ編二〇〇〇『インダス文明展』ＮＨＫ。

Osada, T. et al. 2007, *Linguistics, Archaeology and the Human Past*, Occasional Paper 2, Indus Project, Research Institute for

Humanity and Nature, Kyoto.
Joshi, J. P. ed. 1990. *Excavation at Surkotada and Exploration in Kutch*, Archaeological Survey of India, New Delhi.
Joshi, M. C. ed. 1993, *Indian Archaeology* 1987-88 — A Review, Archaeological Survey of India, New Delhi.
Joshi, J. P. & R. S. Bisht, 1994, *India and the Indus Civilization*, National Museum Institute, New Delhi.
Kenoyer, J. M. 1998, *Ancient cities of the Indus Valley Civilization*, Karachi.
Meadow, R. H. and J. M. Kenoyer, 1997, Excavation at Rangpur and other explorations inGujarat, *Ancient India*, nos. 18 & 19, Archaeological Survey of India, New Delhi.
Nath, A. 1998, Rakhigarhi: A Harappan Metropolis in the Sarasvati-Drishadvati Divide, *Puratattva*, 28, Indian Archaeological Society, New Delhi.
Possehl, G. L. 1999, *Indus Age The Begginings*, University of Pennsylvania Press, Philadelphia.
Possehl, G. L. 2002, *The Indus Civilization A Contemporary Perspective*, Interim Reports Vol.1, Vistaar Publication, New Delhi.
Rao, S. R. 1979, *Lothal — A Harappan Port Town (1955-62)*, Vol. I., Archaeological Survey of India, New Delhi.
Sharma, A. K., 1999, *The Departed Harappans of Kalibangan*, *Sundeep Prakashan*, New Delhi.
Teramura, H. and Uno, T. 2006, Spatial Analyses of Harappan Urban Settlement, *Ancient Asia*, Vol.1, Society of South Asian Archaeology, Munbai.

〔謝辞〕本稿は、筆者が参加する総合地球環境学研究所インダス・プロジェクトの成果に依拠したものである。プロジェクト代表の長田俊樹氏ならびに、寺村裕史氏、上杉彰紀氏、小磯学氏に心よりの謝意を表する。

本稿を、二〇〇七年度をもって、つつがなく退職される今谷明氏に、日頃よりの多大な学恩とご厚意に対するささやかなお礼として、献呈する。

元大都の游皇城——「与民同楽」の都市祭典——

乙坂智子

序

大都大興府城、現在の北京の基礎ともなる元朝国都は、旧暦二月一五日、大規模な例祭にその春を彩らせた。鮮やかな幢幡を靡かせる神仏の駕輿が、喤喤と和する鐘鼓箏簫の楽隊が、装いを凝らした妓女や役者たちが、それぞれ多勢の連をなして都城なかほどに位置する皇城の内外を練り歩いた。『元史』はこれを「游皇城」と記す(1)。

游皇城については、那木吉拉や史衛民が元代風俗の一つとして言及している(2)。そこでは、この儀典の由来・行列の陣容・巡行ルートなどが、主として『元史』国俗旧礼の項(巻七七、祭祀志)に拠って紹介された。

また中村淳は、游皇城に関するいま一つの基本史料である『析津志輯佚』歳紀の項を重視しつつこの行事に触れた(3)。そこでの主題は二月八日から大都城郊外の鎮国寺(大護国仁王寺)で執行された仏教儀礼であるが、この仏事がいわば前段となって、一五日の都城祭典へと継続したことが述べられた。これによって、大都城内外で数日間にわたって展開された祭典の一部として游皇城をとらえるべきことが示された。

今回の小文は、この一連の祭典、とくにそのクライマックスに位置する游皇城を対象として、以下の問題を考察する。第一に、これを元朝がチベット仏教によって独自に造形した祭典と見てよいか、という問題である。『元史』国俗旧礼によれば、前日一四日に帝師が梵僧五〇〇人を率いて宮城内正殿の大明殿で仏事を修めたあと、一五日に仏の象徴である傘蓋が大明殿から出されてパレードし、この金傘が還御したのち一六日にかけてふたたび帝師らが仏事を執行して祭典は終わった。元朝のチベット仏教尊信の明証である帝師が重要な役割を演ずるこの式次第は、游皇城とチベット仏教の不可分の関係をうかがわせる。また、帝師仏事や都城巡行が元初に導入されたチベット仏教経典に準拠しているとの指摘もある(4)。これらのことからすれば、元朝がみずからの文化的看板であるチベット仏教を游皇城の基軸の一つとして主張していたことは疑いがない。しかし、チベット仏教の豊かな教理教説や膨大な仏典群からは、さまざまな形態の式典の造形が可能であったはずである。それが結果として我々の知る游皇城の形態に設定されたについては、そこに何らかの理由が示されねばならない。あるいはまた、挙行日程や行列の構成など、游皇城にはチベット仏教のみでは説明できない要素がある。これらは何に基づいて決定されたのか。本稿では、この祭典のさらなる淵源を元代以前の中国都市、すなわちチベット仏教導入以前の在地都市社会に求めうるか否かを検討する。

第二は、行列の陣容と巡行ルートとが示唆する問題である。行列の様態は、さいわい比較的よく伝えられている。ところがそこに記されるものは、単に王朝が奉戴する仏教の威容を表わすための国家儀礼と片づけられるほど純一なものではない。多数の仏僧たちが仏像や幟を担いで巡行する一方で、仏教以外の宗教的尊格も引き回された。国家機関に属する典礼関係者のみならず、在地の住民からも人員が出た。どうやら、かなり雑多な構成をもつ都市祝祭パレードであった観がある。しかも行列は市街巡行ののち皇城内部に入り、そこここの宮殿の間を経めぐった。都市民を含む多様な人々が、この春の一日、禁域内を巡遊したわけである。こうしたあり様からすれば、游皇城パレードは〝見られる〟ものであると同時に〝見る〟ものであり、行列への視線と行列からの視線が交錯するものとして企画されているのではないか。その場合、元朝ははたしてそこに何を期待していたのか。

ここで全体を通して着目することになるであろう焦点を挙げる。それは、この国家儀典に、漢民族ないし漢民族文化に対する意識の形跡があることである。従来、元代のチベット仏教はあくまでもモンゴル人支配層のものであり、民衆にはほとんど受容されなかったこと(5)を以て、この新来仏教と漢民族社会との関わりは注視されてこなかった。しかしチベット仏教を受容しなかったことが、すなわちそれと無関係で済まされたことを意味するわけではない。元朝は、チベット仏教を絡ませたこの都市祭典を通して、人口比率からすれば圧倒的多数者である漢民族の社会に照準した何らかの働きかけを行なっていたのではないか。この点に留意しつつ考察を進めることとしよう。

一　都市の記憶——游皇城の源流——

1　二月八日問題

游皇城の挙行日については、冒頭で述べたように、『元史』国俗旧礼・『析津志輯佚』歳紀の両記事ともにそれを二月一五日のこととしている。

『元史』国俗旧礼は、まず「……毎歳二月十五日、大〔明〕殿にて白傘蓋仏事を啓建す。諸色の儀仗・社直を用いて傘蓋を迎引し、皇城内外を周遊す」と大枠を述べたうえで、より詳細な日程を次のように記す。正月一五日、宣政院・中書省・枢密院など担当官署が準備に入る。当日の二日前、すなわち二月一三日には鎮国寺に「太子」

を「迎」えて四門を「遊」し、塑像を掲げ儀仗を具して入城する。この「太子」が何者であるかは記述されない。しかし後述するように、おそらくこれは游皇城の背景を示唆する痕跡の一つである。翌一四日には、帝師と衆僧により皇城内正殿である大明殿で仏事が修建される。一五日に至って、いよいよパレードが行なわれる。行列は皇城から出てその南西にある慶寿寺に入り、ここで素食を喫したのち、皇城北門まで巡行する。北門からふたたび皇城内に入って巡行を終える。帝師が仏事を執行し、一六日に一連の行事が完了する。

一方の『析津志輯佚』歳紀も、巡行ルートは後述するように『元史』とは異なるものの、一五日の早朝に始まるとする日程に関しては『元史』と異ならない。ただし『析津志輯佚』歳紀は、『元史』国俗旧礼にはない記事、すなわち八日からの鎮国寺祭典の記述を含むことに特徴がある。大都城の西へ三里（約一・七キロ）ばかりの場所にある鎮国寺の境内は、中国各地の品物を揃えた出店が軒を並べて殷賑を極めたと言う。のみならず、大都城と金の故城から芸人が集まり、「恭しく帝坐・金牌を迎え、寺の大仏とともに城外を遊」したと述べるから、いわば游皇城の城外版とでも称すべき光景が八日には展開したことになる。

とはいえ『析津志輯佚』歳紀は、八日鎮国寺祭典を「是れ亦た遊皇城の亜者なり」として、あくまでも一五日の游皇城とは区別している。事実、同記事が「此れ（八日仏事）を過ぐれば、則ち遊皇城を詔する有り」と、鎮国寺祭典ののち改めて游皇城の詔勅が出されると記すことから判断すれば、確かに両者は連続しつつも個々の単位の祭典として認識されていたことにはなる。

以上の二史料には、三つの「游（遊）」が記されている。まず、二月八日に「帝座・金牌」を、おそらくは大都城から「迎」え、城外の「遊」が行なわれたことを『析津志輯佚』が伝える。『元史』が、一三日に鎮国寺にて「太子」を「迎」え、「遊」したのち大都城に入ったとする。そして一五日「游（遊）皇城」は、二史料が共通して伝える。全体として見れば、まず八日に祭典が城外へと展開し、それが城内に戻って一五日に大団円という段取りと言えるだろう。[6]

このうち八日の「游」についても、一五日に関するものほど詳細ではないものの、いくつかの史料がある。たとえば『元史』（巻二九、泰定帝本紀）泰定元年（一三二四）二月甲子（八日）条には、「僧百八人」および「倡優・百戯」に命じて帝師を先導して「游京城」させたとある。この隊列自体が都城外まで出たか否かは判然としないが、皇城外の都城域を巡行していることは間違いあるまい。また、世祖代に八日祭典がらみの贈賄事件を糾弾した趙思恭の行状・神道碑文が鎮国寺へのパレードの盛儀を伝えており、それによれば「百戯」「伎楽」が繰り出し（『傅与砺文集』巻一〇、僉燕南河北道粛政廉訪司事趙公行状）、大都から出陣される「富民の珠玉・奇玩」や「俳優」「百戯」ら芸人を見物せんとする大家の幔幕が城外の野を覆い、諸王や近侍の貴臣が「宝飾異服」をまとって駿馬を駆ったと言う（『道園学古録』巻四二、趙公神道碑）。八日の「游」が都城域および都城外へと展開する遠心的なものであり、一五日のそれが都城域から皇城内へと収斂する求心的なものであるという違いはあるが、質的にはよく似たパレードがあったことが分かる。

では、これら「游」の日程は何に基づいているのであろうか。元代史料には直接その設定理由を記したものは見えない。しかし二月一五日は、中村も指摘したように[7]、涅槃会に合わせた設定とひとまず考えることはできる。[8]問題は、起点である二月八日の設定事由である。

二月八日の祭典は、史料上しばしば「迎仏」の名称を以て登場する。たとえば前記趙思恭の追悼文は、「京師は歳ごとに二月八日を以て大いに百戯を張ねて伎楽を列ね、城西高良河にて迎仏す」（『傅与砺文集』前掲）、「国家は歳ごとに二月八日を以て城西高良河にて迎仏す」（『道園学古録』前掲）、「歳ごとに二月八日、京師は城西にて迎仏解祠す」(『石田先生文集』巻一二、趙公神道碑)と記す。成宗代の記事としても、「迎仏会歌」(『天下同文集』巻四)に「元貞元年(一二九五)二月八日、詔して京師大鎮国寺にて迎仏せしむ。旧典に遵うなり」と見える。『元史』(巻二七、英宗本紀)延祐七年(一三二〇)一二月己巳条が「勅して明年二月八日の迎仏を罷めしむ」とし、同じく『元史』巻二〇二の釈老伝が「毎歳二月八日迎仏の威儀を用て往き迓え、且つ礼部尚書・郎中に命じて専ら迎接を督せしむ」と帝師迎引の礼式を記すのも同様の例である。

したがって先の問いは次のように置き換えてもよい。なぜ二月八日に「迎仏」が行なわれたのか。

2 游皇城の先蹤——都市巡行祭の系譜——

この問いに対して参照されるべきものは、遼・金代仏教に関する野上俊静の言及である。それによれば、遼・金代において二月八日は仏誕日とされ、この日に「迎仏」のための都市祭典が行なわれた(9)。元代の八日「迎仏」は、この系譜上にあるのではないか。

まず金代について見てみよう。野上が挙げた史料は『金史』(巻五、海陵本紀)正隆元年(一一五六)の「……二月……庚辰(八日)、宣華門に御して迎仏を観し、諸寺の僧に絹五百匹・綵五十段・銀五百両を賜う。……十一月……癸巳、二月八日迎仏を禁ず」である。正隆元年二月八日に「迎仏」が執行されたこと、同年中に「二月八日迎仏」が禁止されたことが記されている。

海陵王は天徳三年(一一五一)に遼の燕京城の拡建およびそこへの遷都計画を宣言し、貞元元年(一一五三)には遷都のうえこれを中都大興府と命名した(10)。君主権強化政策の一環とされている(11)。前記の正隆元年記事は、この遷都の三年後、皇帝みずから「迎仏」を観覧するため出御したことを伝えるものである。新都を飾る祭典を挙行し、その舞台で皇帝権力を刻印しようとの動きであろう。宣華門は中都皇城の東門である。[12]記事中に都城巡行が直接に記されているわけではないが、皇帝が皇城門に出座して観閲する以上、何らかのパレードがそこにあったと見なければならない。また同年一一月に迎仏行事は禁止されたとあるが、野上はこれが世宗代に解禁されたと推定している。[13]つまり中都の迎仏祭は、遷都後の重要時期に皇城前で天子の御覧に浴し、いったん停止されたものの、のちまた続行したらしい。

遡って遼代について野上が挙げた史料は、「二月八日は悉達太子の生辰と為す。京府および諸州は木を雕りて像を為り、儀仗・百戯の導従し、循城して楽と為す」（『遼史』巻五三、礼志、嘉儀下）の一条である。二月八日の理由がシッダルタ「太子」の誕日であると明示されるとともに、その像を儀仗や「百戯」が先導扈従して京師や各州城で「循城」、すなわち都市巡行が行なわれたことが述べられている。

以上のように、先行二王朝において二月八日には「迎仏」のための都市祭典が行なわれていた。元代の二月八日「迎仏」が、これら前代の祭典と無縁とは考えにくい。元大都は、その南西に位置する金代燕京を捨て、旧都住民を移住させて新設した都市ではあったが、旧都を飾った祭典は継承したわけである。あるいは、新設都市であるからこそ、旧都の祭典を移植しようとする判断が働いたと考えるべきかも知れない。かりに、金代のいずれかの時期に二月八日迎仏が途絶して直接的な伝播がなされなかったとしても、元朝は『遼史』・『金史』編纂に用いる原史料を所有していたから、二月八日祭典に関する知識は引き継いでいたはずである。

字句のうえで痕跡を確認しておこう。先に挙げた元代諸史料の「迎仏」の語と『金史』正隆元年記事の「迎仏」の語が共通していることは瞭然である。のみならず前掲『元史』英宗本紀延祐七年記事および釈老伝記事には「二月八日迎仏」の字句があり、これがそのままのかたちで『金史』正隆元年一一月癸巳条に見える。また、『元史』国俗旧礼で一三日に「太子」を迎えて遊すると見える部分も、『遼史』礼志記事に悉達「太子」像を掲げて巡行するとあることに対応する。大都でもこの旧例が踏襲され、しかも単に「太子」とのみ記せばこと足りると判断されるほどに定着した祭典の一齣であったものであろう。さらに、先引の『元史』泰定元年二月甲子条に「命僧百八人及倡優・百戯、導帝師游京城」とある字句のうち、「百戯」「導」は『遼史』礼志記事に共通する。これらのことから見て、みずからの「迎仏」祭を前代のそれと同様の語句を以て記録した元代文書が存在し、のちにそれが『元史』に流れこんだ、と見ることはさして不当ではあるまい。

このように、元代二月八日「游」の直接の先蹤が遼・金代の都市巡行祭であることはほぼ疑いない。では、さらに遡上してこの祭典をたどることはできるのであろうか。それは、二月八日の都市巡行祭が契丹族・女真族によって持ちこまれた習俗であるのか、あるいは遼・金代に独自に創設された儀礼であるのか、それともそれ以前から中国に在来した儀礼であるのか、そしてその場合、漢民族の習俗であるのか、という点に関わる。

これについては、『荊楚歳時記』二月条に「二月八日、釈氏下生の日、釈文成道の時。信捨の家は八関斎戒・車輪宝蓋・七変八会の燈を建つ。平旦に香花を執りて城を遶ること一匝、之れを行城と謂う」の一文を見いだすことができる。この部分は宋懍の原文と考えられているから、[14] 二月八日を釈迦降誕会として都市巡行する風習は南朝梁代、すなわち六世紀の漢民族社会に遡りうることになる。[15] つまり、遼・金代の二月八日祭典は、北族由来のものではなく、また独自に新設されたものでもなく、漢民族社会における伝統的祭典の流れを汲むものである。[16]

二月八日の祭典は、南宋臨安府でも盛大に行なわれた。ただし祭典の名目が異なる。『夢粱録』巻一、(二月)八日祠山聖誕の条は、[17] この日に祠山神生辰を祝う盛典が都城内外で繰り広げられた様を伝える。[18] 美しく装った儀仗隊が府庁から奉献され、さまざまな同業・同好の人々から成る「社」や楽隊・舞踊隊が出て、臨安は祝祭の熱気につつまれた。神鬼を乗せた露台がしつらえられ、人々はこぞって見物に出た。光景としては、元代の二月八日・一五日祭典にごく近似した都市祭典があったと見てよい。また臨安の八日祭典では西湖に龍舟を浮かべて華麗な船足合戦が行なわれ、これには知府が臨見し、出場者を労って賞賜した。貴人の同席と賜与というこの構造も、後述する游皇城のそれと共通する。

興味深いことに『夢粱録』同記事は、祠山神の生誕日そのものは二月一一日であると言っている[19]。つまり臨安では、一一日の生辰をなぜか八日に祝っているわけである。これは、二月八日仏誕説は採らないものの、二月八日に祭典を行なうという慣行そのものは継承したことを意味する。事実『夢粱録』同記事は、この臨安二月八日祭典が「梁より宋に至る」まで「一千三百余年」続けられていると述べており、『荊楚歳時記』の時代の祭典を継承するものであると認識している。仏教的な要素を脱落させてなお、二月八日の都市祭典という型は強固に存続したと見るべきであろう。

また『夢粱録』は、八日祠山神聖誕祭に続いて、「二月望」すなわち一五日祭典の記事を載せる。この日には、花長節・勧農・老子誕会・涅槃会の四種の祭典が重なり、それぞれの目的で都人が活発に動いた[20]。つまり、八日・一五日と続けて華やかな催しが行なわれ、それを見物せんとする人々で南宋国都は沸きつづけたわけである。この挙行日程も、全体として元大都のそれとよく似ると言わねばならない。

臨安の二月祭典については、『武林旧事』(巻三、社会)にも八日祠山神祭の記述があり、『夢粱録』同様、「百戯」をはじめとする様々な演し物が競い集まったことが記される。『武林旧事』が元初の成立であることを考えれば、臨安におけるこの春季祭典の記憶は、少なくとも時間上は直接的に元代に連結していることになる。

以上、元大都二月の「游」が、梁代に遡る漢民族社会伝統の春季都市巡行祭の系譜に列なるものであることを見た。遼・金において、二月八日の循城・迎仏という梁代以来の祭典が伝承されていた。元朝の二月八日祭典が「迎仏」と称することは、前代までのこの祭典を踏襲したことの証左に他ならない。他方、南宋の国都においても、迎仏という主題を失ないつつ、それでもなお「梁より」と自認する二月八日祭典が継承されていた。したがって、たとえば江南の商賈が二月八日に大都の祭典に参集するとき、そこには〝ああ、二月八日の祭りだ〟という、ある種の了解が成立していたことになる。このように元大都の二月祭典は、華北の旧燕京、そして華南の臨安という二つの故都の祭りを受け継ぐものとして設定されていた。

3 元代二月祭典の性格――八日・一五日という日程をめぐって――

以上の結果から考えれば、元朝は伝統的な二月八日祭典を、八日の迎仏、すなわち前記『元史』泰定元年二月甲子条の言う「游京城」と、一五日の「游皇城」とに振り分けるかたちで再造形したことになる。しかしこの形態が元初当時からのものか、あるいは元代のある時期までは八日祭典のみが執行され、そののち八日・一五日の形態に変更されたのか、という点は難解である。

『元史』国俗旧礼は「世祖至元七年（一二七〇）、帝師八思巴の言を以て、大明殿御座の上に白傘蓋一を置き、……。自後、毎歳二月十五日、……傘蓋を迎引し、皇城の内外を周遊す」として至元七年以降一貫して二月一五日に游皇城が行なわれたかに記す。しかしこの記事は明らかな矛盾を含み[21]、古い時期についての確実な情報が失なわれていることを示している。一方の『析津志』も元末の人の手に成る記述であるし、一五日游皇城を「世祖の故典」「累朝の故事にて缺けず」と記している部分にも、何らかの例証が挙げられているわけではない。二月一五日に游皇城が行なわれたことを実施記録として確認しうるのは、元代中盤以降の記事である[22]。もちろんこれ以前に一五日祭典がなかったと判断しうるわけではない。しかし痕跡をたどることが困難であることは否めない。他方、二月八日迎仏については、世祖代・成宗代の記事が見いだせることを先に述べた。こちらは元初の実施記録がよく残っているわけである。また注意すべきは、世祖代の趙思恭に関連する記事において問題とされている行事が二月八日のそれのみで、一五日行事には一切言及されていない点である。これは、当該事件を記載する三点の史料すべてに共通する。たとえば費用について、八日の「一日の費、鉅万」(『道園学古録』巻四二)、「費は鉅億を以て計う」(『傅与砺文集』巻一〇)ことが問題視されているが、一五日については記述がない。しかし一五日にも、『析津志輯佚』歳紀が「内帑の費やすところ、動もすれば二三万を以て計う」と記すほどの経費を要したはずであるから、これを無視して八日の出費のみが問題とされたとすれば不可解である。また趙思恭の駁言によって二月八日行事の「国用の耗」が省みられ、ときにこれを隔年とするなど簡素化が図られたとして(『道園学古録』同前)、運営の見直しが伝えられるが、一五日の扱いについては記述がない。このような点から考えれば、この時期に一五日游皇城が存在したか否かについては慎重であるべきであろう。

以上のように、八日迎仏は早期から確認しうるものの、一五日游皇城の発足時期は決定しがたい。しかしこのことは、金代以前からの伝統である二月八日迎仏がやはり原型としてまずあり、元代のある時点において一五日との二本立てに分化したことを裏づけるものでもある。

八日・一五日という日程の分化には、いくつかの利点が考えられる。一つは、釈迦降誕会として四月八日と二月八日の両日があるという矛盾を解消しうることである。野上によれば、遼代には四月八日もまた仏誕日とされ、そこでも城内巡行が行なわれていた(23)。楽しみが多いぶんには異論はなかったのであろう。とはいえ矛盾は矛盾である。元朝は、四月八日に「浴仏」、すなわち灌仏会を行なっている(24)ことから見て、四月八日仏誕説を採っていた。

もしも矛盾を整理するため二月八日仏誕説を採らないこととする場合、その代替のテーマとして確かに二月一五日の涅槃会が浮上することはありえないことではない。しかし方法としては、四月八日に巡行祭日程そのものを移す選択肢もあったはずである。だが元朝は、二月という日程は変えず、仏誕会という主題のほうを脱落させる選択をした。この方法は、南宋臨安が二月一一日生辰としながらも祠山神祭典を二月八日から行なったという事例と共通する。旧来のテーマを棄却しつつも、あくまでも二月八日の巡行祭には拘泥する選択である。伝統的な都市祭典の歳時慣行に乗ろう、とする判断がそこにあったと見なくてはならない。

日程分離のいま一つの利点は、祭典の会期が長期化することである。幕開けの鎮国寺祭典には江南から富商が集まり、「海内の珍奇の湊集せざる無し」（『析津志輯佚』歳紀）という盛況を呈した。クライマックスを七日後まで繰り下げることにより、この賑わいを大都住民に堪能させる期間を確保することとなる。同時に、富裕な江南から参集した人々にもまた、国都の威容と盛儀を感得させる機会を与えることとなろう。

利点の第三は、八日に城外に散開した祭典を一五日にふたたび城内に回帰させうることである。元朝は八日迎仏を城外西三里の仏寺で行なった。いわばいったん都城空間を離脱するダイナミックなものとして造形しており、これが都市内巡行であった旧来の迎仏祭と様相を異にする点である。こうしてひとたび都城外部に出された祭典は、『元史』国俗旧礼によれば一三日の「入城」の儀礼を経て一五日の游皇城に至り、翌日にかけての帝師仏事を以て終結する。鎮国寺は城外の西にあったから、一三日以降の動きは仏教が「西天」[25]からもたらされたという中国における方位性に合致するものともなっている。つまり八日から一五日までの祭典の流れは、象徴される聖性がいったん城外へと放出され、聖なる方向からふたたび都城内に還流し、最終的には皇城へと収斂する動線を描いている。

元大都の二月都市祭典は、おおむね以上のように造形された。原型として中国在来の二月八日都市巡行祭を用いたうえで、これを二月八日・一五日の二段に分かち、空間的にも城外への展開を含む巡行祭典に改変することによって、長期化、および巡行動態の活性化を図った。祭典が担う聖性は、盛大な行列を伴って大都城内外を「游」することによって賦活され、一五日には、游皇城によって皇城内に吸収されたわけである。

二　行列の構成

『元史』国俗旧礼は、游皇城の行列について、人数や衣裳・持ち物などを含む具体的内容を盛りこんでいる。各グループとその人数を列挙してみよう。

「八衛の傘を撥ぐる鼓手一百二十人」（一二〇人）

「殿後軍の甲馬五百人」（五〇〇人）

「監壇の漢関羽の神轎を擡舁せる軍および雑用五百人」（五〇〇人）

「宣政院所轄の官寺三百六十所の掌れる供応の仏像・壇面・幢幡・宝蓋・車鼓・頭旗三百六十壇、壇ごとに擎執擡舁せる二十六人、鈸鼓の僧一十二人」（三六〇壇×（二六＋一二）＝一三、六八〇人）

「大都路[26]の掌供せる各色金門大社の一百二十隊」（一二〇隊×x人）

「教坊司・雲和署[27]の掌れる大楽鼓・板杖鼓・篳篥・龍笛・琵琶・箏・纂七色、凡そ四百人」（四〇〇人）

「興和署[28]の掌れる妓女・雑扮隊戯一百五十人」（一五〇人）

「祥和署[29]の掌れる雑把戯の男女一百五十人」（一五〇人）

「儀鳳司[30]の掌れる漢人・回回・河西三色の細楽、毎色各三隊、凡そ三百二十四人」（三二四＝九隊×平均三六人）

以上のパレード参加者数を額面どおり計算すると最少で一五、九四四人となるが、これは一隊ごとの人数の記載がない大都路掌供の「各色金門大社の一百二十隊」の一隊の人数を一人としたときの合計であって、当然これはありえない。この隊の人数をある数値[31]で仮定すれば、おそらく二万人ほどとなる。たとえば、南郊儀礼において禁軍二〇万が皇帝に従ったと言われる唐代長安城の事例[32]は別格としても、宋代の大駕鹵簿の儀衛は、時期によって変動はあるもののおおむね一万から二万人程度、[33]明永楽期の皇帝祭祀の扈従は馬歩軍五万と規定されている。[34]したがって中国都城において二万人前後の行列は特異な光景ではない。とはいえ、これらの事例が皇帝随従の人数であることを考えれば、游皇城はやはり盛儀ではある。

游皇城に繰り出す行列の様態を考えてみよう。『元史』国俗旧礼は、行列の全長を「首尾排列三十余里」（一七キロほど）と記す。三十余里という数値は後述するルートからすれば長すぎる観があるが、長い、という実感を伝えようとするものではあろう。大都の街路は大街で幅二四歩（約三六・九メートル）、小街でも幅一二歩（約一八・四メートル）ある。[35]かりに三〇里に二万程度の人間を等間隔に並べた場合、横列・縦列の人数配分を工夫したとしても、いささか閑散とした行列にしかならないはずである。しかし実際の游皇城は、都城の子女が「聚観」し、刑部の官が「喧鬧」を巡邏する（『元史』国俗旧礼）ほどの賑わいを演出しえた。これは游皇城の様態が、等間隔の隊列から成るマスゲーム的行進といったものではなく、各グループごとの集団がある程度の間隔をおいて間歇的に通過する、いわばオムニバス劇的なパレードであったこと、なおかつ個々の集団の動きも、行進というよりは比較的緩慢な移動であったことを暗示する。

この推測は、早朝に皇城を出発した游皇城の行列がまず慶寿寺で精進料理をとっていることにも拠る。慶寿寺が元朝の保護も篤い大刹[36]であるとはいえ、監壇・幢幡・楽器を担いだ万余の人間たちを一挙に食事させたとは考えにくい。一行はいったん持ち物を置き、順次に食事を済ませ、順次に出発したものであろう。つまり行列は、ここで時間差を以て再スタートする手順となっている。

それぞれのグループの進行速度が緩やかであったことは、先に見た『元史』国俗旧礼の陣容のなかに、「妓女・雑扮隊戯」「雑把戯の男女」とある演劇隊が見えることからも分かる。彼らは演技を見せながら進む。とくに皇城内に入ってからは、後述するように、「楽工・戯伎」がその「巧芸」を尽くして貴顕の前で技を競ったと『析津志輯佚』歳紀が伝える。このように游皇城は、鳴り物・演し物がそれぞれ芸を披露しながら移動する長時間・長蛇型のページェントであったと考えられる。

ではこの行列は、どのようなグループによって構成されていたのであろうか。前記の参加グループ一覧を見ると、公的機関のみではなく民間からも人員が動員されている点に目を引かれる。そこに挙げられる「八衛」「殿後軍」「宣政院」「教坊司・雲和署」「興和署」「祥和署」「儀鳳司」などは国家組織名である。しかし、教坊司以下が「掌」する楽人らは、いわゆる特殊徭役戸として所属官司の要請によって差役として奏楽する都市民であり、また社会的地位も低かったとされる。[37]

あるいは、この一覧には見えないが、「社直」なるものもパレードに参加している。『元史』国俗旧礼記事に、一五日行列参加者として「諸色の儀仗・社直」「諸色の社直および諸壇面」「諸隊仗・社直」と三箇所にわたって記されるものがこれである。『析津志輯佚』歳紀においても、一五日游皇城を描写する部分に四箇所の「社直」が見える。「社直」は『元典章』・『通制条格』に用例が見え、[38]そこでは各地の府州県が正旦など祭典のおりに「諸色の社直・行戸・粧扮」のたぐいを「勾集」「差遣」して万歳牌を引き回させる様が「褻瀆」であるとして是正が議論されている。これらのことから判断すれば、おそらく「社直」は教坊司所管の者たちよりさらに公的性格の稀薄な民間芸能者であろう。

さらに、参加グループには「大都路の掌供せる各色金門大社一百二十隊」が見え、大都路が管掌して何らかの組織が出されたことが分かる。これが元代の隣保制度である社制の「社」[39]が供出する隊列であるのか、あるいは『夢粱録』や『武林旧事』の都市祭典記事に登場する同業・同好グループの「社」[40]のたぐいであるのか、判断する手がかりは見いだせない。しかしそのいずれであっても、大都路の住民から一二〇隊が組織されたことにはなる。「金門」が富家の意であるならば、富裕層の参加が求められたことになろう。また、このグループのみ人員数の記載がないことは前述した。民間から動員するため、人数を既定することが困難であった結果かも知れない。

以上のように游皇城の行列は、公的性格の比較的鮮明な軍隊から、半ば民間的な芸能集団、そして行政管区が動員する都市民にまで及ぶ種々の集団を含み、いわば公と民とが共演する舞台として構成されていた。

しかも游皇城行列の多様性はこれにとどまらない。先に列挙したグループの最後に「儀鳳司の掌れる漢人・回回・河西三色の細楽、毎色各三隊」と見える。漢人・イスラーム教徒・旧西夏領の河西出身者という三種の集団[41]がそれぞれ三隊ずつを組んで「三色」の楽曲を競演したわけである。これによって、多民族・多文化都市としての大都の性格が描写されたものであろう。

さらに宗教的にも、仏教に収まらない要素が混入された。「監壇の漢関羽の神轎を擡舁せる軍および雑用五百人」として、漢民族の民間信仰神である関羽の神輿グループが行列の一翼を占めていることがこれである。元朝は文宗期に長大な封号を関羽に賜与している[42]。他の多くの神格に対するのと同様にこの民間神にも愛顧を振りまいていたわけであり、練り歩きを好むとされる[43]この神を喜ばせようとの殊勝な計らいであったかも知れないが、かりに純然たる仏教行事として游皇城を造形しようとするのであれば、堂々五〇〇人の集団を以て関帝の神輿を巡行させることはあるまい。

また「宣政院所轄」の「官寺三百六十所」から出る仏教集団、すなわち人数不明な大都路供出グループを除けば最大のものであるこのグループについても考えるべきことはある。各寺院が一基ずつ、仏像を載せて幢幡・宝蓋などで飾った壇を出し、これに鈸鼓を鳴らす僧侶も付けての、総勢一三、六八〇人から成る大集団である。ここで言う「官寺」がどのような基準を指しているかは分からない。だが三六〇という数から判断すれば、元朝みずからが建立したチベット仏教系の寺院のみならず、在来の中国仏教寺院を含む寺院であることは間違いない。チベット仏教系寺院としては大都地区のいくつかの寺が挙げられているが、それらは一〇箇所に満たない。したがって数の上ではむしろ圧倒的に一般の中国仏教寺院の出した壇が多かったことになる。

かりに元朝がそれを望むならば、チベット仏教一色で仏教グループを構成することは不可能ではない。たとえば個々のチベット仏教系国家寺院から数多くの壇を多く出させるかたちで同等の規模の集団を編成すればよい。もしもチベット仏教僧の人員が足りなくとも、人夫を調達することによって壇は容易に増加させうる。事実、前掲『元史』記事においても、鈸鼓を鳴らす者は「僧」とあるが、駕輿丁が僧侶であるか否かは書かれていない。

このように考えれば、『元史』に見る游皇城仏教グループの構成上の眼目は、単に多くの人数を揃えることよりも、「三百六十所」という多くの仏寺、すなわち中国在来の仏寺を含む広汎な仏寺を参加させることにあったと見られる。広くあまねく、多くの組織単位を都市祭典計画中に把捉しようとの意図を看取すべきであろう。こうして最大グループである仏教の隊列それ自体もまた、チベット仏教僧も中国仏教僧も混在する複合的集団を形成することとなっている。

以上のように行列の様態を観察すれば、それは権力組織の整然たるパレードというよりは都市住民を巻きこんだ劇場的な祝祭であり、仏教で塗りかためられた宗教儀礼というよりはイスラーム文化や漢民族の民間信仰をも織りこんだ混成的な宗教祭典と映る。もちろん一万数千の仏教グループが大きな要素を占めていたことは疑いない。しかしこのことはまた、もしも仏教色単一で行事を挙行しようとすれば、おそらく充分に可能であったことを意味する。だが実際の游皇城は、そのようなかたちでは構成されていなかった。色目人僧や中国僧の奉戴する仏教尊像が、関羽の神輿や回回の楽隊を伴い、かつは在地住民や芸能者たちを引き連れて巡行する。国都に繰り広げられるこの共存的な映像こそが、二月一五日のシナリオであった。

三　巡行ルート

游皇城の巡行ルートを基本二史料がどのように記述しているかを見てみよう。まず『元史』国俗旧礼には以下のようにある。（　）内の番号は〈図〉のそれである。

> 十五日に至り、傘蓋を御座に恭請して宝輿に奉置す。諸儀衛の隊仗は殿（①大明殿）前に列し、諸色の社直および諸壇面は崇天門（②）外に列し、迎引して出宮す。慶寿寺（③）に至り、素食を具えらる。食、罷われば起行す。西宮門の外垣、海子（④）の南岸より厚載紅門（⑤）に入り、東華門（⑥）より延春門（⑦）を過ぎて西す。帝および后妃・公主は玉徳殿（⑧）門外にて金脊の吾殿の綵楼に搭りて焉れを観覧す。諸隊仗・社直の金傘を送りて宮（⑨＝①大明殿）に還すに及び、復た御榻の上に恭置す。帝師・僧衆は仏事を作し、十六日に至りて罷め散ず。

ここには八箇所の通過点が記されている。[46] ①大明殿から出発し、②崇天門を経て皇城を出る。宝輿を奉戴している以上、皇城外に張り出した聖域である千歩廊を南に進み、麗正門前で右折して慶寿寺へ向かったものであろう。

図　游皇城巡行図

『元史』ルート

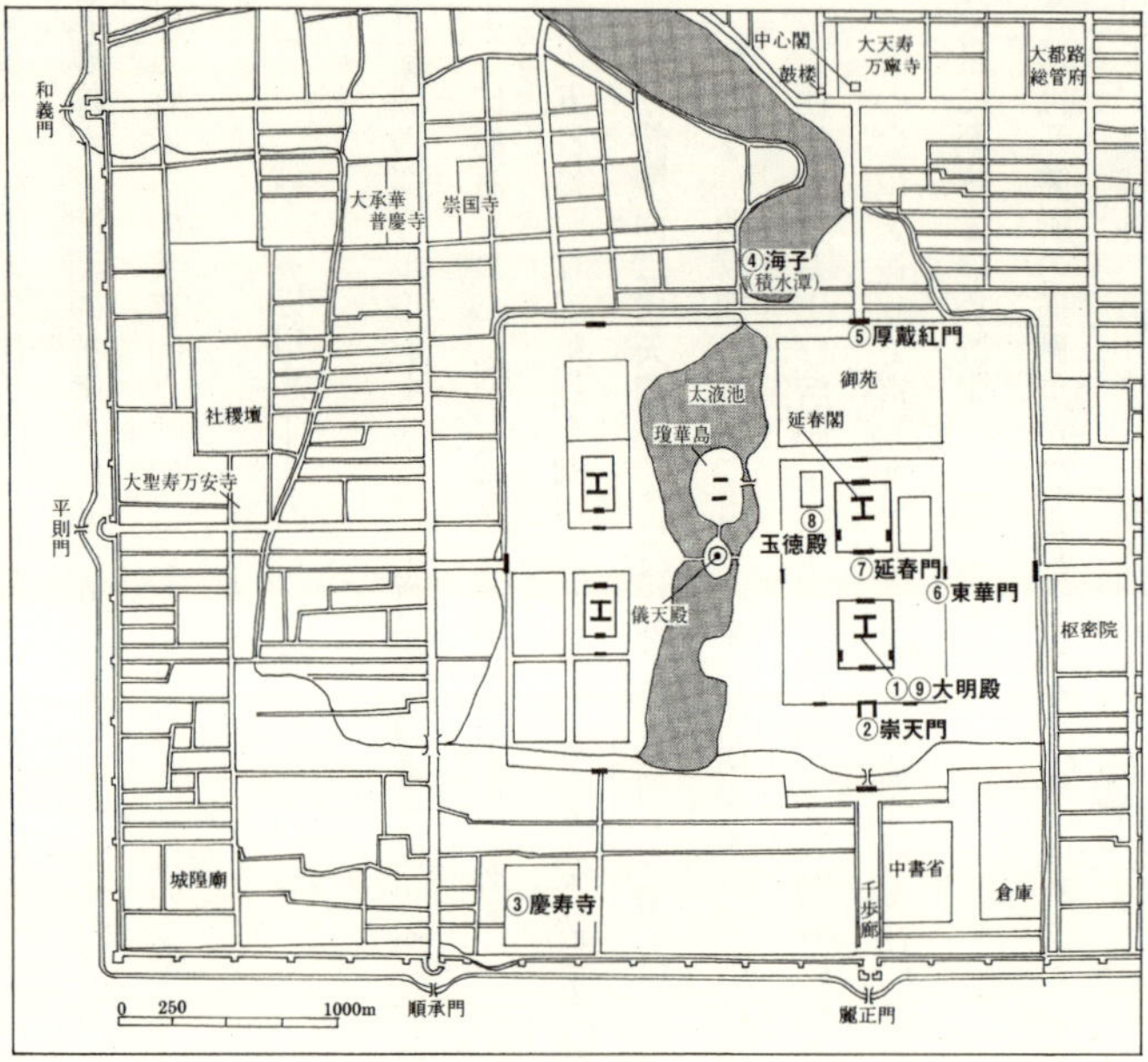

都城全図

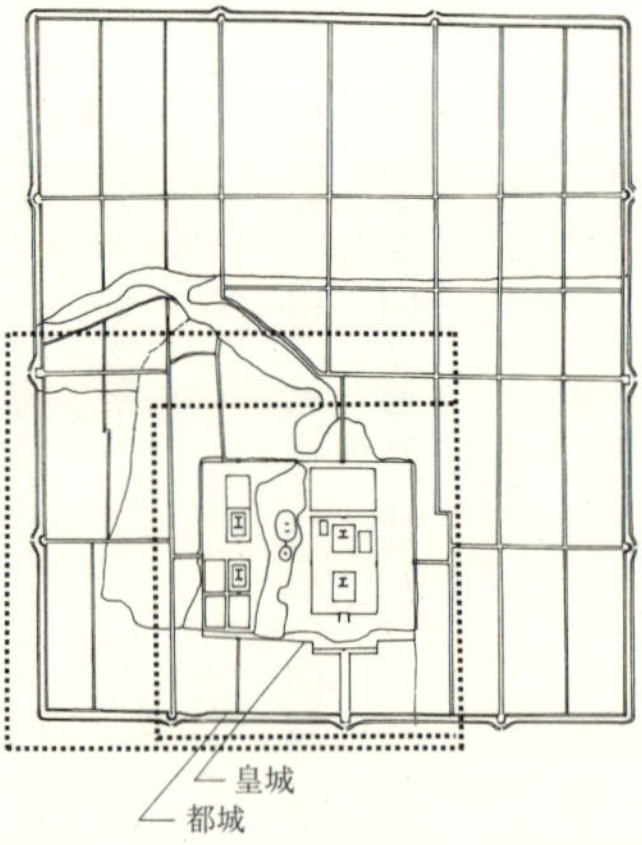

『析津志輯佚』ルート

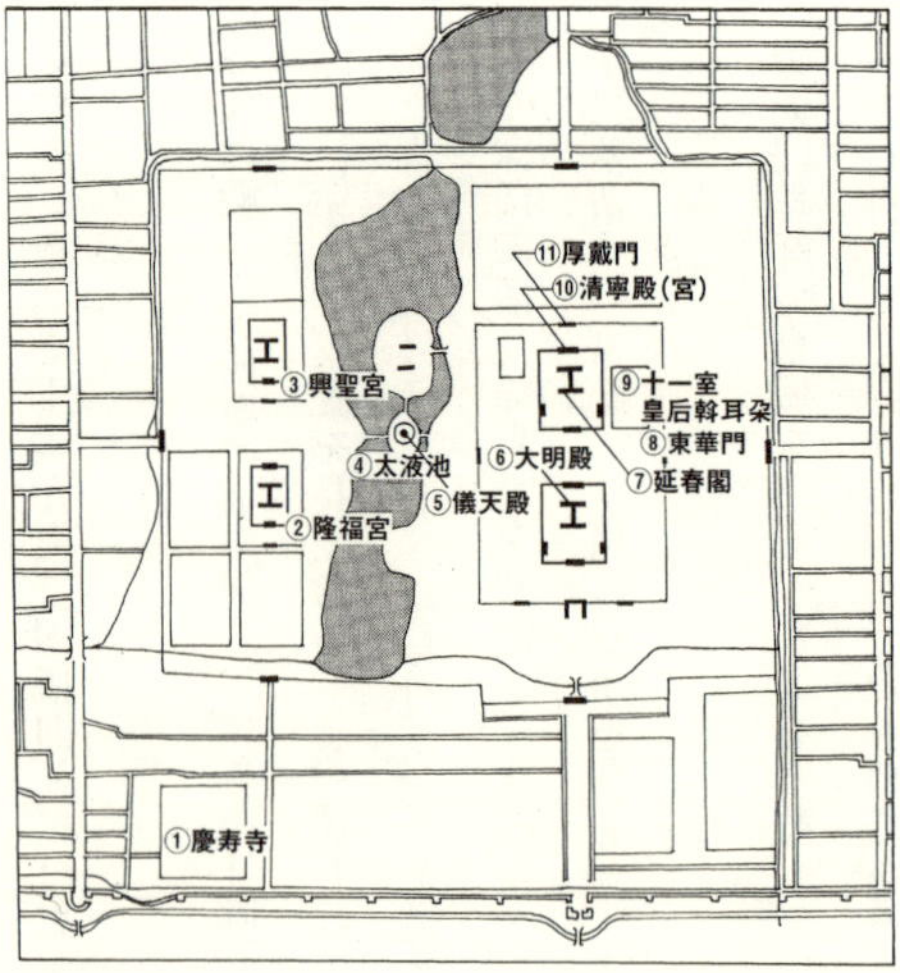

作図は、侯仁之主編『北京歴史地図集』北京、北京出版社、1988年、27-28頁・朱偰『元大都宮殿図考』北京、北京古籍出版社、1990年、巻末「元大都宮殿図」に拠る。

③慶寿寺では、食事をとる。先に見たように、これによっておそらくある程度の時間調節をし、改めて出発する。こののち皇城の西側を北上するわけであるが、どの経路をたどったかは特定できない[47]。いずれかの経路で④海子（積水潭）の南岸に出る。そこから皇城北門である⑤厚戴紅門を通って皇城内に入り、東側から⑥東華門をくぐり、そのまま西行して⑦延春門を通過する。そしていよいよ皇帝・后妃らが観覧している⑧玉徳殿門外に着く。最後に金色の傘蓋が⑨「宮」に送り還されるとあるものは、大明殿に戻されるとの意味であろう。

記述に大幅な省略がないかぎり、行列はいったん皇城外の都城エリアには出るものの、皇城の西部を通過するのみで皇城北門からふたたび皇城に入っており、都城の東側は巡行ルートから外れている。つまり皇城外都城空間の巡行は西側のみで切り上げてしまっているわけであり、単に都城民に見せるための行列であったとすれば奇妙と言わざるをえない[48]。そもそも八つの通過点表記のうち皇城外のものは慶寿寺と海子のみに過ぎない。対して、皇城に入ってからの巡行地点はむしろ詳細に記され、行列がいくつかの宮・門を経めぐったことが強調される。この意味で游皇城は、文字どおり「皇城を游する」行事であったことになる。

皇城内巡行への注視は、次の『析津志輯佚』歳紀の記事において、さらに顕著に認められる。ここでは皇城外部のルート説明は極端に簡略化され、他方、皇城内の巡行説明は『元史』よりもいっそう詳密となっている。

十五日蚤に慶寿寺（①）より啓行し、隆福宮（②）に入りて繞旋す。皇后・三宮諸王妃・戚畹夫人は内廷に倶集して珠簾を垂掛し、外には則ち中貴の侍衛す。縦え瑤池・蓬島も或いは之れに過ぐる莫し。迤邐して転じて興聖宮（③）に至る。凡そ社直、一応の行院、各おの戯劇を呈せざる無く、賞賜に等差あり。西より転じて東し、眺橋・太液池（④）を経る。聖上は儀天（⑤儀天殿）にて左右に張房を列立す。……大明殿（⑥）下を従歴し、仍お回りて延春閣（⑦）前蕭牆内に交ごも集まる。東華門（⑧）内より、十一室皇后斡耳朶（⑨）前を経る。転首して清寧殿（⑩）後より厚戴門（⑪）外に出づ。

このルート説明の場合、皇城外の地名としてはもはや①慶寿寺しか出てこない。都城行進部分への関心が薄いわけであるが、裏を返せば、そうではあっても慶寿寺だけは外せない要素として認識されていた、ということでもある。

周知のとおり慶寿寺は金代に創建され、のちには臨済の名僧である海雲印簡も住持した寺である。印簡に対しては定宗・憲宗が仏教界統領の地位を与え、入寂後も世祖が慶寿寺わきに彼の仏塔を建立した。(49)このように慶寿寺は確かに元朝との関係が深い。とはいえチベット仏教系寺院であるわけではない。王朝所建のチベット仏教系寺院、そして游皇城が通過する可能性のある皇城西側のそれということであれば、大聖寿万安寺や大承華普慶寺がある。もちろんたとえば、これら王朝専有の寺院に遊興的色彩の強い游皇城行列が立ち寄ることは回避しようといった配慮があったものかも知れない。しかしいかなる経緯があったとしても、結果として慶寿寺という在来寺院が游皇城の確定的な拠点とされていたことは注意してよい。

慶寿寺が選択された理由は記されていない。まず、皇城南門から出たあと立ち寄る場所として適切であったという立地上の理由があろう。あるいは『大元混一方輿勝覧』（巻上、腹裏、景致）が大都城の寺院一覧において鎮国寺や大聖寿万安寺よりも先に慶寿寺を挙げることが示すように、ここが国都を代表する寺院であるとの一般的な意識が当時あったためかも知れない。また元朝自身、慶寿寺に対しては王朝所建寺院に近い扱いを見せてもいるから、(50)ここを祭典の拠点にすることはごく当然の選択であったものかも知れない。どのような理由にせよ、慶寿寺が游皇城の不可分の要素として認知されたとき、この祭典が基礎としてもつ仏教的性格は、中国在来の仏教と何ら抵触することのないもの、いわば仏教一般に汎化されたものとして受けとめられたはずである。一万数千人から成る仏教グループが、おそらくチベット仏教・中国仏教の混成隊として編成されていたことと考えあわせれば、游皇城が提示しようとした仏教とは、やはり宗派や民族を超えた普遍的存在としてのそれであったことになる。

『析津志輯佚』のルート説明は、①慶寿寺のあと、すぐに②隆福宮の場面に移ってしまっている。つまりどこから皇城に入ったのかさえ記さないまま、一気に皇城内部の叙述に没頭しはじめる。

隆福宮では、帝室の女性たちが御簾を通して眺める視線を受けながら、行列は通過する。成宗代以降の皇太后居所であった隆福宮に女性たちが会して見物したことは、確かにありうる図である。ここで游皇城記事は、「皇后・三宮諸王妃・戚畹夫人」という具体的な記述を以て、垂簾の向こうに何者たちが居るかを充分に認識していることを示す[51]。そのうえで、彼女たちの置かれた場の美々しさを、西王母が住まう仙境、あるいは海東の神秘島に勝ると表現する。このとき游皇城の行列は、〝見られる〟と同時に、明らかに〝見ている〟。しかも妃嬪たちについては、巡行についての叙述がひととおり終わった部分で「宮牆内の妃嬪㛹嬙、罟罟・皮帽なる者、又た豈に三千の数ならんや」と、ふたたび言及している。元代上層女性のものとして知られる装い[52]を小道具として書きこむこの叙述は、行列参加者が御簾の向こうの人物たちを、いわば実像としてありありと想像していることを伝えようとするものである。

次に一行は北に転じて③興聖宮に至る。ここで社直・行院が演劇を見せて賜与にあずかっている。これによってまた貴人の存在が示唆される。

注目すべきは、このあとに記される皇帝と行列との接点である。行列は興聖宮から東に転じて④太液池を渡るが、皇帝がこの中島にある⑤儀天殿に出御している。『南村輟耕録』（巻二一、宮闕制度）によれば、円蓋を頂き瀟洒な装飾を施された儀天殿は、なかに御榻を設け、傍らに衛士の配置場所も備えていた。したがって、ここに皇帝がいることもまた確かにありうる。とはいえ同じく『輟耕録』の言うところ儀天殿は「高は三十五尺、囲は七十尺」、すなわち高さが約一〇・七五メートル、周囲約二一・五メートルほどの小ぶりの建物に過ぎない。先に見た『元史』でも皇帝の居場所は玉徳殿門外に設けられた綵楼であると特定されていたが、この『析津志輯佚』では皇帝の御座所が池中にある小殿とされることにより、やはりピンポイントのかたちで先鋭に指し示されている。行列が儀天殿とどのくらいの距離を保たされたかは分からない。しかし、〝そこに、皇帝が居る〟感覚を生々しく味わいながら、一行は〝御前を〟通過することになる。

しかも太液池を渡って儀天殿を通過するには、その東西の二つの木橋を通らねばならない。以下同じく『輟耕録』に拠れば、西の橋は長さが四七〇尺（約一四四・三八メートル）、幅が二二尺（約六・七六メートル）、東の橋は長さ一二〇尺（約三六・八六メートル）、幅は同じく二二尺である。つまりここで行列は、水上の幅七メートルに満たないボトルネック・ポイントを通過する。左手向こうには金代以来の景勝地である瓊華島とそこに建つ広寒殿以下の諸殿を臨みつつ、広々とした水面の上を、一条の木橋を渡る。この感覚は、視覚的にも体感的にも特殊なものであろう。とくに西の橋は一部が取り外し構造になっており、皇帝が上都にあるときはここが撤去されて「断橋」すると言う。皇城の主が何者であるかを象徴させる道具立てであり、したがってここを通過すること自体が極端な栄誉ということになる。こうした感覚を堪能した果てに、〝そこに〟皇帝が座す小殿に到達すべくコースは設定されている。行列を見物する側にとっても美しい図であろうが、同時にこれは、巡行する側にとっていかに印象的体験となりうるかを配慮した計画である。

この皇帝御前コースを、どれほどの人数が通過したかは分からない。万余の陣容を伝えるのは『元史』であって、『析津志輯佚』は行列の規模を記さない。また行列すべてが橋を渡ったか否かも語られないし、実際のところ皇帝がどれほどの時間ここにあったかも定かではない。それにもかかわらずこの記述は、至尊のまさしく面前を一行が通過すること、つまりは接点があったこと、を事実として提供しようとする。

巡行はさらに、正殿を擁するエリアへと続く。おそらく西華門をくぐるのであろう。⑥大明殿に至り、⑦延春閣前を経て、⑧東華門を右手に見て北に転じ、⑨十一室皇后オルドの前を通過している。ここから左手に進んで⑩清寧殿に至り、その北にある⑪厚載門から宮城外に出る。『元史』では皇帝のいる場所が一応の最終地点となり、あとは傘蓋を戻しに移動したのみであったが、このルートの場合、皇帝御前を通過したあとも巡行は延々と続き、正殿一帯をもひととおり見てしまう。

こうして、あたかも見学ツアーの団体よろしく一行は皇城内を練り歩く。見られると同時に、彼らも見ている。雑劇などを皇城内で貴顕が見物するというのみであれば、事例は他にもある。たとえば元代中期以降、毎年正月一五日には大明殿と延春閣のあいだに台を築いて燈籠で飾り、ここで「百戯」に演じさせて楽しんだ。[53]これに対して游皇城の特異性は、貴顕とパレード参加者の双方が、〝見られる〟者であると同時に〝見る〟者であることである。

皇城外で見慣れた街路を行くとき、巡行の一行はまだ〝見られる〟者である。しかしいったん皇城に入るや否や、そこが禁域であるがゆえに〝見る〟ことが開始される。もちろん行列に参加している多くの者、たとえば教坊司に統轄される芸能者らにとって、皇城内も見慣れた空間ではあったに違いない。しかし一行は、隆福宮で帝室女性たちがたたずむ蓬莱のごとく美しい一角を過ぎ、興聖宮にも足を運び、太液池を渡って皇帝の面前を進んだうえに、大明殿エリアも巡る。かくも盛りだくさんに〝見どころ〟を用意したこのルートは、明らかに巡行する側が〝見る〟ことを期待している。つまり一行は、〝見られる〟者であると同時に〝見る〟者であらねばならなかった。見物する貴顕を〝楽しませる〟者であると同時に、豪奢な空間とそこで貴人と接近する非日常性を〝楽しむ〟者であらねばならなかった。そして、游皇城はそのようなものとして記述され、そのようなものとして読まれねばならなかった。

都城から入ってきた一行とこれを迎える皇城住人たちが双方向に視線を交錯させ、そこに相互感応的な歓楽の場が現われる。游皇城の巡行プランは、この光景を生み出すことを目指している。そして『析津志輯佚』が皇城外巡行にいささかの筆もさかず、ひたすら皇城内ルートを記述することを以て巡行路の説明とすることは、この部分こそが游皇城の核心であると、少なくともこの筆記者には受けとめられていたことをも意味する。ではなぜ、元朝はこのようなかたちで祭典を企画したのであろうか。

四　描き出された観念

『元史』国俗旧礼は「皇城の内外を周遊す。云わく、衆生のために不祥を祓除して福祉を導迎せんと」と記し、游皇城の趣旨を簡潔に伝える。『析津志輯佚』歳紀も、参加する芸人の多彩さ、引き回される珍宝異獣の奇観を挙げたあとに「於あ以て京師の天下の壮麗を極むを見る、於あ以て聖上の兆開太平・与民同楽の意を見る」と述べ、また皇城内巡行ルートを説明しおえた末尾に「謂う可し、偉観なる宮庭に具さに京国を瞻るに、華夷を混一して此に至りて盛を為せりと」の言葉を置く。ここでは、游皇城をとおして読み取られるべきいくつかの価値観念が提示されている。

一つは京師・宮廷の「壮麗」「偉観」である。とくに「可謂偉観宮庭」とあることは、皇城内の威容に感歎すべてきことが明瞭に意図されていたことを示す。つまり游皇城は、贅を尽くした禁城が、日常的には外部に排除している人々の視線に敢えてみずからの偉観をあますところなく曝し、そして称揚される機会たるべく設定されている。基本二史料において通過する皇城内ポイントとその盛様が執拗に叙述されること、それによって一行がまさにこれを〝見ている〟ことが表現されることは、游皇城にこの機能が委ねられたことの帰結である。国家の中枢に位置する空間の「壮麗」「偉観」が空疎な形容ではなく実体としてそこに在ることを、くまぐま巡遊する視線をとおすかたちで言説化する。そのための装置として游皇城は造形されている。

游皇城が提示しようとしたいま一つの要素は、「混一華夷」の理想世界である。チベット仏教と中国仏教、回回や河西の楽隊、そして漢民族の民間信仰までもが加わった渾然たる編成は、この理想の具現にほかならない。もちろん、何者を「華」とし、何者を「夷」とするかは、とくに元朝のような社会にあっては一律ではない。元代の儒者官僚はみずからの参画する王朝を「華」と見なす調整を朱子学導入時に行なった[54]が、これを在野の漢民族人士がどれほど承認したか、そもそもこのありがたい調整をモンゴル人支配層がいかほど認知・評価していたかはまた別の問題である。だが、このような条件を負いながら、游皇城が「混一華夷」を体現しているという点そのものについては、当時にあって異論はおそらく出まい。都市を挙げての祝祭として、多民族・多文化に由来する諸々の要素が上下も優劣もなく長大な行列のなかに柔軟に流しこまれ、互いを相対化しあっているがゆえに、さまざまな判断基準をもつ不特定多数の観察者・参加者のどの基準に照らしても、「華夷」が「混一」しているという、その一点での合意は得られる構造になっているからである。

ただしここで注意しておくべきことがある。「華夷」とある以上、それは基本的に漢民族の認識コードに基づく観念である点である。これは、游皇城に託された第三の機能、「与民同楽」の現出ということとも関わる。

前記のとおり『析津志輯佚』は、游皇城において「聖上」の「与民同楽の意」、すなわち民とともに楽しもうとする君主の思いが「見」られるとしている。確かに皇帝が楽しんでいることは、行列が皇帝面前を通過する儀天殿の場面において、直截な表現を以て同記事が主張するところである。

殿（儀天殿）は之れを望むに錦雲綉谷の若くして、御榻は焉に置く。上位は臨軒し、内侍の中貴は鑾儀もて森列し、相国・大臣・諸王・駙馬は家国の礼を以て坐下に列して方に迎引す。幢幡は往来して定まる無し。儀鳳・教坊の諸楽工・戯伎は其の巧芸を竭くして呈献し、悦を天顔に奉る。

粛然と居並ぶ内官や高官を控えさせながら、美しく飾られた儀天殿には皇帝が座している。ここに行列が到達する。色とりどりの幢幡が進みかつ戻って場をにぎわすなか、楽隊や俳優たちが芸の限りを尽くして「天顔」を「悦」ばせる。

もちろん、このとき喜悦している者をひとり皇帝のみと観察しては、游皇城の趣旨を受信しきらなかったことになる。先に見たように、游皇城の行列は「民」を含む構成となっていた。なおかつその巡行ルートは、一行が皇城内を〝見る〟〝楽しむ〟経験をするに違いない、と情報の受け手に判断させるべく設定されていた。あるいは『析津志輯佚』記事の冒頭に「皇城の望日、宮室に遊す。聖主・后妃の宸覧畢わるや宣力を労い、金銀緞匹、君恩にて錫わる」と記される賜与もまた、行進する人々の〝楽しみ〟の証明として機能したに違いない。同記事はその末尾でも、「上位儲皇、三宮后妃、倶に賞賚有りて、其の労を後事に慰むるなり。惟だ上のみ独り厚く、緞金銀楮帛、各おの一扛車あり。寵渥、天に至ると謂う可し」と、帝室、とくに皇帝その人から莫大な財物が下賜されたことを述べている。なおかつここでは君主のこの慈しみの心が「天」、すなわち君主権の授与者に「至」ったと付記することも忘れられていない。こうして、君主の「意」である「与民同楽」の理想がこの儀典において達成された、と承認することが、遊皇城をめぐる情報の受信者に求められている。

「与民同楽」なる情景は、「民」の存在を要するゆえに、しかもその「民」の圧倒的多数が民族を異にする被征服者であるがゆえに、元朝にとってハードルの低い達成項目ではない。だがそうであればこそ、みずからの正当性を主張するうえでの価値は高い。では、これを表現するにはどのような方法がありうるか。単に皇帝が多勢の人間と楽しみを共にするということであれば、たとえばマルコ＝ポーロの書が、世祖の賜宴において群臣・外国からの来訪者・権益を求める者など四万人以上が陪食するとしている例がある。(55) この数字の妥当性はいったん措くとしても、政権に参画する人々、およびそれに連なろうとする人々を多く集めて会食なり同楽なりの場を設けることは、権力にとってさして困難なことではない。(56) しかし政権外の人々、まして王朝権力からの自律性を以て知られる中国の「民」との「同楽」とは、どのような場において現出させうるのか。游皇城は、この課題に対する一つの回答として企画されている。

こうして目指された「与民同楽」が、『孟子』に遡る(57)君主政治の理想像であることは言うまでもない。先の「混一華夷」がそうであったことと同様に、「与民同楽」もまた、漢民族の価値体系に由来する盛世・善政の指標ということになる。元代においても、たとえば翰林修撰などの官歴をもつ儒臣が、この語句を「善政」の指標として使用している。(58) 游皇城を叙述しようとする漢語使用者にとって、この都市祭典から読みとるべきものは、漢民族社会の認識コードによって指示されるこの理想的君主政治の型であった。そして実際、彼らが叙述した游皇城の陣容や巡行のあり様は、この理想の型が現実として立ち現われるときの一つの具体相を示して見せていた。

もちろん、モンゴル人にはモンゴル人の、チベット人にはチベット人の、あるいは他の色目人たちにも彼らなりの、游皇城の見えかたがあったはずである。しかし、游皇城に関する具体的な叙述が漢文のかたちでいま残存していることも、一つの事実である。当時にあって、游皇城は漢民族社会に対して充分に訴えかけるものでありえた。漢民族に長く伝えられてきた都市祭典を土台とし、その芸能や民間信仰を色濃く盛りこんだ游皇城の造形は、彼らの認識する世界へと入りこむ条件を備え、その価値観念を発動させたからである。

結

今回の考察によって、以下の結果を得た。

元代の游皇城は、中国在来の都市巡行祭をその原型とした。六朝期に遡る漢民族の伝統的な二月八日の迎仏巡行祭が遼代諸都市・金代燕京に継承されており、これが元代に入って八日迎仏から一五日遊皇城に至る一連の祭典として再造形された。再造形の要点は、仏誕日をめぐる矛盾を解消しうること、会期延長によって盛会を演出しうること、いったん都城外へ放出して賦活した聖性を都城内・皇城内に還流させるという動的な筋立てを表現しうることにあった。一方、南宋臨安においても、仏誕日問題を処理しつつ六朝以来のものと称する二月八日祭典が挙行されており、なおかつ一五日にも複数の名義で都市祭典が挙行されていた。日程のみならず、百戯が出る遊興的様態や貴顕臨席と賜与などの具体的要素の点で、臨安都市祭の面影は游皇城とよく重なる。このように在来の伝統的歳事慣行に乗ることによって游皇城は、漢民族社会にアピールしうる基礎的要件を満たした。

游皇城の行列は、いくつかの側面において、混成的な映像を結ぶよう編成されていた。まず、公と民との混成である。軍隊が行進する一方で大都路住民や芸能者の集団も出て、公と民とが一体となった祭典であることが示された。民族的な側面から見れば、イスラーム系をはじめとする複数の文化集団がそれぞれの風俗を披露しながら行進し、国都に諸文化が共存する様が描かれた。宗教的側面においても混成的な構成がとられた。一つは、中核となる仏教のみならず、漢民族の民間信仰も抱きこまれていることである。いま一つは、仏教そのものもまた、チベット・中国双方の系統を混成するかたちとなっていることである。帝師仏事を巡行の前後に置くことによってチベット仏教色を主張する一方、在来の大刹を祭典の拠点とすることによって、あるいは中国仏教寺院を多く含むかたちで隊列を組むことによって、系統を超えた総体としての仏教がここで宣揚されていることを示して見せた。以上のような行列の編成は、世界帝国の後身たる元朝が包摂する諸種の集団をとりどりに摑みだして陳列し、それらが一体となって交歓する様子を描出するものであった。「混一華夷」を遊皇城から読みと取るべし、との史料表記は空疎なものではない。この理想の実体像として、行列は編成されていたからである。

行列の構成が被治者諸集団の一体性を表現する役割を担う一方で、行列がたどる皇城内の巡行ルートは、治者と被治者との一体性を表現する機能を果たした。遊皇城が掲げるいま一つの理想の指標、「与民同楽」がこれによって達成された。一行が諸芸を披露しながら皇城内の諸宮殿・諸門を次々と巡遊するとき、皇城内の住人たち、とくにほかならぬ皇帝その人がこれを楽しむことが語られた。巡行する一同もまた、宮庭の壮麗を、垂簾の向こうの貴人の存在を、そして賞賜の栄誉を楽しむことが、この道行きの情景として発信された。こうして、君主と民とが視線を送りあい、歓楽を分かちあう理想の境地が、万余の証人のもとに具現されたことが示された。

以上の結果は、元朝およびその君主の正当性を漢民族社会に訴えかけようとする企図が、游皇城の造形における一つの指針であったことを意味する。遊皇城を叙述しようとする漢文文書の作成者は、彼らの認識コードにおける善き君主・善き治世の指標である「混一華夷」・「与民同楽」を想起し、この型において祭典を理解した。その理解を通して伝世された情報が、これまで我々が追ってきた遊皇城の姿である。この好意的な、つまりは元朝のメッセージに協調的であった筆記者はまた、游皇城において顕現された君主の愛民の徳が「天」に達したと結末を付けた。もちろんそれは、君主権に関する彼らの観念、すなわち民の悦服こそが統治権授与者である天の承認を取りつけるもの、との定式が導く必然的な帰結の型にほかならない。こうして游皇城は、レジティマシーを主張するに最も困難な被征服民、人口多数者であり、その旺盛な文書作成によって強大な言論醸成力をもつ人々に、元朝支配の正当性を言明させた。

これまでチベット仏教宣揚の一面において取りあげられることの多かった游皇城であるが、総体として見た場合それは、王朝が奉戴する宗教を一方的に誇示するデモンストレーションに過ぎなかったわけではなく、むしろ被治者を巻きこもうとする力学が鮮明な儀典であり、また、その点によってこそ効果が引き出された装置であると言える。とはいえそれは、元朝のチベット仏教奉戴路線の後退を意味するものではない。ときにこの新来仏教に対する違和感[59]を隠そうとしなかった漢民族社会を、要所にチベット仏教を埋めこんだ祭典に取りこみえた点を以てすれば、游皇城の催行は、元朝のチベット仏教政策の根幹に関わる進展でさえあったと言えよう。

中国国都の国家儀礼をめぐっては、南郊儀礼が、唐代を過渡期として宋代には都市住民を熱狂させるページェントへと変容するとして注目されている[60]。游皇城は、都市民の歓楽と抱き合わせられた国家主催の儀典である点において、この流れのなかに位置づけうるであろう。しかし一方、游皇城は仏教色の濃厚な祭典でもある。これが国都住民を挙げての祝祭に仕立てあげられたとき、正統的な南郊の祭天儀礼に民を巻きこんだこととはまた別の地平が拓かれたのではないか。游皇城は、漢民族社会の正統たる儒教原理においては異端にほかならない仏教の祭典でありながら、そこに民の歓喜が顕現されるがゆえに君主の正当証明たりうるとの読みとり回路を、儒教観念に裏打ちされた漢文文書のなかで開鑿しているからである。

こうして二月一五日の元朝国都は、その主のために、華やかな祭典絵巻を繰り広げてみせた。この絵巻には、聖上の慈愛に浴する民たちの、天に届かんばかりの悦びが描かれていた。『元史』は、これを「游皇城」と記している。

（1）元朝は上都においても六月に游皇城を挙行した。袁国藩『元代蒙古文化論集』台北、台湾商務印書館、二〇〇四年、二〇〇～二〇一頁。李逸友「内蒙古元代城址概説」（葉新民・斉木徳道爾吉編『元上都研究文集』北京、中央民族大学出版社、二〇〇三年、一三五～一七二頁）一五九～一六〇頁。楊紹猷「元上都的体育和娯楽活動」（葉新民・斉木徳道爾吉編『同前』三四二～三五一頁）三四四～三四五頁。

（2）那木吉拉『中国元代習俗史』北京、人民出版社、一九九四年、二一六～二一七頁。史衛民『元代社会生活史』北京、中国社会科学出版社、一九九六年、三四九～三五〇頁。

（3）中村淳「元代法旨に見える歴代帝師の居所――大都の花園大寺と大護国仁王寺――」（『待兼山論叢』二七号史学編、一九九三年一二月、五七～八二頁）七〇～七二頁。

（4）石濱裕美子『チベット仏教世界の歴史的研究』東方書店、二〇〇一年、三〇～三三頁。

（5）野上俊静『元史釈老伝の研究』朋友書店、一九七八年、二九八頁。

（6）不可解な史料がある。元末の張憲が「二月八日遊皇城西華門外観嘉拏弟走馬歌」（『元詩選』初集庚集・『元詩紀事』巻二八）と題して詠んだ詩である。「二月八日」とあるものの、この詩は明らかに皇城内游皇城を題材としたものである。なぜなら、詩中に「西宮綵楼高挿天」の字句を含んでおり、皇城内に「綵楼」をしつらえて貴人が行列を観覧する情景は、游皇城の記録に共通して現われるものであるからである（『元史』国俗旧礼・『元詩選』三集戊集、柯九思、宮詞十五首・『可間老人集』巻二、輦下曲）。さらに言えば「西華門」は大明殿の西に位置する宮城門である。したがって「二月八日」に観たと張憲が記したものは、やはり游皇城であることになる。これは、一五日とすべきところを八日と記してしまった単なる誤記なのであろうか。あるいは八日の行列も一五日に類似した皇城内ルートを含み、その結果として「遊皇城」と一括して呼ばれる場合もあったのであろうか。

（7）註（3）中村淳前掲論文、七二頁。

（8）ただし後述するように、南宋において二月一五日には老子生辰などいくつかの祭日が重なって祝われていた。したがって少なくとも江南出身者にとっては二月一五日は複合的な祭日であったわけであるから、元朝としてはこれらの諸観念を包摂しうる設定のほうが得策であったことになる。游皇城を記す史料にそれが涅槃会であるとは明記されないことは、当時にあって実際この主題が掲げられてはいなかったこと、つまり祭典の主題を涅槃会と限定するかたちでは示さない配慮がなされていたことを意味するかも知れない。

（9）野上俊静『遼金の仏教』平楽寺書店、一九五三年、八五～八六頁・一九〇頁。

（10）陳高華『元大都』北京、北京出版社、一九八二年、一二頁。

（11）田村實造『中国征服王朝の研究』中、東洋史研究会、一九七一年、二九〇頁。

（12）侯仁之主編『北京歴史地図集』北京、北京出版社、一九八八年、二四頁。

（13）註（9）野上俊静前掲書、一九二頁。

（14）守屋美都雄訳注、布目潮渢・中村裕一補訂『荊楚歳時記』平凡社、一九七八年、八五頁。王毓栄『荊楚歳時記校注』台北、文津出版社、一九八八年、九九～一〇〇頁。

（15）仏誕が二月八日とされた経緯をはじめ、『荊楚歳時記』の行城やこれと類似の循城儀礼については、註（14）守屋美都雄・布目潮渢・中村裕一前掲書、八六～九一頁、および入矢義高訳注『洛陽伽藍記』平凡社、一九九〇年、三八～三九頁・六六頁を参照。なお、『荊楚歳時記』同条の杜公瞻註釈部分が「故今、二月八日、平旦執香行城一匝、蓋起于此」としているから、七世紀にもこの行事は続行していることになる。

（16）『荊楚歳時記』の二月八日「行城」と『遼史』礼志の二月八日「循城」との類縁性は、清代の『御定月令輯要』（巻六、二月令、日次、初八日条）もまた、これらを一括して載録することによって認めるところのものである。『御定月令輯要』が『歳華記（紀？）麗』註からとして「二月八日、釈氏下生之日……謂之行城」と引く一条は、『荊楚歳時記』二月八日記事と同文である。また『御定月令輯要』は同箇所で『寿陽記』中の「梁陳典」の二月八日「行城」条をも引用しており、遼代の循城が六朝期に遡ることをよく示している。

（17）『夢粱録』二月八日・一五日記事については梅原郁訳注『夢粱録』1、平凡社、二〇〇〇年、六五～七五頁を参照。

（18）祠山神張渤は水旱・治水に功験ある地方の民間神であったが、宋代以降に躍進し、全国的な神となったと言う。呂宗力・欒保群『中国民間諸神』下冊、台北、学生書局、一九九一年、六四二～六五〇頁を参照。なお、祠山神生誕・釈迦出家などを含む二月八日の祭祀リストが、劉枝萬『台湾の道教と民間信仰』風響社、一九九四年、三五九頁に見える。

(19)『武林旧事』(巻三、社会)は、祠山神生辰を祭典当日の二月八日としている。

(20)同記事によれば、花長節は都人が主な庭園に出かけて花を観賞する行事、勧農は知府らが郊外へ出て農村父老に酒食をふるまう行事と言う。老子誕会・涅槃会としては、道観・仏寺でそれぞれ催しがあり、信徒が参集したとある。

(21)大都宮城の起工は至元八年、正殿である大明殿が建てられたのは至元一〇年である(註(10)陳高華前掲書、三七～三八頁)。よって至元七年にここで仏事を行なうとする記述は疑問とせねばならない。

(22)『元史』巻三三、文宗本紀、天暦二年(一三二九)二月辛丑(一四日)条に「建遊皇城仏事」と見えるものは游皇城前日の仏事を指すと考えられるから、翌一五日の游皇城実施を示唆している。また、文宗に仕えた柯九思による宮詞十五首中の一句に「故事、二月十五日、迎帝師游(遊)皇城」の注が付されている。『元詩選』三集戊集ではこれを単に注として示すのみであるが、『元詩紀事』巻一七は「自注」である旨を示している。柯九思は至正年間まで存命であったから、どの時点で「故事」と注記したかは分からない。しかしこの宮詞そのものは、第三首が天暦元年のできごとを題材としていることによって文宗期の大都を詠んだものであると考えられる。したがって文宗期に游皇城が行なわれていたことは疑いない。くだって『元史』巻四二、順帝本紀、至正一一年(一三五一)二月条には「是月、命游皇城、中書省臣諫止之、不聴」とあり、同巻至正一二年二月己丑条には「己丑、游皇城」と見える。この己丑は一五日である。順帝期の事例としては『析津志輯佚』歳紀の「近年惟太師右丞相脱脱奉旨、前後相遊城二次」も挙げうる。脱脱の右丞相在任と太子位の重複期間は至正一二年(一三五二)から至正一四年(一三五四)である(『元史』巻四二、順帝本紀、至正九年閏七月辛酉条・『同』巻四二、順帝本紀、至正一二年九月庚子条・『同』巻四三、順帝本紀、至正一四年一二月丁酉条)から、二回に及んだという游皇城はこの間のできごとである。なお上都の游皇城については、明確に「六月望日」の「遊皇城」を記した記述が楊允孚『灤京雑詠』の「百戯遊城……」句の注として見え、同詩第七首の注によって、これは至正年間の注記と推測される。遡って、至治二年(一三二二)、袁桷の開平第四集「皇城曲」(『清容居士集』巻一六)に「千優・百戯」を伴う仏教的な「游事」が詠まれている。游皇城の呼称は記されないが、実質的に游皇城に当たるものがこの時期の上都で挙行されていたと見てよいだろう。

(23) 註(9)野上俊静前掲書、一五七頁。
(24)『析津志輯佚』歳紀、四月「是月八日、帝師剌麻堂下暨白塔・青塔・黒塔、両城僧寺、倶為浴仏会。宮中仏殿亦厳祀云」。
(25)『仏祖歴代通載』巻二一、世祖弘教玉音百段「帝問云、西天仏有麼。元一奏云、当今東土生民主、何異西天悉達多」。『至元弁偽録』巻四「抜合思八国師問曰……俺西天有頻婆娑羅王。……天上天下無如仏、十方世界亦無比。此是西天史記恁般説来」。
(26) 朝廷の歌舞音曲を担当する。礼部に属した。『元史』巻八五、百官志、礼部「教坊司、秩従五品。掌承応楽人及管領興和等署五百戸。……興和署、秩従六品。……祥和署、秩従六品」。
(27) 教坊司と同じく礼部に所属する儀礼関連衙門に儀鳳司があり、雲和署はこれに下属する官署である。『元史』巻八五、百官志、礼部「儀鳳司、秩正四品。掌楽工・供奉・祭饗之事。……其属五。雲和署、秩正七品。掌楽工調音律及部籍更番之事」。
(28) 教坊司下属官署。註(26)参照。
(29) 教坊司下属官署。註(26)参照。
(30) 註(27)参照。
(31) グループ一覧のなかで一隊単位の規模の小さなもの、すなわち官寺三六〇壇の一隊三八人、および漢人・回回・河西九楽隊の一隊平均三六人に依拠しつつさらに少なめに見積もり、たとえば一社の隊列を三〇人と仮定すれば、大都路の隊列は三六〇〇人(一二〇隊×三〇人)、パレード全体の人員は一九、四二四人となる。なお、泰定年間のものとして、大都都城内人口が九五万ほど、周辺属州県を含めれば二〇〇万超という数値が提出されている(韓光輝『北京歴史人口地理』北京、北京大学出版社、一九九六年、八一~八三頁)。この点から考えても、二万人程度のパレードはさして不合理ではあるまい。
(32) 妹尾達彦『長安の都市計画』講談社、二〇〇一年、一九二頁。
(33)『宋史』巻一四五、儀衛志、国初鹵簿。
(34)『明万暦会典』巻五三、巡狩、永楽六年定。
(35) 註(10)陳高華前掲書、六一頁。

(36) 『日下旧聞考』巻四三、双塔寺(慶寿寺)条。
(37) 註(10)陳高華前掲書、一一八～一一九頁。ここでは、楽人たちが官庁の召し出しを恐れる雑劇のシーンが紹介されている。また当時の詩にも、「教坊」の差配を受ける「妓子」が「狭斜」な街に暮らす様が歌われている(『蛻菴集』巻五、読瀛海喜其絶句清遠因口号数詩、示九成皆寔意也)。なお、吉川幸次郎「元雑劇研究」(『吉川幸次郎全集』一四巻、筑摩書房、一九六八年)七三～七四頁によれば、儀鳳司・教坊司以下の楽劇関連官署の役人は実は俳優であったとされる。官品を与えられているがゆえに彼らは朝会にも列していたが、当然これが問題視され、改革が図られてもいると言う。このことも含めれば、游皇城における芸能担当者の民間的色彩は当時の人々にとってごく明瞭であったと考えられるだろう。
(38) 『元典章』巻二八、礼部、礼儀社直・『通制条格』巻二七、雑令、拝賀行礼。
(39) 元代の都市における社制については、太田弥一郎「元代社制の性格」(『集刊東洋学』二三号、一九七〇年五月、一～二〇頁)を参照。大都に社制が適用されていたらしいことは、『元典章』巻二三、礼部、孝節、魏阿張養姑免役・『通制条格』巻一七、賦役、孝子義夫節婦を参照。ただし、この一二〇隊は「大都路」が供出したとあるから、都城周辺域からも動員された可能性があろう。
(40) 前記二月祭典記事のほか、『夢粱録』巻一九、社会・『武林旧事』巻三、社会・『都城紀勝』社会などを参照。
(41) 支配者であるモンゴルを除く人々を回回・河西・漢人の三つにカテゴライズする例は他にも存在する。「蒙古・回回・河西・漢児」という区分表現が『元典章』巻二四、戸部、種田納税・『通制条格』巻二九、僧道、商税地税の中統五年奏准案件に見えるものがこれである。
(42) 天暦元年(一三二八)に賜号し(『元史』巻三二、文宗本紀、天暦元年九月庚辰条)、さらに至順二年(一三三一)に加号した(『常山貞石志』巻二〇、武安王封号石刻)。
(43) 山田勝芳「関帝廟に集まる地域——中華「地域」と関帝信仰——」(松本宣郎・山田勝芳編『信仰の地域史』山川出版社、一六～五一頁)二六頁。
(44) 『大元一統志』(趙萬里輯本、巻一)には、大都の寺院として、筆頭の慶寿寺から末尾の大悲閣まで計八七箇所の仏寺名が挙げられている。『析津志輯佚』寺観には、石仏寺から十方招提禅院まで計一〇六箇所が採録される。よって游皇城に参加した三六〇箇所の寺院を大都のもののみと考えれば、地誌に登載されないほど零細な寺院が二〇〇箇所以上も出場せねばならないことになり、不合理である。参加寺院はより広域から出ていることになろう。

(45) 中村淳「元代大都の勅建寺院をめぐって」(『東洋史研究』五八巻一号、一九九九年六月、六三〜八三頁)。

(46) 金代中都において千歩廊が皇城内部に置かれていたのに対し、元朝がこれを皇城外部に出すという新機軸を打ち出し、それによって皇城の南の象徴性に変化を生み出したことは、侯仁之・呉良鏞「天安門広場礼賛——従宮廷広場到人民広場的演変和改造——」(『文物』一九七七年九期、一〜一五頁)四〜六頁を参照。

(47) 北上経路について次のような推測は可能である。まず「西宮門」を考える。「西宮」という語の用例として、「西宮春日」(『雁門集』巻二)と題する薩都剌の句に「西宮午漏隔花深、……簾捲奎章聴玉音、白髪儒臣売詞賦」と見えるものがある。同書(巻三)の「西宮即時」が「白髪儒生才進講、西宮午漏隔花深」と詠むものも同趣向である。これらによって、「西宮」という語が、儒学進講の場であった奎章閣を含む宮殿、すなわち興聖宮を指すことが分かる。朱偰(『元大都宮殿図考』北京、北京古籍出版社、一九九〇年、四八頁)もまた西宮を興聖宮と見ている。以上のことから、『元史』国俗旧礼中の「西宮門」として興聖宮に近い二つの門、すなわち興聖宮の南西に位置する皇城西門か興聖宮の真北に位置する皇城北西門のいずれかが浮上する。後者であるとすれば、慶寿寺からここに至るまでのルートはもはや考察の術はない。前者であるとしても慶寿寺からこの門までのルートは推測不可能である。ただしこの西門を通過したのちは、よほど不自然な方向転換を織りこまないかぎり、おそらくは海子までそのまま皇城外垣に沿って巡行したと見るべきであろう。注意すべき点は、かりにこの経路であった場合、皇城外の巡行は比較的短距離となることである。後述するように『析津志輯佚』ルートが皇城外巡行の説明を欠いていることとも考えあわせれば、游皇城のスケジュールは、皇城外巡行にはさほどの時間を費やさず、むしろ皇城内巡行に多くの時間を振りむけるよう設定されていたかも知れない。

(48) 仏教は西から、ということを描出するために敢えて西側のみとした可能性は考慮してよいかも知れない。先に見たように、二月八日から一五日にかけての祭典の進行が、大都城の西から聖性が還流する様をトレースしているからである。また東側の都城エリアは中書省・御史台・枢密院などが配置される官庁街であり、孔子廟・国子監という儒教的施設も東に配されていた。一方の西側は元代の国家寺院として名高い大聖寿万安寺があり、この寺の西延長線上の都城外には二月八日迎仏の舞台である鎮国寺がある。これらの点から見て元大都には、少なくとも結果的に、都城東域に儒教的朝政に関わる場が、対して西域には仏教東漸を象徴する装置が置かれるという空間配分があったようである。游皇城が皇城の西側のみを通過することも、これらのことと関連させて考察する余地はあろう。

(49) 註(5)野上俊静前掲書、一五二～一五七頁。

(50) ある皇族の真容を慶寿寺に奉安し、累朝の神御殿儀と同様に祭祀することとしている（『元史』巻三五、文宗本紀、至順二年（一三三一）三月甲申条）。

(51) 註(47)朱偰前掲書、五六～六三頁。

(52) 「罟罟」すなわち「姑姑」の冠、および「皮帽」については『草木子』巻三下に「元朝后妃及大臣之正室、皆帯姑姑衣大袍。其次、即帯皮帽。姑姑、高円二尺許、用紅色羅蓋。唐金歩揺冠之遺制也」とある。

(53) 註(10)陳高華前掲書、五五頁。

(54) 岩間一雄「元代儒教の問題——異民族元朝支配下の儒者——」（『名古屋大学法政論集』三二号、一九六五年九月、七七～一〇二頁）八一～八二頁。

(55) Moule, A.C. and Pelliot, Paul (ed. and tr.), *Marco Polo: The Description of the World*, New York: AMS Press, 1976, vol.1, p.218.

(56) たとえば後漢には、宗室・百官・四夷君長ら一万人以上が参加し、皇帝からの賜物・賜宴に与る元会儀礼があった。饗宴・芸能・音楽をともに楽しむことを通じて、君臣の和合が目指されたとされる（渡辺信一郎『天空の玉座——中国古代帝国の朝政と儀礼——』柏書房、一九九六年、一二五～一二六頁）。

(57) 『孟子』梁恵王章句下。

(58) 「凡役事始焉、因民之所利而利之既成与民同楽。此有民社者、説以使民民忘其労之善政也」（『燕石集』巻一五、跋李重山家蔵坡帖二幅）。撰者の宋褧については『滋渓文稿』巻六、宋翰林文集序・『同』巻一三、元故翰林直学士贈国子祭酒范陽郡侯諡文清宋公墓誌銘などを参照。

(59) 『南村輟耕録』巻二、后徳「母后曰……嘗聞、自古及今、治天下者、須用孔子之道、捨此它求、即為異端。仏法雖好、乃余事耳、不可以治天下。……帝師赧服而退」。『山居新話』「累朝於即位之初、故事須受仏戒九次。……一日、今上入戒壇中見馬合哈剌仏前、以羊心作供。上問沙剌班学士曰、此是何物。班曰、此羊心也。上曰、曾聞用人心肝為供、果有之乎」。

ここでは、仏教「異端」論を以て帝師をやりこめた元朝后妃が礼讃され、あるいは、マハーカーラ祭祀の特異な供物について皇帝が懸念を抱いていることが記される。漢民族の視点においてチベット仏教がどのように受けとめられていたかの一つの側面を示すものであろう。

(60) 註(32)妹尾達彦前掲書、一九二～一九三頁。

マムルーク朝期メディナにおける王権・宦官・ムジャーウィル

長谷部史彦

はじめに

エジプト、シリア、アラビア半島のヒジャーズ地方、アナトリアやリビアの一部などに支配を広げたマムルーク朝（一二五〇～一五一七年）は、中世アラブ地域における代表的なイスラーム王朝である。トルコ・チェルケス系のマムルーク軍人とその子孫をスルターンに戴くこの王朝は、モンゴル軍によって倒壊したアッバース家のカリフ体制を首都カイロに再興し、王朝内部に強力なレジティマシーの付与装置を備えることで、当時のスンナ派世界において中心的位置を占める国家となった。マムルーク朝スルターンによる政治的中心性の対外主張を支えるもうひとつの柱は、ヒジャーズの二大聖地メッカとメディナ、そして三つの一神教の重層的聖地イェルサレムの保護であった。「両聖地の従者（ハーディム・アル＝ハラマイン）」の称号を帯びたスルターンは、メッカへのハッジュ（大巡礼）にさいし巡礼長官を任命し、軍に巡礼団を引率させて保護に尽力する姿勢を内外に示し、巡礼道や水場・関連施設・港湾などの建設や整備に努め、巡礼道周辺を生活圏とするアラブ遊牧諸部族との間に安全保障契約を締結して移動の安全確保を図った(1)。

本稿では、マムルーク朝のスルターン権力と聖都メディナの関係を視野の中心に据えて、中世イスラーム世界における「王権と都市」の問題について、新たな歴史像の提示と政治・社会史的考察を試みることにしたい。イスラーム第二の聖地メディナに関する研究は、メッカやイェルサレムの研究と比べると世界的にみても明らかな立ち後れを示している。その主因は、メディナへの巡礼をメッカ巡礼者たちがその往路または復路に行なう付随的な聖廟参詣と捉える見方がこれまで支配的であった、という点に求められよう。しかし、サムフーディー（一五〇六年没）の『メディナ誌』をはじめとしたアラビア語の重要史料が近年相次いで校訂・出版され、今世紀に入ってメディナの中世史研究の基盤は急速に形成されつつある(2)。ここではこうした諸史料の中で、公刊以来かなりの時を経たにもかかわらず内容の検討が進んでいないサハーウィーの『高貴なるメディナの歴史についての優美な贈物』（以下、『優美な贈物』と略記）を主要史料とする(3)。同書は、サハーウィーの友人であったサムフーディーによる前掲書と並んで、マムルーク朝末期に結実した聖地メディナ史の集大成であり、最重要史料である。

歴史家として著名なサハーウィー（一四二七～九七年）は、スルターン・バルスバーイの治世にカイロに生まれた。七歳の時からハディース学の権威でシャーフィイー派法学者、歴史家のイブン・ハジャル（一四四九年没）の下で学び、首都のその他の碩学たちの下でもイスラーム諸学を修めた。尊崇するイブン・ハジャルの死後、サハーウィーはメッカへのハッジュ巡礼に旅立ち、メディナ参詣も果たした(4)。この滞在を含め、彼が少なくとも三度のメディナ生活を経験していることは、『優美な贈物』において確認される。初滞在は預言者モスクの東のジブリール門とニサー門の近くに、二度目は同モスクの西のサラーマ門外にあるバースィティーヤ学院に、最後の滞在はラフマ門近くのムズヒリーヤ学院に居住したという(5)。これは、三節で詳述する「ムジャーウィル」として、彼が預言者モスクの入口付近で暮らしていたことを伝える貴重な証言である。そして、サハーウィーはメディナで生涯を終え、この聖地の公共墓地バキーウ Baqīʿ に埋葬された。

ヒジュラ暦九世紀／西暦一五世紀の学者[6]、名士、軍人、スーフィー、聖者、女性など一万人以上の伝記を収録し、中世アラビア語伝記集の到達点を示す『輝く光』をはじめとして、サハーウィーは諸分野にわたり旺盛な執筆活動を展開した。彼の論敵であった同時代の知の巨人スユーティー（一五〇五年没）の九〇〇点以上の著作数には遠く及ばないが、それでも一五〇点を超えるといわれる[7]。『優美な贈物』は、刊本で全三巻、計一八〇〇頁に及ぶ大著である。サハーウィーはその大部分を最期のメディナ滞在時に執筆したとみられるが[8]、そこには別の書き手による加筆もしばしば「私はいう」という文言に続く形で所々に確認される。そして例えば、サハーウィーの教えを受けたアフマド・アル＝カーヒリーという学者に関する記述には、「私たちが九〇九／一五〇三（－四）年にそこ（メディナ）に滞在した時、彼は私の父と多く会っていた」とある[9]。これは明らかにサハーウィー没後の情報であり、「私」も「私の父」もサハーウィーではない。また、九三四／一五二七年以後に死去したある学者に関する記述において、「彼の伝記は、『大きな歴史 *Al-Taʾrīkh al-Kabīr*』の中にある」との補筆がみられる[10]。現段階では加筆者を一人と断定することはできないが、オスマン朝初期メディナの事情に通じていた学者が『優美な贈物』の成立に一役買っており、彼または別の加筆者はアラブ地域の一六世紀を扱う『大きな歴史』、つまり詳しいアラビア語年代記を著した可能性を持つと考えられるのである。

加えて本稿では、『優美な贈物』に先立つ重要史料で一三・一四世紀のメディナに関するアブドゥッラー・イブン・ファルフーン（一二九三～一三七五年）の『助言者の忠告とムジャーウィルの慰藉』（以下、『助言者の忠告』と略記）を用いる。著者はメディナのウラマー名家であるファルフーン家に生まれ、同地に学んだ法学者、歴史家であり、一三六三（―六四）年から死去するまでメディナでマーリク学派のカーディーを務めた[11]。『助言者の忠告』は、こうしたメディナ出身の著名なアーリム（学者）の手になる名士伝記集形式のメディナ史である。特に著者の同時代に関する詳しい情報を含み、『優美な贈物』にも頻繁に引用されている[12]。

本論に入る前に付言すれば、諸史料では、メディナはアラビア語でマディーナ（ト）・アン＝ナビー、すなわち「預言者ムハンマドの都市」であり、マディーナ・ムナウワラ（光り輝く都市）、マディーナ・シャリーファ（高貴なる都市）、ダール・アル＝ムスタファー（選ばれし者ムハンマドの家）、あるいは単にハラム（禁じられた場所、聖域）なども呼ばれる。『優美な贈物』では、「タイバ（芳香に満ちた場所）」という呼称がよく使われている。メディナは旧名をヤスリブといい、イスラームの創唱者ムハンマドが生誕地メッカでの迫害を逃れヒジュラ（聖遷）を実行し、移り住んだ町である。メッカの北約三四五キロメートル、標高六〇〇メートル以上の地点にあるオアシス都市で、古来豊かな水源を利用してナツメヤシ・穀物など比較的盛んな農業がみられた。第四代正統カリフのアリーがクーファに遷都するまでの約三〇年、最初期のイスラーム国家の首都であったが、ウマイヤ朝以降は学都、参詣都市としての性格を深めていった。

一　『優美な贈物』にみえる聖地都市メディナ

『優美な贈物』は、豊かな記述内容を持ちながらも、これまで専ら部分利用のみに供されてきた。中世後期のメディナについては、日本において全く紹介されていないこともあるので、まず同書の全体構成を確認しながら、冒頭部分を中心に示されているマムルーク朝期メディナに関する多様な情報を整理することから始めることにしたい。

唯一神への祈願に始まる『優美な贈物』の導入部では、「美徳（マナーキブ、マハースィン）」に力点をおいた預言者ムハンマドの略伝がまず提示され、続いて「預言者の町」メディナにおける礼拝や断食斎戒の高い効果、聖域の中心に位置する預言者モスク（マスジド・ナバウィー）についての説明がなされる。サハーウィーは、ムハンマドによる同モスクの建設、第三代正統カリフのウスマーン、ウマイヤ朝カリフのワリード一世、アッバース朝カリフのマフディーらによる増築、マムルーク朝末期一四八一年の大火の前後に行なわれたカーイトバーイ（在位一四六八〜九六年）による増築や復興などに触れ、歴代カリフや諸君主による両聖地への寄付行為についても概観している。また、預言者モスク内部にある「天国の庭の一部」の「ラウダ（聖庭）」、ムハンマドの奇跡の舞台である「ジズウ（切り株）」、預言者モスクの聖なる中心である「フジュラ（預言者ムハンマド廟）」、さらには門やミナレットなどに関して基本情報が提示される。(13)

次に、預言者モスクの役職について、著者の同時代の現状と歴史が詳述される。各役職に関する重要情報をまとめれば、以下のとおりである。

預言者モスクのイマーム（礼拝指導者）はハティーブ（説教師）職を兼務したが、六八二／一二八三（－四）年にマムルーク朝スルターン・カラーウーンがスンナ派四法学派のひとつシャーフィイー学派のダマンフーリーを任命するまで、同職はファーティマ朝期以来フサイン系のシャリーフ（預言者ムハンマドの血統保持者）でシーア派のスィナーン家によって独占されてきた。(14)そして、一四世紀前半のナースィル一世の時代には、イマーム／ハティーブ職兼任者がさらにカーディー（裁判官）職も兼務するようになった。このカーディー職は当初シャーフィイー学派のみだったが、七六五／一三六三（－四）年にメディナで盛んなマーリク学派、翌七六六／一三六四（－五）年にハナフィー学派、遅れて八四七／一四四三（－四）年にハンバル学派のカーディー職が設置された。(15)メディナにスンナ派四法学派のカーディーが揃ったのは、同王朝の末期近くということになる。そして、預言者モスクのイマーム／ハティーブによるカーディー職の兼務は、聖域・参詣所である同モスクがイスラーム法廷の機能を兼備していた可能性を示唆するものである。また、これらのカーディー職の任免権を持つマムルーク朝スルターンは、司法面でもメディナ社会に間接的な影響力を行使していたといえよう。

同モスクには、ムアッズィン（礼拝呼掛け係）の長の下、五つあるミナレットに二〇人ずつのムアッズィンたちが勤務していた[16]。また、ファッラーシュと呼ばれる用務係も約四〇人いた。その職掌は、前述のラウダに、そして次節で詳しく述べるシャイフ・アル＝フッダーム（ハーディムたちの長）のために絨毯を広げること、フジュラの門のカーテンの管理、夜間照明の準備などであった。フジュラには特別な掛け布（キスワ）がカリフたちや諸王によって贈られてきたが、このキスワのためのワクフ（寄進）は、七四三／一三四二（一三）年、前記のナースィル一世の息子であるスルターン・イスマーイール（在位一三四二〜一三四五年）によって、カイロ郊外のバイスース村からの税収の三分の二相当を国庫（バイト・アル＝マール）から購入する形で設定された[17]。

サハーウィーは続けてフジュラのハーディム職に関して詳説しているが、これについては後に検討することとし、次の預言者モスクの「寄付講座」に関する記事へ移ろう。同モスクはイスラーム諸学の研究・教育の場としても活用され、それはワクフのシステムによる講義の設置に支えられていた。具体的には、スルターンのカーイトバーイがハディース学、マムルーク朝有力アミール（軍司令官）のヤルブガー・アル＝ハーッサキーとアイタミシュがハナフィー派法学、ハイル・バクがシャーフィイー派およびハナフィー派法学の講義をそれぞれ設置した。目を引くのは、カーイトバーイのライバルでもあった「ルームの王」オスマン朝スルターン・バヤズィト二世（在位一四八一〜一五一二年）が四法学派すべての講座を寄付し、シャーフィイー・ハナフィーの両法学派については受講学生にも手当を設定していたとの記述である。[18] コンスタンティノープル征服以降、「世界帝国」へと歩み出したオスマン朝の聖地政策、そして、聖地に向けた寄進行為の国際性をここにみることができよう。また、預言者モスク内における聖典クルアーンの読誦に対しても、マムルーク朝のジャクマク（在位一四三八〜五三年）とカーイトバーイ、有力官僚のイブン・ムズヒルやイブン・ジーアーンらがワクフを設け、読誦者たちに手当が支給された。[19]

サハーウィーは次に、預言者モスクの近くに存在したマドラサに言及する。カーイトバーイのアシュラフィーヤ学院、マムルーク朝官僚のアブドゥルバースィトのバースィティーヤ学院、前述のイブン・ムズヒルのムズヒリーヤ学院、ジューバーニーヤ学院（後述）、ザマニーヤ学院、スィンジャーリーヤ学院、アイユーブ朝ムザッファル・ガーズィーのシハービーヤ学院、クルバルジーヤ学院（後述）の計八施設である。また、メディナのリバートも四〇余列挙されている。一般に聖地のリバートは、スーフィーの修道場だけでなく参詣・滞在者用宿泊施設や救貧施設を指すものと理解されるが、注目されるのは、預言者モスクに勤務するハーディムたちが退任後に利用した「バッターリーンのリバート」である。男女別の設備を持つリバートもあり、二つあったジャバルト地方出身者用のリバートのひとつは独身者専用であった。[20] また、メディナの病院（ビーマーリスターン）としては、アッバース朝カリフ設立のムスタンスィル病院のみ記載があり、その他、沐浴所、公衆浴場、製粉・製パン所、給水所に関する略述があり、メディナとその近郊にあったモスク（マスジド）についても計五一施設があげられている。[21]

参詣対象として預言者モスクに次いで重要だったのは、都市メディナの東に広がるイスラーム最初の公共墓地のバキーウ墓地である。サハーウィーは、この墓地にあるマシュハド（墓廟）一一施設に郊外のハムザ廟を加えた計一二施設を列挙する。それらの廟の主は、①第四代正統カリフ・アリーの母ファーティマ、②第三代正統カリフ・ウスマーン、③預言者ムハンマドの子イブラーヒーム、④高名なクルアーン読誦者ナーフィウ、⑤マーリク学派の開祖マーリク、⑥アブー・ターリブの息子ウカイル、⑦ムハンマドの妻たち（「信徒たちの母たち」）、⑧ムハンマドのおじアッバース（アッバース家の始祖）、⑨ムハンマドのおばサフィーヤ、⑩ムハンマドの孫フサインの子孫のイスマーイール、⑪同じくフサインの子孫の「純粋の魂」ムハンマド、⑫ムハンマドのおじのハムザである。サハーウィーによれば、このバキーウ墓地にはムハンマド家の人々（アフル・アル＝バイト）、それにムハンマドの教友たち約一万人をはじめ、タービウーン（教友たちから教えを受けた者たち）、学者、クルアーン暗誦者、異邦人や住民のサーリフ（信仰正しき者、聖者）、ワリー（聖者）といった人々が埋葬されていた。[22]

以上の諸施設に関する説明の後には、メディナの道路や家々などがバラカ・ナバウィーヤ、すなわち神に発する預言者ムハンマドの特別な恩寵・霊力に包まれていることが述べられる。そして、法学者マーリクが同市での騎乗を禁止したこと、狩猟や伐採の法的禁止などについても記されるが、続く部分では略奪・火事・殺人など様々なメディナで起こった事件を通時的に概観するという独特の叙述展開を示している。[23] そして、ムハンマドに始まり、サハーウィーの執筆時の九〇一年第七月／一四九六年三（－四）月にアミールであったファーリスまでのメディナの為政者たちが略述されている。[24]

以上の内容は『優美な贈物』の刊本の巻頭一〇〇頁弱に過ぎず、残る大部分では、メディナに関わった七世紀から一五三〇年代までの人物の伝記がアラビア語のアルファベット順に並べられている。預言者ムハンマドの一族、サハーバ、タービウーン、シャリーフたち、カリフとその子孫、メディナの出身者と死亡者、メディナで活動した人や寄進など善行を示した人がスルターンから門番にいたるまで幅広く載録されているが、大きな割合を占めるのはこの聖地に足跡を残した学者たちである[25]。この伝記集部分には著者の多様な知己に関する独自情報が少なくないが[26]、先行諸文献も多数利用されている。恩師イブン・ハジャルの四つの著作（*Tahdhīb, Iṣāba, Inbāʾ, Durar*）、そして、イブン・ファルフーンやフィールーザーバーディーのメディナ史、イブン・ヒッバーン（九六五年没）やザハビー（一三四八年没）の著作などが頻用される文献である。以下ではこの伝記集部分を活用することになるが、そこには中世後期のメディナに関する貴重な都市情報も見出される。『助言者の忠告』も援用しつつ、注目点をいくつかあげておこう。

両史料から都市構造の詳細は把握できないが、中世メディナは複数の門を持つ市壁に囲まれていた[27]。一四世紀に存在した市壁は、ザンギー朝の王ザンギーおよびその息子ガーズィーに仕えた宰相イスバハーニーによって着手され、ヌール・アッ＝ディーンが完成させたものである[28]。また、同世紀中葉のメディナのアミール、「シーア派の火を鎮め、消した」サード・ブン・サービトと次のファドル・ブン・カースィムが、シャリーフ勢力間の抗争のため市壁外に塹壕（khandaq）を掘り、都市防備を強化した[29]。

メディナのアミールの支配拠点は、城塞（qalʿa）であった[30]。このメディナ城の位置はこの二つの史料からは特定できないが、イブン・ファルフーンによれば、彼の時代の城は有力アミールのジャンマーズ・ブン・シーハ（一三〇四年没）が新たに築造したものであった。「そこにおいて自らを防備し、そこからメディナの郊外を監察する」とされており、市壁内側に接する形で存在していたのかもしれない。なお、ジャンマーズはアミール職引退後、市内のスークの空地に新築したダール・ハズィーマという館で余生を過ごした[31]。メディナのスークとして『優美な贈物』に記述があるのは、預言者モスクのサラーム門外にある「ラフバ（広場）のスーク」である[32]。

そして、メディナにもその他のマムルーク朝主要都市と同様に、市場行政を担うヒスバ職[33]と都市警察のシュルタ職[34]が存在し、それらはメディナのアミールの下に置かれた。メディナのアミールの支配組織についてはさらに史料情報を集めて論じる必要があるが、都市・周辺地域の行政・軍事面では配下のワズィール（宰相）の役割も重要であったようにみえる。[35]また、シャクワー（嘆願）に関する言及があるので、[36]メディナのアミールがマザーリム法廷を主宰していた可能性もあるといえよう。

二　フジュラのハーディムたち

預言者ムハンマドの孫フサインの系統のシャリーフ（高貴な血統の保持者）によるメディナのアミール政権が確立したのは、一〇世紀後半のことであった。すなわち、第四代シーア派（一二イマーム派）イマームのアリー・ザイヌルアービディーンの子孫、ターヒル・ブン・ムスリム・ブン・ウバイドゥッラーが、シーア派の一分派イスマーイール派を奉じるエジプトのファーティマ朝に服属し、以後、その子孫がメディナのアミール（アミール・アル＝マディーナ）として第二の聖地を治めたのである。メディナのアミール政権は、強大なエジプト政権下にあって、遊牧アラブの軍事力に支えられた聖地の「地方王朝」であった。ちなみにこの一〇世紀後半には、メッカにもハサン系シャリーフのアミール政権が確立し、同じくファーティマ朝の下にあった。その後、同王朝に代わりエジプトを支配したスンナ派のアイユーブ朝、その継承国家のマムルーク朝は、両聖地のアミール政権間の均衡を巧みに図り、両者間の勢力争いや各アミール政権内の対立を操作してそれぞれの増強を抑える基本政策をとった。マムルーク朝初期の一三世紀後半には、四〇年以上もメディナのアミール職を務めた前述のジャンマーズ・ブン・シーハがメッカへの勢力拡大を試みたが、ナースィル一世の第三期治世（一三一〇〜四一年）に入ると、メディナのアミールに対する統制は強化され、スルターン権力はシャリーフ勢力内の選出を尊重せずに同職の任免を一方的に行なうようになっていった。さらに一五世紀初頭のファラジュの治世に「ヒジャーズのスルターン職」が新設され、同職に就任したメッカのアミールのハサン・ブン・アジュラーンがメディナのアミールを支配下に置いた。バルスバーイの治世（一四二二～三八年）にはエジプト王権による両聖地からの経済的搾取もみられるようになり、続くジャクマクの時代にかけてはマムルーク騎士軍がメディナに恒常的に駐留するようになって、マムルーク朝の軍事的支配が強化されたのである。[37]

一四世紀中葉にスンナ派の擁護者とされる前述のシャリーフ、サード・ブン・サービトが登場するまで、メディナのアミールたちはほぼすべてが一二イマーム派の信奉者だったとみられている。[38]スンナ派体制への統合をめざすマムルーク朝の働きかけもあり、同世紀後半以降メディナのアミールにはスンナ派信仰の表明者が増加するが、メディナのシャリーフ勢力におけるシーア派信仰が消散してしまったわけではなかった。一五世紀になっても、バルスバーイ期のサービト・ブン・ヌアイルのようにシーア派信仰を明示した例が『優美な贈物』に確認されるのである。[39]アリーとファーティマの子ハサンとフサインの血統を強調するシャリーフ体制の性格に鑑みれば、それは意外なことではない。そして、メディナにあってスルターン権力と密な関係を保持し、一二イマーム派対策の担い手として同地のスンナ派勢力で中心的役割を果したのが、フジュラのハーディムたちであった。

『優美な贈物』の伝記集には、たとえばイブラーヒーム・アル＝フサイニー（一四五八年没）のように学者でクルアーン読誦者の「健常者（非去勢者）」でありながらフジュラのハーディムとなった例も確認されるが、[40]フジュラのハーディムの大多数はイスラーム世界の外縁地域で去勢され、国際市場で取引され、マムルーク朝有力者に購入された宦官たちであった。彼らは、同王朝において「ペンの人」ではなく「剣の人」の範疇に属するが、基本的に軍事力を保持することなく、[41]アラビア語でハイバ（hayba）、またはマハーバ（mahāba）と表現される人心に畏怖感情を喚起する特有の力をもってフジュラを守護するとされ、同廟への参詣者の接近を統制する重役を担ったのである。[42] その起源については、マーモンによる追求にもかかわらず未だ不明な点が多いが、少なくとも一二世紀には預言者ムハンマド廟にハーディム宦官が存在していた。[43] そして、アイユーブ朝のサラディンがワクフを設定し、上エジプトのナッカーダ村の農地、それにナイル・デルタ、スィンドビース村の三分の一を財源としてフジュラのハーディム二四人分のポストが設置された。その後、マムルーク朝期には、前述のイスマーイールの治世にスィンドビース村の残り三分の二もワクフ地とされ、同ポストは一六追加され合計で四〇となった。[44]

サハーウィーによれば、一五世紀末のムハンマド廟には四〇人以上のハーディムたちがおり、その出身地は、①ハバシュ（エチオピア）、②ルーム（旧ビザンツ地域、主にバルカン半島）、③タクルール（サハラ以南西アフリカ）、④ヒンド（インド）であり、特にヒンド出身者が一番多かったという。[45] マーモンの研究によれば、彼らフジュラを守る宦官の集団（ターイファ）は一四世紀までには組織化され、それはマムルーク朝宦官社会の一部をなしていた。メディナの宦官たちとカイロ王城のスルターン宮廷の宦官たちには濃密な人的ネットワークが形成され、メディナへと移動した宦官たちはしばしば財を成した年長者であり、カイロ王城での長いキャリアを持つ場合が多かった。王城のキャリアとは、スルターンの二つの「家」空間、すなわち、後宮（アードゥル・シャリーファ、四人の妻がいる四つの空間と妾たちがいる五番目の空間）とスルターンのマムルークの軍事学校兼宿舎における宦官の諸職であり、具体的には前者の管理責任者ズィマームダールを頂点とする諸職、それに後者を統括するスルターンのマムルーク軍のムカッダムやその配下の各兵舎のムカッダムといった諸職などを指している。[46]

マムルーク朝スルターン権力は、メディナの預言者モスクの管理責任者であるシャイフ・アル＝フッダーム（ハーディムたちの長、以下、シャイフと略記）を任命し、王権の威力を直接的にメディナの中心聖域へと及ぼすさいの結節点とした。表1は、これまでに確認し得たシャイフたちを時代順に列挙したものである。[47]このうち特に注目される五人のシャイフをとりあげ、史料情報をまとめて若干の検討を加えることにしよう。

(1) ジャマール・アッ＝ディーン・ムフスィン・アッ＝サーリヒー・アン＝ナジュミー（六六八年／一二六九（－七〇）年没）（No.1）

諸史料ではハーディムについて「宦官（タワーシー）」と記されぬ例も少なくないが、このムフスィンについては明記されている。彼は、バイバルス一世（在位一二六〇～七七年）が派遣した人員、ラクダ、道具類を伴ってシリア巡礼団とメディナに赴き、火災後の預言者モスクの復興に尽力した。[48]その由来名から、アイユーブ朝のスルターン・サーリフの奴隷であったとみられるので、バイバルスとは主人を同じくしていたことになる。このムフスィンの事例から、マムルーク朝成立期にすでにエジプト王権による聖地メディナ保護の具体的場面においてハーディム宦官が重要な役割を担っていたことが判明する。

(2) ザヒール・アッ＝ディーン・ムフタール・アル＝アシュラフィー（七二三／一三二三年没）（No.6）

イブン・ファルフーンによれば、ムフタールはそれ以前のシャイフたちに比べて強いハイバ（上述）やサウラ（sawla 威圧力）を持ち、最もよくシャイフ職を務めた。そして、彼のことを怖れるメディナの「シャリーフたちやアミールたち」から、ワクフや私有財、具体的には病院、パン焼き窯、囲い地、シハービーヤ学院の住宅、ナツメヤシの木などを獲得したという。[49]シャリーフたちからすれば、フジュラはいわば「先祖の墓」であった。遊牧的軍事力を保持し、メディナの現地支配者であるこの「墓主の血統保持者」に対して、たとえマムルーク朝王権の後ろ盾があったとはいえ、「非軍事墓守集団の長」がかくも圧倒的な立場を得たことは瞠目に値する。宦官という特殊な人間が「預言者ムハンマドとの近接状態」を維持することで聖地社会において一層特別視され、その

没年(ヒジュラ暦)	典拠	備考(年はヒジュラ暦)
668年	*Tuḥfa*, 3:449	
699年	*Tuḥfa*, 1:384-385	「大アミール」
700年	*Naṣīḥa*, 37-38	
711年	*Naṣīḥa*, 38-41	
不明	*Naṣīḥa*, 41; *Tuḥfa*, 2:140	視覚障害のため719年解任
723年	*Naṣīḥa*, 41-42	719年就任
727年	*Naṣīḥa*, 42-43	723年就任
761年	*Naṣīḥa*, 43-45; *Tuḥfa*, 2:40-43	727年就任、存命中に解任
不明	*Naṣīḥa*, 45-46	
不明	*Naṣīḥa*, 47	非宦官、742年就任
781年第9月	*Naṣīḥa*, 49-50; *Sulūk*, 3:376	758年就任
795年	*Ibn al-Furāt*, 9:333, 357	781年就任
806年	*Ibn al-Furāt*, 9:333; *Inbā'*, 2:287	795年就任
不明	*Tuḥfa*, 2:214	810-20年代にメディナで学習
840年末	*Tuḥfa*, 1:376	834年就任
853年第2月	*Tuḥfa*, 3:712-714	非宦官、学者、839年就任
不明	*Tuḥfa*, 3:392	842年就任、*Sulūk*には別情報
848年	*Tuḥfa*, 3:398	845年就任
850年	*Tuḥfa*, 1:62, 436	849年就任
不明	*Tuḥfa*, 3:392	850年就任
873年第2月	*Tuḥfa*, 2:121	854年就任
不明	*Tuḥfa*, 1:62, 2:121	873年就任
886年第1月	*Tuḥfa*, 1:62, 357-358	880年就任、軍人
890年第12月	*Tuḥfa*, 3:408-410	886年就任、学者
918年以降	*Tuḥfa*, 2:210-214	891年就任、軍人、学者
896年第7月	*Tuḥfa*, 1:351	895年就任
918年以降	*Tuḥfa*, 1:62, 2:210-214	896年就任、913年解任
不明	*Tuḥfa*, 2:214	913年就任

表1　マムルーク朝期メディナのシャイフ・アル＝フッダーム

	No.	シャイフ・アル＝フッダーム
☆	1	ジャマール・アッ＝ディーン・ムフスィン・アッ＝サーリヒー・アン＝ナジュミー
	2	フサーム・アッ＝ディーン・ビラール・アル＝ハバシー・アル＝ムギースィー
	3	アズィーズ・アッ＝ダウラ・アル＝アズィーズィー
	4	シブル・アッ＝ダウラ・カーフール・アル＝ムザッファリー・アル＝ハリーリー
	5	サード・アッ＝ディーン・アッ＝ザーヒリー・アッ＝ダリール
☆	6	ザヒール・アッ＝ディーン・ムフタール・アル＝アシュラフィー
	7	ナースィル・アッ＝ディーン・ナスル・アター・アッラー
☆	8	イッズ・アッ＝ディーン・ディーナール・アル＝ハバシー
	9	シャラフ・アッ＝ディーン・ムフタッス・アッ＝ダイリー
	10	シャラフ・アッ＝ディーン・アル＝ハズナダーリー
	11	イフティハール・アッ＝ディーン・ヤークート・アル＝ハバシー
	12	ザイン・アッ＝ディーン・ムクビル・アッ＝ルーミー・アッ＝シハービー
	13	ザイン・アッ＝ディーン・マスルール・アッ＝シブリー
	14	ファーリス・アッ＝ディーン・シャーヒーン・アル＝マンスーリー
	15	バシール・アッ＝タイミー
☆	16	ワリー・アッディーン・ムハンマド・ブン・カースィム・アル＝マハッリー
☆	17	ファーリス・アッ＝ルーミー・アル＝アシュラフィー
	18	ファイルーズ・アッ＝ルクニー
	19	ジャウハル・アッ＝ティムラーズィー
	20	ファーリス・アッルーミー・アル＝アシュラフィー(再任)
	21	スルール・タラバーイ
	22	マルジャーン・アッ＝タカウィー・アッ＝ザーヒリー
	23	イーナール・アル＝イスハーキー・アッ＝ザーヒリー・ジャクマク
	24	カーニム・アル＝ファキーフ
	25	シャーヒーン・アッ＝ルーミー・アル＝ハナフィー
	26	イヤース・アッ＝ルーミー・アル＝アシュラフィー・カーイトバーイ
	27	シャーヒーン・アッ＝ルーミー・アル＝ハナフィー(再任)
	28	カーンスーフ・アル＝カイイム・アル＝ジャールカスィー

註：☆は本文でとりあげた5人のシャイフ。

結果、強い権力を行使し得るようになったと解釈されよう。

(3) イッズ・アッ=ディーン・ディーナール・アル=ハバシー・アッ=シハービー・アル=ムルシディー・アッ=シャーフィイー（七六一／一三五九（一六〇）年没）（No.8）

ディーナールについては、イブン・ファルフーン、イブン・ハジャル、サハーウィーが次のような詳しい情報を伝えている。(50) 彼はカイロ宮廷のエチオピア系宦官であったが、前任者の死去に伴いメディナのシャイフ職に就任した。信心深く、断食やサダカ（任意の喜捨）に努め、メディナにいる有力なムジャーウィルたちと親しく交わり、彼らの教養や倫理を身につけた。また、所有していた住宅やナツメヤシの木をワクフとし、男女の奴隷や宦官奴隷三〇人以上を解放し、孤児や寡婦に衣食住の施しを与え、「ハラム（聖域）」（おそらくは預言者モスク）にランプを吊るした。他方、シーア派やシャリーフたちに対しては厳格な態度で臨んだという。イブン・ファルフーンの紹介するディーナールの美徳を示すエピソードによれば、ある時彼はエジプトに出張することになり、留守宅の管理をムジャーウィルの友人に託したが、友人が注意を怠っていると彼の奴隷たちが家を荒らし、家財の多くが失われてしまった。しかし、ディーナールは友人の管理責任を一切問わず、終生友であり続けたという。また、その従者（タービウ）で解放奴隷のひとりであった預言者モスクのファッラーシュ、アンバル・アッ=サルハディーが幼少の子供を残して死去すると、ディーナールは子供たちを養育し、聖典クルアーンの教育を施した。(51)

ディーナールについてのこうした史料情報では、スンナ派の擁護者であり、救貧に努め、信仰正しく、慈悲深く、寛容な高徳の人物という理想的なムハンマド廟宦官のあり方が描出されているといえよう。そして、カイロ宮廷とメディナの預言者モスクとを結び付ける有力宦官の姿を彼にみとめることができる。

さらに付け加えれば、彼の同時代人に同名（つまり「金貨」）のディーナール・アル=ムイッズィー・アル=バドリー（一二三三（-四）年没）というフジュラの宦官がいた。両者は、「二枚の充分な重さの金貨」と呼ばれていた。[52]このディーナール・アル＝バドリーの方はシャイフ位まではいたらなかったが、「高貴な行動の点でシャイフたちに先んじていた」という。彼は住んでいたメディナの「ハーディムたちの横丁 Zuqāq al-Khuddām（ハーディム居住地区）」にあるシャラービー邸を仲間のハーディムたちの避難所、さらには「求める者たちの安息所」とした。つまり、この宦官の住居は、食事・飲料を貧者や聖域滞在者に配給する救貧施設、そして病人に薬を与える施療院としても機能していたのである。[53]また、彼は経済弱者たちの借金を肩代わりし、ディルハム銀貨約一五〇〇枚を支払ったこともあるという。フジュラの一ハーディムによるこうした幅広い救済活動の財源が何であったのか、前述のスルターン権力によるハーディム向けワクフからの手当のみで可能だったのかという点は興味深いところであるが、残念ながら明らかでない。

(4)　ワリー・アッ＝ディーン・ムハンマド・(イ)ブン・カースィム・アッ＝シーシーニー・アル＝マハッリー（八五三／一四四九年没）（No.16）

八三九年第四月／一四三五年一〇月、宦官のバシール・アッ＝タイミーに代わりシャイフ・アル＝フッダーム職に任命されたイブン・カースィムは、非去勢者（faḥl）であった。[54]彼については諸史料に少なからず記述がある。その略歴を『優美な贈物』とマクリーズィー（一四四二年没）の年代記に依拠してまとめれば、次のとおりである。[55]

イブン・カースィムは、七八三／一三八一（-八二）年、ナイル・デルタのガルビーヤ地方の中心都市マハッラ・クブラー（以下、マハッラと略記）に生まれた。祖父はマハッラの有力公証人、父も同地やその他でカーディー補佐を務めた地方都市のウラマー家系の出身であった。イブン・カースィムは学問修業の後にマハッラ地域のダマーイル、ディーサト、ブサートの地でマハッラのカーディー補佐として司法業務に携わった。ムアイヤド・シャイフ（在位一四一二〜二一年）の治世に、当時まだ百騎長アミールだった後のスルターン・バルスバーイが灌漑土手監督官（kāshif al-jusūr bil-Gharbiyya）としてマハッラに赴任したさい、イブン・カースィムが活動するディーサトの農民が逃散を敢行した。彼はこの時農民たちを連れ戻して苦境にあったバルスバーイを助け、これを機にバルスバーイはこの地方裁判官に対して敬意を抱くようになった。[56]

スルターンに就任すると、バルスバーイは当時メッカのムジャーウィルであったイブン・カースィムをカイロに呼び寄せ、七つのホール（カーア）がある住宅を買い与え、「飲み仲間（ナディーム）」として厚遇した。マクリーズィーは、「飲み仲間」に加えて「スルターンの道化（ムドゥヒク）」とも呼んでいる。その後、イブン・カースィムは、ガルビーヤ地方のサマンヌード、エジプト・シリア間の関所カトゥヤー、地中海都市ダミエッタなどでカーディー職に着き、造幣局監督官（nāẓir Dār al-Ḍarb）も務めた。さらにムフタスィブや文書庁長官といった重職への就任も提示され、それらについては辞退したが、その後メディナのシャイフ・アル＝フッダーム職と両聖地のナーズィル職（naẓar al-Ḥaramayn）に就くことを希望したのである。

このように『優美な贈物』には、バルスバーイによるフジュラのシャイフ職への任命は、イブン・カースィムの求めに応じてのことであるとされている。バルスバーイといえば、香辛料の専売政策と積極的な紅海・インド洋通商政策を推進し、メッカの外港ジェッダを直接統治下に置いてヒジャーズ地方に対する支配の強化を企てた野心的スルターンとして知られている。[57] そのため、この異例の任命についても、信頼する「飲み仲間」にメディナの重職を任せる斬新な手法によって、エジプト王権の聖地への影響力強化を図ったと映るのであるが、サハーウィーはイブン・カースィムの主体性の方を強調しているのである。ここで整合的な理解を求めれば、ヒジャーズ地方への統制強化をめざすバルスバーイの動向とイブン・カースィム個人の聖地への転任希望が合致し、このような異例の人事が実現したということになるだろう。

その後イブン・カースィムは、希望通りにメッカの聖域監督官職（naẓar ḥaram al-Makka）も兼ねたので両聖地を往復する生活を送ったが、バルスバーイの子ユースフの治世になると、八四二年第一月／一四三八年七月、シャイフ職を解任された。かくして「王の道化」の抜擢は短期間で終わり宦官が同職を務める常態へと戻ったが、これ以後、マムルーク軍人のイーナール・アル＝イスハーキー（No.23）、マムルーク軍人で学者のシャーヒーン・アッ＝ルーミー（No.25、27）、学者のカーニム・アル＝ファキーフ（No.24）といった非宦官のシャイフ職就任例が多くなった。すなわち、イブン・カースィムの登場を転換点として、チェルケス・マムルーク朝後期には有力宦官がシャイフとなる慣行が崩れていったと捉えることができよう。

(5) ファーリス・アッ＝ルーミー・アル＝アシュラフィー（没年不明）（No.17）

サハーウィーによれば、このファーリスが上記イブン・カースィムの後任であり、カイロを発って海路メディナの外港ヤンブーウへ行き、メディナに赴任した。彼は後に一旦解任されるが、少しおいて再任された[58]。このファーリスの任期に入って間もなく、スルターンのジャクマクはメディナで新たな宗教政策を打ち出した。すなわち、シーア派信徒が葬儀礼拝のために預言者モスク内に立ち入ることを禁止したのである[59]。それは、預言者モスクの中でシーア派信徒たちによる葬儀礼拝がそれまで行なわれてきたことを示唆するものである。宦官ファーリスを通じ実施されたこのジャクマクの政策は、マムルーク朝のメディナにおけるシーア派対策の一環をなすものと理解されるが、留意すべきは、禁令の中に「アリー派のシャリーフたち（アシュラーフ・アラウィーヤ）を除き」との但し書きがあった点である。それは、当該時期のメディナにシーア派信仰を保つシャリーフたちが存在し、聖地社会で勢力をなす彼らに対しては、スルターン権力も未だ一定の譲歩を強いられていたということを意味している。[60]

以上の五人の事例には、エジプトのスルターン権力との密接な繋がり、シャリーフ勢力との対抗関係、スンナ派の擁護者としての側面、聖地における慈善・救貧事業の担い手といったシャイフ・アル＝フッダームをめぐる重要な論点を確認することができる。[61]そして、『助言者の忠告』には、こうしたシャイフたちの伝記記述に続いて、彼らの下にいた「信仰正しきハーディムたち」の伝記も列挙されている。[62]そこにおいて著者は、彼らハーディムたちが、数多くの善行を積み、イスラームの固い信仰を持ち、住宅やナツメヤシの木を寄進し、奴隷を解放し、聖典クルアーンの読誦やハディースの学習に努める存在と総括している。[63]こうした諸点はまさに、フジュラのハーディムたちに対する人々の役割期待を示すものともいえよう。

そしてもう一つ注視すべきは、シャイフ・アル＝フッダームをはじめとしたフジュラのハーディムたちがムジャーウィルたちと親しく交流し、彼らに対して慈善を行ない、喜捨を施したことが『優美な贈物』と『助言者の忠告』でしばしば強調されているという点であろう。[64]そしてハーディムのムジャーウィルへの情動は、「イウティカード（信仰）」と表現される場合さえあったのである。[65]一四世紀以降のマムルーク朝諸史料における一般的語法でいえば、それは「生けるムスリム聖者」への崇敬と信仰を指す語である。

三　メディナのムジャーウィル

それでは、預言者モスクのハーディムたちが親交を結び、善行を施したムジャーウィルとは、メディナにおいていかなる存在であったのだろうか。

ムジャーウィルは、『優美な贈物』の伝記集部分に頻出する鍵語の一つである。管見の限りムジャーウィルに関する本邦唯一の言及者である家島彦一氏は、イブン・バットゥータの『大旅行記』でこれに「寄留者」という訳語を当て、訳注で「ジワールを持った人。ジワールとは、旅人の通行と安全、一定期間の滞在と生活を保障する隣人保護のこと。メッカ、メディナやその他の大都市に多くの外来者が旅の途中で立ち寄ったり、また、学問・修行や商売のために一定期間客人として滞在した。その場合、外来者は町の住民と同様に安全保護のもとに置かれた。」と説明している[66]。「隣人保護の対象者」は確かにその一般的な語義に違いないが、少なくともマムルーク朝期の諸史料においてムジャーウィルの語はより限定的な意味で使用されていると考えられる。すなわちそれは、唯一神アッラーフからの特段の恩寵（バラカ）を望んで、イスラームの三大聖地の中心モスクとその周辺、あるいはカイロのアズハル・モスクのような大都市の特別な聖域（ハラム）に長期滞在し、イスラームの宗教実践や学問を励行し、信仰三昧の生活を送るムスリムを指して用いられているのである[67]。つまり、ムジャーウィルとは「聖域滞在者」であり、ムジャーワラは「聖域に滞在すること」であり、いずれも「聖域に滞在する」を意味するジャーワラというアラビア語動詞を基にした名詞である。

『優美な贈物』にはムジャーウィルの実例が、枚挙に暇のないほどみられる。彼らは、第一にエジプト、次いでマグリブ地域、そしてその他の地域からの新来の移住者たちであった。詳しい伝記記述のあるムジャーウィルの例を一つとりあげてみよう。

アフマド・アル＝フジャンディー（一三二九～一四〇〇年）は、中央アジアのシル河中流の町フジャンドに生まれ、同地で学んだ後、サマルカンド、ブハラ、フワリズム、サラーイ、クリミア半島、ダマスクスなどに移動しながら学問修業を続けた。そして、ハッジュ巡礼に続きメディナ参詣を行なった。その後メッカに戻ると、再度ダマスクスへ行き、ヘブロン参詣の後、聖地エルサレムに学んだ。それからまたダマスクスへ戻り、再度ハッジュ巡礼を完了の後、メディナでムジャーワラ（聖域滞在）の生活に入った。つまりこの学者は、優れた教師、そしておそらくは宗教・教育職を求め各地に遊学しながら聖地巡礼を繰り返し、メディナに落ち着いた学者ということになる。しかし、メディナ定着後も彼は一時的にそこを離れた。イラクのナジャフにあるアリー廟を参詣し、バグダードで彼の属するハナフィー学派の開祖アブー・ハニーファの廟を詣でてその地で医学を修め、さらにカルバラーのフサイン廟参詣も行なってからメディナへ帰還したのである。さらに三度のハッジュ巡礼の後、一三六二年にメディナに戻り、「ムスタファー（預言者ムハンマド）のジワールに滞在した」という。これは、以後彼が預言者モスクの近くに居を定め、「預言者ムハンマドの安全保障の下」にあったことを表現したものである。彼はその後メディナで法学者として高等教育やイフター（法勧告作成）の仕事にも従事し、死後郊外のハムザ廟近くに埋葬された[68]。そして、このムジャーウィルのアフマドに始まるフジャンディー家は、メディナの有力ウラマー家系へと発展することになる。『優美な贈物』には、学者・文人として活躍した彼の息子のイブラーヒーム[69]とムハンマド[70]、さらには彼らの子孫たちに関する伝記が多数載録されている[71]。

ところで、ムジャーウィルたちが単なる聖域滞在者ではなく、超自然的な力を備えた存在とみなされることがあったことは、カスタッラーニー（一二三九年没）というムジャーウィルの挿話から窺い知ることができる。「両聖地のシャイフ（導師）」と呼ばれたこのマーリク派の学者がメディナでムジャーウィルであった時、旱魃となり雨乞いが必要となった。メディナの住民が雨乞いをしたが、降雨はなかった。しかし、毎日八〇人の貧民を扶助していたカスタッラーニーが社会的弱者や貧困者に大量の食事を分与し、続いてその他のムジャーウィルたちと一緒に雨乞いをすると恵みの雨があったと『優美な贈物』には記されている[72]。ここに貧者への食糧供与（イトゥアーム・アッ＝タアーム）が神の恩恵を引き出すという所謂「サダカの論理」を見出すこともできるが、「住民」と「ムジャーウィル」を区別・対照する視座、そしてムジャーウィルたちが神の応答を引き出す特別な霊力を持つとする認識を読み取ることもできるだろう。

『優美な贈物』を通読する限り、こうしたムジャーウィルはマムルーク朝期が進むにつれ明らかな増加傾向を示しているが、その多くはサハーウィーやフジャンディーのようにイスラーム諸学を修めたスンナ派の学者たちであった(73)。そして、前記のようにフジュラのハーディム宦官たちもメディナで学業に精を出し、シャイフのディーナールの例のようにムジャーウィルの学者に教えを乞うことも少なくなかった。学問こそがムジャーウィルとハーディムを繋ぐ媒体であり、そこでの学問の中軸はスンナ派の法学やハディース学であった。すなわち、聖都メディナにおけるスンナ派の学問振興において、増大するムジャーウィルの学者たちと王権に直結するハーディム宦官たちとの間の協働が顕著にみとめられるのであり、預言者モスクその他を舞台にした彼らの学問的・宗派的連携がシーア派傾向を持つシャリーフたちへの大きな圧力として作用していたと理解されるのである(74)。

四　マムルーク朝スルターンとフジュラ

「両聖地の従者」であるマムルーク朝王権の保護下にあった聖都メディナであるが、そこでは他のスンナ派諸王朝の君主や有力者による寄進、喜捨、建設事業もまた活発であった。『優美な贈物』に顕著なのは、アラビア半島以東の地域からの働きかけである。イランのシーラーズを首都とするスンナ派王朝、ムザッファル朝のスルターン・シャー・シュジャーウ（一三八四年没）はメディナに喜捨を送り、預言者モスクに書籍を寄進した(75)。インド・デカン高原のバフマニー朝のアフマド一世は、一四三四（－三五）年、クルバルジーヤ学院を創設し、預言者モスクのラフマ門近くに巨大なランプを寄贈した[76]。また、ベンガルのイルヤース・シャーヒー朝のギヤース・アッ=ディーン・アーザム・シャー（在位一三八九～一四一〇年）も両聖地に多額の喜捨を行ない、マドラサを建設した。彼のメディナのマドラサは、ラフマ門近くのヒスン・アティークにあった[77]。

『優美な贈物』に詳述されているのは、モンゴル帝国イルハーン国の実力者であった「副カーン（nāʾib al-qān）」のチューバーン（チョバン）Jūbān b. Tadwān の事例である[78]。チューバーンは、一三二四年、死後の埋葬を希望してメディナに墓廟付きのマドラサ、ジューバーニーヤ学院を建設した。一三二七年の彼の死は、イルハーンのアブー・サイードの命によるヘラートでの殺害であったが、その遺骸はアブー・サイードの指示でイラクのハッジュ巡礼団と共にまずメッカへと運ばれ、その後、上記マドラサの墓廟に埋葬すべくメディナに持ち込まれた。メディナのアミールはマムルーク朝のナースィル一世にジューバーニーヤ学院への埋葬許可を求めたが得られず、結局チューバーンの遺体は同じくアブー・サイードに殺害された息子のディマシュク・フワージャ Dimashq Khuwāja b. Jūbān と共にバキーウ墓地に葬られたのであった[79]。

チューバーンが望んでいた墓廟への埋葬を許可されなかった理由について、『優美な贈物』には、その墓が通例と異なって預言者モスクの西側にあり、フジュラに足を向ける形になるからであるとの情報を伝えている。一因であろうが、それだけではないだろう。チューバーンの墓については「マドラサの墓は預言者のフジュラの香りが漂う窓の下にあった」とも記されており、ムハンマド廟への近接性がその特長であった。マムルーク朝スルターン権力としては、同王朝成立期から最大のライバル国家であったイルハーン国において隆盛を極めたこの実力者に、「特権的位置取り」を許したくなかったのではないかと思われるのである。そして、この事件はまた、当該時期にメディナのアミールでなくエジプトのスルターンがこうした許認可権限を掌握していたことも教えている。[80]

マムルーク朝スルターンはメディナのアミール職とシャイフ職に加えて、預言者モスクのナーズィル（管財人）職の任免権も有していたが[81]。これら重要職の任免権と共に政治的重要性を帯びていたと考えられるのが、盛んに実践された寄進・寄付などのイスラーム的善行を通じた直接的な働きかけである。『優美な贈物』の情報を総合すると、その対象は明らかに預言者モスクへ集中しており、独占的な傾向を示しているのである。表2は同書に記された歴代スルターンのメディナへの寄進・寄付情報一般を集めたものだが、それはあたかも預言者モスク関連の情報のみを抜粋したかのようにみえるのである。

この表2からまず指摘できるのは、聖地メディナの聖なる中心である預言者モスク、とりわけフジュラ空間の重視である。そして、そこにおいては、スルターン権力が預言者ムハンマドの埋葬されている墓そのものに手を加えることを慎んで、木製囲いや墓の上のドーム、屋根、説教壇といった墓周辺の構造物や環境の整備に努めていたことをみてとることができる。

もう一点注視すべきは、スルターンたちによる預言者モスクの説教壇（ミンバル）の取り替えである。マムルーク朝国家体制の確立者であったバイバルス一世が、イエメンの通商国家ラスール朝のスルターンが寄贈した説教壇を取り去り、新たな寄贈を行なったことは容易に理解される。しかし、バルクークによるバイバルス一世の説教壇の除去、そして、ムアイヤド・シャイフによるバルクークの説教壇の除去は、それぞれの王権の立場を想起するとき、意外な行為といわざるを得ない。

バルクークはカラーウーン家出身者がスルターン位に就く所謂「カラーウーン朝」の体制を終焉させ、チェルケス・マムルーク朝を興したスルターンである。この新体制の創設者は、カラーウーン家への対抗意識からカ

表2 『優美な贈物』にみえるマムルーク朝スルターンのメディナへの寄進・寄付

スルターン	在位年(西暦)	寄贈・寄進行為(年はヒジュラ暦)	典拠
バイバルス1世	1260-1277	火災後預言者モスク修復に大工53人を派遣(658年)。同モスクに説教壇を寄贈。イエメン・ラスール朝ムザッファル王の説教壇を除去(666年)。 ハッジュ巡礼後、フジュラに3つの門のある木製囲い(ダラーバズィーン)を寄贈(668年)。	*Tuḥfa*, 1:385-386
カラーウーン	1279-1290	フジュラの上にドーム(クッバ)を新設(687年)。 サラーム門に沐浴所を建設(686年)	*Tuḥfa*, 3:418
キトブガー	1294-1296	フジュラの木製囲いに窓を取り付ける(694年)	*Tuḥfa*, 3:427
バイバルス2世	1309-1310	アミール時代にハッジュ巡礼にさいしシャイフ・アル＝フッダームの要請を受け、副スルターンのサラールと共にサラーム門にミナレットを建設し、金銀ランプを寄付。	*Tuḥfa*, 2:167
ナースィル1世	1293-1294 1299-1309 1310-1341	第4番目のミナレットと4つのリワークを建設。	*Tuḥfa*, 3:715-716
イスマーイール	1342-1345	キスワのためのワクフ設定(743年)。ハーディムのポスト増設。	*Tuḥfa*, 1:61, 319-320
シャーバーン2世	1363-1377	フジュラの上のドームを改築強化(765年)	*Tuḥfa*, 2:219
バルクーク	1382-1389 1390-1399	説教壇の寄贈。バイバルス1世の説教壇を除去(797年末)。小麦や金貨の喜捨行為。	*Tuḥfa*, 1:367
ムアイヤド	1412-1421	シリア製のミンバルの寄贈(822年)。バルクークの説教壇を除去。	*Tuḥfa*, 2:227
バルスバーイ	1422-1438	征服地キプロスからの税収でナースィルが建造したリワーク2つを建て直し、屋根を修復(831年)。 法学者の勧告に従い、フジュラの木製囲いの門を釘止めにする。	*Tuḥfa*, 1:366-367
ジャクマク	1438-1453	ラウダやその他の屋根部分の修復(853年)。 クルアーン本の寄贈。ワクフによる挽割小麦粥の分配。預言者モスク内のクルアーン読誦の設定。	*Tuḥfa*, 1:366, 422
カーイトバーイ	1468-1496	サラーム門外にマドラサ、リバート、図書館、給水施設、孤児のための学校などを建設。 預言者モスクの修復(876年)。大火後、全面的改築(891年)。挽割小麦粥の給食施設、公衆浴場、製粉所、製パン所、賃貸住宅、卸売商業施設などの建設。大規模なワクフの設定。預言者モスク内の講義・クルアーン読誦の設定。	*Tuḥfa*, 3:410-412

ラーウーンに先立つ実力者バイバルス一世と同じザーヒルという王号をあえて選んで称し、マザーリム法廷の積極的運営にみられるようにバイバルス一世の統治文化の継承者としての顔を持ったスルターンであった。また、ムアイヤド・シャイフがその治世において、かつて軍事奴隷であった頃の主人であるバルクークの設置した間違いなく高価な作品を、あまり時を経ずにあっさりと除去したのも衝撃的である。この「異形の王」ムアイヤドは、自ら主宰する儀礼の舞台にカイロのサフラー（砂漠）地区にあったバルクークの墓廟施設を選ぶなど、主君の築いた新体制の継承者を演じていたからである[82]。

王権による説教壇への関心は、都市とその周辺域の統治者を公的に確認する機能を持つ金曜集団礼拝時の説教（フトバ）の重視と結び付いている。そして、この場合の都市はイスラームの大切な聖地のひとつであり、その重要性は別格である。また、説教壇が木製であり、老朽・破損など交換の理由が付けやすいという事情も考慮する必要があろう。いずれにせよ、こうした継承者によるメディナの説教壇の交換は、エジプト王権と聖地都市の関係を考える上で注目に値する歴史事象であり、イスラームの他の聖地に関する事例と比較検討する必要がある。

歴代のマムルーク朝スルターンでメディナに最も強い関心を示したのは、同王朝末期に長期政権を実現し、文化的爛熟期を用意したカーイトバーイであろう。『優美な贈物』の王の伝記は簡略なものが多いが、執筆時期がその治世末期に当たることも手伝ってカーイトバーイの項はかなり詳しい[83]。サハーウィーは、カーイトバーイについて「両聖地とその周辺の儀礼の場、とりわけ預言者の町に関心を持った者の一人」と指摘している。彼の眼には、このマムルーク王がヒジャーズの両聖地のうち、特にメディナの保護に尽力したスルターンに映ったのである。

表2に示したように、カーイトバーイは預言者モスクのサラーム門に近接したマドラサを中心に複合施設を建

設し、巨大なワクフを用意し、ジャクマクによる所謂「ダシーシャ（挽割小麦粥）・ワクフ」にならってさらに大規模なダシーシャの定期配給をメディナで実践した。サハーウィーによれば、ダシーシャその他のために寄進農地からもたらされる穀物量は年に約七五〇〇イルダッブ（約六七五キロリットル）に及び、モスク修築や複合施設建設の総費用はディーナール金貨一二万枚を超えたという。[84]『優美な贈物』には、カーイトバーイが八八四／一四八〇年のハッジュ巡礼の途上に行なったメディナ参詣（ズィヤーラ・ナバウィーヤ）について、次のような記述がみられる。

畏怖と謙遜の態度を示した彼のそこ（メディナ）への到着は、［ヒジュラ暦の］同年一一月二二日金曜日（一四八〇年二月四日）の明け方のことであった。そこにおいて、彼はその市壁の門のところで馬から降り立ち、その両足で歩行した。そして、彼は礼儀正しく、高貴なるフジュラに立ち入ることを差し控えたのであった。それから彼は、ラウダのムハージルたちの柱のところで礼拝指導者に従って朝の礼拝を行なった。その後彼は徒歩で現れ、メディナの門から出た。彼は滞在中そこ（メディナ）でそのように振舞った。そしてハムザやクバーのような聖廟を参詣し、金貨六〇〇〇ディーナール以上を分配し、同二四日に旅立っていったのである。[85]

聖地メディナにおけるこのスルターンのイスラーム法にかなった篤信の行動形態を伝える内容である。ここでは、それが個人の信仰と政治的演技のいずれによるものかと二者択一の問いを発すべきではないだろう。王が市壁の門で下馬してフジュラ参詣に向かったことは、市壁に囲まれた都市メディナの全体が強い聖なる空間であったことを明示するものである。あるいは、このスルターンの参詣作法によって、メディナの聖なるイメージは人心にさらに深く刻み込まれたともいえよう。そして、ワクフの設定に加えて実際に足を運んでの盛大な喜捨行為、金貨の分配が持つ意味も小さくなかったであろう。それらは、ムスリム王の信心の表出であるばかりでなく、北方でオスマン朝が強大化しつつある情勢のなか、イスラーム世界の国際政治において「両聖地の従者」としての立場を確保する方向に作用したに違いないと思われるのである[86]。

おわりに

以上、フジュラのハーディムやムジャーウィルという聖地メディナにおける独特の人間存在に照準を定めつつ、マムルーク朝王権とメディナの関わりについて論じてきた。そこでの重要な問題のひとつは、ムハンマドの墓を守るハーディム勢力とムハンマドの血統保持者であるシャリーフ勢力の間にあった緊張関係であったが、これについてはさらに多くの史料情報を集め、オスマン朝期・近代にまで視野を広げ、さらに総合的な考究を進めねばならない。中世後期になってもシーア派傾向を残すシャリーフ勢力に対抗し、聖都メディナにおいてマムルーク朝のスンナ派体制を担ったハーディムたちにとっては、各地から参集するムジャーウィルたちとの協働関係の形成が肝要であった。この両者を寄進、寄附講座、サダカなど慈善行為のかたちで経済的に支援していたのがスンナ派の諸王権や有力軍人・官僚たちであり、このうち圧倒的な活動を示していたのがマムルーク朝の歴代スルターンたちだったのである。

そして、メディナに特に強い関心を示したスルターンのカーイトバーイの例にもみられるような、メディナ、預言者モスク、その聖なる中心であるフジュラに対する宗教感情の高まりは、広くは中世後期のイスラーム世界におけるムハンマド崇敬の隆盛という社会潮流のなかで理解すべきであろう。マムルーク朝期の史料にハーディムやムジャーウィルについての記述が急増するのも、まさにこうした高揚現象の一部といえるのである。

スーフィズムの社会的浸透やムスリム聖者崇敬の拡大と連動しつつ、「預言者たちの封印」であるムハンマドに対する熱烈な個人崇敬、その絶大な執り成し能力（シャファーア）に対する信仰は、一二・一三世紀を転換期としてイスラーム世界の各地で急激な高まりを示した。[87] そして、それは各地で実に多様な宗教実践を花開かせていった。それらを列挙すれば、①ムハンマドの生誕祭の活性化、[88] ②ムハンマドを讃美する頌詩（ナート、マドフ、ブルダ）やフジュラ・ラウダへの憧憬を詠った詩の流行、[89] ③スンナ派学者による「正統的」ムハンマド伝と謎の人物バクリーの作とされる「民衆的」ムハンマド伝の双方の流布、[90] ④カイロ南部の聖遺物保管所の設立（一三世紀末）に代表されるムハンマド聖遺物信仰の発展、[91] ⑤睡眠・覚醒時にムハンマドと対話可能とされた人物の聖者化[92]といった社会現象である。こうしたムハンマド崇敬の社会的拡大と精神的深化に関する多角的な解明は今後の大きな研究課題であり、本稿で試論したマムルーク朝王権の聖地都市メディナへの関与という問題も、こうした宗教・社会的文脈のなかでさらに細かく検討して行かなければならない。

（1） マムルーク朝期のハッジュ巡礼に関しては、とりあえず Anqawi, A., "The Pilgrimage to Mecca in Mamluk Times", *Arabian Studies* 1, 1974, pp. 146-170 を参照のこと。

（2） 近年校訂出版されたものとして、Al-Samhūdī, *Wafā' al-wafā' bi-akhbār Dār al-Muṣṭafā*, 6vols., London, 2001; Id., *Khulāṣat al-wafā' bi-akhbār Dār al-Muṣṭafā*, 2vols., Medina, 1998; Al-Marāghī, *Taḥqīq al-nuṣra bi-ta'rīkh ma'ālim Dār al-Hijra*, Riyad, 2002; Al-Marjānī, *Bahjat al-nufūs wa'l-asrār fī ta'rīkh Dār Hijrat al-Nabī al-Mukhtār*, 2vols., Mecca, 2002; Ibn Farḥūn, *Naṣīḥat al-mushāwir wa-tasliyat al-mujāwir*, Cairo, 2006（以下、*Naṣīḥa* と略記）; Al-Fīrūzābādī, *al-Maghānim al-muṭāba fī ma'ālim Ṭāba*, 4vols., Medina, 2002 などがあげられる。

（3） Al-Sakhāwī, *al-Tuḥfa al-laṭīfa fī ta'rīkh al-Madīna al-Sharīfa*, 3vols., Cairo, 1979.（以下、*Tuḥfa* と略記）

（4） Al-Sakhāwī, *al-Ḍaw' al-lāmi' fī a'yān al-qarn al-tāsi'*, 12vols., Cairo, 1934-1936, 8:2-32; "al-Sakhāwī", by C. F. Petry, *The*

Encyclopaedia of Islam, New Edition.

（5）*Tuḥfa*, 1:50-51.

（6）以下、年月日はヒジュラ暦／西暦と表わし、単独で示す場合は西暦を意味する。

（7）"al-Suyūṭī", by E. Geoffroy, *The Encyclopaedia of Islam*, New Edition; *Tuḥfa*, 1:12.

（8）*Tuḥfa*, 1:97.

（9）*Tuḥfa*, 1:175-176.

（10）*Tuḥfa*, 1:192.

（11）*Tuḥfa*, 2:403-409. ファルフーン家については、『助言者の忠告』最終章の著者の父や兄弟に関する詳しい記述（*Naṣīḥa*, 323-333）を参照のこと。

（12）『優美な贈物』で頻用されているいまひとつの重要史料である、辞典編纂者フィールーザーバーディー（一四一五年没）によるメディナ史も合わせて使用すべきであるが、筆者の入手し得た刊本（Al-Fīrūzābādī, *al-Maghānim al-muṭāba fī ma'ālim Ṭāba*, Riyad, 1969）は地理関連の部分のみを抜粋校訂したものであった。同史料の検討は、別の機会に試みたい。

（13）以上、*Tuḥfa*, 1:17-51.

（14）*Tuḥfa*, 1:52-53. ダマンフーリーの経歴は、*Naṣīḥa*, 250-252; *Tuḥfa*, 3:312-317 に詳しい。

（15）*Tuḥfa*, 1:53-60.

（16）*Tuḥfa*, 1:51-52.

（17）*Tuḥfa*, 1:61. なお、『優美な贈物』でキスワを贈ったカリフとして確認されるのは、アッバース朝のムスタディー（在位一一七〇～八〇年）のみである（*Tuḥfa*, 1:499）。

（18）*Tuḥfa*, 1:64.

（19）*Tuḥfa*, 1:64.

（20）*Tuḥfa*, 1:64-65.

（21）*Tuḥfa*, 1:65-71.

（22）*Tuḥfa*, 1:71-73.

（23） *Tuḥfa*, 1:73-77.

（24） *Tuḥfa*, 1:78-97.

（25） メディナ写本に依拠する使用刊本には、人物に付された番号の重複などを考慮して名前のみが記されている者を含めれば、四〇八七名が載録されている。しかし、列挙されているのは「ムハンマド」までであり、不完全な校訂本である。このため、イスタンブルのトプカプ図書館所蔵の二写本を参照する必要があるが（Muṣṭafā, S., *al-Ta'rīkh al-'arabī wa'l-mu'arrikhūn*, vol.3, Cairo, 1990, pp. 179-180）、今後の課題としなければならない。

（26） 彼の知人は、学者だけでなく、メディナ滞在中に利用していた理髪師（*Tuḥfa*, 2:141）まで収録されている。

（27） *Tuḥfa*, 1:428, 3:411.

（28） *Naṣīḥa*, 286-287.

（29） *Tuḥfa*, 2:126.

（30） *Tuḥfa*, 1:432; *Naṣīḥa*, 318.

（31） *Naṣīḥa*, 303.

（32） *Tuḥfa*, 1:516.

（33） *Tuḥfa*, 1:534, 2:156-157.

（34） *Tuḥfa*, 3:276.

（35） *Naṣīḥa*, 310-312; *Tuḥfa*, 1:484-485, 3:246, 267-268.

（36） *Naṣīḥa*, 71.

（37） 以上、Mortel, R. T., "The Ḥusaynid Amirate of Madīna during the Mamluk Period", *Studia Islamica* 80, 1994, pp. 97-123に依拠したが、ヒジャーズのスルターン職については、Al-Maqrīzī, *al-Sulūk li-ma'rifat duwal al-mulūk*, 4vols., Cairo, 1956-1973（以下、*Sulūk* と略記）, 4:75-76による。

（38） Mortel, "The Ḥusaynid Amirate", p. 108.

（39） *Tuḥfa*, 1:396-397.

（40） *Tuḥfa*, 1:101-102.

（41）但し、『助言者の忠告』にハーディム宦官によるマムルーク保有も一例だけ確認される（*Naṣīḥa*, 48-49）。

（42）宦官については、Marmon, S., *Eunuchs and Sacred Boundaries in Islamic Society*, New York & Oxford, 1995, pp. 63-67. マムルーク朝期の宦官については、Ayalon, D., "The Eunuchs in the Mamluk Sultanate", in *Studies in Memory of Gaston Wiet*, edited by M. Rosen-Ayalon, Jerusalem, 1977, pp. 267-295 も参照のこと。また、宦官一般に関する筆者の見解は、事典項目ではあるが、拙稿「宦官」（『歴史学事典12　王と国家』弘文堂、二〇〇五年）において示した。なお、メディナのフジュラ以外の廟にもハーディムは存在したが、彼らについては宦官の例は見当たらない。ハムザ廟のハーディムについては *Tuḥfa*, 1:501, 3:678、バキーウ墓地のアッ＝サイイド・ブン・アル＝アッバース廟のハーディムについては *Tuḥfa*, 2:448-449 を参照せよ。

（43）Marmon, *Eunuchs and Sacred Boundaries*, pp. 31-45. 早期の例として注目されるのが、六一二／一二一五（一六）年に生きていたフジュラのハーディムで「両聖地のムジャーウィル」であったジャウハルである（*Tuḥfa*, 1:437）。彼は「二人のアミールの解放奴隷」であり、名前からしても宦官である可能性がある。

（44）Marmon, *Eunuchs and Sacred Boundaries*, p. 38. マーモンはここでイブン・ドゥクマークの地誌に依拠しているが、*Naṣīḥa*, 291; *Tuḥfa*, 1:319-320 にも、サラディンとイスマーイールによるハーディムのためのワクフ設定についての言及がある。

（45）*Tuḥfa*, 1:61.

（46）Marmon, *Eunuchs and Sacred Boundaries*, pp. 11-12, 60-61.

（47）本表は暫定的なものであり、特に一五世紀初頭のシャイフについてはさらに多くの同時代史料の記述に当たらねばならない。なお、表中の *Ibn al-Furāt* は、Ibn al-Furāt, *Ta'rīkh Ibn al-Furāt*, vol.9, Beirut, 1936-1938 の略記である。

（48）*Tuḥfa*, 3:449. Marmon, *Eunuchs and Sacred Boundaries*, p. 51.

（49）*Naṣīḥa*, 41.

（50）*Naṣīḥa*, 43-45; Ibn Ḥajar, *al-Durar al-kāmina fī a'yān al-mi'a al-thāmina*, 5vols., Cairo, 1966-1968, 2:194; *Tuḥfa*, 2:40-43.

（51）これと同様にハーディムの解放奴隷がファッラーシュを務めた例は、ほかにも確認される。例えば *Tuḥfa*, 1:366 を見よ。

(52) ディーナール・アル＝バドリーに関する情報は、*Naṣīḥa*, 57-58; *Tuḥfa*, 2:43-44 による。

(53) マムルーク朝期の救貧施設については、長谷部史彦編著『中世環地中海圏都市の救貧』（慶應義塾大学出版会、二〇〇四年）所収の三浦徹論文および拙稿を参照されたい。

(54) *Sulūk*, 4:961. マクリーズィーはサラディンの時代以来初の非去勢者の就任とするが、イブン・ファルフーンによれば、一四世紀前半のシャラフ・アッ＝ディーン・アル＝ハズナダーリーも健常者である。*Naṣīḥa*, 47 を参照せよ。

(55) *Tuḥfa*, 3:712-713; *Sulūk*, 4:891, 915, 910, 961, 973, 1005, 1012, 1071.

(56) マムルーク朝期のマハッラ・クブラーについては、拙稿「マハッラ・クブラー蜂起の諸相」（『オリエント』四六巻二号、二〇〇四年）一六一～一七九頁、および Hasebe, F., "Popular Movements and Jaqmaq, the Less Paternalistic Sultan: Some Aspects of Conflict in the Egyptian Cities, 1449-52", *Annals of Japan Association for Middle East Studies* 20-2, 2005, pp. 34-41 を参照されたい。

(57) Darrag, A., *L'Égypte sous le règne de Barsbay, 825-841/ 1422-1438*, Damas, 1961, pp. 159-237; Labib, S. Y., *Handelsgeschichte Ägyptens im Spätmittelalter (1171-1517)*, Wiesbaden, 1965, pp. 377-387; Meloy, J. L., "Mamluk Authority, Meccan Autonomy, and Red Sea Trade, 797-859/ 1395-1455", Ph.D. dissertation, The University of Chicago, 1998, pp. 140-199 を参照のこと。

(58) *Tuḥfa*, 3:392. しかし、マクリーズィーは後任を宦官のシャーヒーン・アッ＝サーキーとし（*Sulūk*, 4:1071）、『優美な贈物』の記述と相違している。

(59) *Tuḥfa*, 3:392. この施策は、サハーウィーの執筆時にも継続していたという。

(60) 一四五七年、メディナのシーア（ラーフィダ）派シャリーフのバルグースとリカーブがフジュラへ侵入し、ランプを全て盗んで処刑されるという事件が派生したが（*Tuḥfa*, 1:367, 2:69）、これもジャクマクに始まるシーア派への締め付け強化との関連で考察すべき問題であろう。

(61) これらの諸点について、これ以外の具体例を列挙すれば次のとおりである。スルターンとの密接な関係：エジプト諸王に二五年間仕えたヤークートの例（*Naṣīḥa*, 49-50）、シャリーフとの対抗関係：*Naṣīḥa*, 40、スンナ派の擁護者：*Tuḥfa*, 3:408-410、慈善・救貧活動：*Naṣīḥa*, 45-46, *Tuḥfa*, 2:121, 211 など。

(62) *Naṣīḥa*, 51-66. なお、シャイフ・アル＝フッダームの下には、その補佐役とみられるナーイブ・アル＝マシュヤハの存在も確認される。*Tuḥfa*, 2:18, 3:372, 426 を参照のこと。

(63) *Naṣīḥa*, 65.

(64) *Naṣīḥa*, 40, 42, 43, 64; *Tuḥfa*, 2:40, 243-244 など。

(65) *Naṣīḥa*, 54.

(66) イブン・バットゥータ（家島彦一訳注）『大旅行記』第二巻（平凡社、一九九六年）、七四頁註一一一。

(67) 『優美な贈物』には、有力ウラマー名家の一員であり、学者・禁欲者であったイブラーヒーム・ブン・ジャマーア（一三六三年没）について、「彼はかつて三つの高貴なるマスジド（メッカの聖モスク、メディナの預言者モスク、イェルサレムのアクサー・モスク）にムジャーウィルとして滞在した」との示唆的な記述がある（*Tuḥfa*, 1:151）。アズハル・モスクのムジャーウィルについては、*Sulūk*, 4:322-324 を参照のこと。なお、ムジャーウィルについて、モーテルは「聖都に少し前に居を定め、イスラーム世界のあらゆる部分から来訪した者たち」（Mortel, "The Ḥusaynid Amirate", p. 108）、マーモンは「聖域の隣人および保護されたクライアント」（Marmon, *Eunuchs and Sacred Boundaries*, p. 56）と説明している。

(68) *Tuḥfa*, 1:253-264.

(69) *Tuḥfa*, 1:105-107.

(70) *Tuḥfa*, 3:450-452.

(71) *Tuḥfa*, 1:134-135, 219-221, 228-229, 2:255-256, 289, 3:246-248, 246-248, 450-452, 469-471, 493-494, 588, 705. フジャンディー家やファルフーン家など聖都メディナの有力ウラマー家系に関しては、豊富な史料情報を利用した研究が可能であり、必要である。

(72) *Tuḥfa*, 1:204-205.

(73) 『優美な贈物』や『助言者の忠告』には、おそらくはスンナ派の学者による著作であるため記述を見出すことができないが、マムルーク朝期のメディナにシーア派のムジャーウィルが存在しなかったと断ずることはできまい。

(74) この点に関しては、Marmon, *Eunuchs and Sacred Boundaries*, pp. 55-61 も参照のこと。但し、一四世紀前半までにつ

いては、シャリーフたちと親しくし過ぎてシーア派と疑われたハーディムの例（*Naṣīḥa*, 37）、メディナのアミールの保護下に入って会合を持つムジャーウィルの例（*Naṣīḥa*, 41）なども僅かながら確認される。

(75) *Tuḥfa*, 2:209-210.

(76) *Tuḥfa*, 1:277. アフマド一世のマムルーク朝領内における喜捨活動に関しては、拙稿「バフマニー朝アフマド一世によるカイロへのサダカ送付」（『オリエント』四七巻二号、二〇〇五年）一四一〜一四五頁を参照されたい。

(77) *Tuḥfa*, 1:333. また、イエメン・ターヒル朝スルターンのアリー・ブン・ターヒルが就任以前にメディナのムジャーウィルであったことも（*Tuḥfa*, 3:225-226）、ムスリム王権とメディナとの関わりを考えるさいに注目される。

(78) 以下は *Tuḥfa*, 1:431-436 による。チューバーン家については、とりあえず "Čūbānids" by R. M. Savory, *The Encyclopaedia of Islam*, New Edition を参照のこと。

(79) *Tuḥfa*, 2:39 には、ディマシュク・フワージャに関するごく短い伝記記事がある。

(80) なお、メディナへの為政者の移葬としてはサラディンの父とおじシールクーフの例も重要であるが、この場合には預言者モスクの窓に面した、「フジュラの東側」に位置する邸宅（dār）に葬られている（*Tuḥfa*, 2:227）。

(81) 但し、これに関して『優美な贈物』で確認できるのは、バルクーク期にナーズィルを務めたムハンマド・アル＝マフルーミー（*Tuḥfa*, 3:531）とその後任のアフマド・アッ＝サンドゥービー（*Tuḥfa*, 1:277）の例のみであり、さらなる調査が必要である。前者については、「フッダーム庁のナーズィル職（naẓar dīwān al-khuddām）」との興味深い表現もみられる。

(82) 詳しくは拙稿「王権とイスラーム都市——カイロのマムルーク朝スルタンたち——」（『岩波講座世界歴史一〇　イスラーム世界の発展』岩波書店、一九九九年）二四七〜二六七頁を参照されたい。なお、ムアイヤドは、このシリア製ミンバルを当初カイロのズワイラ門に近接する自らのマドラサ（モスク）に据えるつもりであったという（*Tuḥfa*, 2:227）。

(83) *Tuḥfa*, 3:410-411.

(84) *Tuḥfa*, 3:411. カーイトバーイのメディナの複合施設については、Behrens-Abouseif, D., "Qāytbāy's Foundation in Medina, the Madrasah, the Ribāṭ, and the Dashisha", *Mamluk Studies Review*, vol.2, 1998, pp. 129-147 が詳論している。カーイトバーイと密接な関係を保ちながら両聖地で活動したカイロの商人に、「フワージャー」の称号を持つムハンマ

ド・アッ＝ディマシュキーがいたが、この紳商も私財を投じ両聖地でリバート建設やダシーシャ配給を行なった（*Tuhfa*, 3:696）。また、カーイトバーイのマドラサのシャーッド職を担うべくメディナに送り込まれた宮廷宦官サンダル・アル＝ヒンディー・アル＝アシュラフィーについては、*Tuhfa*, 2: 243を参照のこと。

（85） *Tuhfa*, 3:411. カーイトバーイのメディナ滞在は二泊であった。この時に預言者モスク内でカーイトバーイを実見したサムフーディーによる記述に関しては、Marmon, *Eunuchs and Sacred Boundaries*, p. 53を参照のこと。

（86） スルターン・バルクークも、金貨と小麦をメディナに送付するというかたちであるが分配している（*Tuhfa*, 1:367）。また、小麦のサダカは、例えばクトゥルバク・アル＝マンジャキーのようなマムルーク朝アミールによっても行なわれていた（*Tuhfa*, 3:417）。

（87） ムハンマド崇敬に関する総合的な考察としては、Schimmel, A., *And Muhammad is his Messenger: The Veneration of the Prophet in Islamic Piety*, Chapel Hill, 1985が重要である。

（88） Kaptein, N. J. G., *Muhammad's Birthday Festival: Early History in the Central Muslim Lands and Development in the Muslim West until the 10th/ 16th Century*, Leiden, 1993.

（89） Schimmel, *And Muhammad is his Messenger*, pp. 176-215.

（90） Shoshan, B., *Popular Culture in Medieval Cairo*, Cambridge, 1993, pp. 23-39.

（91） 大稔哲也「中世エジプト・イスラム社会の参詣・聖墓・聖遺物」（歴史学研究会編『巡礼と民衆信仰』青木書店、一九九九年）二二四～二六一頁。

（92） 拙稿「中世エジプト都市の救貧――マムルーク朝スルターンのマドラサを中心に――」（長谷部史彦編著『中世環地中海圏都市の救貧』慶応義塾大学出版会、二〇〇四年）四五～八九頁。

Ⅲ　ヨーロッパ

一三世紀南フランスにおける誓約と文書——統治者と都市との関係構築の諸相——

図師宣忠

はじめに

本稿では、中世南フランス都市とその統治者（トゥールーズ伯／フランス王権）との関係構築のありようを、両者を結びつける忠誠誓約の儀礼に注目して検討する。主な対象時期は、王権が南フランス統治を開始する一三世紀であるが、この一世紀はフランス社会で実践的な文書利用が進展していく時期に重なる。(1)南フランス都市は一二世紀後半より都市の公証人を擁し、文書利用をいち早く進めていた。こうした文書利用のあり方が、誓約を通じた統治者と都市との関係構築の局面においてどのような影響をもちえたのか、これが本稿での分析の主眼となる。

封建社会の儀式性を強調したマルク・ブロックによれば、身振りと声による儀礼である臣従礼は「可視的なものに対して極度に敏感であった人々の心を打つのに格別に適し」たものであったという。(2)中世は「身振りの文明」(3)とも評され、とくに封建時代における身振りの重要性は「文字の弱さ」と表裏一体の現象として説明されてきた。封建社会においては、口頭の約束や身振りが「法的」証拠としての価値をもち、公正証書や署名と同等あるいはそれ以上の拘束力をもっていた。たとえ約束の文書が存在したとしても、それはたんに動作と話された言葉を裏づけるだけのものであって、ただちに法的効力を保証するものとはならなかったのである。[4] たしかに一一・一二世紀以降、文書量は劇的に増加していくし、都市と商業活動が再興し、国家および行政機関が発展する一三世紀になると、文字や文書の利用も一般化していく。だが、それによって身振りや声の重要性が減じられたわけではない。中世には、つねに「身振りや声の文化」と「文字の文化」の両方が存在しており、両者のバランスが変化していくだけなのである。[5] とはいえ、かつて聖職者の専有物であった文字が都市民などの俗人にもアクセス可能となっていく一三世紀は、活版印刷という「複製技術」の登場にともなう一五世紀半ば以降のコミュニケーションの大きな変容過程にも匹敵するきわめて重要な変化を経験する。[6] 本稿が一三世紀に注目する理由はまさにここにあるといってよい。

一二～一三世紀にかけて南フランス都市が文書利用を進めていく過程において、身振りと声による儀礼的行為である誓約がどのような変化を見せるのか。そして、一三世紀半ばのフランス王権による南フランス統治の開始によって、誓約と文書とがいかなる役割を果たしていくのか。本稿では、文書利用がいち早く進む南フランス都市、とくにトゥールーズを対象としながら、こうした誓約と文書の関わりを王権進出の前後で比較検討していく。封建時代において重要な役割を果たしていた誓約は、都市の発展のなかでどのような変化を遂げ、王権の進出によっていかなる影響を受けることになるのだろうか。さらに文書の役割はそこにどのように関わってくるのであろうか。これらの点を明らかにすることがここでの目標になる。[7]

一　封建的諸構造と南フランス都市

南フランスは一三世紀にいたるまで、パリ周辺のイル・ド・フランスに拠点をおく王権の影響をほとんど受けることなく半ば独立を保っていた。しかし一三世紀前半、この地域はアルビジョワ十字軍の終結とともに、徐々に王権に管理される政治組織へと組み込まれていった。こうして一三世紀後半から、王権による南フランス統治が本格的に開始されることになる(8)。本節では、南フランスのトゥールーズ伯領が王権と関わりを深めていく過程を概観した上で、行論の前提となる情報を整理しておくことにする。

1　王権の南フランスへの進出

一二〇九年にはじまるアルビジョワ十字軍は、当初、異端討伐の十字軍として教皇インノケンティウス三世によって提唱されたものであった。しかし、この十字軍は北フランスの諸侯たちによる領地奪取という世俗的な要素を強めるなか、一二二六年にフランス国王ルイ八世の参加を得て、一二二九年にトゥールーズ伯レーモン七世の実質的な敗北という結末を迎える。この「敗北」が南フランス社会にとって重大な転機となったとされ、これ以降王権と南フランスとの関わりが徐々に形作られていくことになる。

まず、アルビジョワ十字軍の終結時に結ばれたパリ条約（一二二九年四月一二日）の規定によって、伯領の東部が王権に譲渡され、伯レーモン七世の唯一の相続人である娘ジャンヌと国王ルイ九世の弟アルフォンス・ド・ポワティエとの結婚が取り決められた(9)。ただしこのとき、レーモン七世は贖罪の行為（修道院の支援、伯領における異端の継続的な追跡、聖地での十字軍への参加など）を課される一方で、死ぬまでの残りの期間、伯領を含む所有地のうち西部の領域の維持は認められている。こうして王権に忠誠を誓ったレーモン七世は、残された伯領の集権化を徐々に進めていった。そのため、この時期にはまだ王権との関わりはそれほど強いものとはなっていない。

その後、レーモン七世が結局男子相続人を残すことなく一二四九年に死亡したため、その娘ジャンヌの夫としてアルフォンス・ド・ポワティエが伯領を継承し、さらにそのアルフォンスとジャンヌも子供を残すことなく一二七一年に相次いで死去したために、伯領の王権への帰属が決定的になる。こうして伯領は王領に編入され、フィリップ三世以降の国王による統治の時代がはじまることになる。以上のように、この地域のフランス王権との関わりは、一三世紀半ば以降に強まっていくのである。

従来、フランス王権と南フランス都市との関係構築という問題はそれほど高い関心を集めてはこなかった。その背景には、アルビジョワ十字軍での南フランスの「敗北」の結果として、王権の南フランスへの浸透が半ば自明視されてきた状況がある。(10) もちろん王権の行政制度や官僚制の整備に関する質の高い個別の実証研究はなされてはいるものの、(11) 王権の進出に伴って王権と在地の諸勢力とがいかなる関係を取り結んでいくのかという点は重要な検討課題として残されていた。(12) この問題に先鞭をつけたのがJ・ギヴンである。(13) ギヴンは、王権が新たな支配領域の統治を開始するさいに、統治の技術が在地の社会構造とどのような「弁証法的関係」にあるのかを、ウェールズとラングドックを比較しながら検討した。それによれば、イングランド王権がウェールズに対して中央の政策を押し付け、その結果反乱を招いたのに対して、在地の諸勢力の人的な結びつきが強固であったラングドックに進出したフランス王権は、彼らの意向に配慮しつつ、財政機構をはじめとするさまざまな在地の技術をうまく活用しながら統治を進めていったという。王権の進出が在地社会に与える（から受ける）インパクトを探ることを課題としたギヴンの研究は、一三世紀における南フランス社会の変化を検討する上で出発点をなすものである。ただし、ギヴンの研究は、モデルの抽出に力点がおかれているため、本稿では、ギヴンの提示した枠組みを受け継ぎながら、より具体的に王権・都市関係を構築する誓約に焦点を合わせ文書利用の実態に即して議論を進めていきたい(14)。

ところで、こうしたフランス王権の浸透の問題に比して、王権の進出以前の南フランス社会に関しては、とくに近年多くの研究成果が積み重ねられている。統治者と都市との関係構築の局面における誓約と文書の役割を探るための前提として、以下三つの議論を整理しておきたい。第一は、南フランスにおける「封建制度」の問題、次に南フランスにおける誓約の問題、最後に、そうした南フランス特有の封建的諸構造に諸都市をどのように位置づけるかという問題である。

2　南フランスの封建的諸構造

かつて南フランスは「封建制度」なき社会、あるいは「不完全な封建制度 féodalité imparfaite」(15) しかもたない社会だとみなされてきた。その理由としては、北西ヨーロッパで貴族層の封建関係を規定する「オマージュ hommage」の用語が、南フランスではもっぱら領主—農民関係において用いられ、農奴の托身の意味合いが強かったという点があげられる(16)。このことを示すよく知られた例を見てみよう。

一〇九七年四月二二日、第一回十字軍で聖地への途上にあったトゥールーズ伯レーモン・ド・サン゠ジルは、コンスタンティノープルにおいてビザンツ皇帝アレクシオス・コムネノスに対するオマージュと忠誠の誓いを求められた。北フランスの諸侯たちがみなその要求に応えたのに対して、レーモンただ一人がこれを拒否したという。数日の交渉を経た四月二六日、レーモンはオマージュではなく代わりの誓約をなすことには合意する。その誓約のなかでレーモンは、自分も自分の家臣たちも皇帝の生命や財産を脅かすことは何もなさないことを約束した[17]。

レーモンによるオマージュの拒否というこの有名なエピソードに見られるように、南フランスの貴族層の間ではオマージュは忌避される傾向にあり、こうした貴族層におけるオマージュの欠如が、従来は南フランスにおける封建制度の不完全さの徴候とみなされてきた。しかし、P・ボナッシーを嚆矢とする一九七〇年代以来の研究により、南フランスをはじめイタリアやイベリア半島など南欧社会における「封建的諸構造 Structures féodales」の解明が進み、それまで北西ヨーロッパをモデルとして描かれてきた「封建制度」は相対化されることとなった[18]。それによると、貴族層における主従関係の形成にオマージュが介在していないのは、「不完全封建制」の特徴なのではない。隷属のイメージが付きまとうオマージュの語を貴族たちは回避していただけであって、「誠実誓約 serment de fidélité」をもとに封建的な諸関係は形成されていたのだという。相手を害さないというレーモンの約束は、じつは南フランスでは一般的な合意の形式だったのである[19]。

ところで、封建関係の結びつきは「血の絆の緊密性」によっても特徴づけられている。主君に対する家臣の誠実心は、家臣制と血縁という「ふたつの連帯性がひとつに合するとき、最高に熱烈なものとなる」のであり、このふたつの人間関係が封建社会における人的紐帯を形作っているとされる[20]。こうした封建時代における人的紐帯の特徴は、かつては北西ヨーロッパに特有の現象とされてきた。しかし、近年の諸研究はそれらを、偏差はあるものの中世南フランスにおいても同様に確認されるものだと指摘している。とくに一一・一二世紀における南フランスの貴族社会については非常に多くのことが明らかにされており、貴族社会の親族構造やトゥールーズ伯とその取り巻きとの諸関係に焦点を合わせた重要な研究がなされている[21]。

それによると、南フランスの封建的な諸構造における人的なネットワークは縦・横にさまざまに張り巡らされたものとして捉えられるという。貴族＝領主層の横のつながりは、親族関係を中心としてもたらされ、血のつながった人々の関係（血族関係）と婚姻を媒介とする人々の関係（婚姻関係）が、そのつながりの維持・更新に重要な役割を果たしていた[22]。一方、縦の関係である封建的な主従関係の結びつきには、友愛の感情を示すことが必要とされていた[23]。トゥールーズ伯と封臣との主従関係を明らかにしたL・マセによれば、伯と主要な封臣との関係にも友愛の感情が重要な要素として介在していたという[24]。『アルビジョワ十字軍の歌』のテクストに表れる伯とその家臣の間のこうした親愛の情は、一方から他方に一方向的に向かうものではなく、両者の間で相互に交わされるものであった。伯からの愛は伯の寛大さの表れであったが、その一方で、家臣がその愛を受け入れなければ伯の怒りに身をさらすことにもなった。このような「愛 amor」と「誠実 fides」という概念は、トゥールーズ伯を中心とした諸関係のネットワークのなかで密接に結びついていたのである[25]。以上のように、少なくとも一二世紀以前の南フランス社会は、封建的諸構造のなかで理解されるべきものだと考えられている。

3　南フランスにおける誠実誓約

次にそうした社会における誓約について確認しておこう。南フランスでは、古くは「コンウェニエンティア（約定）convenientia」が人々を結びつける役目を担っていたと考えられてきた。コンウェニエンティアとは、和解の創出、婚姻関係の取り決め、相続財産の分割の決定などにさいして、権力者 potentes の間で自由に結ばれる合意のことである[26]。相互的な信用や合意に基づいた契約であるコンウェニエンティアは、オマージュのような保護・従属という性質をもってはおらず、その締結には、書面が必要というわけではなかった。南フランスでは、一〇世紀以降に頻出する用語であり、「パクトゥム pactum」、「アミキティア amicitia」、「フィニス finis」、「ソキエタス societas」(合意、友愛、和解、同盟などの意)といった語と同義に用いられていた。南フランスにおけるコンウェニエンティアに最初に着目したP・ウルリャクによれば、書面に対する信用が九五〇年ごろに失われると、規定的価値をもちえなくなった証書は覚書と化し、九五〇年ごろから一〇四〇年にいたる時期にコンウェニエンティアの浮上が見られる。[27] しかしその後、書面に対する信頼が回復していくと、文書による契約関係が人々の絆を創り上げる決定的な役割を果たすようになっていくとされる。[28] 従来は、このようにコンウェニエンティアとその後の契約こそが南フランスの人的紐帯を特徴づける要素だと捉えられてきた。

しかしトランカヴェル家の史料を詳細に検討したH・デバは、誠実誓約に注目してラングドック社会の人的紐帯の特質を明らかにした。デバによれば、コンウェニエンティアや契約よりむしろ、主君と家臣の関係を規定する誠実誓約こそが南フランスの封建的諸構造のなかでは重要な位置を占めていたという。[29] ここでの誠実誓約とは、二者間で(多くの場合相互に)なされる約束であり、地域の上流貴族層の人的紐帯を創り上げるものであった。なお、南フランスでは、誠実誓約を文書に記す慣行が古くから存在していた。トゥールーズ伯とその家臣の間でも誠実誓約が取り交わされていたことが知られており、トゥールーズ伯領における封建関係の形成に誠実誓約が重要な役割を果たしていたことが指摘されている。[30]

4　封建社会における都市の位置づけ

それでは、このような封建的な諸関係のネットワークのなかで、一二世紀以降に徐々にその姿を現してくる諸都市はどのように位置づけられるのであろうか。

従来の都市史は、中世の都市を自由と自治の砦として捉え、反封建制あるいは反領主制の拠点として描いてきた。南フランス都市史でも、コンシュラ都市における自治制度の解明が目指され、領主から権力を勝ち取って「自由と自治」を享受する自治都市の姿が類型化されてきた。こうした自治都市論の研究は、一九七〇年代まで南フランス都市史の大きな潮流となっていた。(31) しかし近年の諸研究は、これとは対照的に、都市を中世社会に内在する不可欠の構成要素と捉え、封建社会や領主支配の重要な要素とみなしている。これまで研究対象とされ自治都市像の典型とみなされてきた大規模な都市に代わって、中小都市へと関心をシフトさせたこれらの諸研究は、領主権力と密接に結びついた中小都市のあり方を明快に示している。(32)

本稿はこうした研究動向を踏まえつつ、しかしそれらとはいささか異なる方向性を志向する。というのも、都市の発展のなかで誓約と文書がどのような連関を見せるのかという点を明らかにするためには、文書利用が質・量ともに充実していた大規模な都市を再び（しかし別の角度から）検討する必要があるからである。

ここでは都市トゥールーズが伯に対して示した忠誠の振る舞いを見てみよう。アルビジョワ十字軍の最中の一二一七年九月、伯レーモン六世はシモン・ド・モンフォールに占領されていたトゥールーズの奪還に取りかかろうとしていた。そのとき伯は、トゥールーズの家臣たちに対して「友愛の情」を示す励ましのメッセージを使者に託した。「もっとも重要で尊重される者たち」とされたトゥールーズの人々はそれに対して返事を行う。彼らは伯を「心から愛し」ており、伯と彼らの間には「愛、友愛の情、良き意志、実直、完璧なる忠誠」が存在している、と。(33) この箇所は、都市民が（シモンではなく）伯レーモンに対して都市を明け渡す用意があることを示す部分であり、実際にその後、レーモンは都市民の協力を得てシモンから都市を奪い返すことになる。このように、『アルビジョワ十字軍の歌』の詩人は、都市民が彼らの「正当な」領主に対して示した「愛」を物語っている。都市民の伯レーモンに対する親愛の情は、ここでは、揺らぐことのない誠実を示すものとして提示されているのである。また、『アルビジョワ十字軍の歌』のマニュスクリプトに描かれたレーモン六世のトゥールーズへの到着のシーンの挿絵では、都市民が伯の前に歩み出て、伯の手と足をとって口づけをしている。この行為は、伯に対する深い愛と忠誠を表すものである[34]。

自治を担う団体として都市を捉える傾向にあった従来の都市史とは異なり、近年の諸研究は、以上のように都市(の有力者)を、愛と誠実の連携を媒介とした封建社会における人的ネットワークの重要な構成要素として捉えている。とはいえ、都市の有力者は、その他の封建的諸勢力とまったく同様の存在であったわけではない。たとえば都市トゥールーズは公証人を擁し文書作成の技術を有していたが、このことが後述するように、伯と都市との誓約に基づく関係に新たな要素を持ち込むことになるのである。近年の研究によって、封建的諸構造のなかでの誓約の特質は徐々に明らかにされてはきているものの[35]、都市における誓約がどのような性質をもち、その役割をいかに変化させていくのかについては、別の角度から意味を読み解いていく作業が必要である。また、封建的諸構造の解明に重点がおかれていたこれまでの研究では、一一・一二世紀が主な検討の対象であったため、王権が進出してくる一三世紀の変化についてはまだ検討の余地が残されている。

そこで次節以降、トゥールーズを主な対象として、封建社会において人的紐帯を生み出していた誓約という身振りと声による儀礼が、都市にとってどのような意味をもっていたのか、そして一二～一三世紀にかけて文書の利用が進展していくなかで、誓約の形態がどのように変化していくのか、さらにそれらが王権の進出によってどのような影響を受けるのかについて検討していこう。

二　都市トゥールーズにおける誓約と文書

本節では、まずトゥールーズ伯領における封主・封臣関係をまとめた上で、一二～一三世紀にかけて、トゥールーズが都市領主であるトゥールーズ伯との間で取り交わした誠実誓約を具体的に分析し、誓約の機能と文書の役割について考察していきたい。

1　トゥールーズ伯と家臣の関係

前節で触れたように、南フランスでは複雑な血縁関係が大多数の家臣とトゥールーズ伯との結びつきを作り上げていたが、その一方で、家臣の伯に対する忠誠は、誠実誓約だけではなく防備集落であるカストルム＝城という土台に基づくものでもあった。カストルムが封として与えられるさい、家臣にはその権利を保証する伯の印章が附された文書も授与されていたと考えられるが、家臣が忠誠を誓う第一の動機はこのカストルムのためであり、これにより人格的に従属・保護の関係に入ることはなかった。その誓約において、家臣はただ、第三者を助けたり、秘密を敵に漏らしたり、陰謀に参加したりはしないということを約束するにすぎない。このように家臣は、伯の生命と財産の安全を約束しているが、ここでは領主を害さないという観念が人的紐帯の軸になっているのである。[36]前節で見たレーモン・ド・サン＝ジルによるオマージュの拒否は、このような南フランス的な誓約のあり方を反映した態度だったといえよう。

ただし、伯への奉仕は要求された。軍事奉仕としては、軍役 exercitus と馬での護衛の義務を伴う奉仕 cavalcata が知られており、その他に家臣は宿営税 alberga も負っていた。宿営税とは、領主を饗応する義務のことであり、巡回してくる伯とその随行員（および彼らの乗用馬）の宿と食事を家臣が提供するというものである。伯および騎士五人～四〇人の受け入れが一般的であるが、なかには都市ニームのように一〇〇人を受け入れるという例もあった。この宿営税が貨幣による支払いに変えられることは滅多になかった。というのも、伯にとってこの饗応の権利は、城主層を支配し、家臣の忠誠を（現地で、食卓で）確保するための有効な手段だったからである。領主を饗するという行為は、間接的な税の徴収という性質をもちあわせているだけでなく、領主と家臣の懇親・接触が果たされる重要な契機ともなる。このように伯の巡回は、経済的な利益と政治的な利得の混合したものであった。誠実誓約とカストルムに基づく伯と家臣の関係は、饗応の場における両者の接触によって常に更新されるものだったのである。

次に、一二世紀後半～一三世紀半ばにかけて、都市トゥールーズと伯とが相互に取り交わした誠実誓約を検討していこう。他の諸侯の場合と同様に、両者の間でも、伯位の継承や伯の結婚など重要な局面にさいして相互に誓約が交わされ、諸権利の承認が行われた。なお、これらの誓約を記した文書のうち残存するものはすべて、都市のコンシュルによって保存されたものである。しかもそのほとんどが都市のオフィシャルなカルチュレール（証書写本集成）に収められているため、こうした誓約に関する文書を都市がとりわけ重要視していたことが推測できる。(37)

2　相互誓約における留保条件の提示

ここでは、伯と都市との間の相互誓約について確認していく。まず、残存する最初期の記録である一一八一年五月一日の誓約の文書を見てみよう。(38)この誓約は、トゥールーズ伯レーモン五世の一人称によって開始される。

「神の恩寵によりトゥールーズ伯であり、ナルボンヌ公であり、プロヴァンス辺境伯たる余レーモンは、トゥールーズのシテとブールのすべての男女に対して、現在も未来も、以下のことを負託し、聖なる福音書にかけて誓約する。すなわち、彼らが余を信じ、余を良き領主とみなすことができるということを。ただし、余のすべての法と支配は、現に余が有し、かつ有すべきところに従って、保持される」(39)。

南フランスにおける誓約は、このように「聖なる福音書」に手を触れて行われた。聖遺物や十字架などその他の宗教的なモノが使用されることはない。文書にはこれに続いて、この伯の誓約に対して「トゥールーズのシテとブールのカピトゥルと良識者たち」が、伯レーモンとその後継者に「忠誠と身体と財産」を与えることを望む旨が記されている。しかし、都市民の「すべての法と諸慣習と諸権限は、現に有し、かつ有すべきところに従って、保持される」(40)。

以上のように、伯は都市に対して「良き領主」であることを誓い、それに対して都市の有力者は伯に対する忠誠を約束している。この相互の約束が伯と都市との関係構築の役割を果たすのだが、ここで注目すべきは、双方が留保条件を提示している点である。相互に誓約をなすにあたって、伯の側は「すべての法と支配」を、都市の側は「すべての法と諸慣習と諸権限」を保持しつづけることが前提となっているのである。つまり、「良き領主」として統治する伯は、家臣たちが保有する「法と諸慣習と諸権限」を尊重しなければならず、それに対して、都市も伯の「法と支配」を覆してはならないということである。この伯の「法と支配」も都市の「法と諸慣習と諸権限」も、具体的に何を指すのかははっきりとは示されていない。しかし逆にだからこそ、誓約という儀礼的な場において、双方がそれぞれの状況に応じたアド・ホックな対応をとることができたと考えられる。誓約の文書に留保条件が記されるというやり方は、その後の誓約においても共通して見られる要素であるが、一三世紀半ばにいたるまでそうした条件の内容が詳細に規定されることはない。

3 伯による諸権利の承認と都市による文書の呈示

一一九四年に伯位についたレーモン六世が翌年の御公現の祝日（一月六日）に都市と交わした誓約では、これまでと同様の形式で相互に誓約が執り行われたあと、伯が都市民に対して諸特権の譲与と確認を行っている。レーモン六世は、「父のレーモン（五世）と祖父のイルデフォンスが、都市のすべての人々とその祖先たちに与え承認したすべての諸権限と都市規約」を「諸権限と都市規約の文書に含まれている通りに」認め、承認している。[41]さらに、伯はかつてレーモン五世とイルデフォンスが保持していた「すべての諸慣習」も承認するが、都市民に与えられたこれらの諸特権は、誰によっても取り除くことはできないとされる。[42]こうした過去の証書への言及はこれ以降の誓約に共通して見られる。

ここからは、コンシュルが誓約にさいして諸特権が記された文書を伯に呈示していたであろうことが推測できる。一二世紀後半の相互誓約においては、伯による寛大なる権利承認に対して都市側が忠誠を誓っているが、そのなかで都市側は文書を呈示するという姿勢を見せるようになっていく。都市が交渉の道具として文書を呈示するということのような文書利用の形態は、一三世紀に入るとより明確になる。

一二二二年一二月一三日のレーモン七世との誓約では、一一四七年のイルデフォンスと一一九五年のレーモン六世による権利放棄など、以前にも見られた諸権限の承認とほぼ同一の文言が見られるが、この文書には、伯が諸特権を「諸権限の文書と書冊に含まれている通りに」承認するという文言が含まれている。[43]諸特権が記された文書に加えて、ここにおいてはじめて「書冊」への言及が見られるのである。この「書冊」は、一三世紀初頭に公証人ギヨーム・ベルナールが転写した都市のオフィシャルなカルチュレールである可能性が高い。コンシュルは都市が有する一葉ごとの権利文書だけではなく、都市が編纂した書冊を「証拠」として呈示することで、諸権限の承認を引き出そうとしていたと考えられる。これらの相互誓約と承認の場は、コンシュルにとって都市の諸権限を伯に確約させるもっとも重要な局面であったが、一三世紀に入ると、一葉の証書と並んで書冊がそのために利用されているのである。

ここで大切なのは、誓約の場での交渉において文書は都市の側から持ち出されているという点である。伯との関係において、文書利用のイニシャティヴは都市の側がにぎっているといえよう。一二世紀後半から公証人による文書作成が定着していくトゥールーズでは、誓約は都市の公証人によって公正証書の形で文書化されており、都市に関わる公的な文書には伯の印章ではなく都市の公証人の署名が付されていた。また、公証人によって記されたこれらの一連の文書は都市によって保管され、都市のオフィシャルなカルチュレールに収められた。こうした都市による文書利用のあり方が、一三世紀以降、伯と都市との誓約に基づく関係に影響を与えるようになっていったのである。

この点をさらに明確に表す一三世紀半ばの事例を見てみよう。一二四七年七月二〇日に伯レーモン七世と都市との間で交わされた相互誓約の文書には、過去の誓約の文言が挿入されるという新たな特徴が見られる。レーモン七世とコンシュルならびに大勢の良識者たちの面前で、「トゥールーズの公証人ブリュノ・ボッレッルスの手で書かれた公正証書が読み上げられた。その内容とは次のようなものである」。誓約の文書にはこの後に、一二二二年九月二一日の相互誓約の文書のコピーが挿入されている。(44) そして、「この文書が読み上げられた上で」伯が諸権限の承認を行った。(45) 集会などの場で文書が読み上げられること自体は、中世を通じて行われる行為であるが、誓約の文書のなかにかつての文書の文言を記録として差し挟むという行為は、そうした文言が証拠としてみなされるようになったということを示していると考えられる。つまり、一三世紀半ばにいたって、単なる文書の呈示にとどまらず、文書の内容の参照という側面が浮かび上がってきているのである。トゥールーズは、このように伯との誓約の場に文書を持ち込み、誓約に基づく関係に文書を介在させようとしていく。文書の呈示から文書の内容の参照へと進展を見せる都市による文書利用のあり方が、伯と都市との関係にも影響を及ぼすことになったのである。(46)

以上のように伯と都市との誓約に基づく関係は、都市の文書に対する姿勢の変化に伴って、文書が介在する関係へと徐々にその性格を変化させていった。そうしたなかでトゥールーズは一二四九年に国王ルイ九世の弟アルフォンス・ド・ポワティエの手へと渡ることになる。北フランスの統治者との関係はこれまでとどのように異なっていくのであろうか。次節において、一三世紀半ば以降の王権・都市関係における誓約と文書の関わりについて確認していこう。

三　王権への誓約と統治の技術としての文書管理

一二四九年のアルフォンス・ド・ポワティエによる統治の開始とともに、都市トゥールーズは北フランスの統治者との関係を築いていくことになる。そして一二七一年にトゥールーズ伯領が王領に編入されると、トゥールーズは名実ともにフランス王権の支配下におかれることになった。本節では、まずトゥールーズによる伯アルフォンスへの誓約を確認する。その上で、トゥールーズ伯領の王領編入という政治的に重要な局面において、南フランスの貴族や諸都市が王権に対してなした誓約を検討していく。ここではトゥールーズ以外にも目を向け、一三世紀後半における王権と在地の諸勢力との関係構築の様相を浮かび上がらせるとともに、王権による統治に誓約と文書がどのような関わりをもっていたのかを明らかにしたい。

1　誓約の式文

アルフォンス・ド・ポワティエへの誓約については、トゥールーズの都市民がなした「誓約の式文 forma juramenti」が残っている。こうした誓約の式文はトゥールーズではこれまでには見られないものである。この式文には、新たなトゥールーズ伯アルフォンスに対して都市の人々が行った忠誠誓約の文言が記されているのだが、この式文の最後に「私は、私とトゥールーズのシテとブールの他の住民が、かかる誓約によっては、われわれの慣習と権利のいかなるものをも放棄しないということを述べる」という文言が見られる。(47) つまり、この誓約によって自分たちの利益が損なわれることはない、という留保の文言が記されているのである。

前節で確認したように、このような特権や慣習の維持という留保条件は、これ以前の伯に対しても提示されてはいた。しかし、これまでと大きく異なるのは、都市が誓約に先立って北フランスに代表団を派遣して、アルフォンスの母后ブランシュ・ド・カスティーユから留保条件が盛り込まれた式文を受け取り、持ち帰っている点である。これまでは、互いの留保は誓約の交換の現場で確認されていたのであるが、王弟アルフォンスへの誓約にあたって、都市側は文書にそうした留保の文言を前もって盛り込んでおこうとしたのである。

しかも、ここできわめて重要なことは、この誓約の場面にはアルフォンス・ド・ポワティエ自身はいないという点である。トゥールーズの人々は、代理に対して式文を読み上げ、その場にいない人物に対して誓約をなしているのである。このような誓約の式文を利用するという行為は、フランス王権による役人を通じた統治と関係していると考えられる。つまり、誓約の式文によって、相手が誰であれ同様の内容の保証を得られるようになるということである。このように誓約が本人ではなく代理の役人に対して行われるのは、一三世紀半ば以降のフランス王権に対する誓約に見られる特徴である。誓約は、かつては相対する人物の間の身振りと声による儀礼的な行為であった。しかし、北フランスの影響下に入る一三世紀半ばにいたると、単なる身振りと声による儀礼から、文書に基づいた法的関係を結ぶ行為へと移行しはじめているのである。

さて、都市トゥールーズのコンシュルは新たな統治者となるアルフォンスに対して誓約の文言のなかに留保事項を組み込むことを望み、それが記された「誓約の式文」にしたがって誓約をなした。このとき、都市は留保条件を提示するものの、これまで同様、その内容を詳細に規定していたわけではない。都市はそれぞれの局面で、留保事項を持ち出しながら統治者との関係を結びなおすという志向をもっていたからである。実際にこれまで、面と向かって相対した伯と都市のコンシュルは、私的な結びつきのなかで執り行われる誓約の場において、状況に応じて柔軟に関係を更新してきた。文書に記されるのは、あくまでそうしたアド・ホックな関係構築のあり方の保証だったのである。都市側は「誓約の式文」に留保条件を含めることを要求してはいるものの、結局こうしたこれまで通りの関係構築のあり方を望んでいたといえよう。

しかしアルフォンスのもとでは、都市が留保事項を提示してもこれまでと同じような内容が保証されるというわけにはいかなくなっていく。アルフォンスの治世において、この点をめぐって、たびたび彼と都市との間に対立が生じているのである。(48) 伯に対する要求は、これまでは誓約の場などで直接突きつけることができていたが、アルフォンスに対しては書簡を通じて主張しなければならなくなった。(49) 統治期間のほぼすべてを北フランスで過ごすアルフォンスに対しては、直接の接触の機会に状況に応じて関係を結びなおすというこれまでのやり方は明らかに適合的ではなくなっているのである。

一三世紀半ば以前には都市の側が伯との直接の交渉手段として文書に利用価値を見出していた。しかしアルフォンスやその後のフランス王権の統治のもとではそうした手段はとりえなくなっていく。それではこうした遠方の統治者との関係において、誓約と文書の関わりはどのように変化していくのであろうか。次に一三世紀後半の国王フィリップ三世への誓約を確認していこう。

2　トゥールーズ伯領の王領編入

一二七一年の伯領の王領編入の手続きでは、王権への誓約は、伯領の中心都市であるトゥールーズにおいてまず執り行われた。このトゥールーズの誓約に続いて、伯領のその他の貴族や諸都市も同様に王権への忠誠を誓っていく[50]。そこで以下では、伯領の王領編入のコンテクストをまず簡単に確認した上で、王権への誓約の検討に入りたい。

カルカッソンヌのセネシャルであったギヨーム・ド・コアルドンは、誓約が伯領を「監督する鍵となるべき」だという認識に立って[51]、国王に代わって伯領の各地を巡って在地の諸勢力から誓約を受け取っていった。彼は諸都市に赴いたさいに、市庁舎や城、修道院や教会などの屋内あるいは城の中庭などの戸外といった場所で集会を開いている。そこでは「伝令使の声」と「ラッパの音」によって人々を召集した上で、まず国王の命令書を読み上げ、「都市トゥールーズとアジュネ地域およびレーモン七世の所有していたその他すべての領地を含むトゥールーズ伯領全体」が「国王の手に渡るように」という集会の目的を明確に宣言する。その後、集まった人々が国王代理の「手の間で」誓約を行っていく。なお、これら一連の誓約の場には、国王自身は臨席しておらず、国王の代理が誓約を受け取っている。

ギヨームは王領編入の手続きを国王の公証人ピエール・ド・パリに記録させており、それがトゥールーザン地方、アジュネ地方、ケルシー地方についての三つの記録簿 registres として残されている。[52] この『トゥールーズ伯領の差し押さえ』の記録簿には九月から一二月にかけて執り行われた一連の誓約が記録されているが、これらの記録は、大きく二つのパターンに分類することができる。セネシャルが各行政区を巡ってその中心都市で受け取った各都市の代表による誓約の個別の記録と、伯領全体から貴族や諸都市の代表を都市トゥールーズに召集して大規模な集会のなかで受け取った誓約の記録である。

3　都市による個別の誓約

それでは前者の例として、まず一二七一年九月二〇日にトゥールーズの市庁舎で執り行われた誓約を見てみよう。「慣習のとおりに」市民全員も召集された上で、アルフォンスとジャンヌの死去のため、都市トゥールーズとトゥールーズ伯領が国王フィリップ三世の手に渡るということが国王役人によって述べられ、コンシュルが国王役人ジャン・ド・クラニスに対して誓約を行っている。彼らは、「国王が自分たちの直接の領主であることを認めること」、および「国王に、また国王の代理として彼ら〔ジャンとギヨーム〕に、国王の名誉と恩恵において、謙虚に従い、〔その者が〕生きていると死んでいるとに関わらずすべての者に抗っても、忠誠を誓いたいとすべての点で欲するほどまでに、国王とその支配を熱望し尊重する、ということ」を約束している。ただし、「彼ら〔コンシュル〕と前述の〔トゥールーズの〕シテとブール全員の特権のうち、コンシュル職と犯罪の審問権、また通行税と贖罪金および諸権利と承認された彼らの良き慣習は、害されないということを述べた上で[53]」という留保事項を最後に付け加えている。これに対してジャン・ド・クラニスは、国王に固く結ばれたところの誓約と忠誠が害されない上でのことと断りつつ、コンシュルが主張した特権などの維持に関して、彼らが誓約をなしても、「彼らの特権は、諸権利、承諾された彼らの良き慣習において減じられない」と説明している。(54) こうした留保条件の提示は、これまでに都市トゥールーズが示してきた姿勢と同じものである。

続いて、トゥールーズ以外の諸都市の誓約にも目を向けてみよう。一一月から一二月の半ばにかけて、セネシャルは伯領内の行政区を巡って都市代表を対象とした集会を数多く開いていく。(55) ここではヴェルダン行政区の諸都市を例にとって、誓約の手続きを確認していくことにする。

ヴェルダンにやってきたセネシャルは、まず一一月二日に都市ヴェルダンのコンシュルから誓約を受け取る。(56) そして翌日から七日にかけて、四二の共同体のコンシュルと良識者およびその他の貴族から都市ヴェルダンによる誓約の記録である「一三番の証書と同様の形式で」王権への誓約を受け取っていく。(57) 公証人ピエール・ド・パリはそれぞれの証書に番号を付し、このように他の証書に言及しているが、これはのちの参照を意図した文書作成の方法といえる。こうして公証人は、コンシュルが共同体ごとに分かれて行った誓約に関してそれぞれ詳細な文書を作成していく。(58) コンシュルは「自分たちと全員のために」誓約をなしており、(59) 国王を直接または間接の領主と認め、軍役その他の義務についての国王の権利を認めている。諸義務は共同体によって異なるものの、軍役と宿営税はほとんどの共同体に課されており、軍役がそのまま課されるのに対して、宿営税はほぼ金納化されている。

このヴェルダンでの誓約の記録には公証人の苦言も挿入されている。「しかるにヴェルダン区の他の村は現れもせず、誓約もしなかった。そのために法の裁きが彼らに対してなされんことを」(60)。ここから、集まった四二の共同体以外にも召集をかけていた共同体があったことがわかる。現に、ヴェルダン行政区のコンシュルが、ヴェルダンでの集会には参加せず、後日、カステルサラサンやモワサックでの集会において誓約を行っている例もあり、王権の召集に即座に応じなかった共同体もあったことがうかがえるのである[61]。とはいえ、ヴェルダンに続いて、カステルサラサン、モワサックでも同様の手続きが採られ、共同体ごとに詳細な文書が作成された。これらは王権と諸都市との誓約に基づく個別の関係を文書化したものと捉えられる。

4　統治の技術としての文書管理

しかし一一月一〇日以降、ローゼルト、アジャンなどでの集会において新たな手続きが登場する。行政区の中心都市のコンシュルが、周辺領域すべての共同体の名において国王に誓約しているのである。それぞれの行政区の中心的な都市で集会が開かれる点は以前と同じであるが、ここでは中心的な都市のコンシュルがその行政区の全共同体を代表して国王に誓約をなしており、各共同体はその名前が列挙されるのみになっている。こうして一二月半ばまでトゥールーザン、アジュネ、ケルシーの各地でこうした効率的な手続きが行われていく[62]。

ここで注目したいのは、手続きがどのようにして記録されたかという点である。当初の記録方法は、各共同体の誓約がそれぞれ一通ずつの証書のなかに記録されていくというものであった。王権と共同体とはこの証書を基盤にそれぞれ君主と家臣という個別の関係を結ぶことになる。しかし効率化された手続きにおいては、行政区ごとに作成される証書の一通の中に複数の共同体の名前が列挙され、その行政区の共同体がまとめて把握される結果となる。この証書で保証されるのは、複数の共同体を含む行政区と王権との関係ということができよう。王権側の記録簿は一通ずつの証書をバラバラに保管するものではなく、地域ごとに証書群をまとめて保管するという性格のものであったが、行政区ごとに作成される証書はこうした王権による文書管理のあり方を反映したものと考えることができる。また、公証人がそれぞれの証書に番号を付していた点も、あとから参照することを念頭においたものとして重要である。地域ごとに証書群をまとめたこの記録簿が、その地域の家臣集団の情報源となるわけである。

この点において、一二月の大規模な集会は重要な意味をもつ。一二月一七日にフローラン・ド・ヴァランヌとギヨーム・ド・ヌーヴィルが、ギヨーム・ド・コアルドンから任務を引き継ぎ(63)、一二月二〇日～二四日まで都市トゥールーズで大規模な集会を開催した。国王役人は五日間の集会のなかで、総計八〇九名の貴族、コンシュル、公証人から誓約を受け取っている(64)。まず、一二月二〇日に都市トゥールーズのコンシュルから九月に引き続いて誓約が受け取られた後、トゥールーザンのバロン、騎士、貴族および都市とカストルムのコンシュルが都市トゥールーズに召集され、誓約がなされた。彼らは行政区ごとに区分され、フローラン・ド・ヴァランヌ臨席のもとでギヨーム・ド・ヌーヴィルの「手の間で」国王への誠実誓約をなし、法を守ることを誓い、異端に対して戦うことを約束している。こうした大規模な集会は一〇月八日・九日にも開かれていたが(65)、そのときの大集会とは異なり今回は都市とカストルムのコンシュルも召集されていて、一〇八の共同体のコンシュルがこの集会に代表者として参加し誓約を行っている。召集される人数は、それぞれの都市ごとに二～四名と限定されており、その他の付き添いが来ていた痕跡は残されてはいない(66)。これらのコンシュルは、セネシャルが各地を巡っていたさいに誓約を行わなかった共同体を対象に召集されたと考えられる。一方、貴族のなかには一〇月の集会で記録された名前との重複が見られる者も多く、彼らは一〇月に続いて二度誓約を行っていることになる。当初王権は、貴族と都市とを別に扱っていたが、ここにいたってトゥールーザンという行政区域にいる家臣となるべき者をまとめて把握することになったわけである。これは先に見た記録のとり方を大規模に行ったものと捉えることができる。個別に家臣との関係を結ぶのではなく、地域ごとにまとめて把握していくという手段がここでとられることになったといえよう。

じつはこうした効率化への志向は、一二四九年のアルフォンスへの誓約のさいにも萌芽として見られた。トゥールーズのコンシュルが誓約を行う数日前、一二四九年一二月一日のトゥールーズのナルボネ城での集会において、少なくとも六六人の貴族と有力者、一四の共同体のコンシュルが誓約を行っているのである(67)。この集会に参加した貴族やコンシュルはほとんどがトゥールーザンから来ていた。また、正確な日時は不明だがおそらくその数日後、第二の集会が同所、同形式で開かれている(68)。この集会では第一の集会よりも広い地理的範囲、つまりトゥールーザン以外の地方からも人々が集まってきている。このことから、ふたつの集会がそれぞれ別の行政区から人々を集めるためのものであり、行政区ごとに被治者を区分して把握するための手段であったのではないかと推測できる。この一二四九年の手続きと比べると一二七一年の手続きでは、把握されるべく集められた人数が圧倒的に増加しているだけでなく(69)、共同体の諸義務をリスト化する証書が作成されるなど文書に基づく体系的な手続きが行われるにいたっている。つまりフランス王権は、国王の権利を明確に確立し行政を効率的に展開するために、文書に基づいて被治者を体系的に把握しようとしてきたといえよう(70)。以上のように、王権と都市との関係は、一三世紀後半には誓約よりもむしろ文書によって規定されるものとなっている。ここでの文書利用のイニシャティヴは王権が握っており、文書は統治の手段として利用されているのである(71)。

おわりに

本稿では、一二・一三世紀に南フランス都市が統治者と取り結ぶ関係を、誓約の機能と文書の役割に注目して分析してきた。その結果、フランス王権が南フランス統治を開始する一三世紀半ばに、誓約と文書を取り巻く状況が変化するなかで、それにともなって変容していく統治者と都市との関係構築の諸相が浮かび上がってきた。

一三世紀半ば以前には、トゥールーズ伯と家臣は「愛」と「誠実」という私的な感情に基づく関係を築いており、両者を結びつける誓約は、顔をつき合わせた儀礼的な行為であった。また伯にとって家臣の宿営税はきわめて重要なものであった。饗応の場での懇親・接触が伯と家臣との間の「愛」と「誠実」を更新させるのである。伯の巡回は、経済的な利益のためだけではなく統治の手段でもあったため、宿営税は貨幣による支払いに変えられることはなかった。このように伯は、誓約と宿営税という人的な接触に基づく統治の手段をとっていた。しかし、一三世紀半ばのアルフォンス・ド・ポワティエ以降、南フランスには統治者の代理人しか存在せず、誓約も統治者本人にではなく、代理人たる役人に対してなされる行為となっていく。そして一二七一年のトゥールーズ伯領の王領編入のときには、誓約をなす貴族や共同体は行政区ごとに分別されて把握されるにいたっている。なお、この時点では宿営税は金納化されていた。一三世紀半ば以降、王権による体系的な手続きの実施にともなって、人的な結びつきのあり方は決定的に変容していったのである。

このような変化と対応して、統治者と都市との関係構築に果たす文書の役割も一三世紀半ばに変化を見せることになった。南フランスでは古くから誓約を文書に記すという慣行があり、伯と都市との相互誓約も文書に残された。それらの誓約の文書には双方が提示する留保条件が記されている。しかし、それらの留保条件が具体的に規定されることはなく、一三世紀半ばまで伯と都市とは直接の接触の場でアド・ホックな交渉を展開していた。そうしたなかで都市は、諸特権を伯に承認してもらうために、これまでに授与された特権の文書やそれらを編纂した書冊を誓約のさいに伯に呈示するという手段をとっていった。こうした承認を引き出す文書利用のあり方は、公証人を擁し文書の作成を自らの能力で行えた南フランス都市の特質である。伯から与えられる特権文書であっても、伯の印章は付されず、伯の書記ではなく都市のコンシュルに任命された公証人がその文書を作成していた。このように都市にとって文書とは伯との関係を決定する重要な要素とみなされていたのである。

かつての伯と家臣との関係は、何よりもまず誠実誓約という身振りと声による儀礼によって生み出されるものであったが、一二世紀後半〜一三世紀半ばにかけて、両者の関係を結ぶそうした一連の行為に文書が介在するようになっていく。そして一三世紀半ばには、誓約は式文という書かれた文書に従って執り行われる儀礼へと変化する。かつて誓約という行為の記録として作成された文書は、ここにいたって、誓約という行為を根本で支える要素になっているのである。もちろん、身振りや声による儀礼は中世を通じてその重要性を維持する。しかし一三世紀以降、そうした儀礼は文書によって規定されるものとなっていったのである。

一方で、一三世紀後半に南フランス統治を開始するフランス王権は、統治の技術を効率化させていくなかで、文書による情報把握をきわめて重要な問題として認識していた。「トゥールーズ伯領の差し押さえ」にさいして、王権は新たな統治領域における目録の作成を重視していたし、『トゥールーズ伯領の差し押さえ』の記録簿自体が地域ごとにまとめられており、これらの文書の管理が、トゥールーズ伯領の王領編入という局面において行政区の整備を促進する結果ともなる。文書による支配を志向する王権はこうして文書行政を進展させてきたのである。

ところが、都市が培ってきた文書の利用価値と王権による文書管理の目的とのズレのために、王領編入という局面で、双方の異なる文書の理解がぶつかることになる。都市の側は、文書に留保条件を盛り込み、その文書を呈示して要求を統治者に突きつけてきた。アルフォンスの統治の開始の時点でも、トゥールーズ伯領の王領編入の手続きにおいても、そうした都市側の文書を重視する姿勢は継続して見られる。一三世紀の南フランス都市にとって誓約という儀礼的行為は、「文字化＝文書への記録」とも密接に結びついた性質のものであり、誓約は文書に記されてこそ効力を発揮するものだったからである。誓約の文言に留保事項を盛り込むことを執拗に要求する都市トゥールーズのコンシュルの姿はこのことを雄弁に物語っている。とはいえ、それらの留保条件の内容が具体的に規定されるものではなかったことからもわかるように、都市にとって文書に記すという行為は、上位権力にその文書を呈示して交渉するための手段にすぎなかった。しかし、王権はそうした在地社会の文書利用の慣行を取り入れつつも、その一方で、文書による体系的な情報把握の方策をとっていった。その結果、文書に留保条件を記すという南フランス側の要求は受け入れられたものの、統治の技術を効率化していく王権を前に、文書はもはやこれまでのようなアド・ホックな交渉の手段ではなくなっていく。こうして、一三世紀において誓約は、君主・家臣の個別の関係構築の手段から、集団での王権との関係構築の手段へとその役割を変化させることになったのである。

（1） O. Guyotjeannin, 'French Manuscript Sources, 1200-1330', in: R. Britnell, ed., *Pragmatic literacy, east and west, 1200-1330* (Woodbridge, Suffolk [England]; Rochester, NY, 1997), pp. 51-71.
（2） M・ブロック（堀米庸三監訳）『封建社会』岩波書店、一九九五年、一八六頁。
（3） J. Le Goff, *La civilisation de l'Occident médiéval* (Paris, 1964), p. 440.

（4） M. T. Clanchy, *From Memory to Written Record: England 1066–1307*, 2nd ed., (Oxford, 1993) (First published 1979), pp. 251-272.

（5） 「身振りの文化」と「文字の文化」という「ふたつの文化の間では、さまざまな時代に応じて、すべては割合の問題であり、象徴的価値体系のなかでいずれの活動に優位を与えるかの問題でもあった」（J-C・シュミット（松村剛訳）『中世の身ぶり』みすず書房、一九九六年、一一頁）。また、こうした〈オラリティ〉と〈リテラシー〉の問題については、W・J・オング（桜井直文ほか訳）『声の文化と文字の文化』藤原書店、一九九一年も参照。

（6） O・ギヨジャナンによれば、「一二世紀と一四世紀の間に見られる断絶は、古文書という観点からは、一五世紀後半の《中世末期》、《近代への移行期》のアカデミックな断絶——印刷術の漸次的普及および、ギリシア文化、次いで新世界との接触が印す——よりも重要性が高い。こうして一三世紀頃に確立された史料的様相は、修正や新たな発展は伴うものの、一八世紀まで維持された」（O・ギヨジャナン（渡辺節夫訳）「フランスにおける中世史史料——その利用、普及、保存——」東京大学史料編纂所編『歴史学と史料研究』山川出版社、二〇〇三年、五〇頁）。なお、一五世紀の変化に関しては、活版印刷術の登場とコミュニケーションの変容に注目した次の文献を参照。E・L・アイゼンステイン（別宮貞徳監訳）『印刷革命』みすず書房、一九八七年。

（7） ここではJ・グディが指摘するように、「身振りの文化」や「声の文化」と「文字文化」とを図式的に対立させるのではなく、〈オラリティ〉と〈リテラシー〉の絡まり合いの様相を解明することが必要となろう。J. Goody, *The Interface between the Written and the Oral* (Cambridge, 1987).

（8） フィリップ二世以来、フランス王権はイル・ド・フランスを中心とする王領地を、領邦の接収を重ねることによって大幅に拡大してきた。そうした領邦の中で、フランス王権にとってとくに重要であったのがノルマンディ公領とトゥールーズ伯領であった。J・ボールドウィンは、フィリップ二世によるノルマンディその他の北仏地域の獲得によっておよそ八〇、〇〇〇リーヴル（パリ貨）の収益増がもたらされたと見ている。J. Baldwin, *The Government of Philip Augustus: Foundations of French Royal Power in the Middle Ages* (Berkeley, 1986), pp.247-248. 一方、トゥールーズ伯領に関しては、J・ストレイヤーが一二九〇年代のカルカッソンヌ、ボーケール、トゥールーズ・セネショセの一年の総収益をパリ貨でおよそ八四、〇〇〇リーヴルと見積もっている。その当時の王国全土の総収入がおよそパリ貨で四五〇、〇〇〇リーヴルとされており、二割弱をこの新しい領地が生み出していたことになる。J. Strayer, 'Normandy and Languedoc', in: *Medieval Statecraft and the Perspectives of History*, (Princeton, N.J., 1971), pp. 46-47.

（9） A. Teulet et al. éds., *Layettes du Trésor des Chartes*, t. 3, no. 1992（以下、*Layettes* と表記）.

（10） そこでは王権による支配の貫徹が不可逆の流れとして措定されてきた。とくにアルフォンスが在地の諸特権を次々と削減していった点は「絶対主義」的な「中央集権化」と評され、強圧的な支配の浸透という理解がなされている。A. Molinier, 'Étude sur l'administration de Louis IX et Alfonse de Poitiers (1226-71)', dans: *Histoire générale de Languedoc*, t. 7 (Toulouse, 1879), pp. 462-570（以下、*H.G.L.* と表記）; id., 'La Commune de Toulouse et Philippe III', *Bibliothèque de l'École des Chartes* 43 (1882), pp. 5-39; A. Fliche, 'L'état Toulousain', dans: *Histoire des Institutions Françaises au Moyen Âge, t. 1, Institutions Seigneuriales* (Paris, 1957), pp.71-99.

（11） Y・ドッサの一連の研究を参照。たとえば、Y. Dossat, 'Une tentative de réforme administrative dans la sénéchaussée de Toulouse en 1271', *Bulletin philologique et historique du Comité des travaux historiques et scientifiques* (1967), pp. 505-516. また、J. R. Strayer, *Les gens du justice du Languedoc sous Philippe le Bel* (Toulouse, 1970).

（12） 中世南フランス史研究の多くが、対象時期を一三世紀半ば以前に設定してきたことも、このことと無関係ではない。ただし、代表制の問題を扱ったT・N・ビッソンなど、一三世紀における社会の変化を扱った研究がなかったわけではない。T. N. Bisson, *Assemblies and Representation in Languedoc in the Thirteenth Century*, (Princeton, N.J., 1964).

（13） J. Given, *State and Society in Medieval Europe: Guynedd and Languedoc under Outside Rule* (Ithaca, N.Y., 1990).

（14） なお、フランス王権と都市トゥールーズとの関係については、次の文献を参照した。Ch. K. Gardner, *Negotiating Lordship: Efforts of the Consulat of Toulouse to Retain Autonomy under Capetian Rule* (ca. 1229-1315), dissertation to Johns Hopkins University, (not published, 2002). トゥールーズのコンシュルが王権に対して自治の維持のためにとった戦略を扱ったこの論文は、ギヴンの議論を受け継ぐものとして重要である。ガードナーは南フランスにおけるローマ法の浸透という点に着目して王権と都市トゥールーズの関係を論じており、本稿でも多くの点で示唆を受けた。

（15） R. Boutruche, 'Le moyen âge', dans: *IXe congrès international des sciences historiques, Paris, 28 août-3 septembre 1950, v. 1: rapports* (Paris, 1950), pp. 437sqq.

(16) 北西ヨーロッパでは領主の間にのみ見られた主従関係の設定が、この地域では不自由人を当事者としても行われ、「オマージュ」が保有関係設定の手続きとなることがあった。このため農民の身分と保有手続きに関する研究は、南フランスにおける封建制度の「未熟さ」を端的に示す現象として、主として法制史家によって追及されてきた。H. Richardot, 'Le fief roturier à Toulouse au XIIe et XIIIe siècles', *Revue historique de droit français et étranger*, (1935), pp. 307-359, pp. 494-569; P. Ourliac, 'L'hommage servile dans la région toulousaine', dans: *Mélanges d'histoire du moyen âge dédiés à la mémoire de Louis Halphen* (Paris, 1951), pp. 551-556; id., 'Le servage à Toulouse aux XIIe et XIIIe siècles', dans: *Économies et sociétés au Moyen Âge: mélanges offerts à Édouard Perroy* (Paris, 1973), pp. 249-261.

(17) Raimundus de Aguilers, *Historia Francorum qui ceperunt Iherusalem*, dans: *Recueil des historiens des croisades: historiens occidentaux* (Paris, 1866), III, 238: Alexio vitam et honorem juravit, quod nec per se nec per alium ei auferret. レーモンによるアレクシオスへの誓約については、J. H. Hill and L.L.Hill, 'The Convention of Alexius Comnenus and Raymond of Saint Gilles', *The American Historical Review* 58 (1953), pp. 322-327.

(18) P. Bonnassie, 'Du Rhône à Galice: Genèse et modalités du régime féodale', dans: *Structures féodales et féodalisme dans l'occident méditerranéen* (Xe-XIIIe siècles): *Bilan et perspectives de recherches* (Paris, 1980), pp. 17-44.

(19) L. M. Paterson, *The World of the Troubadours: Medieval Occitan society, c. 1100–c. 1300* (Cambridge, 1993), pp. 10-19.

(20) 註(2)M・ブロック前掲書、一六〇頁。

(21) *Structures féodales et féodalisme dans l'occident méditerranéen (Xe–XIIIe siècles): Bilan et perspectives de recherches* (Paris, 1980); H. Débax, éd., *Les sociétés méridionales à l'âge féodal (Espagne, Italie et sud de la France Xe–XIIIe siècles): Hommage à Pierre Bonnassie* (Toulouse, 1999); L. Macé, *Les comtes de Toulouse et leur entourage XIIe–XIIIe siècles* (Toulouse, 2000); H. Débax, *La féodalité languedocienne XIe–XIIe siècles: Serments, hommages et fiefs dans le Languedoc des Trencavel* (Toulouse, 2003).

(22) B. Cursente, 'Entre parenté et fidélité: les "amis" dans la Gascogne des XIe et XIIe siècles', dans: H. Débax, éd., *Les sociétés méridionales...*, pp. 285-292; G. Langlois, 'Diversité des pratiques familiales et patrimoniales: L'exemple de quelques familles aristocratiques du Languedoc (XIe–XIIIe siècles)', dans: *Ibid.*, pp. 375-383; C. Duhamel-Amado,

L'aristocratie languedocienne du Xe au XIIe siècle (Toulouse, 2001).

(23) たとえばトゥルバドゥールの歌を史料として用いたA・ロープによれば、宮廷におけるトゥールーズ伯とトゥルバドゥールの関係も、とりわけ強い親愛の情に基づくものであったという。A. Loeb, 'Les relations entre les troubadours et les comtes de Toulouse (1112-1229)', *Annales du Midi* 95 (1983), pp. 225-259; id., 'Le sens de la dépendance à travers la poésie courtoise (XIIe siècle)', dans: H. Débax, éd., *Les sociétés méridionales*... pp. 305-310.

(24) L. Macé, 'Amour et fidélité: le comte de Toulouse et ses hommes (XIIe-XIIIe siècles)', dans: H. Débax, éd., *Les sociétés méridionales*... pp. 299-304; id., *Les comtes de Toulouse*...

(25) マセによれば、愛と誠実の結びつきは、叙述史料である『アルビジョワ十字軍の歌』および伯の尚書局の証書という性質の異なるふたつの史料からともに確認できるという。L. Macé, 'Amour et fidélité...', pp. 299-300. なお、この親愛の情とは、聖職者が好んで用いる「慈愛 caritas」に似た献身の愛として形を現すものである。封建関係に介在するこうした「愛情」と、神性との関係に見られる「慈愛」との類似性は、身振りの点からも確認できる。J-C・シュミットによれば、臣従礼の身振りと両手を合わせた祈りの身振りの間には、「忠臣／信徒」の手と指の姿勢、片膝か両膝を地面につけての行為、人間であれ神であれ「主」に対する「忠臣／信徒」の下位性の観念などの共通点がある。註(5)J-C・シュミット前掲書、三〇二〜三〇八頁。ただし、シュミットも指摘するように、宗教的な身振りと世俗的な身振りとの比較を推し進めるあまり、ふたつの身振りそれぞれの独自の機能と、それらが属す異なった儀式体系を見失ってはならない。

(26) J. Poumarède, 'Droit commun versus Coutume de Toulouse: XIIIe-XVIIIe siècles', dans: A. I. Ferreirós, éd., *El Dret comú i Catalunya: actes del IV Simposi Internacional, Barcelona, 27-28 de maig de 1994*, Estudis 9 (Barcelona, 1995), pp. 195-214.

(27) P. Ourliac, 'La «convenientia»', dans: *Etudes d'histoire du droit privé offertes à Pierre Petot* (Paris, 1959), pp. 413-422.

(28) M. Castaing-Sicard, *Les contrats dans le très ancien droit toulousain, Xe-XIIIe siècles* (Toulouse, 1959).

(29) デバによれば、コンウェニエンティアに対する注目の影で、誠実誓約の史料は、これまで長い間それ自体として分析の対象とされることはなかったのだという。H. Débax, *La féodalité languedocienne*... p. 99. 一方で、ラングドック社会とは対照的に、カタロニアではコンウェニエンティアが主君と家臣の関係を規定していたことが、これまでの研究で明らかにされている。P. Bonnassie, 'Les conventions féodales dans la Catalogne du XIe siècle', dans: *Les structures sociales de l'Aquitaine, du Languedoc et de l'Espagne au premier âge féodal: Toulouse 28-31 mars 1968* (Paris, 1969), pp. 529-561; A. J. Kosto, 'The *convenientiae* of the Catalan Counts in the Eleventh Century: a Diplomatic and Historical Analysis', *Acta Mediaevalia* 19 (1998), pp. 191-228; id., 'The convenientia in the Early Middle Ages', *Mediaeval Studies* 60 (1998), pp. 1-54.

（30）L. Macé, *Les comtes de Toulouse*..., pp. 223-226.

（31）J. H. Mundy, *Liberty and Political Power in Toulouse, 1050-1230* (New York, 1954); Ph. Wolff, éd., *Histoire de Toulouse* (Toulouse, 1974)：渡辺昌美「中世南フランス史研究の覚書――異端と騒乱の時代から。而して執政府都市を中心として。――」『史学雑誌』六六編三号、一九五七年、四九～六五頁：六六編四号、一九五七年、二七～四四頁。

（32）南フランスでは、中世盛期に領主の主導によって防備集落が建設されていく。これらの諸集落は、地域によって「カストルム castrum」あるいは「ソーヴテ sauveté」、「バスティド bastide」などと呼ばれる。F. Journot, 'L'habitat seigneurial en haut Languedoc (Xe-XIVe siècles): Approche archéologique de l'aristocratie méridionale', *Cahiers de Civilisation médiévale*, (1992), pp. 351-366; M. Mousnier, *La Gascogne toulousain, 1100-1300: une dynamique social et spatiale* (Toulouse, 1997)：加藤玄「中世後期南西フランスにおけるバスティドの創設――一三世紀後半から一四世紀初頭のアジュネ地方を中心に――」『地中海学研究』二四号、二〇〇一年、二九～四六頁。なお、近年の研究動向としては、加藤玄「「都市」と「農村」のはざまで――中世南フランス都市史研究の一動向――」『年報都市史研究』一四号、二〇〇六年、一三一～一四六頁を参照。

（33）Eugène Martin-Chabot, éd., *Chanson de la croisade albigeoise*, 3 vols., (Paris, 1931-1973), t. 2, pp. 264-265, laisse 181, v. 11-14.

（34）この挿絵は次の文献に転載されている。M. Roquebert, *L'épopée cathare, t. 3: le lys et la croix, 1216-1229* (Toulouse, 1985), p. 20.

（35）E. Magnou-Nortier, 'Fidélité et féodalité méridionales d'après les serments de fidélité (Xe-début XIIe siècle)', dans: *Les structures sociales de l'Aquitaine, du Languedoc et de l'Espagne au premier âge féodal: Toulouse 28-31 mars 1968* (Paris,

1969), pp. 115-142; H. Débax, *La féodalité languedocienne*....

(36) ただし、一二二〇年代以降、このような領主を害さないという観念に加えて、あらゆる状況において伯を助けるという観念が登場する。これ以降、カストルムはもはや誠実誓約において中心ではなくなり、家臣と領主の結びつきは信頼によって保証されるようになっていくとされる。L. Macé, *Les comtes de Toulouse*..., pp. 230-235.

(37) 都市の諸特権を収めたオフィシャルな書冊であるこのカルチュレールは、公証人ギヨーム・ベルナールがコンシュルの命を受けて一二〇五年から翌年にかけてオリジナル文書から転写したものであり、一三世紀半ばまで書き継がれていく。R. Limouzin-Lamothe, éd., *Caltulaires du Consulat (vers 1120-1279)*, dans: *La commune de Toulouse et les sources de son histoire (1120-1249): étude historique et critique suivie de l'édition du cartulaire du consulat*, (Toulouse, 1932)（以下、AA1と表記）。詳しくは、拙稿「中世盛期トゥールーズにおけるカルチュレールの編纂と都市の法文化」『史林』九〇号、二〇〇七年、二六八〜三〇〇頁。

(38) Vienna, ms. lat. 2210, fol. 7v-8v, published in Mundy, *Liberty and Political Power*..., published documents, no.4, pp. 196f. なお、これ以外の誓約に関する文書はすべて都市のカルチュレールに収められている。AA1: nos. 8, 9, 10, 12, 80, 81, 101.

(39) Vienna, ms. lat. 2210, fol. 7v-8v: Ego Raimundus, gratia dei comes Tolose, dux Narbone, marchio Provincie, mando et super sancta evangelia juro omnibus hominibus et mulieribus urbis Tolose et suburbii presentibus atque futuris quod in me credere et considere possint sicuti in suo bono domino, salvis et retentis omnibus meis juribus et dominationibus sicut habeo et habere debeo. なお、一人称での表記はレーモン五世の時期に限られる。この他には一一八九年一月六日の誓約がある（AA1: no. 8）。レーモン六世以降は、伯は三人称での表記になる。

(40) Vienna, ms. lat. 2210, fol. 7v-8v: Hoc ita facto, viri capitulari et probi homines Tolose civitatis et suburbii mandaverunt et super sancta evangelia juraverunt domino Raimundo, comiti Tolosano, duci Narbone, marchione Provincie, et cuicumque de filiis suis Tolosam dare voluerit fidelitatem et vitam et honorem et quod nullum istorum ei auferant neque suo filio cui Tolosam dabit, salvis et retentis omnibus eorum juribus et consuetudinibus et franquimentis sicut habent et habere debent. このような留保条件の提示は、すべての誓約に共通している。

(41) AA1: no. 10: Preterea predictus dominus comes laudavit et concessit et confirmavit omnibus hominibus et feminis urbis Tolose et suburbii, presentibus et futuris, omnia illa afranquimenta et stabilimenta que dominus Raimundus, suus pater, et Ildefonsus, suus avus, eis et eorum antecessoribus dederant et concesserant, sicut melius in cartis afranquimentorum et stabilimentorum continebantur...

(42) AA1: no. 10: et concessit eis omnes consuetudines et usus quos cum eis habuerant et tenuerant, ita scilicet quod omnia eorum afranquimenta et stabilimenta, sicut melius in cartis continentur, et omnes eorum consuetudines et usus, sicut melius cum domino Raimundo, suo patre, et Ildefonso, suo avo, habuerant et tenuerant, habeant et teneant in perpetuum, et quod a nemine possint removeri...

(43) AA1: no. 81: sicut melius in cartis et in libris de illis libertatibus et de illis eorum stabilimentis et usibus et consuetudinibus continetur.

(44) AA1: no. 101: fuit perlectum instrumentum publicum scriptum per manum Brunonis Borrelli, publici notarii Tholose, cuius tenor talis est... このあとに、AA1: no. 80 の文書が全文引用されている。

(45) AA1: no. 101: Quo predicto instrumento perlecto...

(46) なお、トゥールーズ伯領でも一二二〇年代にトゥールーズ伯への誓約が「忠誠の式文 forma fidelitatis」という形式にまとめられ、徐々に家臣の義務が明確化されていく。最初の事例は一二二三年八月二六日のものである。これ以降、家臣は「忠誠の式文に含まれるすべてのことによって」伯の敵と戦うことになる。こうしてレーモン七世は忠誠の体系化を実現し、人と城塞の支配を通じて権力の基盤を固めていった。そうしたなか、レーモン七世の時期に南フランスでもオマージュ homagium の語が登場することになり、家臣についても、homo から fidelis や vassalus へと用語が変化している。また、オマージュ・リージュも忠誠の式文と同時期の一二二四年に出現する。レーモンは、このオマージュ・リージュの体系的な利用によって権力の再編成をはかり、城主層の誠実を確保していったとされる。L. Macé, *Les comtes de Toulouse*..., pp. 230-235.

(47) *Layettes*, t. 3, no. 3830: ... Dico, protestor et intelligo qua propter hujusmodi juramentum nichil amittamus, ego, et alii cives et burgenses Tholose, de consuetudinibus et libertatibus nostris.

（48）Y. Dossat, 'Les deux serments de fidélité des consuls de Toulouse en septembre 1271', *Bulletin philologique et historique* (1961), pp. 703-711.

（49）アルフォンスが統治領域の諸勢力と取り交わした書簡については、A. Molinier, éd., *Correspondance administrative d'Alfonse de Poitiers*, 2 vols., (Paris, 1894-1900).

（50）この点については、拙稿「中世南フランスにおける誓約の場――トゥールーズ伯領の王領への編入から――」『都市文化研究』四号、二〇〇四年、七三～八六頁も参照。

（51）Y. Dossat, éd., *Saisimentum Comitatus Tholosani* (Paris, 1966)（以下、*Sais.* と表記）, no. 5: 7.

（52）これらの記録簿はY・ドッサによって『トゥールーズ伯領の差し押さえ』として刊行されている（*Sais.*）。一二七一年のオリジナルの文書群は一八世紀に紛失しているものの、いくつかのコピーや目録のおかげで、この記録簿の性格を調査することは可能である。また、この史料集は記録簿の復元を目的とするものであるが、もともとは二種類のオリジナルが存在していたことが確認されている。ひとつが王権によって保管される記録簿の証書、もうひとつが在地勢力の手に渡る文書である。*Sais.*, introduction, pp. 1-3. なお、この時期のトゥールーズ伯領内には、五つの地域が存在した。史料では、トゥールーザン Toulousain、アジュネ Agenais、ケルシー Quercy の三地域についての差し押さえの状況は知ることができるが、アルビジョワ Albigeois とルエルグ Rouergue については史料が残っていない。各地域は、それぞれトゥールーズ Toulouse、アジャン Agen、カオール Cahors、アルビ Albi、ロデズ Rodez を中心都市とする。

（53）*Sais.*, no. 2: ...protestantes quod sibi et universitati urbis et burgi predictorum jus suum sit salvum in facto consulatus et cognitionum criminum, et pedagiis et leudis, et libertatibus et bonis et approbatis consuetudinibus suis.

（54）*Sais.*, no. 3: ...per predictum juramentum ipsis jus suum in libertatibus et bonis et approbatis consuetudinibus et usibus suis non decrescat...

（55）*Sais.*, nos. 10-79, 83-116.

（56）*Sais.*, no. 10.

（57）*Sais.*, nos. 13, 16: eodem modo ut in decimo tertio instrumento; *Sais.*, nos. 17-24, 26, 27, 29-33, 47-52, 54-69: ut supra in decimo tertio instrumento (continetur).

（58） *Sais.*, nos. 12-69.

（59） 'pro se et universitate' という文言は、コンシュルが誓約するさいに共同体を代表していることを示す表現であり、コンシュルの誓約の記録にはほぼ見受けられる。

（60） 一二七一年一一月五日、ベルペルシュ修道院にて。*Sais.*, no. 33: Alie ville de bajulia Verduni non venerunt nec juraverunt, quare remedia juris exercenda sunt contra ipsas.

（61） これらの共同体は全部で二三あり、そのうち二〇の共同体は国王には直属せず、別の領主の支配下にある。国王直属のものはひとつのみである。ビッソンは、国王直属でない共同体は召集を厳密には守らず遅刻する傾向にあると指摘している。T. N. Bisson, *Assemblies and Representation*..., pp. 174-175.

（62） トゥールーザンについては、*Sais.*, nos. 71, 74, 81, 82. アジュネについては、*Sais.*, nos. 83, 84, 85, 93, 96, 99. ケルシーについては、*Sais.*, nos. 105, 106, 115, 116. なお、公証人ピエール・ド・パリは、一一月のヴェルダンでの誓約のさいにこの行政区の二六の共同体を列挙していた（*Sais.*, no. 11）。この証書は未完に終わっているが、実際に各共同体ごとになされた誓約の内容および税の確認が証書とは別に、このような共同体とその義務を列挙したリストを作成しようという意図は存在していたといえる。

（63） ビッソンはこの任務を引き継いだ人物は、ギヨーム・ド・コアルドンとバルテルミ・ド・ペノーティエを臨時の義務から解放するためにこの地にやってきた特別代理であるとしている。T. N. Bisson, *Assemblies and Representation*..., p.183.

（64） *Sais.*, nos. 80-82.

（65） *Sais.*, nos. 6,7. ここでは、総計四一八名の貴族が行政区ごとに区分されて記名されている。

（66） セネシャルが各地を巡ってコンシュルから誓約を受けたときには、誓約の場にはコンシュル全員の他に良識者やその他の人々が大勢やってきていた。しかし、今回は召集される人数には二～四名という規則性が見られる。そのことからビッソンは、召集状が同じ形式で配布された可能性を指摘している。T. N. Bisson, *Assemblies and Representation*..., p. 183.

（67） *Layettes.*, t. 3, no. 3829.

(68) *H.G.L.*, t. 8, col. 1263-1264.

(69) なお行政区については、アルフォンス・ド・ポワティエがトゥールーズ伯であった時期のうち、一二五七年から七一年までの間に、アジュネに七つの新しいバイリーが創設され、ケルシーには四つ創られる。トゥールーザンについては、新たに三つが創られ三つが廃止されている。*Sais.*, introduction, pp. 40-41.

(70) 王権による文書管理の問題については、さしあたり岡崎敦「中世末期フランス王の文書管理——「文書の宝物庫」をめぐって——」『史淵』一四三号、二〇〇六年、四三〜八三頁を参照。

(71) こうした体系的な手続きは一三世紀初頭のノルマンディ公領の併合のさいにはまだ見られない。R. Jouet, *...Et la Normandie devint française* (Mazarine, 1983), pp.43-61; L. Musset, 'Quelques problèmes posés par l'annexion de la Normandie au domaine royal français', dans: R. H. Bautier, éd., *La France de Philippe Auguste: Le temps des mutations* (Paris, 1982), pp. 291-309. ただし、この点については時期の問題以外に、王領に組み込まれる地域の社会構造の差も考慮に入れる必要がある。北フランスと南フランスとの社会的・政治的な構造の違いは中世においては大きなものであった。伯領の差し押さえのさいにとられた体系的な手続きは、トゥールーズ伯領に固有の社会状況、たとえば、留保条件を提示するという南フランスの誓約のあり方に見合う形で、アルフォンス以降この地に進出することになったフランス王権が発展させていった方策といえる。フランス王権は、新たに支配権を獲得した地域の社会状況に規定されつつも、その状況を利用することによって支配域を巧みに統合していく。そこには王権と地域社会とが相互に影響し合い、規定し合うという「弁証法的関係」が重要な要素として示されているのである。

中世王権の「首都」形成——チェコの君主たちとプラハ——

藤井真生

はじめに

広く知られているように、中世初期のヨーロッパでは君主は定まった王宮を持たず、領内を巡回しながら集積された物資を消費し、また裁きを行いつつ彼に従う者たちとの個人的な紐帯を深めていた。こうした「巡行支配」と呼ばれる統治は、とりわけドイツでは一三世紀まで続くことになる。中世のドイツは「首都なき王国」「首都なき帝国」として描かれてきた(1)。

これに対して、国家の中心都市としての首都形成は、帝国ではなくむしろ一三世紀以降に姿を現す領邦レベルにおいて進展することになったとする見方があり、H・パッツェらによって領邦宮廷の研究が進められてきた。パッツェはその論考において多くの都市に言及しているが、なかでも一四世紀のプラハとヴィーンに一章ずつを割いている(2)。これはひとえに以下のような事情による。そもそも「首都」をある領域国家において卓越した政治的中心性を有する都市と規定するならば(3)、首都の形成に先立ちある程度一円的な領域を持つ国家が成立していなければならない。中世のドイツにおける領邦の形成は、辺境伯領などが連なる東部国境地域が先行しており、チェコやオーストリアはまさにその先駆けとなっていたのである。一四世紀半ば、カレル四世時代のプラハの発展についてはF・グラウスやP・モーラフらの、一五世紀以降も視野に入れたものとしては薩摩秀登の研究がある(4)。また、ヴィーンに関しては服部良久が一四世紀以前にさかのぼって分析しており、同時に領邦形成史と交錯する宮廷都市史の問題点を整理している(5)。以上の研究から浮かび上がってくる首都形成への重要な要素は、①「君主の滞在頻度」、②「行政組織の集中」、③「都市景観」であると思われる。

本稿で取り上げるのはチェコの首都プラハであるが、チェコはいうまでもなくスラヴ系（チェコ人）の国家であり、ゲルマン系（ドイツ人）を主体とする他の帝国諸邦とは異なる特徴を持つ。地政学的にいえば、チェコは相対的に完結した領域を形成しており、ハンガリーやオーストリアとは平原でつながっている東部モラヴィア地域を除いた、狭義のチェコ（ボヘミア）(6)国境は中世初期から変動が少ない。そのため、プシェミスル家(7)が他部族に対する征服戦争を遂行していた一〇世紀のうちから、その本拠地であるプラハの政治的中心性は確立していたとみなされており、一三世紀以降の領邦形成にともなって、あるいはそれに遅れて首都が形成されてゆくドイツの諸邦とは一線を画している。

さて、ドイツにおける領邦国家の宮廷都市研究を受容しながら、近年のチェコでも君主の宮廷に注目が集まり始めている。I・フラヴァーチェクの論文に続き、二〇〇六年にはシンポジウムの成果を収めた論文集『中世における宮廷と宮廷所在地』が刊行された(8)。しかし、残念ながらこれらの研究のほとんどは君主を中心とした人々の集う場としての宮廷に関心を集中させており、宮廷所在地の定着や都市空間の発展といった問題にはほとんど紙幅が割かれていない。

上記の問題点に即していえば、②「行政組織の集中」については、首都形成とは別の文脈で進展したものではあるが、多くの先行研究が存在する。ここでは詳述しないが、研究者により少しずつ年代が異なりつつも――一二六〇年代、一二八〇年代、一三一〇年代の三つの立場がある(9)――、おおよそ一三世紀後半から進行したと考えられている。これに対して、①「君主の滞在頻度」と③「都市景観」はいまだ課題として残されているのである。

これまで、プラハの政治的中心性は一〇世紀以降には「確立していた」ものとして語られるのみで、いかに「確立してゆく」のかという過程はあまり議論されてこなかった。その一方で、研究者の関心は、一四世紀に行われたカレル四世によるプラハ改造――プラハ司教座の大司教座への昇格および大聖堂の改築(一三四四)/新市街の設立(一三四八)/プラハ大学の創設(一三四八)/カレル橋の建設(一三五七)――に集中している。カレルによる一連の措置はたしかにプラハの景観を大きく変化させ、首都と呼ぶにふさわしい威容を備えさせたが、実はここでも、このときプラハがすでに首都であったことは自明とされ、議論の的とはなっていないのである。したがって、一三世紀以前のプラハの中心性はいかに確立されたのか、それにともない都市の景観はどのように変化したのかが改めて問われなければならない。

これに対して、ポーランド人史家A・プレシチンスキの研究は一二世紀以前のプシェミスル家宮廷所在地、しかもプラハではなくヴィシェフラトを取り上げた点で特筆すべきものとなっている(10)。後に詳述するが、一一〇〇年前後にチェコでもプラハ以外の地に宮廷が形成されていた事実を明らかにしており、こうした問題を等閑視してきた従来の研究姿勢に一石を投じるものとなった。

以上のような研究状況を踏まえて本稿で考察するポイントは以下である。チェコにおいてもプラハ以外の都市が宮廷所在地として発展する可能性があったとするならば、プラハはその首位性をいかにして確立していったのであろうか。また、首都としての発展に歴代のチェコ君主はどのように関わり、そのことがプラハの空間的発展にどのような影響を与えたのだろうか。一〇世紀から一三世紀にかけてのプラハの発展過程を、プラハの中心性を無条件の前提とすることなく問い直したい。

一　中世初期のプラハの発展

一二世紀初頭に成立したチェコ最古の年代記、『コスマス年代記』が語るプラハの起源譚は以下のようなものである。(11) 伝説の女公リブシェはある日、プシェミスル家の始祖となる夫プシェミスルや長老たちの前でこう預言した。「森の中のお城が見えます。その名声は天まで届くでしょう。……そこへ行けば、森の中で家の鴨居を作っている男を見つけるでしょう。低い鴨居（プラーフ）の前では偉大な人々も頭を下げます。これにちなんで、これから建設する城の名をプラハと名付けなさい」。

このエピソードはもちろん伝説の域を出ないが、プラハの建設が預言されているということは、プラハがプシェミスル家発祥の地ではなかったことを示唆している。実際、九世紀後半に実在が確認できる最初の大公ボジヴォイは、プラハの北西一〇キロにあるレヴィー・フラデツを本拠地としており、チェコ最古の教会はこの地に創建されている。

しかし、ヴルタヴァ川沿いの崖の上にあるレヴィー・フラデツの平地面積はわずか六〜七ヘクタールしかなく、支配圏の拡大著しいプシェミスル家にとっては手狭に過ぎた。ボヘミア盆地の中心に位置するプラハへとプシェミスル家が進出してきたのは九世紀の末のことと考えられている。プシェミスル家はヴルタヴァ川左岸の高台に城を築き、渡河点に集う商人に保護を与えた。これによりプラハは経済的に急速な発展を遂げる。九六〇年代に東中欧を旅したユダヤ人イブラヒム・イブン・ヤクプによれば、すでにプラハは交易で賑わうこの地方最大の都市であった(12)。

レヴィー・フラデツからの移転はボジヴォイから息子の代にかけて行われ、プラハにも相次いで教会が創建される。しかし、これらの教会はすべて自然の断崖と堀に囲まれたプラハ城内に建てられており、このことが政治と宗教が一体となったプラハの特殊な中心性を生み出すこととなった。

プラハには九六七年に司教座設置が認められ、九七三年に初代司教を迎えている。司教叙任を受けてマインツから新司教区の「首府 metropolis」プラハに戻ってきた司教は、プラハ城内にある聖ヴィート教会において聖職者や大公、世俗有力者および民衆に見守られながら即位している(13)。この後、プラハ司教はプラハ城内で行われる有力者の集会において選出・承認されるのが慣例となった。この当時、司教の選出行為は教会の問題でありながら「俗」の領域にも属していたのである(14)。また、聖ヴィート教会や大公の館も含めたこの複合的な空間（地図1）は、重要な政治の舞台としてたびたび年代記に登場する。

一〇三八年、大公オルジフの葬儀が済むと彼の兄弟ヤロミールは甥ブジェチスラフを「公の座 sedes principalis」へと導いた(15)。続いて、「大公選出のときにはいつも行われているように」、多くの貨幣が集まった人々へ向かってばらまかれている。この記事から、プラハ司教だけでなく大公の選出もプラハ城内で行われ、人々が見守る中で城内にある公の座へ着席する伝統が存在したことが判明する。

しかも、この公の座はただの玉座ではなく、シンボリックな意味を持っていた。年長者相続の原理に支配されていた時代、プシェミスル家内部で後継者争いが生じたさいにはみなプラハにある公の座の占拠を目指し、逆に

地図１　10世紀のプラハ城

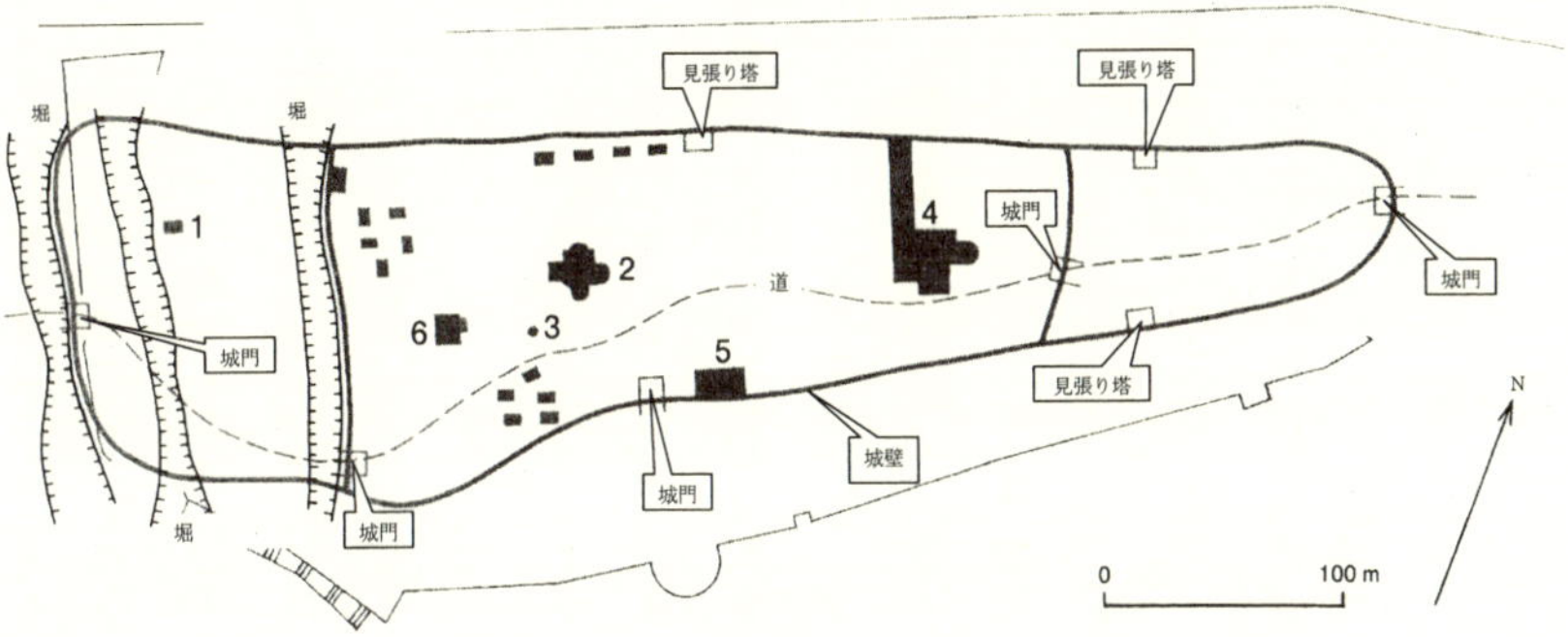

1、聖母マリア教会　2、聖ヴィート教会　3、異教時代の礼拝地　4、聖イジー修道院　5、大公の館　6、司教の館

出典：*Atlas českých dějin* 1. díl - do r. 1618, Praha, 1998, s. 29 より作成

地図２　12世紀のプラハ城

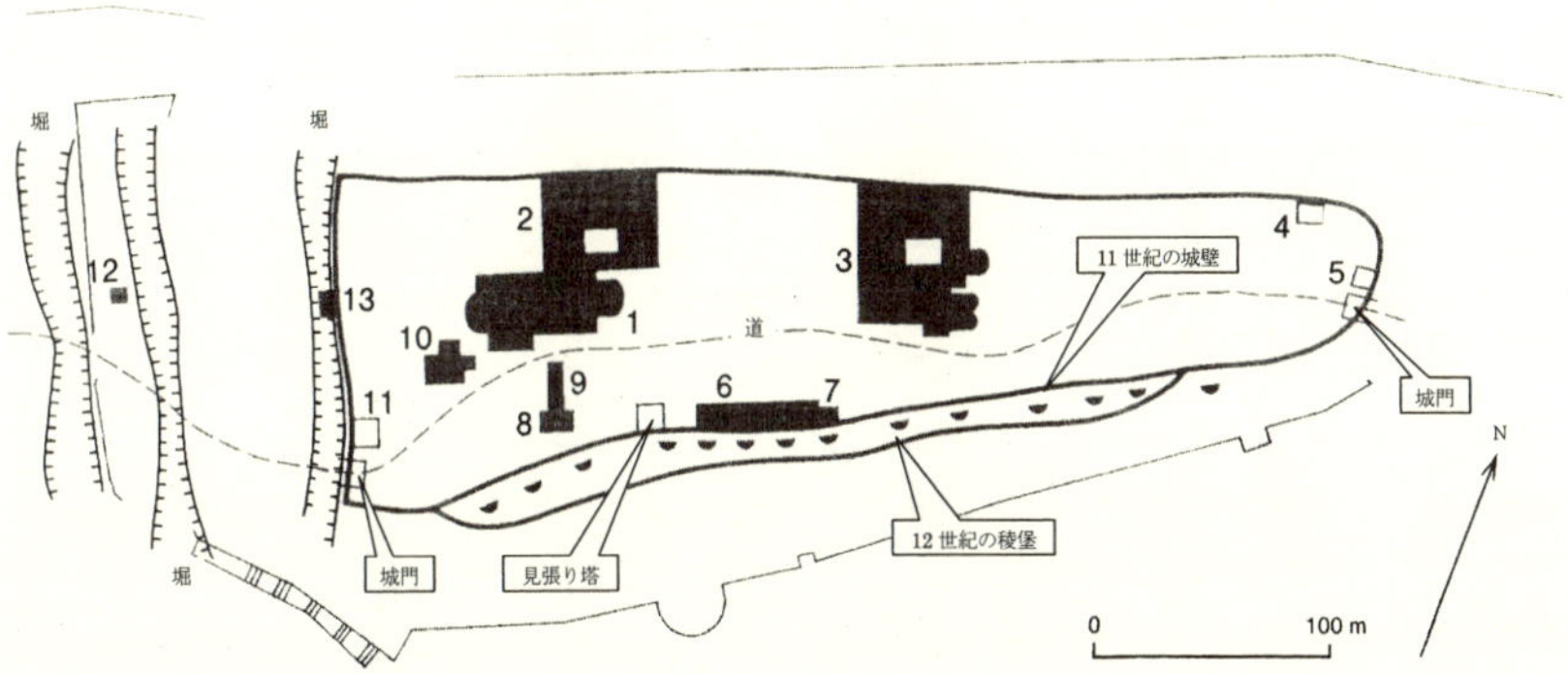

1、聖ヴィート教会　2、聖堂参事会の館　3、聖イジー修道院　4、城代の塔　5、黒塔　6、大公の館　7、万聖礼拝堂　8、聖バルトロムニェイ教会　9、渡り廊下　10、司教の館　11、白塔　12、鐘楼　13、司教の塔

出典：*Atlas českých dějin* 1. díl, s. 29 より作成

モラヴィアを分割支配する兄弟や従兄弟から挑戦を受けた大公は、「(プラハ)城と、城の真ん中にある石造りの公の座を防衛するために[16]」騎士を配置した。つまり、公の座が置かれているために、プラハはボヘミアだけでなくモラヴィアにとっても政治的中心地として重要な意味を持っていたのである。

それに加えて、プラハ城内にはチェコの民族的な守護聖人と目される大公聖ヴァーツラフの遺体が埋葬されていた[17]。九三四年に彼の遺体が安置された聖ヴィート教会は、後に司教座聖堂となる。そればかりではない。この教会にはさらにもう一人チェコの守護聖人が祀られるようになった。ドイツ語圏では聖アーダルベルトとして知られているプラハ司教聖ヴォイチェフである[18]。二人の聖人の墓廟は民衆を引き寄せ、まもなく聖ヴィート教会は「聖ヴィート、聖ヴァーツラフ、聖ヴォイチェフの教会[19]」と呼ばれる信仰の中心地となってゆく。

その後、聖ヴィート教会は両聖人の祝日を祝いに集まる人々を収容できなくなった。そのため、一〇六〇年にスピチフニェフ公は聖ヴァーツラフの眠るこの教会と、これに付属し、聖ヴォイチェフの遺体が安置されている小さな教会を統合し、二人の聖人のために一つの大きな教会として建て直すことを決定した[20]。この改築によりプラハ城内の聖ヴィート教会は数倍の規模を持つにいたり(地図2)、チェコの宗教的中心地たるに相応しい建物となった。

こうしてプラハには早くも一一世紀のうちに経済・政治・宗教的機能が集中している。しかし、「首都」であるためには何よりも政治的機能がともなっていなければならない。次節では君主の選出・即位の場面に限定せず、より広い文脈でこの点を確認したい。

二　プラハと他の王宮

プラハの中心性は政治的にも宗教的にもおおよそ一一世紀中に確立しているようにみえ、またそのように語られてきた。しかし、フランスやドイツと比べればコンパクトにまとまっていたとはいえ、チェコの君主もプラハにとどまったまま統治を行うことはできなかった[21]。当時の流通条件に規定され、国内の物資集積地を巡回しなければならなかったからである。たしかに君主と司教の選出集会はプラハで開かれていたが、プラハ以外にも王宮は存在した。本節ではプラハとその他の王宮を比較し、前者が優位に立てた所以を検討する。

1　政治集会と王宮

先に触れたように、プラハは一〇世紀後半から大公および司教を選出・承認するための集会開催地となっていた。Z・シメチェクによれば、君主の即位・戴冠／司教選出／軍事遠征の決定を行うための集会＝全体集会はプラハ城（ストラホフ修道院とヴィシェフラト城を含む）で開かれ、一三世紀半ばまでにこれ以外の場所で開かれた例はわずか三例しかない（サツカー、ブディシーン、リトムニェジツェ）[22]。これに対してJ・ジェムリチカはサツカーとティーネツを例外とする[23]（地図3）。このうち両者が名をあげるサツカーでは五通の証書が発給されており[24]、なかでも一一八九年の集会では現存する最古のチェコ慣習法、『コンラート・オタの法典』[25]が布告された。

では、サツカーとはどのような地であったのだろうか。一一一〇年七月、「草地の真ん中にあるサツカーの王宮でボヘミアのすべての有力者を集めた全体集会が開かれ[26]」、また一一三八年にも大公はサツカーへ貴族と騎士を招集している[27]。

地図3　チェコの都市、王宮、修道院、城（本文で言及した地名のみ）

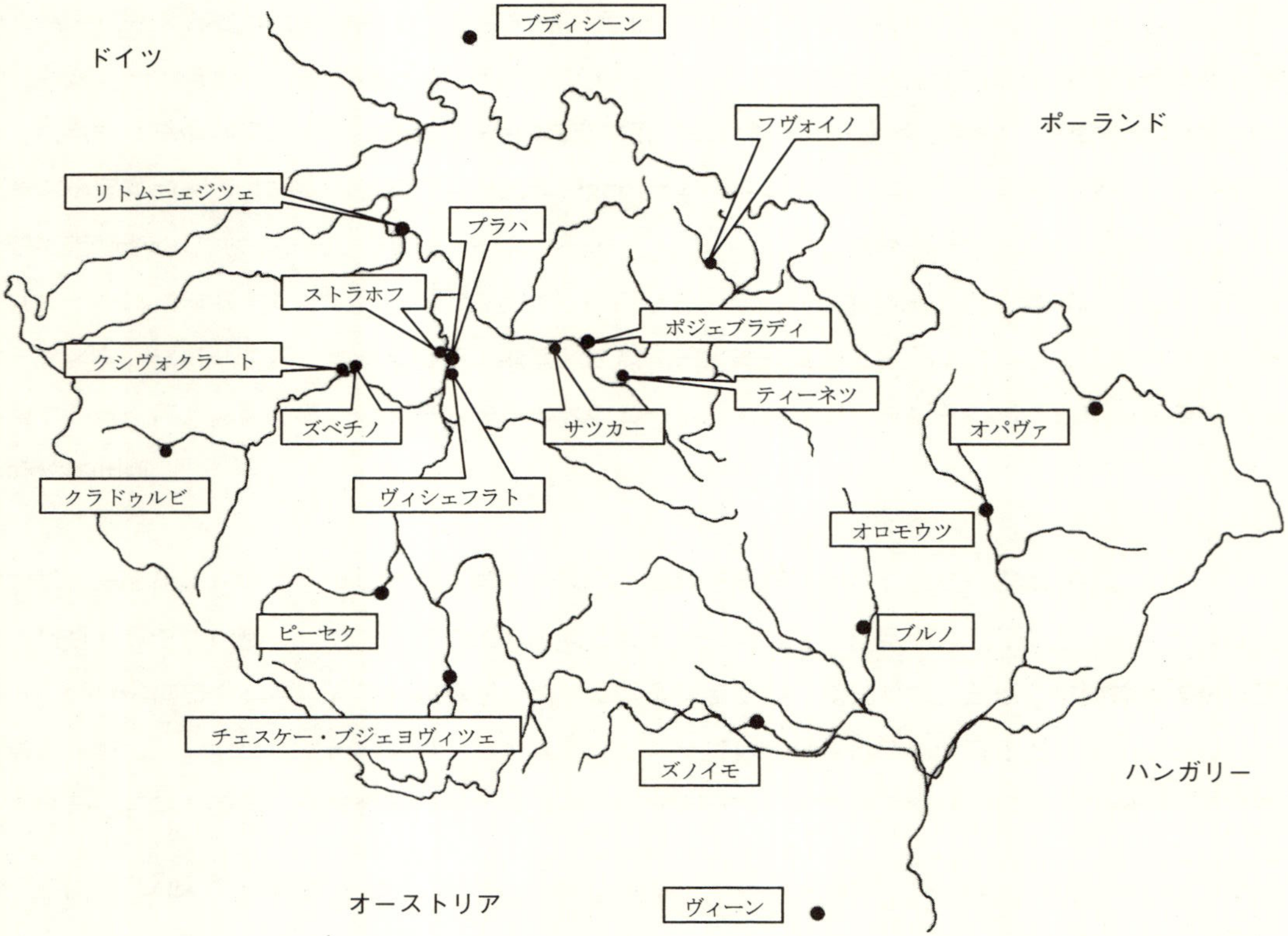

年代記の証言にもあるように、サツカーは草地であり、特定の恒常的な施設が存在したわけではない。一一一〇年代には教会が創建されているものの[28]、巡行のたびに臨時の施設が設置されるタイプの王宮であったと考えられる。そのサツカーがたびたび重要な集会の開催地となったのは、ここがプラハからシレジアに向かう経路に面していたからである。この時期、プシェミスル家では後継者争いが頻発していたが、一一一〇年一月にも兄弟間の闘争があり、敗れた者たちはみなポーランドへ亡命した[29]。前述の七月の集会では大公の従兄弟であるモラヴィア分国侯が捕らえられており、国内外の抵抗勢力に対する軍事的示威行動として、大公はポーランドへと続く道の通る草地に有力者を招集したものと思われる。一一三八年の集会が開かれたのも、反対派に対してすぐさま軍を派遣できる地としてサツカーが適していたからであろう。

他の王宮としては、『コスマス年代記』で何度か言及されているズベチノがある。ただし、年代記の情報からはズベチノで重要な集会が開かれたことは確認できない。ズベチノは開けた土地ではなく、その機能は狩猟のための離宮としての域を出なかったものと思われる[30]。ジェムリチカのあげるティーネツでは一度だけ集会が開かれており、「宮廷 curtis」として言及されるフヴォイノにも君主が滞在したと記載されているが、どちらもズベチノと同じく政治的な性格を持つものではなかった[31]。

結局、これらの王宮が恒常的な施設を備えた都市に発展することはなく、一三世紀以降サツカーは都市ポジェブラディに、ズベチノは王城クシヴォクラートにその地位を譲り、次第に姿を消してゆく。なお、リトムニェジツェやブディシーン[32]で集会が開かれたのは、プラハを占拠されていた非常事態であったからである。ともに地方統治の拠点となっている城塞（都市）ではあるが、一般に王宮として分類されることはない。

この時代、各地の拠点・王宮はオフジェ、ベロウンカ、サーザヴァ、ラベなどの河川沿いに散在していたが、君主は無軌道に各地を巡回するのではなく、プラハから地方へ出発し、またプラハを経由して別の地方へと向かうのが常であった。プラハはボヘミア盆地の真ん中に位置しており、地理的にも有利な地にあったのである。

2 ヴィシェフラトとの競合

サツカーやズベチノは、都市として発展できなかったことからもわかるように、プラハと競合するような王宮ではなかった。しかし、唯一プラハに対抗できる恒常的施設を備えた王宮が他に存在した。ヴィシェフラトである。

ある年代記によれば、ヴィシェフラトはボヘミアの「首都 urbs metropolitana」であった[33]。また、多くの伝説に彩られた城であり、中世後期には伝説の女公リブシェと結びつけられ、プラハよりも古い歴史を持つとみなされていた。現在ではこうした見方は斥けられているが、『コスマス年代記』においてもリブシェの夫である始祖プシェミスル時代に築かれた城として初出する[34]。また、プシェミスルの靴が今日までヴィシェフラトの公の部屋に保管されているとの報告[35]からもわかるように、この年代記が執筆された一二世紀初頭にはプシェミスル家にとって特別な意味を持つ地であった。

実際、ここヴィシェフラトでは様々な政治的事件や祝典が繰り広げられている。一〇〇二年から翌年にかけて、チェコはポーランド軍に占領され、プラハ城も陥落した[36]。しかし、ヴィシェフラト城が屈することなく耐え抜いたことによって、ついにプラハ城も解放されたのである。この後もヴィシェフラトはプラハと並んで、チェコの政権を掌握するさいに押さえるべき城としてたびたび言及される[37]。そして、権力闘争に敗れたプシェミスル家の成員にはヴィシェフラトに投獄される運命が待ち構えていた[38]。

また一一世紀から一二世紀にかけて、大公はヴィシェフラトで何度かイースターやクリスマスを過ごしているが、それだけではなく死を迎える最期の場所としても好んで選ばれている[39]。これは、この時期にはプラハではなくヴィシェフラトが主たる王宮として機能していたからであろう。にもかかわらず、これまでヴィシェフラトが自立的な王宮として言及されてこなかったのは——シメチェクはストラホフ修道院とともにヴィシェフラトをプラハの内に数えている——、ひとえにその位置関係が影響している。ヴィシェフラトは現在のプラハ市の中に包摂されているほどにプラハ城との距離が近いのである（直線距離で約三キロ、地図4）。しかし、一二世紀以前の人々にとって、ヴルタヴァ川を挟んだプラハとヴィシェフラトが別の城／街であったことは年代記の記述から明白であり、現在の地理感覚でヴィシェフラトの地位を過小評価してはならない。プレシチンスキはこうしたヴィシェフラトの重要性を正しく認識し、チェコ君主の宮廷所在地として分析している[40]。

彼によれば、ヴィシェフラトが王宮として発展してゆく三つの段階を措定できる。第一期は一〇世紀末から一一世紀初頭にかけて、伝説の域を脱したヴィシェフラトが確実な姿を史料上に現し始めた時期にあたる。ヴィシェフラトがチェコの君主にとって重要な城であったことは、この地に貨幣鋳造所が設けられていたことからも推測されるが、プラハに対してヴィシェフラトが上昇した背景には大公とプラハ司教の対立が存在した。

先述の第二代プラハ司教聖ヴォイチェフはボヘミア東部に勢力を張るスラヴニーク家の出身であったが、同家はこの時期「大公 dux」を名乗り、貨幣鋳造も行っている。つまり、スラヴニーク家はボヘミア統合を目指すプシェミスル家にとって最大にして最後の競合相手であった。また、プラハ司教ヴォイチェフの名を刻んだ貨幣もみつかっており、このように鋭く対立する司教の館が存在するプラハは、プシェミスル家大公にとって必ずしも居心地の良い城ではなかった。ヴィシェフラトが新たな大公の城として整備されたのは、大公がプラハ（の司教）

地図4　1230年頃(市壁建設前)のプラハ

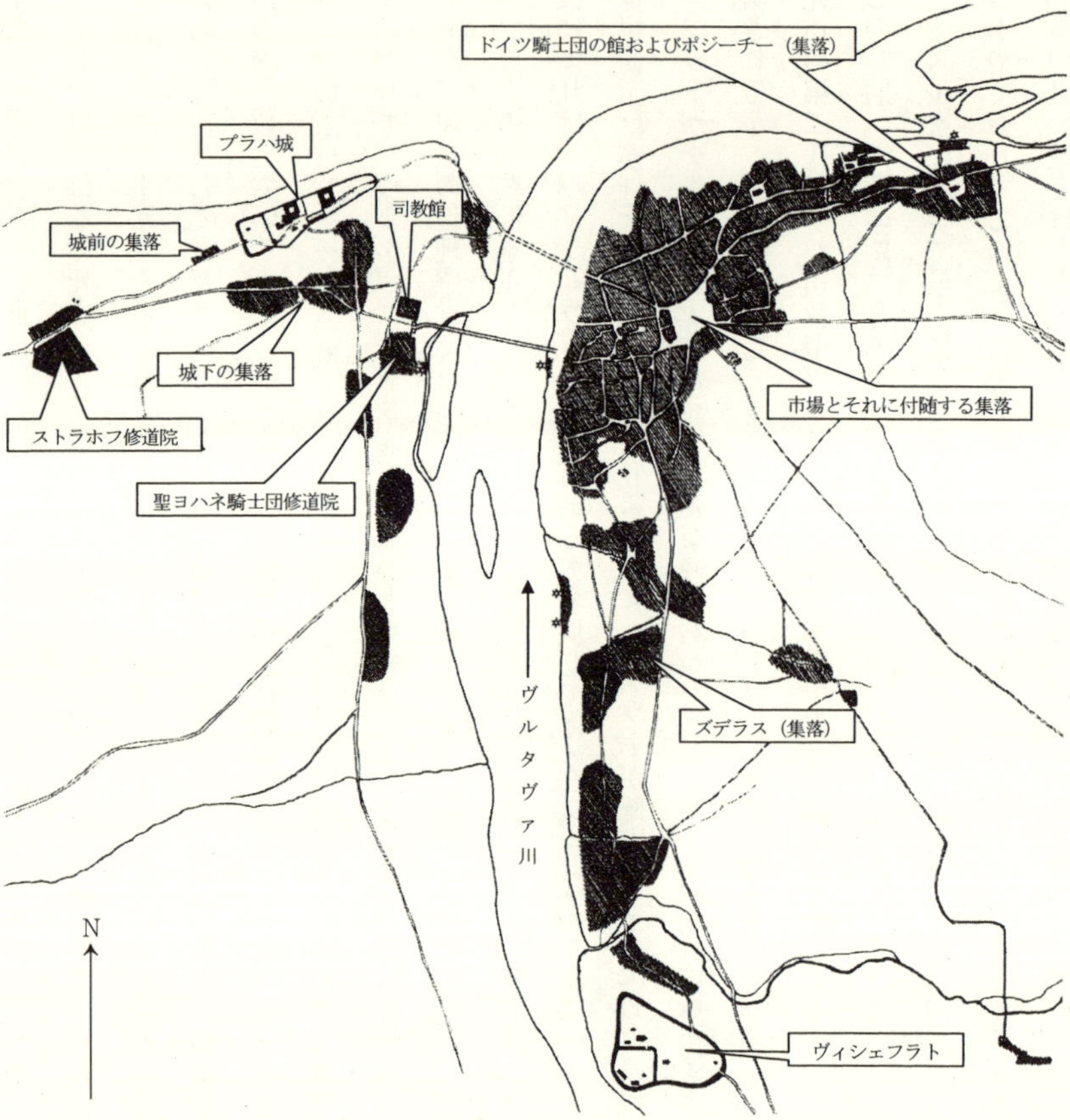

出典：*Dějiny Prahy*, Praha, 1964, s. 61 より作成

を避けた結果と考えられる。こうした大公と司教の緊張関係は、九九七年にヴォイチェフがプロイセンで殉教したことにより終わりを迎える。その二年前にプシェミスル家はスラヴニーク家を滅ぼしており、大公は再びプラハへ戻った。

次にヴィシェフラトに王宮が置かれたヴラチスラフ二世の治世には、一〇七〇年に聖ペテロ＝パウロ教会が創建されている。この頃、大公は再びプラハ司教との紛争を抱えていた。ヴラチスラフが嫌々司教就任を承認した末弟ヤロミールは非常に野心的な人物であり、大公は彼をコントロールすることができなかったのである。ヴィシェフラトに建てられた教会には教皇庁直属、つまりプラハ司教の管轄外にある聖堂参事会が設置されることになり、そこには司教である弟の干渉を排除しようとした大公の意図が読み取れる。(41)

以上のように、ヴィシェフラトは有力なプラハ司教と争ったさいにプラハ城を避けた大公によって王宮として利用されてきた。ただし、そのかぎりでは「仮」の王宮としての意味合いが強い。ところが、ヴラチスラフ二世の息子たちの代にヴィシェフラトはさらなる発展を遂げる。

ヴラチスラフ二世の死後（一〇九二）から一二世紀初頭にかけて、彼の息子や従兄弟が相争い、めまぐるしい大公の交代劇が起こった。その過程でヴィシェフラトは統治拠点としての重要性をさらに高め、ヴラチスラフの末子ソビェスラフ一世はヴィシェフラトを首都と位置づけている。(42) 一一三〇年にヴィシェフラトの教会を再興したのはその意図の表れと考えられる。(43)

ヴィシェフラトを舞台として演じられた最大の政治劇は、一一三〇年のソビェスラフ暗殺未遂事件に対する裁判である。(44) 危機を逃れた大公がヴィシェフラトへ戻ると、一報を受けた有力者たちが続々と城へ駆けつけてきた。翌日、ヴィシェフラトの「宮殿 palatium」には年代記曰く三〇〇〇人が参集し、彼らの目の前で容疑者の尋問と裁きが行われたのである。ヴィシェフラトは君主不在時にも首都として機能しており、このソビェスラフがポーランド国境の城で亡くなったとき、有力者は再びヴィシェフラトに参集し、後継者について協議している[45]。また、後を継いだヴラジスラフ二世も一一四二年に皇帝をヴィシェフラトで出迎えており、引き続き王宮として利用していたものと思われる[46]。

ところが、一一四七年になると政治犯はプラハへ連行・投獄されており、一一五八年にはヴラジスラフがミラノ遠征を有力者に諮るための集会をプラハで開いている[47]。また、遠征から帰国した大公は「聖なるプラハ Praga ciuitas sancta」で迎えられており、ヴィシェフラトは王宮としての役割をプラハに譲ったようにみえる[48]。事実、一一四四年にヴィシェフラトは有力者ヴェリスラフの手に下げ渡されていた[49]。

この王宮交代には次のような王朝の事情が影響を与えたと思われる。ヴラジスラフ二世は前任者ソビェスラフ一世の甥であるが、即位後、彼の息子ソビェスラフを投獄するなど、ソビェスラフの系統とは対立関係にあった[50]。おそらく彼はソビェスラフ系の色合いが強いヴィシェフラトを避け、修復の済んだプラハへ再び王宮を戻したのであろう[51]。ただし、後にソビェスラフ二世として即位したソビェスラフ一世の息子も政敵をプラハに投獄しており、ヴィシェフラトの地位を復活させることはなかった[52]。間もなく起こったソビェスラフ二世とヴラジスラフ二世の息子ベッジフの争いにおいてもプラハが攻防の焦点となっており、最終的にヴラジスラフ系が宗家としての地位を確立してゆくことによって、プラハは首都としての位置づけを回復することになる[53]。

君主がどちらを王宮として選んだのかということは墓所の選択によく表れており、そこには親兄弟の対立関係も浮かび上がっている（図1）。大きくみれば、ヴラチスラフ二世と末子ソビェスラフ一世の系統がヴィシェフラトを、父と反目していたブジェチスラフ二世から兄弟ヴラジスラフ一世の系統がプラハを選択している――スト

図1　プシェミスル家君主と墓所（本文に関わりなき者は省略）

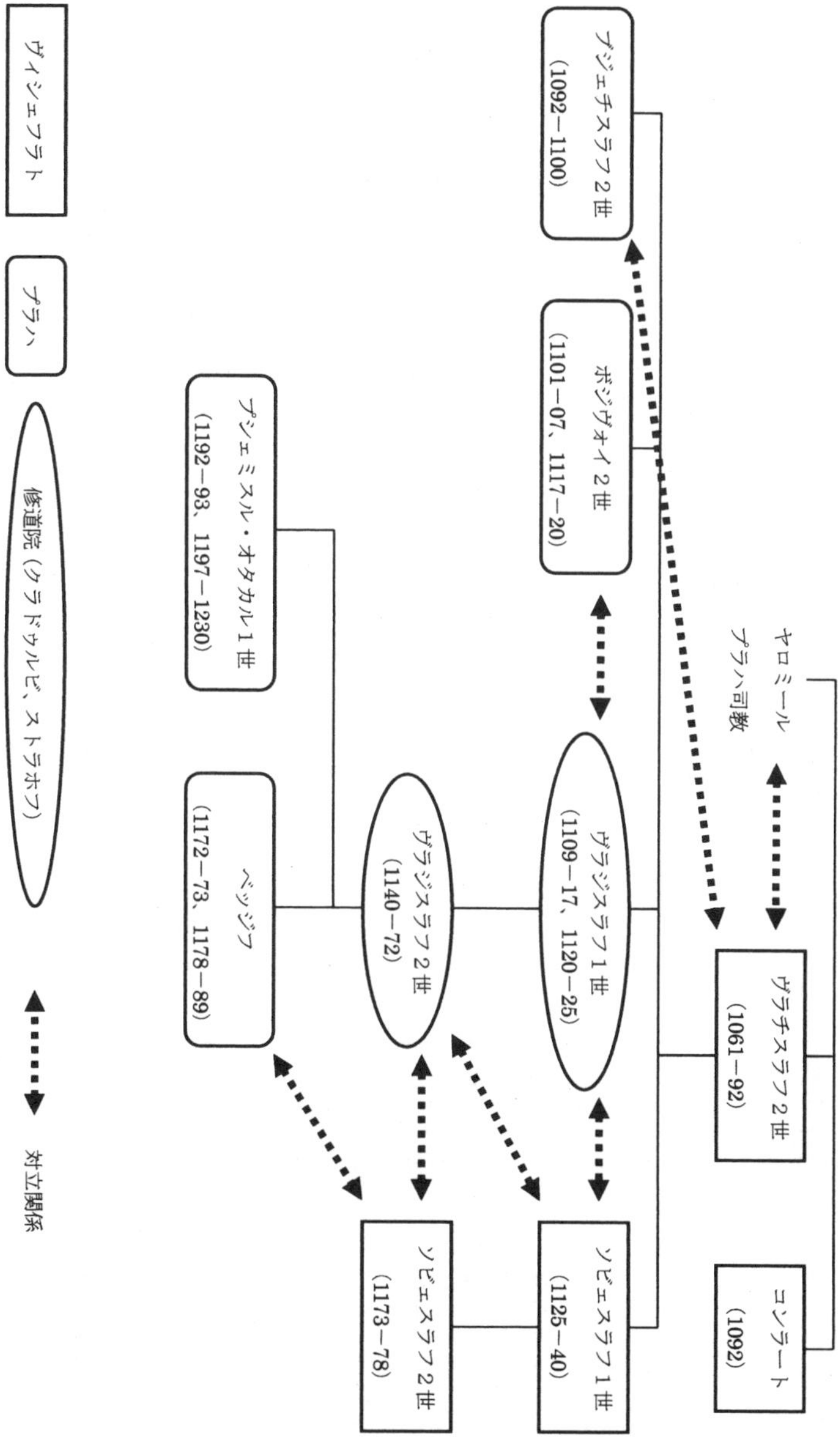

ラホフ修道院はプラハ城のすぐ裏手にある――ことがわかる[54]。

これ以降も君主と対立するプラハ司教が存在しなかったわけではないが、聖ヴォイチェフやヤロミールのように大公の地位をも脅かす人物は現れず、君主がプラハから退去するような事態は起こっていない。この後もヴィシェフラトは重要な城であり続けるが、首都に相応しい儀式や決定的な政治的事件の舞台となることはなかった[55]。

なお、集会が開催されたのは通常聖ヴィートの祝日（六月一五日）と聖ヴァーツラフの祝日（九月二八日）から三日間とされる[56]。例えば、一二世紀のプラハ司教たちは前司教の死から数か月待ち、九月末に選出されている[57]。この六月一五日から九月二八日までの期間は古代スラヴの夏意識と関連づけて説明されているが、とくに古代スラヴに限定する必要はないだろう。ここで重要なのはむしろ、大規模な集会を開催するのに適したこの季節にチェコゆかりの聖人の祝日は他になく、聖ヴィートと聖ヴァーツラフの祝日が集会の開催日として選択されていたという事実である。先述のように、両聖人の崇敬の中心地はプラハ城内にあり、両聖人の祝日に集会がプラハで開催されることは必然の結果であった。ヴィシェフラトに聖人の聖遺物が移されたことはなく、この点においてもプラハの伝統に対する弱みを抱えていたであろう。

三　ヴィーンとの比較

バーベンベルク家時代（九七六～一二四六）のヴィーンは最初からオーストリアの中心地であったわけではなく、大公の宮廷が置かれていたわけでもなかった[58]。同家がヴィーンとその周辺を掌握して大公の館を移すのは一二世紀前半のことである。その後一三世紀前半までに政治的・経済的機能を高め、また祝祭的行事の場としても優越

表1　オーストリア大公の滞在地

	A	B	C	A／A＋B
ハインリヒ2世(1156-77)	12	7	6	63%
レオポルト5世(1177-94)	15	19	23	43%
フリードリヒ1世(1194-98)	1	7	0	13%
レオポルト6世(1198-1230)	27	73	34	27%
フリードリヒ2世(1230-46)	29	73	5	28%
アルブレヒト1世(1283-88)	50	24	7	68%

A：ヴィーン　B：ヴィーン以外のオーストリア
C：オーストリア以外
出典：註(5)服部良久「宮廷都市ヴィーンの成立」

した地位を占めるようになる。しかし、領邦の裁判集会が開催される都市は複数存在し、必ずしもヴィーンに集中していたわけではない。集会の開催や証書の発給といった政治的行為の場としてのヴィーンの首都的性格が強まるのは、プシェミスル家時代をまたいだハプスブルク家時代（一二七七～）のことであった。

ハプスブルク家のアルブレヒト一世はヴィーンに長期滞在し、一二八三年から一二八八年にかけては六八%の証書がヴィーンで発給されている（表1）。一一五六年から一二四六年の間にはその半分の三二%しか発給されていなかった事実に鑑みれば、政治的行為の場がヴィーンに集中し始めたことは一目瞭然であろう。この時期、大公不在でも開かれる上級領邦裁判が設置され、ヴィーンは「我が侯領の頭にして支え」とも表現されるようになる。一四世紀後半には、義父カレル四世に対抗したルードルフ四世が、聖シュテファン大聖堂の改築（一三五九）やヴィーン大学の創設（一三六五）などに着手し、領邦の首都としての地位をさらに高めている。

以上のように、ヴィーンが領邦オーストリアの首都への第一歩を踏み出したのは比較的遅く、一二世紀前半のことであった。それ以後も領邦の裁判集会はオーストリアの各地で開催されており、政治的行為の場として集中的に利用されるようになるのは一三世紀の末以降である。これに対して、プラハの中心性が確立された時期はかなり早い。バーベンベルク家がヴィーンへ本拠を移した頃、プラハはすでに『コスマス年代記』の中で数々の伝説に彩られており、ヴィシェフラトとの競合にもまさに勝ち抜こうとしていた。

しかし、世襲王号を獲得し、長子相続制を確立するプシェミスル・オタカル一世の治世から、プラハにおける集会の性格が変容してゆくといわれる[59]。両聖人の祝日の重要性は次第に希薄になり、例えば、彼の息子ヴァーツラフを若王に選出した集会は六月八日に開かれている。これにともない石造りの公の座の慣習も廃れてゆく。長子相続制に移行したために選出集会の意義が失われたのである。選出集会とセットで行われていた裁判は分離され、地方で処理される案件が増加した。では、全体集会のみに注目するのではなく、地方で開催された裁判集会なども含めた政治的行為の全般に目を向けた場合、プラハはどのような特徴を示すのであろうか。

表2は、集会だけではなく、証書の発給を一つの重要な政治的行為とみなし、君主ごとの証書発給地を調べたものである。ただし、プシェミスル・オタカル一世以前（＝一二世紀）に関しては残存している証書数が絶対的に少なく、統計的に何かを論じられるレベルにはない[60]。以下、一三世紀以降の君主治世ごとに説明を加えてゆく。

プシェミスル・オタカル一世時代からモラヴィアでの発給が増加した一因は、モラヴィア分国侯領（ブルノ、オロモウツ、ズノイモ）が廃され、モラヴィア辺境伯領に統一されたことにある。一二世紀以前は、モラヴィアに分封された大公の弟の子孫が分国侯となり、分割と統合を繰り返しながらプラハの大公と競合していた。ところが、男系の断絶などもあり、モラヴィア辺境伯領としてすべての分国侯領が統合され、完全にプラハのコントロール下に置かれるようになった。これ以降、国王がプラハから頻繁にモラヴィアを訪れて証書を発給するようになり、表のAとBを比べるとプラハの占める割合が半減している。

次いでヴァーツラフ一世の時代になると、ボヘミアにおけるプラハの比重がかなり下がっている。これは一つにはボヘミア西部のプラスィ、テプラー、クラドゥルビといった修道院や、ピーセクなどの都市に滞在する機会

表2　チェコ君主の証書発給地

君主(在位年)	a(通)			e(通)			A(%)	B(%)	C(%)
	b	c	d	f	g	h			
ヴラジスラフ2世(1140-72)	3	1	1	0	1	9	75	60	60
ソビェスラフ2世(1173-78)	0	0	1	0	0	6	0	0	0
ベッジフ(1172-73, 1178-89)	2	4	0	0	1	12	33.3	33.3	33.3
コンラート・オタ(1189-91)	1	1	0	0	0	0	50	50	50
インジフ・ブジェチスラフ(1193-97)	2	0	0	0	0	3	100	100	100
ヴラジスラフ・インジフ(1197)	0	1	0	0	0	0	0	0	0
プシェミスル・オタカル1世(1192-93, 97-1230)	23	6	28	0	0	32	79.3	40.3	40.3
ヴァーツラフ1世(1230-53)	45	44	15	5	3	23	50.5	43.3	41.3
プシェミスル・オタカル2世(1253-78)	90	46	44	39	4	13	66.1	50	41.1
ヴァーツラフ2世(1283-1305)	94	25	65	3	6	13	78.9	51.1	50.2
ヴァーツラフ3世(1305-06)	11	0	1	0	0	0	100	91.6	91.6
ルードルフ1世(1306-07)　＊ハプスブルク家	0	2	1	0	0	0	0	0	0
ハインリヒ(1307-10)　＊ケルンテン大公家	12	3	4	0	1	0	80	63.1	63.1
ヨハン(1310-34)……ヨハン単独統治時代	174	32	57	56	133	78	84.4	66.1	54.5
(1334-46)……息子カレルとの共同統治時代	162	14	14	77	92	84	92	85.2	60.6
カレル4世(1334-46)	67	18	40	15	23	10	78.8	53.6	47.8

a、チェコ　b、プラハ　c、ボヘミア　d、モラヴィア＋シレジア　e、チェコ外　f、チェコ外の領地
g、領地外　h、不明
A：プラハ／プラハ＋ボヘミア　B：プラハ／プラハ＋ボヘミア＋モラヴィア　C：プラハ／チェコ＋チェコ外
・同日に同地で発給された証書および書簡は計上していない。
・「f、チェコ外の領地」とは、ヴァーツラフ1世時代のラウジッツ、プシェミスル・オタカル2世時代のオーストリア、シュタイアーマルク、ケルンテン、クライン、ヴァーツラフ2世以降のポーランド領シレジア、ルクセンブルク朝期のルクセンブルクを指す。
・「h、不明」には、証書に発給地の記載がないものと、記載されてはいるが地名を特定できないものを含む。
出典：*CDB* I-V, *RBM* I-IV より作成

が増えたためである。この付近では銀山ストシーブロが急激に発展しており、ピーセクには後に貨幣鋳造所が設置されている。国王自らが先頭に立って開発を進めた結果としての滞在増加であろう。また、一二四一年以降になると目立つのが王城クシヴォクラートである。(61) ここにはズベチノに代わって新しく狩猟用の王宮が置かれており、晩年に政治への関心を失ったヴァーツラフ一世はプラハを放置してこの城にひきこもったと伝えられる。(62)

続くプシェミスル・オタカル二世は、バーベンベルク家からオーストリア諸邦を相続したために、たびたびヴィーンやクレムス、グラーツなどを訪問している。ここで用いた史料にはオーストリア関連の証書類が多数漏れていると思われるが、(63) その場合でもチェコを対象としたAやBの数値に変化はないだろう。一方、この頃から国王自らモラヴィア辺境伯を兼任するようになったため、モラヴィアでの証書発給はいっそう増加しているが、割合だけをみれば、前後の時代と比べてさほど影響は感じられない。またボヘミアでは、チェスケー・ブジェヨヴィツェ市を建設するなど王権はボヘミア西部から南部へと開発の手を広げているが、こちらの影響もはっきりとは確認できない。

分析の対象となりうる最後の時代、ヴァーツラフ二世治世の特徴は、ボヘミア国内をあまり移動していないことである。とりわけ一三〇四年から翌年にかけては、証書の上ではプラハからの動きがほとんど確認できない。その一方で、モラヴィアでの証書発給数はさらに増加している。ヴァーツラフ二世は父王が失った南のオーストリアに代わり、北のポーランドへ家領を拡大しようとしていた。そのため、モラヴィアを経由してシレジアのオパヴァに三度滞在するなど、(64) ポーランド（シレジア）政策の一環としての意味もあってモラヴィア滞在が増えているものと考えられる。ただし、これもプラハの中心性を示す割合自体に変化を生じさせてはいない。

以上のような一三世紀の証書発給地の全体的な傾向をまとめてみよう。まず、一三世紀以降にプラハで行われる集会の意義が低下したといわれるが、証書発給という政治的行為から見るかぎりでは、プラハの重要性は決して失われていない。たしかに一三世紀には各地の都市で裁判集会／証書発給が行われることが多くなり、ヴァーツラフ一世時代にはボヘミア国内でのプラハの比率は五割に下がっている。しかしそれでも、ほぼ治世が重なるオーストリアのフリードリヒ二世の場合と比べれば倍近い。ヴィーンは一三世紀末のアルブレヒト一世の時代に「オーストリアの宮廷都市たる性格と機能を備えつつあった」(65)とされるが、その基準を証書発給から確認できる滞在頻度に限定するならば、プラハは一三世紀の早い段階ですでに首都たる性格と機能を有していたといえる。

四　都市空間の発展と王権

すでに確認したように、プラハは一〇世紀末から一二世紀にかけてヴィシェフラトと競合しながらも、一二世紀後半から首都としての地位を確立していった。プシェミスル家は最終的にプラハを選択したのである。では、この選択は都市プラハの空間的発展にどのような影響を与えたのであろうか。本節ではこうした問題を考察してゆく。その前に注意しておかなければならないのは、本稿でこれまで検討してきたのは必ずしも都市ではなかったという点である。厳密な区分をせずに論じてきたが、王宮としてのプラハもヴィシェフラトもともに城塞を指しており、ここからいかに都市として発展したのかが考察されなければならない。もちろん城も都市も大きくは一つの空間を形成するものであり、互いに排除しあう関係にはないが、プラハの空間的発展に対する王権の関わり方、あるいはその変化をわかりやすく示すために、両者を区別しながら成長過程を追ってゆく。

1　王宮プラハ城の発展

プラハ城内には聖ヴィート教会が築かれ司教座聖堂となった他、これよりもさらに古い歴史を持つ聖母マリア教会や聖イジー修道院などが建てられていた。大公の居館周辺にはこうした教会に加えてプラハ司教の館も存在し、プラハ城は聖俗一体となった複合的な施設であった（地図1）。

ヴァーツラフ公が創建し、自身も埋葬された聖ヴィート教会は、一〇六〇年にスピチフニェフ公によって大きく建て替えられ、簡素な円形教会（ロトゥンダ）から複数の礼拝堂や地下聖堂を併せ持つ大教会へと変貌を遂げた（地図2）。この改築はプラハ司教座の大司教座昇格を見据えての措置であったともいわれている(66)。

スピチフニェフが手を加えたのは教会の建物だけではなかった。正確には父ブジェチスラフ一世の命を受けてのことだが、彼はプラハ城を囲む城壁も新たに建て直している(67)。都市の市壁の場合によくみられるように、このとき聖イジー修道院の建物が北面の壁の一部として利用されている。これに対して南面では大公の館が城壁と一体化し、防備施設を形作っていた。

この後しばらく年代記の記述からプラハ城の施設に関する情報は姿を消すが、一三世紀に入ると再び散発的に現れる。しかし、そのほとんどが防備施設に関する記述である。例えば、一二五二年には城の塔が強化されており、一二七八年には城の前――おそらく城の西側を指す――に二重の堀が掘られている(68)。一つは石積みであり、もう一つは石積みではないものの幅一二メートル、深さ九メートルの大きさであった。また、城壁近くの古い堀も再建されたが、石灰を用いたその堀は上記のものより一回り大きかったらしい。これらの堀は城の北側を流れるブルスカ川と結ばれたが、さらに城の東側にもブルスカ川から堀が引かれ、ヴルタヴァ川に架かる橋のたもとに立つ司教館までを囲っている。

この橋のたもとの司教館は史料初出が一二四九年であるが[69]、その成立はおそらく一二世紀後半にまでさかのぼることができる。なぜなら、一二世紀後半に城のあるヴルタヴァ左岸と対岸を結ぶユディタ橋が架けられており、司教の館はこの橋の塔と一体となって通行を監視する役割を担っていたと考えられるからである[70]。一二五二年には橋の塔が、翌年には司教館の防備が強化されたと記述されている[71]。こうした堀から橋へとつながる一連の措置は、明らかにプラハ城だけでなく城下町の防衛を念頭に置いたものであった。

では、この城下町と君主の関係はいかなるものであったのか。君主が居城を整備するのは当然であるが、城下に発展してゆく集落／市街地にどう対処したのかに目を転じよう。

2　都市プラハの発展

プラハ城の城門前から城下——今日のフラッチャニ（城前集落）からマラー・ストラナ（小地区）——の集落や教会については、文献史料からは確認することが難しい。確実な記録としては、ようやく一二五七年にプシェミスル・オタカル二世が「城下 suburbium」からチェコ人を追い出し、外国人を入植させたと報告されている[72]。先述のように、ブルスカ川から引かれた堀と司教の館、橋の塔、さらに聖ヨハネ騎士団の修道院などに囲まれたこの地区は、中世には小都市（小地区）と呼ばれ——これに対して現在のプラハ旧市街を大都市と呼んだ——、一つの独立した都市として発展してゆく。しかし、一般にチェコの史料においてプラハの suburbium と称されているのはヴルタヴァ右岸の、今日のプラハ旧市街から新市街にかけての地区であった（地図4）。

イブラヒムの旅行記では、一〇世紀後半のプラハは外国人商人の行き交うこの地方随一の都市として描かれていた。なかでも市街地の東にある集落ポジーチーにはドイツ人商人が定住し、独自の法と慣習を持つ共同体としての生活を大公より保証されていた[73]。また、ユダヤ人もすでに市街地の北西部に集住していたものと思われ、一一四二年にはプラハ城攻防戦のあおりを受けてプラハ城下のシナゴーグが焼け落ちている[74]。

豊かな外国商人たちが住み着いていたプラハの城下とヴィシェフラトの間には「市場 forum」があった（一〇九一）[75]。この市場は、一一〇四年に言及される両城の間にあって土曜ごとに開かれるという市場と同一のものと考えられる[76]。一一三〇年に起こった大公暗殺未遂の容疑者たちは市場で処刑されたが[77]、おそらくこれも同じ場所を指していよう。プラハ城は貧民への喜捨なども行われる公的な空間を成していたが[78]、市場を中心とした民衆の生活空間はヴルタヴァ右岸に広く展開していたのである。

ところが、市街地の建物について文献史料からわかることはほとんどない。先のシナゴーグとともに城下の多くの建物が焼失したと報告されているが、これは例外的な記述である。チェコの中心地「プラハ」とは何よりも「プラハ城」を指していたため、一二世紀の年代記の著者たちは市街地の建物についてあまり筆を走らせることがなかった。

こうした状況に変化がみられるのは一三世紀に入ってからである。一二二六年にドミニコ会が「プラハ市内 in civitate Pragensi」に家（修道院）を構えると、その六年後にはフランチェスコ会もプラハ市内に進出している[79]。都市に於ける托鉢修道会の叢生はもちろん全ヨーロッパ的な現象であるが、チェコにおいてはヴァーツラフ一世の治世に特徴的なものでもある。なぜなら、彼の妹アネシュカがアッシジのフランチェスコに傾倒し、プラハに救貧院と修道院を創設したからである[80]。一二四五年の記事によれば、この頃ヴァーツラフはプラハ市内に五つの修道会の家を建てている[81]。かつてJ・ル＝ゴフは托鉢修道会の数から中世都市を捉えることを提唱したが[82]、プラハが比較的多くの人口を抱えていたことはこの事実からもうかがえる——ただし、五つのうち二つは騎士修道会である。

修道院創設のイニシアチヴがヴァーツラフ側にあったのか、それとも修道会側にあったのかは定かではない。しかし、こうした建設事業がプラハの都市化と密接に関係していたことは間違いないだろう。年代記の報告するところによれば、ヴァーツラフ一世はプラハをはじめとするチェコ全土の「市場集落 villa forensis」を壁で囲わせ、「都市 civitas」とした[83]。この作業が正確にいつ行われたのかは明らかでないが、一二三〇～四〇年代のうちにプラハも市壁を持つ都市となったようである（地図5）。なぜなら、一二四九年にヴァーツラフの息子プシェミスルが反乱を起こしたさいに、城だけでなく街も攻防の舞台となっているからである[84]。一二五三年には街の北側と西側（ヴルタヴァ川に面した部分）の防備も強化されている[85]。

先述の五つの修道会は必ずしも新設の家を与えられたわけではないが、旧来の建物も市壁建設と連動して拡大されたことは疑いない。テンプル騎士団が与えられた聖ヴァヴシネツ教会だけは市街地のやや内側に位置するが、それ以外の修道会が入居した教会の立地を地図と照らし合わせればそれは一目瞭然である。以下、順にみてゆこう（地図6）。

一二二六年にチェコへやって来たドミニコ会は、当初ドイツ人集落ポジーチーにある聖クリメントゥス教会（b）に仮寓していた。しかし、一二三二年にはユディタ橋のたもとに新設された聖クリメントゥス教会（i）へと移っている。新たな教会は対岸にある司教館と同じく橋を監視・防衛する役割を与えられたのであろう。次いで一二三二年に招かれたフランチェスコ会はティーン教会の東側にある聖ヤクプ教会（e）へ入った。この教会は街の中心近くに位置しているが、しかしこれも市壁と関係している[86]。なぜなら、この当時、この教会の南側にはハヴェル市場を中心として別の街が形成されており、現在の旧市街とは区域の設定が異なっていたからである[87]。

地図5　1346年（新市街設立前）のプラハ

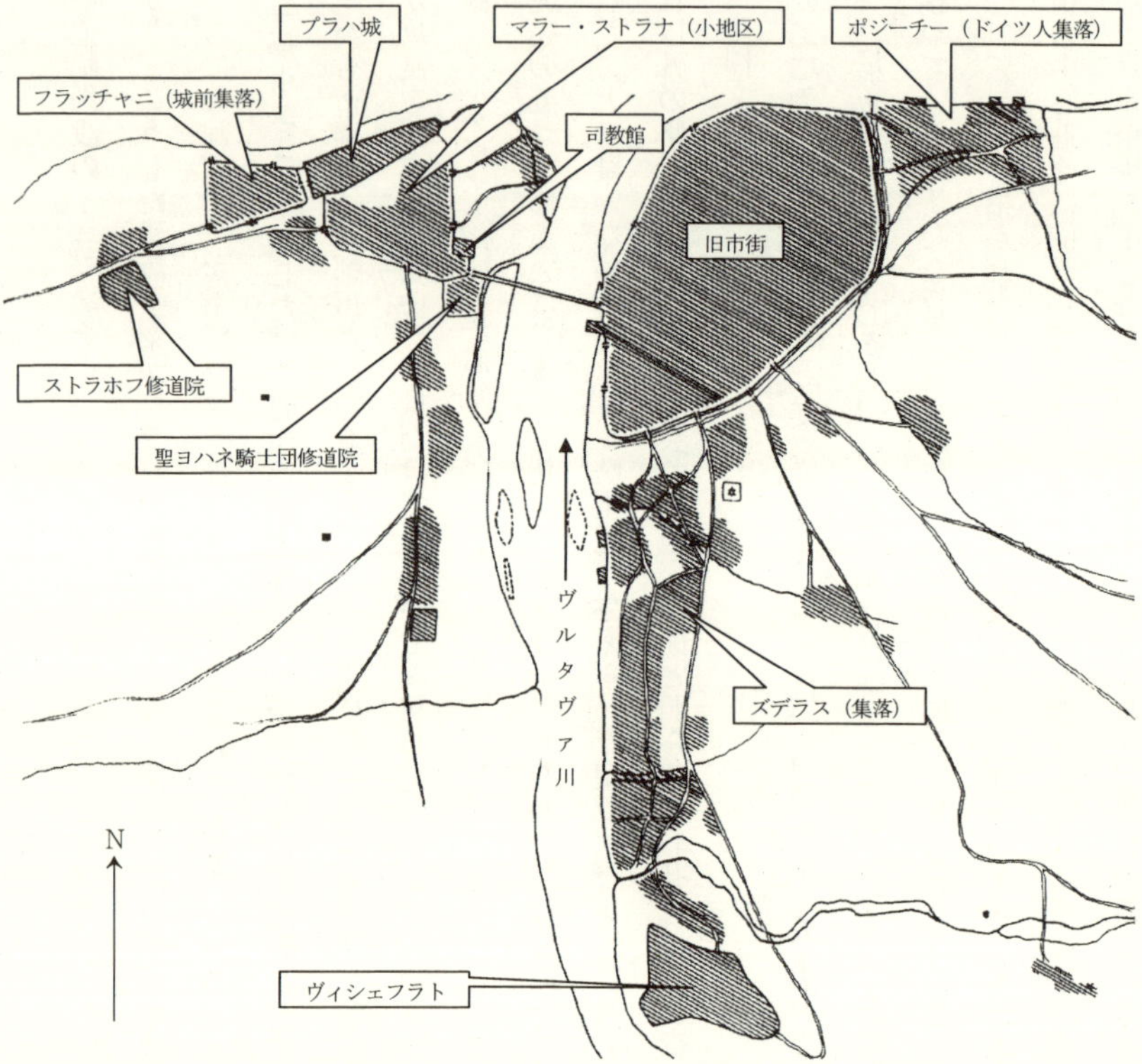

出典：*Dějiny Prahy*, s. 79 より作成

地図６　プラハ市内の教会／修道院の位置

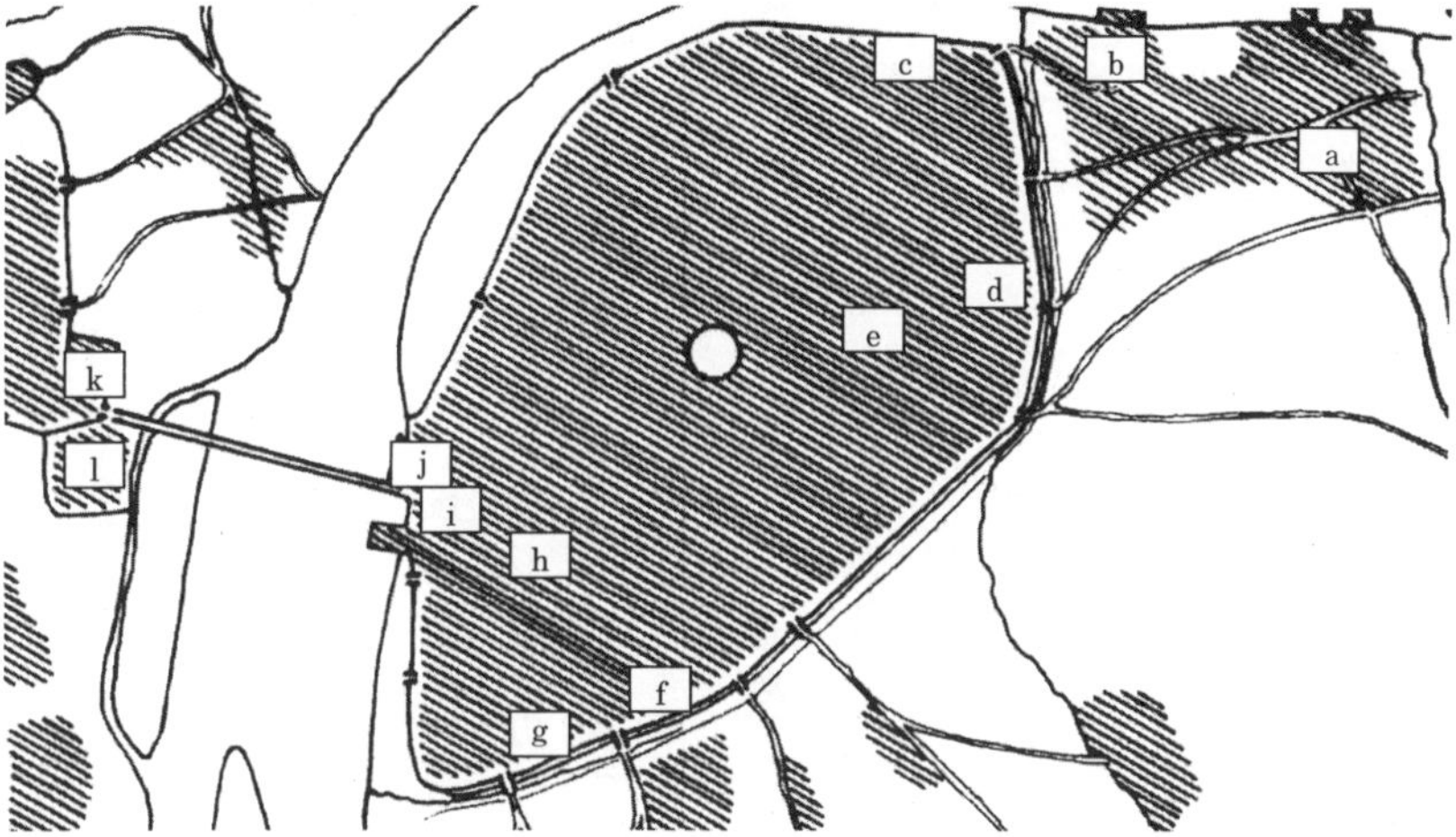

a、聖ペトル教会　b、聖クリメントゥス教会　c、聖フランチシェク教会(クララ会)
d、聖ベネディクト教会(ドイツ騎士団)　e、聖ヤクプ教会(フランチェスコ会)
f、聖マルチン教会　g、聖シュチェパーン教会　h、聖ヴァヴシネツ教会(テンプル騎士団)
i、聖クリメントゥス教会(ドミニコ会)　j、聖フランチシェク教会(赤い星の十字架騎士団)
k、司教館　l、十字架の聖母マリア教会(聖ヨハネ騎士団)
出典：地図5の一部を拡大して作成

これとは別に、フランチェスコ会の到来した年に聖フランチシェク教会（c）が街の北辺に建設されており、クララ会はこの教会に居を構えている。そして王妹アネシュカによって設立されたチェコ独自の騎士修道会（赤い星の十字架騎士団）は、ポジーチーの中心にある聖ペトル教会（a）から一二五二年にユディタ橋のたもとへ建てられた聖フランチシェク教会（j）へと移転した。この建物は聖クリメントゥス教会と同じく橋の防衛強化策の一端を担っていたものと思われる[88]。また、一二五三年に行われた街の北側と西側の防備強化にとって、二つの聖フランチシェク教会と新しい聖クリメントゥス教会の建設は欠かせない要素であった[89]。

これ以外にも、市街地東辺に立つ聖ベネディクト教会（d）にはポジーチーの聖ペトル教会（a）経由でドイツ騎士団が入居し、街の城塞化に寄与している。[90] また、南辺に位置する聖マルチン教会（f）や聖シュチェパーン教会（g）は市壁と一体化し、「市壁の聖○○教会」と名を残した。[91] さらに、市壁には多くの門と塔が設置され、防衛機能を高めている。[92]

こうしてヴルタヴァ右岸の市街地が防備強化されてゆくのに続き、先述のように、ヴルタヴァ左岸にも同様の措置が採られた。橋の塔や司教館（k）に加えて、一二五三年には聖ヨハネ騎士団の入る十字架の聖母マリア教会（l）も補強されている。[93] 後にこの地区＝マラー・ストラナも市壁で囲われた都市となる。[94]

以上のように、プラハと君主の関わり方については、一三世紀前半から明確な違いが確認できる。つまり、プラハの街が防衛されるべき拠点として認識されるようになったのである。これ以降、押さえるべきプラハとは城ばかりでなく街も意味するようになった。

変化はそれだけではない。従来、重要な儀式は基本的にプラハ城内の教会で行われ、他所から帰還した王や司教を出迎える場合も城の前で整列するのが慣例であった。しかし、一二五五年にオーストリアから嫁いできた王妃はプラハの市壁前で市民の歓迎を受け、翌日、城門前で司教や聖職者から出迎えられている。

とりわけ、アネシュカが院長を務める女子修道院などと複合的な施設を形成していた聖フランチシェク教会（c）が、この時期ハレの場として何度も登場する。先述のように、王子プシェミスルの反乱に遭ったヴァーツラフ一世は、プラハの街を奪還したとき歓声と鐘の音の中を聖フランチシェク教会へと導かれ、数日後に同教会で国王戴冠式を行っている。[95] その後、一二五一年にはこの教会に聖遺物が運び込まれ、同年、プラハ司教が聖フランチシェク教会で聖職者叙任を行った。[96] さらにヴァーツラフは、アネシュカが設立した修道院を王家の墓所と定めている。[97] こうした行為の積み重ねにより、聖ヴィートや聖ヴァーツラフの遺骨が眠るプラハ城以外に、王朝にとっての聖なる地を市内にも創り出したのである。

プラハ市の重要性を別の側面からも検証してみよう。一二二二年、プシェミスル・オタカル一世はヴィシェフラト教会に対して先王たちが与えた特許状の内容を二通の証書で再認した。[98] ここで注目したいのは証書に記された発給地である。二通ともプラハ市内で作成されている。他にもこうした証書は散見する。[99] 従来の証書では、プラハと記されていればそれはほぼプラハ城を指していた。ところが一三世紀前半には、市内でも証書発給という重要な政治行為が行われているのである。行為の具体的な場がプラハ市内の教会なのか市民の家なのか、これらの証書はそれ以上の情報をもたらすものではないが、都市プラハが政治的空間として徐々に重要性を増していたことは明らかであろう。[100]

君主がプラハの整備に注意を払ってきたのは当然のことであるが、君主にとっての「プラハ」が市街地をも意味するようになったのは一三世紀に入ってからのことであった。ちょうど都市化の波がチェコにも達し、都市に対する君主の認識が変化した時期でもある。[101] プラハは早くからチェコにおける高い中心性を示していたが、首都は都市であることを第一義とするならば、君主による首都形成はこの時期にようやく端緒についたといえる。この後プラハの街は市壁を備え、プラハ城の持つ政治的・宗教的機能を共有するようになってゆく。こうしてプラハはまさに首都となったのである。

むすび

本稿での考察の結果、以下の点が明らかとなった。Ⅰ、中世のチェコにはプラハ以外にも王宮は存在したが、地理的・宗教的要因もありプラハの政治的重要性は他に卓越していた。Ⅱ、しかしながら、一一世紀後半から一二世紀前半にかけてはヴィシェフラトも重要な王宮として機能しており、政治的集会や儀式の場もプラハから移されていた。ただし、王朝内の相続争いとの関連でプラハが再び地位を取り戻し、一二世紀後半以降は政治的中心性を確立してゆく。Ⅲ、証書発給地から判断すれば、オーストリアの首都ヴィーンと比べても、比較的早い時期にプラハに政治的機能が集中している。Ⅳ、以上のように、早くから首都的性格を備えているかにみえるプラハではあるが、城（王宮）から都市（首都）へと君主の視点が転換したのは一三世紀以降のことであった。その後プラハ市は市壁や王朝によって聖化された教会を備え、儀式や証書発給も行われる空間として発展してゆく。

本稿では最初に指摘した問題点のうち、すでに多くの先行研究がある②「行政組織の集中」過程は考察しなかった。最後に、この問題と密接に関連しながらも、従来はあまり触れられてこなかった貴族たちの居館について簡単な見通しを述べて結びの言としたい。

カレル四世がプラハ改造にあたってモデルにしたといわれるパリは、一四世紀末には貴族や諸侯の館に満ちていたという。[102]その萌芽は早くも一二世紀末から一三世紀初頭にかけてみられ、一三世紀末に大きく発展する。[103]これに対してプラハでは、一三二九年に有力家門ロノフ家のメンバーが居館を所有していたことが判明しているが、[104]これはどこまでさかのぼれるものであろうか。

一三世紀半ばには地方の聖堂参事会長の館の存在を確認できるようになるが、[105]貴族については史料が残っていない。例えば、一二六二年に作成された有力貴族ヴォク・ズ・ロジュンベルカの遺言書は非常に詳細なものであるが、プラハに邸宅を構えている様子はまったくうかがえない。[106]彼の息子インジフは、一二八五年にプラハ市壁外の集落ズデラスにある修道院と所領の売買契約を結んだとき、売却額を値下げする代わりに、彼がプラハに滞在するさいの費用を修道院に負担させている。(107) ここでいう滞在費負担とは、修道院がインジフ一行を修道院の建物において供応し、宿泊させるとの意味であろう。つまり、この時点でもインジフはプラハに館を所有していなかったのである。この時期、プラハが都市として大きく成長したことなどを考慮するならば、すでに館を所有している貴族もいた可能性はあるが、プラハ市に貴族の邸宅が立ち並ぶようになるのはおそらく新たな世紀に入ってからのことであったと思われる。この点から判断するならば、有力貴族をプラハに長期逗留させる大きな要因となる、行政組織の集中が進行するのは早くとも一二八〇年代以降と考えるのが妥当かもしれない。

(1) 山田欣吾「首都なき王国の旅する王」成瀬治/山田欣吾/木村靖二『世界歴史大系ドイツ史一』山川出版社、一九九七年、一四九〜一五二頁。
(2) H. Patze, Die Bildung der landesherrlichen Residenzen im Reich während des 14. Jahrhunderts, in (hg.) W. Rausch. *Stadt und Stadtherr im 14. Jahrhundert*, Linz, 1972, s. 2-54.
(3) ドイツ史の用語では、中世の恒常的な宮廷所在地を「宮廷都市」と呼び、近世以降の国家的な性格を持つ「首都」と区別されている。しかし、本稿ではとくにこだわらず、中世に関しても「首都」の語を用いることとする。ただし、先行研究に触れる箇所に関してはそのかぎりではない。用語の区別に関しては、出口裕子「ドイツにおける「宮廷都市」と「首都」の形成に関する一考察」『早稲田大学教育学部紀要(地理学・歴史学・社会科学編)』五三号、二〇〇五年、五一〜五九頁。
(4) F. Graus, Prag als Mitte Böhmens 1346-1421, in (hg.) E. Meynen, *Zentralität als Problem der mittelalterlichen Stadtgeschichtsforschung*, Köln, 1979, s. 22-47, P. Moraw, Zur Mittelpunktsfunktion Prags im Zeitalter Karls IV., in *Europa Slavica - Europa Orientalis. Festschrift für H. Ludat zum 70. Geburtstag*, Berlin, 1980, s. 445-489. 薩摩秀登『プラハの異端者たち』現代書館、一九九八年。
(5) 服部良久「宮廷都市ヴィーンの成立」比較都市史研究会編『都市と共同体(上)』名著出版、一九九一年、一一九〜

一三七頁。ここでは第一章を参照。

(6) チェコ／ボヘミア／ベーメンという語は、日本では一般に現在のチェコ共和国全体を指して用いられることが多い。しかし、歴史的には西部のチェコ王国（大公領）、東部のモラヴィア辺境伯領および北東部のシレジア諸公領からなるチェコ諸邦の一部を指すものでしかない。したがって本稿では、今日のチェコ共和国にほぼ相当する領域をチェコ、西部の歴史的チェコ王国をボヘミアと呼び分ける。厳密にいえば、プラハはボヘミアの首都ではあってもチェコ全体の首都ではない。とはいえ、外部からみればとりわけモラヴィアがボヘミアと一体のものとして捉えられる傾向にあったことは否めず、領邦議会などを異にしながらも歴史・文化を共有し、強い一体感を持っていたことも事実である。そのため、とくに他の地域を排除することなくプラハの首都性を考察する。

(7) チェコの支配家系（プシェミスル家・～一三〇六、ルクセンブルク家・一三一〇～）の称号は史料に登場する九世紀末以来「大公 dux」であったが、一一世紀と一二世紀に一人ずつ「王 rex」号を許され、その後一二一二年に世襲王号が認められた。したがって本稿では、時代もしくは君主によって大公と王を使い分けている。

(8) I. Hlaváček, Dvůr a rezidence českých panovníků doby přemyslovské a raně lucemburské, in *Opera historica* 7 (1999), s. 29-70. (ed.) D. Dvořáčková-Malá, *Dvory a rezidence ve středověku*, Praha, 2006.

(9) それぞれ、Z. Fiala, Panovnické listiny, kancelář a zemský soud za Přemysla, II., in *Sborník archivních prací* 1 (1951), s. 165-294, J. Šusta, *Poslední Přemyslovci a jejich dědictví 1300-1308*, Praha, 2.vy. 2001 (1.vy. 1926), J. Kejř, *Počátky dvorského soudu*, Praha, 1956 に代表される。

(10) A. Pleszczyński, *Vyšehrad, rezidence českých panovníků*, Praha, 2002.

(11) "Urbem conspicio, fama quae sidera tanget, est locus in silva, …… Ad quem cum perveneritis, invenietis hominem in media silva limen domus operantem. Et quia ad humile limen etiam magni domini se inclinant, ex eventu rei urbem, quam aedificabitis, vocabitis Pragam", Kosmův letopis český, in *Fontes rerum Bohemicarum*（以下 *FRB*）II-1, Praha, 1874, I-9. 年代記はラテン語で書かれているため「鴨居」の原語は limen であるが、チェコ語では práh となり、プラハの語源に関する有力な説とみなされてきた。しかし近年では、「乾燥」を意味する pražiti もしくは prahnouti を語源とみる説が有力である。*Lexikon historických míst Čech, Moravy a Slezska*, Praha, 2001, s. 440. なお、著者コスマスは一一二五年にかなりの

老齢で亡くなった人物であり、一一世紀後半以降の記事はかなり信憑性が高いが、一〇世紀以前の情報には曖昧な部分も多い。ただし、彼は何らかの先行年代記を参照していると思われ、一一世紀前半の出来事は詳しく報告している。また、本稿で用いるその他の年代記は同時代人の記録であり、その内容はおおよそ信用できる。

(12) 註(4)薩摩『プラハの異端者たち』、二三〜二四頁。

(13) Kosmův letopis český, I-23.

(14) 中世初期のチェコでは世俗の権力と教会制度は密接な関係にあった。教会はまず地方の統治拠点である城塞に建設され、司祭は半ば役人的な性格も持っていた。チェコ語で教会を意味する kostel の語源がラテン語で城塞を意味する castellum であったことは、こうした状況をよく示している。V. Novotný, *České dějiny* I-3, Praha, 1928, s. 357.

(15) "sicut semper in electione ducis faciunt", Kosmův letopis český, I-42.

(16) "pro tuenda ciuitate et principali throno, quodam saxo, quod etiam nunc in medio ciuitatis est", Letopis Vincenciův, in *FRB* II-2, Praha, 1875, s. 412. この石造りの公の座は現在では失われている。

(17) 聖ヴァーツラフ崇敬については、拙稿「中世チェコにおける王国共同体概念——『ダリミル年代記』の検討を中心に——」『史林』八五巻一号、二〇〇二年、八八〜一〇六頁の第二章。

(18) この聖人の崇敬については、F. Graus, St. Adalbert und St. Wenzel, in *Europa Slavica - Europa Orientails*, s. 205-231.

(19) Kosmův letopis český, II-17.

(20) Kosmův letopis český, II-17.

(21) プシェミスル朝期における巡行支配を概観したものとしては、J. Žemlička, *Přemyslovci, jak žili, vládli, umírali*, Praha, 2005, s. 128-147.

(22) Z. Šimeček, K charakteristice středověkých kolokvií v Čechách, in *Československý časopis historický* 18 (1970), s. 593-601.

(23) J. Žemlička, „Politický kalendář" přemyslovských Čech, in *Český časopis historický* 89 (1991), s. 31-47.

(24) *Codex diplomaticus et epistolaris regni Bohemiae*（以下 *CDB*）I, Praha, 1904-07, č. 323, *CDB* III, Praha, 1942-62, č. 108, *CDB* IV, Praha, 1962-65, č. 9, *Regesta diplomatica nec non epistolaria Bohemiae et Moraviae*（以下 *RBM*）I, Praha, 1855, č. 1277, *CDB* V, Praha, 1974-82, č. 36.

（25）この法典については、薩摩秀登『王権と貴族』日本エディタースクール出版部、一九九一年、第二章。
（26）"indicta est generalis synodus cunctis principibus terrae Bohemorum ad curtem Saczcam, quae sita est in medio pratorum", Kosmův letopis český, III-34.
（27）Kanownik wyšehradský, in *FRB* II-1, s. 229.
（28）*Lexikon historických míst Čech, Moravy a Slezska*, s. 493.
（29）Kosmův letopis český, III-33.
（30）狩猟林として二度触れられ、それ以外に一〇九八年と一一二五年に大公がクリスマスを過ごしている。Kosmův letopis český, I-3, 34, III-13, 57. 証書は二通発給されており、教会への贈与や所領交換が承認されている。プラハ司教など、多くの証人が列挙されているが、それ以上の特別な政治集会の存在を示唆するものではない。*CDB* I, č. 300, 304.
（31）Kosmův letopis český, III-33, Kanownik wyšehradský, s. 231.
（32）地図3ではチェコ外に位置しているが、この時期のラウジッツ地方——ブディシーン（バウツェン）はその中心都市——はチェコに統合されていた。
（33）Kanownik wyšehradský, s. 212. ただし、この年代記の著者はヴィシェフラトの聖堂参事会員であり、当然その評価に身びいきはある。しかし後述のように、年代記が執筆された当時（一一二六～四二）にヴィシェフラトが主たる王宮として機能していたことは事実である。
（34）Kosmův letopis český, I-9.
（35）Kosmův letopis český, I-7.
（36）Kosmův letopis český, I-34, 35.
（37）Kosmův letopis český, II-24, III-17, 29, 30.
（38）Kosmův letopis český, III-34, Kanownik wyšehradský, s. 206.
（39）Kosmův letopis český, II-50, III-8, 57.
（40）以下、ヴィシェフラトに関する情報は基本的にプレシチンスキの著作に依拠している。A. Pleszczyński, *Vyšehrad, rezidence českých panovníků.*

(41) ヴィシェフラトの教会に言及している確実な証書史料としては、一〇七四年に教皇がヴラチスラフ二世に宛てた書簡が初出である。*CDB* I, č. 69.

(42) 一一三七年に、「自身の首都 sua metropolis」へ戻れなかったので、オロモウツ城でイースターを祝ったと記されている。Kanowník wyšehradský, s. 227.

(43) *CDB* I, č. 111.

(44) Kanowník wyšehradský, s. 207–212. このとき司教メンハルトに重大な嫌疑がかけられているが、彼はドイツ出身のベネディクト会修道士であり、大公と司教の間に実際に対立があったとしても、それはヴォイチェフやヤロミールの場合とは異なるレベルのものであった。この裁判については、G・アルトホーフによる貴族社会の儀礼やコミュニケーション研究に刺激を受けたプレシチンスキの論考がある。A. Pleszczyński, Sobeslaus - ut Salomon, ut rex Ninivitarum, in *Český časopis historický* 101 (2003), s. 237–260.

(45) Kanowník wyšehradský, s. 231–232.

(46) Letopis Vincenciův, s. 413.

(47) Letopis Vincenciův, s. 418, 427.

(48) Letopis Vincenciův, s. 443.

(49) Letopis Vincenciův, s. 414.

(50) もともとヴラジスラフ二世の父ヴラジスラフ一世は末弟ソビェスラフ一世をチェコから追放しており、母の命により死の床でようやく弟と和解している。Kosmův letopis český, III-58. 一二世紀末までこのヴラジスラフ系とソビェスラフ系の争いが続く。

(51) 一一三五年にプラハはラテン都市にならって再建され始めたと記録されており、この当時プラハ城は荒廃していたらしい。Kanowník wyšehradský, s. 222. ここでいう「ラテンの都市風」とは、具体的には石造りの高い城壁を指すと思われる。この当時のプラハ市街地に市壁はなく、したがってこのとき「都市風」に再建されたのは城である。

(52) Letopis Jarlochův, in *FRB* II-2, s. 467–468.

(53) Letopis Jarlochův, s. 472–475.

（54） ヴラチスラフ二世とコンラートはヴィシェフラトに埋葬されている。A. Pleszczyński, *Vyšehrad, rezidence českých panovníků*, s. 237. しかし、ヴラチスラフ二世と仲が悪く、ハンガリーに亡命していたことのある息子ブジェチスラフ二世はプラハを墓所として選んでいる。Kosmův letopis český, III-13. 続いて即位した兄弟ヴラジスラフ一世はヴィシェフラトで亡くなった後、自身が創建したクラドゥルビ修道院に移送されている。Kosmův letopis český, III-58. 彼の息子ヴラジスラフ二世は亡命中に死去するが、遺体はプラハ城裏に自身が創建したストラホフ修道院へ移された。Letopis Jarlochův, s. 466. 孫のベッジフとプシェミスル・オタカル一世はプラハ城に埋葬されている。Letopis Jarlochův, s. 508, J. Žemlička, *Přemyslovci, jak žili, vládli, umírali*, s. 341. これに対してソビェスラフ一世はヴィシェフラトに埋葬された。*Staročeská kronika tak řečeného Dalimila* I, II, Praha, 1988, k. 68. 彼の息子ソビェスラフ二世も亡命先で亡くなった後、遺体はヴィシェフラトへ移送されている。Letopis Jarlochův, s. 475-476.

（55） いったんは下げ渡されたヴィシェフラト城であるが、一一六〇年から再び城代が登場する。*CDB* IV, č. 208. ただし、一二三〇年代の城代ヒポリトは副プラハ城代の肩書きとともにあり、その後ヴィシェフラト城代が消えてゆくことから、二つの城の城代職は統合されたものと考えられている。V. Novotný, *České dějiny*, s. 869. とはいえ、ヴィシェフラト教会と君主の特別な関係はその後も続き、一二世紀末からヴィシェフラトの聖堂参事会長が国王尚書局長を務めることが慣例となってゆく。

（56） J. Žemlička, „Politický kalendář" přemyslovských Čech.

（57） 一一三四年、死去・七月三日→選出・九月二九日。一一三九年、八月八日→九月二九日。一一五七年、二月一九日→九月二九日。

（58） ヴィーンに関する以下の記述は、註（5）服部前掲論文に依拠している。

（59） J. Žemlička, „Politický kalendář" přemyslovských Čech.

（60） フラヴァーチェクも一三世紀に入るまで君主の滞在地（イティネラール）を体系的に確認することは難しいと述べている。I. Hlaváček, Dvůr a rezidence českých panovníků, s. 37-38. 彼は一二五三年までの調査を行っているが、当該論文は未見である。I. Hlaváček, Die Itinerare der böhmischen Herrscher bis zum Jahre 1253 aus verwaltungsgeschichtlicher Sicht, in *Folia diplomatica* 1 (1971), s. 113-127.

(61) 証書発給は八回確認できる。*CDB* IV, č. 11, 13, 32, 33, 39, 65, 180, 239. この王城は前後の王の治世にも二、三回登場するが、ヴァーツラフ一世時代の頻度は突出している。

(62) *Staročeská kronika tak řečeného Dalimila*, k. 81.

(63) フラヴァーチェクによれば、プシェミスル・オタカル二世に関連する証書、書簡は約五四〇通にのぼるという。I. Hlaváček, Český panovník a jižní Čechy v době předhusitské, in *Jihočeský sborník historický* 41 (1972), s. 1-17, zvl., s. 5. しかし、本稿で利用した史料集（*CDB, RBM*）には二五五通しか収録されていない。この差はオーストリア諸邦に関わるものとも思われるが、彼は他にどのような史料から算出したのか明記していないため、正確なことは不明である。滞在地のみに言及した彼の研究によれば、ヴィーン三五回、クレムス一四回を数えるので、この二か所のみで表2の「チェコ外の領地」の合計を越える。I. Hlaváček, Dvůr a rezidence českých panovníků, s. 56.

(64) *RBM* II, Praha, 1882, č. 1538, 1788, 1794.

(65) 註(5)服部前掲論文、一三二頁。

(66) A. Pleszczyński, *Vyšehrad, rezidence českých panovníků*, s. 23.

(67) Kosmův letopis český, II-14. 堅固な高い城壁が築かれたことは、後のプラハ攻防戦の描写から判明する。Kosmův letopis český, III-17, 30.

(68) Letopisy české 1196-1278, in *FRB* II-1, s. 290, 302, 303. 年代記には幅四〇肘分、深さ三〇肘分と書かれている。ここでは一肘分＝三〇センチとして計算した。

(69) Letopisy české 1196-1278, s. 306.

(70) ユディタ橋が架けられた正確な年はわからないが、『ヴィンツェンツ年代記』の冒頭部分で王妃ユディタの功績としてあげられていることから、彼女が王妃の位にあった一一五三年から一一七二年の間に建造されたものと考えられる。Letopis Vincenciův, s. 408. 一方、一一六二年に、司教の館で王を待っていた人物が突如捕縛され、そのまま主塔の牢へ投獄されたという記事がみられる。したがってこの時点では司教館は城内にあったと思われる。Letopis Vincenciův, s. 452. その後、いつ、どのような理由で司教館がプラハ城内から城下へと移転したのかは不明である。

(71) Letopisy české 1196-1278, s. 290, 291.

（72）Letopisy české 1196–1278, s. 294.

（73）*CDB* I, č. 290.

（74）Mnich sázawský, in *FRB* II-1, s. 261.

（75）Kosmův letopis český, II-45.

（76）Kosmův letopis český, III-17.

（77）Kanovník wyšehradský, s. 207–212.

（78）Kosmův letopis český, II-24.

（79）Letopisy české 1196–1278, s. 284.

（80）アネシュカ自身クララ会に入会している。Letopisy české 1196–1278, s. 284.

（81）Příběhy krále Wácslawa I., in *FRB* II-1, s. 303, 304.

（82）ジャック・ル＝ゴフ（江川溫訳）「中世フランスにおける托鉢修道会と都市化」二宮宏之／樺山紘一／福井憲彦編『都市空間の解剖　アナール論文選四』新評論、一九八五年、六一～一一〇頁。

（83）Příběhy krále Wácslawa I., s. 303. ただし、すぐに市壁が建設された都市はプラハ以外にほとんどない。プシェミスル・オタカル二世はいくつかの国王都市に税を免除してまでも市壁建設を命じているが、実際にそれらの都市が市壁を備えたのは一二九〇年代以降のことである。拙稿「一三世紀チェコ王権の政策における都市の役割」『史林』八七巻三号、二〇〇四年、八六～一〇五頁。ここでは九五頁を参照。

（84）息子は「城 urbs」と「街 civitas」に兵を置いたが、数名の市民の裏切りにより街は占領され、その日のうちに父王は街へ入った。Příběhy krále Wácslawa I., s. 305. この記述からイメージされるのは、一二世紀までのようないくつかの教会とそれを取り囲む家々が散在する集落の集合体ではなく、ある境＝市壁によって明確に外側と区分された一つの共同体である。翌一二五〇年には王子を担いだ反乱の首謀者が「市壁 murus civitatis」の外側で処刑されている。Letopisy české 1196–1278, s. 287.

（85）Letopisy české 1196–1278, s. 290, 291.

（86）Z. Dragoun, *Praha* 885–1310, Praha, 2002, s. 185.

(87) ヴァーツラフ一世時代にハヴェル市が成立していたことは、彼の息子プシェミスル・オタカル二世が一二六五年に発給した証書で確認できる。*RBM* II, č. 495. 二つの市は一三世紀末に法的に統合されたらしい。*Lexikon historických míst Čech, Moravy a Slezska*, s. 445. しかし、『いわゆるダリミル韻文年代記』の一三一〇年の記事ではいまだ「新市街 nové město」と呼ばれている。*Staročeská kronika tak řečeného Dalimila*, k. 103.

(88) 一三一〇年のプラハ攻防戦においては、この教会と橋の向かいにある塔を占拠したことが戦いの行方を左右した。*Staročeská kronika tak řečeného Dalimila*, k. 103.

(89) 考古学的にも、聖フランチシェク教会の壁と北側の市壁が一体化していたことは確認されている。Z. Dragoun, *Praha* 885–1310, s. 165, 166.

(90) Z. Dragoun, *Praha* 885–1310, s. 66.

(91) Z. Dragoun, *Praha* 885–1310, s. 73–76, 78.

(92) 年代記の記述によれば、一二八一年の強風によりプラハ城とプラハ市の市壁の塔二四が倒れた。O zlých létech po smrti krále Otakara II., in *FRB* II-1, s. 343.

(93) Letopisy české 1196–1278, s. 290, 291.

(94) Z. Dragoun, *Praha* 885–1310, s. 61.

(95) Příběhy krále Wácslawa I., s. 306, 307.

(96) Letopisy české 1196–1278, s. 287, 288.

(97) Z. Dragoun, *Praha* 885–1310, s. 176.

(98) *CDB* II, Praha, 1978, č. 229, 230.

(99) *CDB* IV, č. 62, 63, *RBM* II, č. 157.

(100) だからといって、城から市へ政治機能が完全に移されたわけではない。一二六六年には財務官と典厩官が城内にある財務官の「館 curia」で証書を発給している。*RBM* II, č. 522. おそらくこの館は個人のものではなく、代々の財務官が執務を行ってきた部屋を指すと思われる。

(101) 註(83)拙稿「一三世紀チェコ王権の政策における都市の役割」。

(102) 二〇〇七年四月七日に京都大学文学部で行われたC・ゴヴァールの講演原稿「中世後期フランスにおける国王、裁判そして貴族（一四―一五世紀）」。
(103) 渡辺節夫『フランスの中世社会』吉川弘文館、二〇〇六年、八二～八三頁。
(104) 註(25)薩摩『王権と貴族』、一四四頁。
(105) 一二五六年、ムニェルニークおよび一二六〇年、オロモウツ。*RBM* II, č. 95, 254.
(106) *CDB* V, č. 335.
(107) *RBM* II, č. 1341.

中世城壁から稜堡式城郭へ——一五世紀イタリアの軍事技術・建築家・君主——

白幡俊輔

問題の所在——フランスの王権とイタリアの都市城壁——

一四九四年、それまでポテンターティ（列強）と呼ばれる強国間のバランスの上に繁栄を謳歌し、ルネサンス文化を育んでいたイタリア半島にフランス王の軍隊が襲いかかった。フランス王シャルル八世が、かつてフランス系のアンジュー家が有していた南イタリアのナポリ王国の王位継承権を主張したのである。英国との百年戦争（一三三七〜一四五三）に勝利して国内の権力を掌握し、強力な常備騎兵軍と砲兵隊を備えたフランス王によって、分裂状態のイタリア諸国はたちまち蹴散らされ、ポテンターティの一つで、ルネサンスの中心地ともいえるフィレンツェ共和国は戦わずしてフランスの軍門に下り、ナポリ王家アラゴン家は逃亡した。これ以降、小国の集合体であったイタリアは戦乱に巻き込まれ、最終的にはフランスとそのライバルであったスペイン（神聖ローマ帝国）の影響下に置かれてしまう。もはやイタリアの都市共和国や小君主国は大国フランスとスペインの力に抗しきれず、その主体性を失い、次第にヨーロッパの政治と文化の中心はアルプスの北へと移っていくのである。一四九四年を「イタリア・ルネサンスの終焉の年」とみる意見も、うなずけるものであろう。

この戦争、とくにフランス王の砲兵隊から、イタリア人が受けた衝撃を示す言葉が、フィレンツェの外交官であったフランチェスコ・グィッチャルディーニの『イタリア史』にある。

「フランス人たちは青銅製のより役に立つものを造ったが、それはカンノーネ（筆者註：砲身の長い大砲の一種）と呼ばれ、以前のような石の砲弾ではなく鉄製の砲弾を用いる。鉄の砲弾はより大きく、大変重いことにおいてはこれまで使われてきた砲弾とは比べ物にならない。カンノーネは車両に乗せて運搬される。かつてのイタリアでの習慣のように牛で引くことはなく、馬で引っ張る。その速度は、人の歩みやこの種の任務に使われるもろもろの兵器に匹敵するので、軍隊が進撃するのとほとんど等しい。そして城壁に対して使用するときには、信じられないほど素早くしっかりと設置される。砲撃と砲撃の間隔は大変短く、強い威力をもって濃密に打撃を与えるので、かつてイタリアでは何日もかかったことが、ほんの数時間で成し遂げられる。都市に対してカンノーネやより小型の砲が用いられるのに劣らず、この人間的というより悪魔的な道具は平原でも使われる[1]」。

また、グイッチャルディーニの友人で同僚であった政治思想家ニッコロ・マキァヴェッリも次のような言葉を残している。

「ある君主が、傭兵軍のうえに国の基礎を置けば、将来の安定どころか維持もおぼつかなくなる。というのは傭兵は無統制で、野心的で無規律で、不忠実だからである。……今日のイタリアの没落は、永年にわたって傭兵軍のうえにあぐらをかいてきたのが、原因に他ならない。彼ら傭兵も、かつては特定の人に仕えて、それなりに成果をあげ、互いに競いあって、勇猛果敢ぶりを発揮したのだったが、外国軍が来たとたん、化けの皮がはげてしまった。そこで仏王シャルルは、イタリアをチョーク一本でまんまと占領することができたわけである[2]」。

彼らの言葉には、イタリアが自ら作り出した平和を満喫するうちにそれに溺れていったか、そして国家の安全に対する備えを怠っていたか、そういった同胞たちへの告発のようなものすら感じられる。

だが、これは事実なのだろうか。本当に、イタリア諸国はなすすべもなくフランスの砲兵隊にその自治独立の象徴たる都市城壁を砕かれ、常備軍に伝統の傭兵隊を蹴散らされたのだろうか。これを肯定する研究者のなかでも、最も強くイタリア都市国家に対する絶対王政国家の優位を主張するのは、おそらく一部の軍事史家であろう。フランス王の一四九四年の侵入によって中世の城郭は火砲の脅威に備えた近代的な要塞への変化を促され、また同様に常備軍の優位は軍隊の巨大化を招いた。そういった軍事技術の発達は小国には負いきれないほどの負担となり、一方で強大な王権はそれを可能にするための国家体制として官僚制や徴税制度などを採用した、こういった歴史認識は「軍事革命 The Military Revolution」論とも呼ばれ、今日にいたるまで欧米の研究者間で論争を巻き起こしてきた(3)。

こういった歴史観に対して、単線的な見方として批判が起こったのは無理のないことだろう。しかし本稿ではいわゆる「軍事革命」論の是非を論じることはしない。また、ヨーロッパにおける軍事技術の二つの大きな変化のうち、いわゆる常備軍制と傭兵制の問題についても立ち入らない。本稿で問題にしたいのは、本当に一四九四年以前のイタリア諸国は、フランス王の軍隊に対して立ち向かう準備ができていなかったのか。もっと具体的にいえば、ルネサンスを生み育てた諸都市は、砲兵隊に対して無力な城壁でしか守られていなかったのか、という疑問である。

グィッチャルディーニやマキャヴェッリの書き残したような、フランスの進んだ砲兵隊とイタリアの旧式な城郭、強大なフランス王権とイタリアの小国家群という対立軸は本当に成り立つのかという点に関して筆者は懐疑的である。実際のところイタリアでは、一五世紀のなかごろから火砲に対抗する築城術が生まれつつあった。むしろイタリアの小国家群こそが新しい築城術の誕生を促し、その技術の方向性を決めたのではないかと筆者は考えている。そこでそのイタリアの新しい築城術を代表する人物として、シエナの建築家フランチェスコ・ディ・ジョルジョ・マルティーニ Francesco di Giorgio Martini と、二人のパトロン、ウルビーノ公爵フェデリーコ・ダ・モンテフェルトロ Federico da Montefeltro とカラブリア公爵アルフォンソ・ダラゴーナ Alfonso d'Aragona をとりあげ、君主権力と築城術の歴史的相互作用を考察してみたい。

一 新しい築城術の発案者、フランチェスコ・ディ・ジョルジョ・マルティーニ

フランチェスコ・ディ・ジョルジョ・マルティーニは一四三九年イタリア中部の町シエナに生まれた。彼が建築、とりわけ軍事建築の分野で活躍するのは、ウルビーノ公フェデリーコ・ダ・モンテフェルトロの庇護下にあった一四七七年〜一四八七年のことであった。この当時のことをフランチェスコは著書 *Trattati di Architettura*(『建築論』)の中で、フェデリーコの厚意により宮殿・教会・城郭など一三七の様々な建築の仕事を請け負ったと述べている。(4) 彼の主著となる、この『建築論』の執筆に取り掛かったのもウルビーノ滞在中のことであった。この執筆にフェデリーコの強い働きかけがあったことは、同書に記されたフェデリーコへの賛辞(5)からもうかがえる。一四八七年以降フランチェスコはウルビーノだけにとどまることなく、イタリア各地で活動した。

ウルビーノの宮廷を離れてからは、南イタリアのナポリでの活動が中心となる。もともとフランチェスコはウルビーノに仕える以前から、諸学芸のパトロンとして名高かったナポリ皇太子アルフォンソ・ダラゴーナ(のちのナポリ王アルフォンソ二世)の歓心を買おうと努めていたらしい。(6) 一四八〇年、オスマン・トルコがナポリ領の

オートラント市を攻略すると、それ以降ナポリ王家にとって国土の防衛が急務となり、すでに築城家としての名声が高まっていたフランチェスコが重用されることになった。フランチェスコが関与した城郭建築は、都がおかれていたナポリの他に、ターラント、ガリポリ、ブリンディシといった南イタリアの都市に今も残っている。また一四九四年のフランス軍の侵攻によってナポリ市が占領されたさいには、フランチェスコはアルフォンソの息子でナポリ王のフェルディナンド二世の下で軍事技師を務め、フランス軍の立て籠もる城を爆砕する作戦の指揮をとった(7)。

フランチェスコの業績は、これ以外にもシエナの大聖堂への関与やレオナルド・ダ・ヴィンチへの影響などがあって、決して築城家や軍事技術者のみに矮小化できるものではないが、それでもやはり城郭や兵器の専門家としての活躍に際立ったものがあったことは否定できない。なによりフランチェスコは「稜堡式築城」とよばれる築城様式の考案者の一人と考えられており、軍事史への影響は大きい。この稜堡式築城は、ほとんど一九世紀まで基本的な形態が変わることなく、ヨーロッパおよびその殖民地における主要な築城形式となったからだ。

稜堡式築城の特徴を要約すれば、それは火器の攻撃に対する防御を重視した点にある。中世ヨーロッパの城壁と塔は背が高く、その代わりに厚さは人がその上をすれ違える程度に過ぎなかった。稜堡式築城は砲撃を避けるために低い城壁を採用し、その厚みも砲弾の威力に耐えられるよう分厚く設計された。それまで城壁を守るために備わっていた塔も、高さが低く壁体の分厚い堡塁＝「稜堡」に置き換えられた。さらに城壁や堡塁の壁体が分厚くなったことで、その内部や上部に広い空間が生まれ、防衛用に小型の砲や火器をすえつけることもできるようになった。こういった火器はとくに稜堡の側面に設けられた銃眼から発射された。この銃眼配置には、城壁に接近する敵の無防備な側面を射撃することを可能にすると同時に、包囲側から稜堡をみたとき、その銃眼を察知・攻撃し難くするという意図があった。これを特に Fianchéggiamento「側面射撃」と呼ぶ。この稜堡式築城の三要素、低く厚みの増した城壁、塔に代わる稜堡、そして側面射撃は、一四七〇年代〜八〇年代に書かれたフランチェスコの著書『建築論』ですでに提唱されていたのである。

では、そのフランチェスコの『建築論』とはどのような内容だったのだろうか。現在同書はフィレンツェ・ラウレンティアーナ図書館の「アシュバーナム三六一」写本とトリノ図書館の「サルツィアーノ一四八」写本、そしてフィレンツェ国立図書館の「マリアベッキアーノ一四一」写本とシエナ市立図書館の「シエナSⅣ 四」写本が現存している。フランチェスコの『建築論』の基調となっているのは、万物は人間の形象を模倣せねばならないという、擬人論の考えである。彼は、最初に書かれたと思われるアシュバーナム写本とサルツィアーノ写本（これを便宜上「建築論第一稿」と呼ぶ）の冒頭で、古代ローマの建築家ウィトルーウィウスの *De Architectura*（『建築書』）に根拠を求めつつ、「全ての技芸と理法は人体の比例から導かれる」(8)とし、とりわけ都市と要塞は人体に倣わなければならないと宣言している。対するマリアベッキアーノ写本とシエナ写本（「建築論第二稿」と呼ぶ）でも古代ギリシャ・ローマ時代の文献から多くの引用が行われている。たとえば要塞が君主権力の保持には欠かせないという議論ではアリストテレスが引き合いに出される。(9)だが、これは建築論第一稿にも共通する特徴であるが、議論に抽象的な部分は少なく、むしろ個々の技術に関する具体的な記述が目立つ。

都市の城壁や城郭に関して、フランチェスコはまず当時の言葉で Bombarda（「射石砲」、「臼砲」の意。この語は当時のイタリアでは火縄銃のような小火器から大型の大砲まで含む言葉であった）と呼ばれた火器の威力が重大なものになっていると指摘する。フランチェスコは、火器の威力は人間の知恵というより悪魔の知恵ともいうべき恐るべきものであり、これを防御する知恵を持つ人間は神に匹敵するとしたうえで、文献調査や古代遺跡の調査を行った結果、火薬を用いた兵器は古代人たちの発明ではなく、火器が古代に用いられたという一部の人間の主張は誤りだと結論づけた。(10) フランチェスコ自身、英知に満ちた古代人が火薬を考案できなかったことは信じがたいと断っているが、(11) この事実が示すようにルネサンス期のイタリアにおける古代ギリシャ・ローマの権威は絶対的であり、それは技術の分野でも例外ではなかった。しかしフランチェスコはそれに対して具体的な証拠に基づいて反論し、さらに「過去においてこれほど効果的で長く、重い、このような道具［筆者註：大砲］が作られたことはなかった。……だが、そのうちすぐにこれに対抗する道具や仕掛けによってうち負かされるだろう(12)」として、火器の分野では現在（一五世紀）の方が古代より優れていること、さらにやがてそれすら凌駕する技術が生まれることを予感していた。これは言外に、「現代人」の方が古代人よりも秀でた点もあったことを主張しようとしているように見える。

火器を防ぐ築城術は神の知恵に匹敵すると自ら宣言したあと、フランチェスコは具体的な城郭の設計へと筆をすすめていく。その記述は詳細かつ多岐にわたり、彼は簡単に城郭の理想形を提示するのではなく、むしろその時々の条件に合わせて設計を細かく変えることを好んだようだ。だがその要点はすでに述べた稜堡式築城の三要素を先取りするものであった。すなわち砲撃を防ぐために壁の厚みを増す、控え壁を設ける、砲弾の勢いをそらすため壁に傾斜をつけるといった城壁そのものの強度を向上させる方法は、後世の稜堡式築城の城壁にも取り入れられた。そして城壁や城に付設される塔も城壁同様より強固な壁体の構造を採用し、その外形も砲弾を逸らし、その勢いを殺すべく多角形やアーモンド形を選んでいる。さらに防衛のために火器を配備することを推奨し、そのための銃眼配置や砲煙の排気といった点にもフランチェスコは留意している。こういった設計は後世の「稜堡」につながるものであった。「側面射撃」によって城郭を防衛するという点も、フランチェスコが繰り返し述べた築城術の要素である。とりわけ「稜堡」と「側面射撃」については建築論第一稿の次の記述が、フランチェスコの考えを簡潔にまとめたものといえるだろう。

「大塔もまた、正面に二つの面を見せる菱形に作るのがよく、その対角線の半分が城壁の位置から外へ突出するようにする。またそこでは、菱形の壁が内側に折れ曲がり、その結果作られた隅部の突出部が両脇の砲眼を隠し、覆うようにする。これによって攻撃を行うことはできるが、攻撃はうけないのである(13)」。つまり、上から見て矢印型の塔が、城壁から突き出ている状態を想定すると、矢印の付け根の両脇に銃眼が設けられていれば、外敵から銃眼は見えず、城壁にぴったり接近するまでそれに気づいたり、攻撃したりすることはできない。塔や稜堡から前方に対してではなく、側方へ射撃する利点はまさにフランチェスコのいう「攻撃を行うことはできるが、攻撃はうけない」点にあった。

しかしながら、建築論の冒頭で宣言された「万物の理法は人体から導き出される」「都市と城塞は人体を模倣すべきである」という部分と、火器の重視や具体的な城塞設計が並列に書き記されているという事実は、フランチェスコがウィトルーウィウスの擬人論と火器への対応策という二つの要素を無造作に組み合わせたということではない。フランチェスコは、古代の著作に記されていたからという理由だけで無批判にその主張を採用する人物ではなかった。彼はウィトルーウィウスが理想とした円形の市城壁を、防衛の効率が悪いからとして却下している。フランチェスコ自身の言葉によれば「古代の建築家たちは、それ自身が完全な形であることから、円形を何度も賞賛した。それにもかかわらず、大きな径となる場合に円を用いることは適切ではない(14)」。なぜ円形が不適切なのか。その理由は円形の城壁は（とりわけそれが巨大である場合。つまり都市城壁などの場合）防衛するのに無数の塔が必要であり、その間隔は稠密にならざるをえなくなり、結果として援護しあうべき側面射撃によって互いに傷つけてしまうから、というものだった。つまりフランチェスコはこの「側面射撃」を城壁の外形に影響するほどの根本原則としているのである。それは彼にとって、ウィトルーウィウスというルネサンスにおける建築の大権威の主張すら覆す根拠となるものであった。ルネサンスのイタリアにおいては古代ギリシャ・ローマの権威は絶大であったにも関わらず、フランチェスコはときに古代の建築家の説である「擬人論」は採用し、ときに「円形の城壁は防衛に不適切」として拒否している。

このような理念に偏るわけでもなく、かといって現実的な手段に偏るわけでもないという態度は、フランチェスコのみでなく、ルネサンスの知識人によく見られる態度である。彼らは古代ギリシャ文献の再発見をてがかりに、医学や数学、天文学などを用いて合理的に世界を把握しようとしたが、その一方で魔術的・占星術的な世界観も保持し続けた。そしてそれはフランチェスコに表れているように、哲学や美術などの分野のみならず「軍事」にも共通する態度であった。この二面的な態度が実際の城郭の建設においても発揮されることになる。では城郭が実際にどのように建設されたのかについては、フランチェスコを雇い、城郭を設計・建設させた二人の君主の活動を含めて、次節以降に述べることにする。

二　ウルビーノ公爵の支配と、城郭都市・要塞——ウルビーノの事例——

ウルビーノの城郭群は、君主であるフェデリーコ・ダ・モンテフェルトロとフランチェスコのいわば「共同作業」の結果といえる。なぜならフランチェスコがウィトルーウィウスの建築書に触れたのはフェデリーコの宮廷でのことだったし、フェデリーコの依頼によって多くの建築の仕事を請け負うことになったからだ。さらに本論の主題となる築城術とのかかわりで注目すべきは、フランチェスコがフェデリーコに仕えていた一四七八年に、おそらく初めて実際の戦争を経験している点である。建築論第一稿は、こういった様々な経験を積むなかで執筆が開始された。

では、フランチェスコを重用し、彼に無数の知識と経験を与えたフェデリーコ・ダ・モンテフェルトロとはどういう人物であったのだろうか。一四四四年、腹違いの弟グイドアントニオの死によって私生児であったフェデリーコはモンテフェルトロ伯の地位を継ぐことになった。だがその時点での領土は晩年に比べて小さいもので、しかも財政は危機的状況であったことから、彼は傭兵隊長となって領国を維持するしかなかった(15)。こうしてフェデリーコは次第に当時のイタリアにおける戦争のプロフェッショナル Condottieri（コンドッティエリ、傭兵隊長）として頭角を表していく。事実、フランチェスコが招かれた一四七七年には、フェデリーコはすでに名だたる大傭兵隊長であり、教皇庁やフィレンツェ、ナポリといった当時の強国に雇われると同時に、彼と領土を接するリーミニのシジスモンド・マラテスタと激しく戦い、彼の領土を次々と切り取った歴戦の将軍であった。その勝利の名声は一四七四年に公爵位を教皇から受け、さらに Gonfaloniere della Chiesa（教会軍総司令官）の肩書を与えられるほどだった(16)。

また、フェデリーコはただの武人ではなく、画家や建築家を召し抱え、学究を好むという文人の側面も持っていた。彼が都であるウルビーノの町に建てさせた公爵宮殿は優美な二本の尖塔と、彫刻の施されたファサードを持ち、内部には当時のヨーロッパで最も充実した蔵書を誇ったといわれる図書館が設けられた(17)。そこでは他国の貴族の師弟が人文教育を受け、フェデリーコ自身が主催するサークルで古代の文献や数学、建築、絵画などについて専門家同士の議論が盛んに行われたという。公爵宮殿の建設が始まったとき、その責任者はダルマチア地方出身のルチアーノ・ラウラーナであったが、彼がウルビーノを離れたのをきっかけにその仕事はフランチェスコに受け継がれた。宮殿の回廊や、宮殿の図書館を飾ったレリーフ（これはウィトルーウィウスやフランチェスコなど多くの建築家・技術家の著書やデッサンにそのモチーフを求めていた[18]。そこには武器や機械装置、船などが描かれた）がフランチェスコの関与した部分といわれている。このように、フェデリーコ自身がいわば武人と文人を兼ね備えた人物であった。

フェデリーコの軍事上の経験が築城家としてのフランチェスコに対して、あるいは城郭の設計や実際の建設作業に対して強い影響を与えたと考えるのは、そう飛躍した想像ではないだろう。次に、彼の軍歴を簡単に整理しておこう。フェデリーコの経歴には複数の野戦（攻城戦以外の、軍隊同士の戦闘）での勝利が含まれているが、その多くが決定的な勝利には結びついていない。有名な戦闘では、対マラテスタ家で勝利を収めたチェザーノの戦い（一四六二年）や、フィレンツェ・ミラノ・ナポリ連合軍の総大将として傭兵隊長バルトロメオ・コレオーニと戦ったモリネッラの戦い（一四六七年）があげられるが、どちらも相手を屈服させるにはいたらなかった[19]。マラテスタ家を屈服させるにはチェザーノの戦いのあと彼らが籠城したファーノ市とセニガッリア市の占領が必要だった[20]。モリネッラの戦闘では、バルトロメオ・コレオーニがミラノ領にしめしていた野心を一次的に挫いたものの、バルトロメオの軍が壊滅したわけでも退却したわけでもなく、その軍事行動を完全に食い止めることはできなかった。これらは野戦の勝利が、戦争全体の帰趨を決しなかった例である。

逆に一四七二年にフィレンツェの要請でヴォルテッラ市の反乱鎮圧を請け負ったときは、町の占領によって速やかに反乱を収束させた[21]。一四七八年の戦いでは、ポッジボンシでフィレンツェ軍を打ち破ったのち、その近郊にあるコッレ・ヴァル・デルサを占領することでフィレンツェのロレンツォ・ディ・メディチに講和を決意させた[22]。つまり、野戦で敵が完全に打倒されることはほとんどなく、敗北した敵は城や町に籠城して抵抗することが多かった。結果的に攻城戦の勝敗が戦争そのものの行方を左右し、敵を屈服させるには都市や要塞の攻略が欠かせなかったのが、当時の一般的な戦争の様相、少なくともフェデリーコには一般的な戦争であったといえる。

ではフランチェスコがフェデリーコの依頼で実際に建設した城郭を検討する。ウルビーノは現在のイタリア中部、アドリア海に面するマルケ地方に領土を有していた。その領土を守るように、フランチェスコがかかわったとされる城郭はほぼ全土に点在している。ただし現在までその姿をとどめているものや、フランチェスコが『建築論』の中で自ら解説の俎上にのせているものはあまり多くはないのが現状である。遺構から全体像がうかがえる城郭はサッソコルヴァーロ Sassocorvaro 砦、サンレオ San Leo 砦、フォッソンブローネ Fossombrone 砦、フロントーネ Frontone 砦、モンダヴィオ Mondavio 砦、サンコスタンツォ San Costanzo 市城壁の六か所。また建築論第二稿で解説されているのはサッソフェルトリオ Sassofeltrio 砦、タヴォレート Tavoleto 砦、カーリ Cagli 砦（塔の一部のみ現存）、セッラサンタボンディオ（セッラ）Serra Sant'Abbondio 砦、モンドルフォ Mondolfo 砦、そして現存するモンダヴィオ砦の六か所にすぎない。(23)

筆者はこれらの城郭を便宜的に三つの類型に分類したい。まずフランチェスコが著書で述べたとおり、人体から導かれた比例に則った城郭。これにはサッソコルヴァーロ砦、フォッソンブローネ砦、サッソフェルトリオ砦、カーリ砦があげられる。次に都市城壁に付設する塔の規模を拡大したような城郭。これにはモンダヴィオ砦、サンコスタンツォの城壁の大塔、タヴォレート砦、セッラ砦、モンドルフォ砦があげられる。そして三番目の類型として前二者に含まれないもの、つまり一定の形を持たず、都市城壁の付属物ではない砦である。これにはサンレオ砦、フロントーネ砦の二つがあげられるだろう。

まず、第一の類型つまり人体模倣型の砦について。これは『建築論』にフランチェスコが描いた、人体と都市城壁（あるいは城郭）を重ねた図〔図1〕（「ウィトルーウィウス的都市の図」と呼ばれることもある）と対比させるとその特徴は明白である。すなわち周囲を囲む城壁を身体に、城壁を守る塔を手足に、そして一番巨大な塔を頭とする。城郭都市においては、頭が砦に置き換わり、都市を囲む周壁が身体となるだけで、基本的な配置は変わらない。とりわけサッソフェルトリオ砦のデッサン〔図2〕と、フランチェスコの「ウィトルーウィウス的都市の図」はまったく同一といっていいほどの類似を見せている。長方形の城郭の一方の短辺に大塔が、他方の短辺の両脇に小さな塔が備わり、小さな塔の間には城門と、門を守る三角形の堡塁が配置されている。城郭の形と門の配置は異なるが、カーリ砦のデッサン〔図3〕もまた、三角形の壁で囲まれた城郭に、四つの小さな塔が四肢のごとく建てられ、大塔が三角形の底辺に位置している。サッソコルヴァーロ砦〔図4〕は人体というよりむしろ亀を思わせるが、それでも頭にあたる大塔と両手にあたる小塔、そして頭と反対側に砦の入り口という配置はウィトルーウィウス的といわざるを得ないだろう。フォッソンブローネ砦〔図5〕は、頭にあたる位置に塔ではなく、三角形の「稜堡」が建てられているが、長方形の城壁に四隅の塔、そして他の塔とは明らかに区別される稜堡という配置は、やはり人体を思わせる。

サンコスタンツォの城壁は、第一の類型と第二の類型の中間といえる存在である。都市城壁は屈曲しているもののほぼ長方形であり、一方の短辺に大塔、他方には城門とその両脇を守る小塔という配置はサッソフェルトリオ砦を都市城壁に拡大したかのような姿である。サンコスタンツォ同様、タヴォレート、セッラ、モンドルフォの各砦は、城壁の一部に大塔があって、それに稜堡や小塔が付け加えられたような形をしている。ただし都市城壁全体が人体などに模されているわけではない。これらの砦は人体というよりむしろフランチェスコが『建築論』の中で述べた理想の城郭の条件に近い。つまり城郭は「小規模であればそれだけ容易に防御と見張りを行な

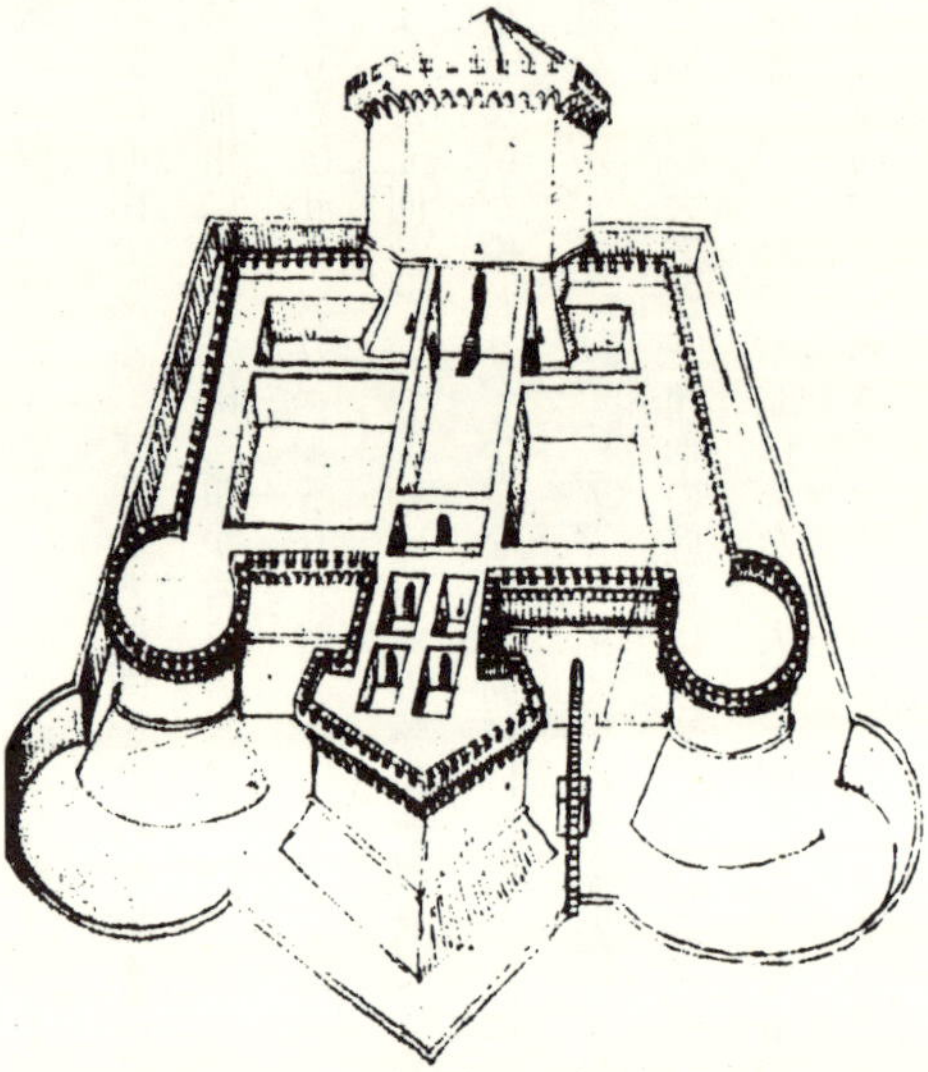

図2　サッソフェルトリオ砦のデッサン：Francesco di Giorgio, Codice Magliabecchiano II I 141, f.67r

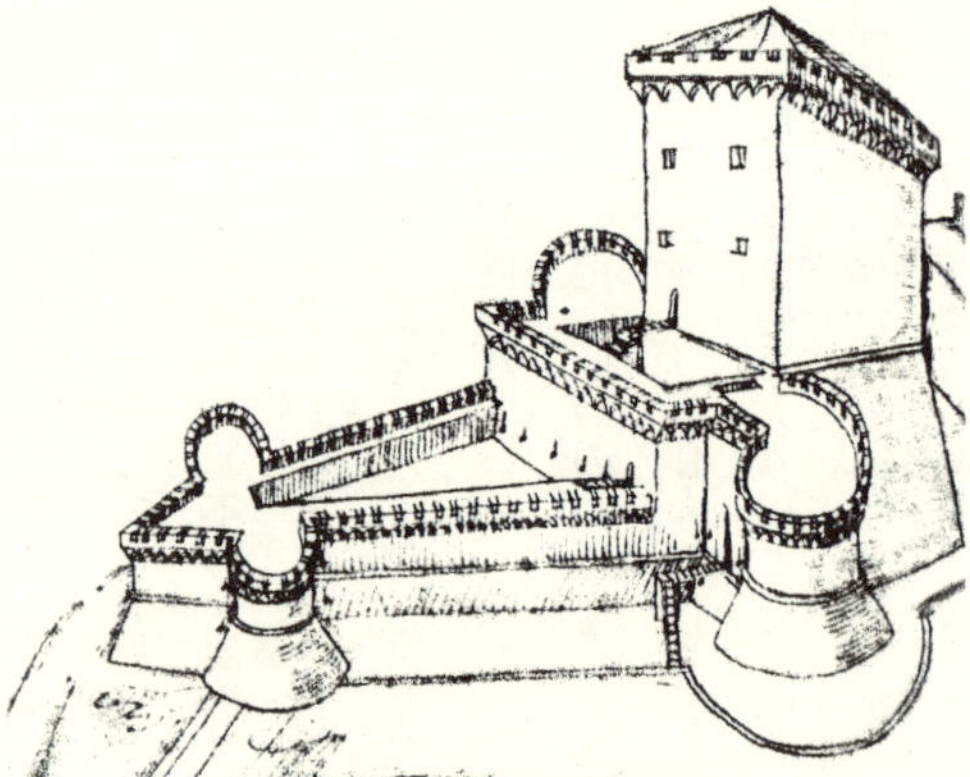

図3　カーリ砦のデッサン：Francesco di Giorgio, Codice Magliabecchiano II I 141, f.68v

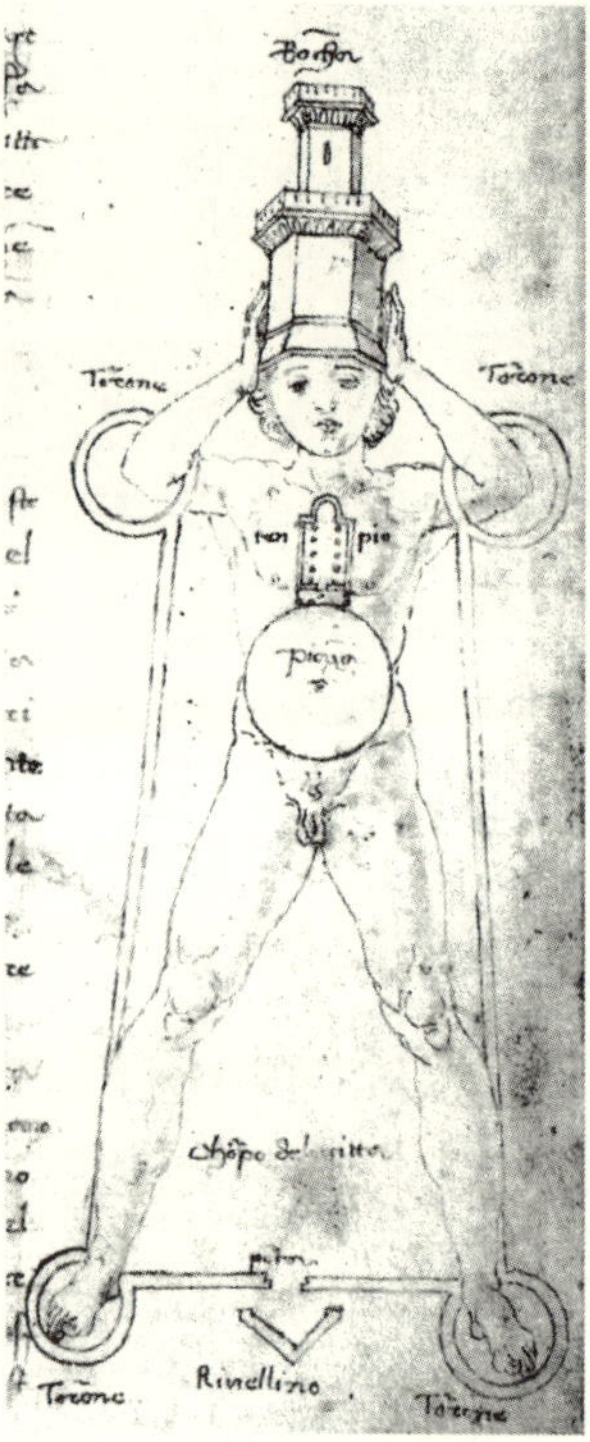

図1　ウィトルーウィウス的都市の図：Francesco di Giorgio, Codice Torinese Saluzziano, f.3r

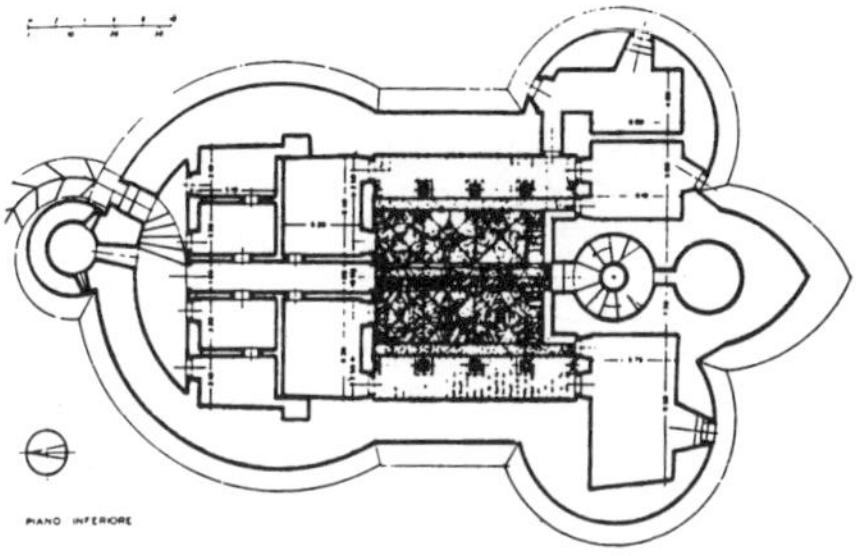

図4　サッソコルヴァーロ砦　平面図

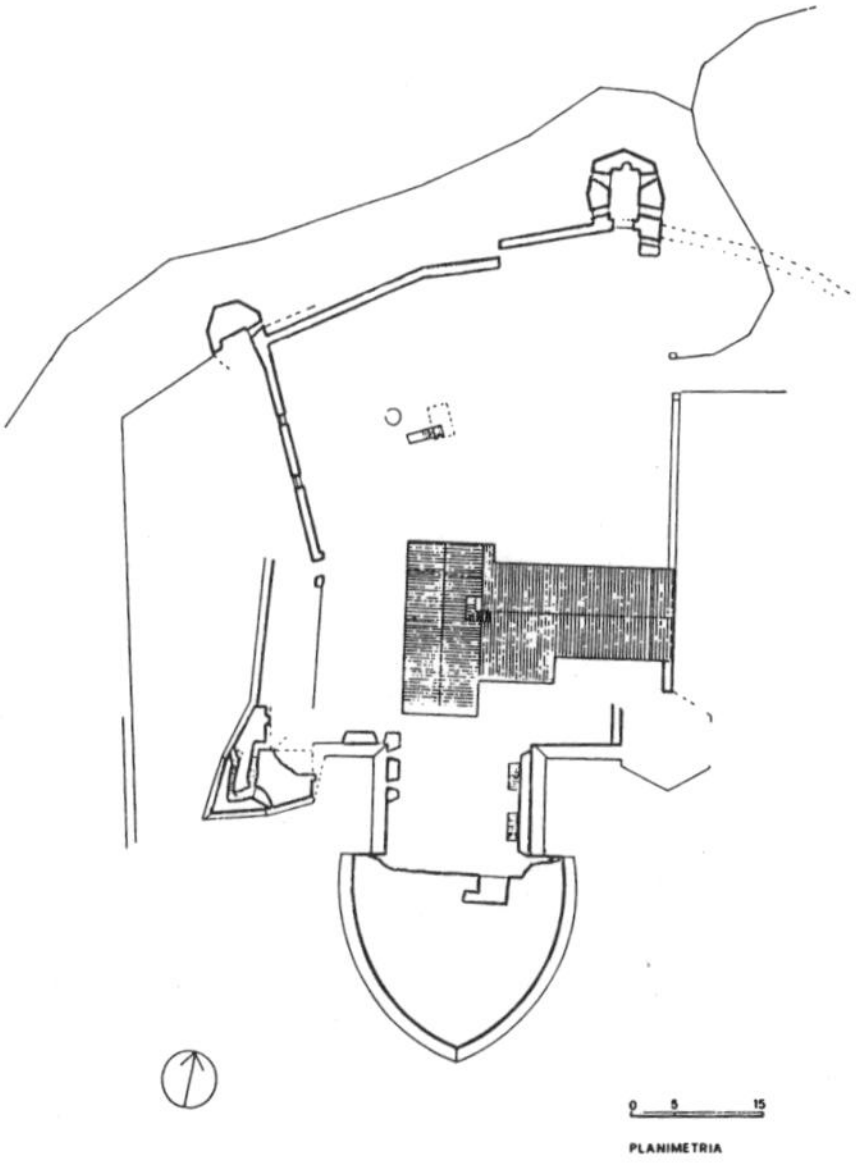

図5　フォッソンブローネ砦　平面図

うことができるからである。〔中略〕菱形ないし平行四辺形が十分に完全な形であると考えられる(24)」というものである。実際タヴォレートは円形の塔に五角形の稜堡が組み合わさった形、セッラとモンドルフォは菱形に近い〔図6、図7、図8〕。一方、モンダヴィオ砦のみは、中央に三角形の稜堡、その片側に小塔と城門、反対側に大塔を組み合わせた形であり、特異な形態をしている。しかしいずれにせよ、人体からは程遠いことは明らかだろう。

第三の例に分類したサンレオ砦〔図9〕は、フランチェスコの城郭の中ではきわめて重要である。この砦は二つの円形の塔と中央部で屈折した城壁が特徴的だが、この二つの塔の側面には銃眼があり、内部には換気口つきの砲座が設けられている。屈曲した城壁は、塔の側面に設けられた銃眼の射線を妨げないように、そして一方の

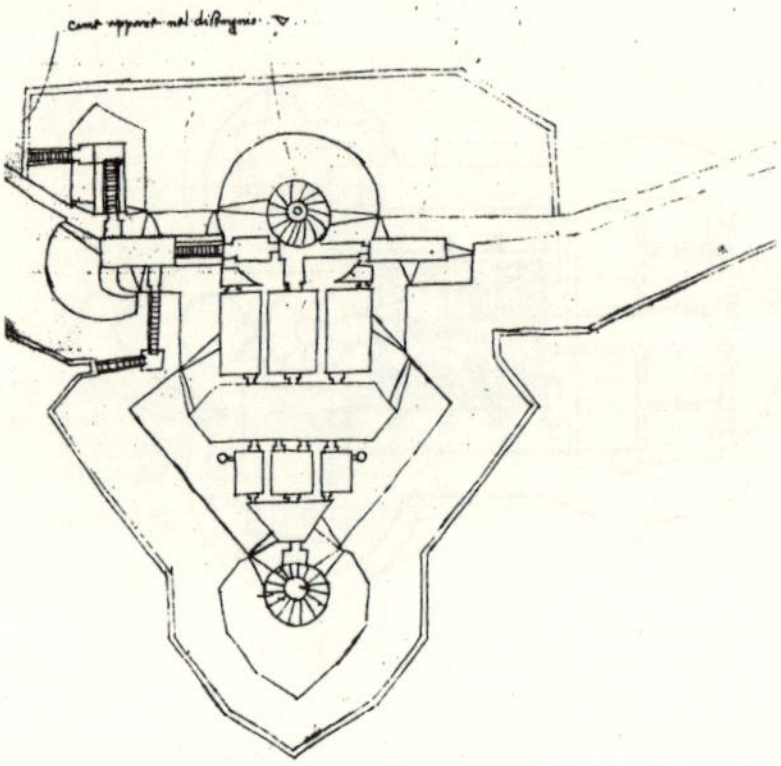

図８　モンドルフォ砦の平面図：Francesco di Giorgio, Codice Magliabecchiano II I 141, f.71r

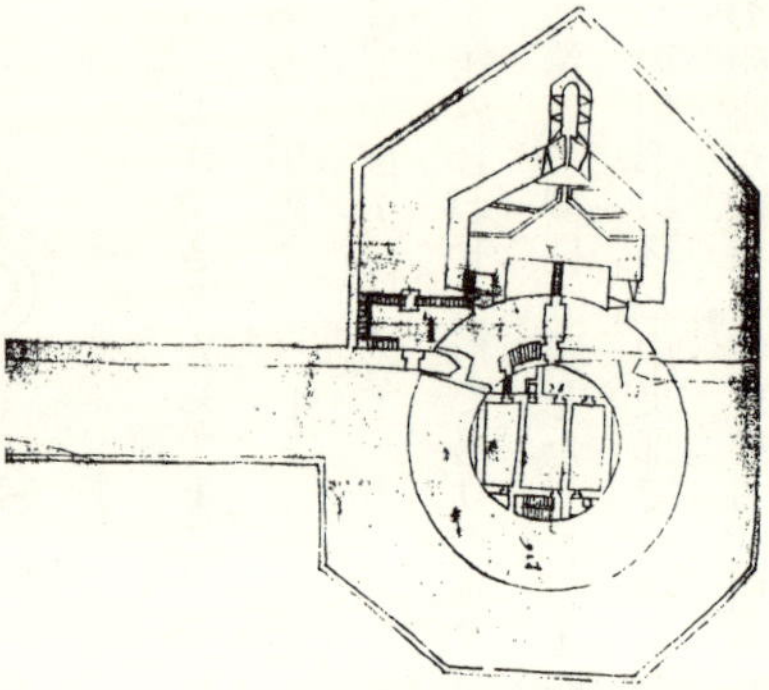

図６　タヴォレート砦の平面図：Francesco di Giorgio, Codice Magliabecchiano II I 141, f.69v

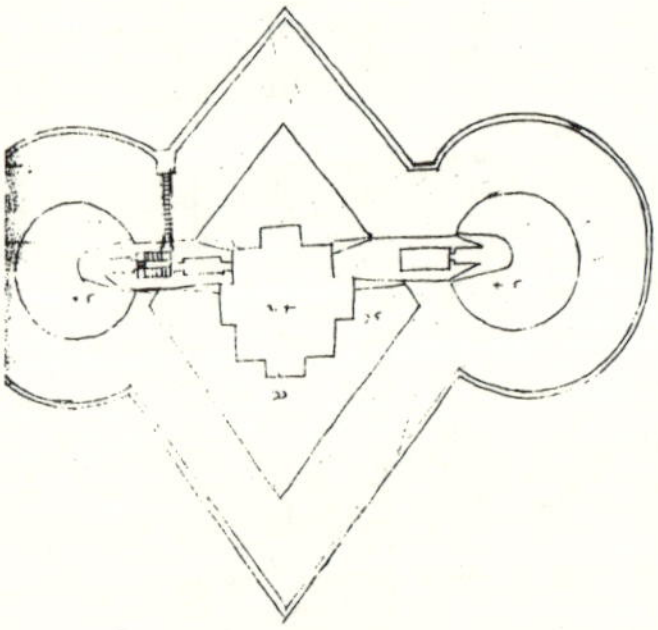

図７　セッラ砦の平面図：Francesco di Giorgio, Codice Magliabecchiano II I 141, f.70r

塔の射線は他方の塔に重ならないよう、絶妙な角度で築かれている。つまり城郭の防衛における死角をなくし、側面射撃の効果を最大限発揮できるよう、塔、銃眼、城壁が配置されているのである。最後のフロントーネ砦は単純な直方体の建物で、一方が船の舳先のような稜堡になった砦である。

右に概観した三類型について、『建築論』の記述同様ウィトルーウィウス的な人体を模倣した城郭とそうでない城郭は一見無関係であり、フランチェスコは一定の法則に従って城郭を築いたのではなく、個々の事例、時々の状況に応じて城郭を設計したのだと考えることもできる。しかし形態上の類似点は少ないものの、人体模倣型、大塔型、不定形の三つの城郭に共通点を見出すことは不可能ではない。むしろ純粋に軍事的・戦術的な観点から見た場合、ほとんどの城郭には城壁の強化、火器の設置といった単純な特徴以上の、重大な設計上の共通点が見つかる。

もう一度フランチェスコの『建築論』における、ウィトルーウィウス的な都市および城郭の記述に立ち戻ってみよう。

「われわれが目にするように、古代の人々は、彼らが見出した最も堅固にしてきわだった場所に全ての城塞を建設し、特に都市においてはその防御と保持のためにそれを建設した。自然は人体の頭と顔をその最も高貴な部位と定め、人体が見るものすべてを眼を通して判断するように定めたので、城塞もまた、都市全体を判断し、見渡すことのできるきわだった場所に置かれなくてはならない。

頭が人体すべての中で最も重要な部分であるのと同様、都市という体の中で最も重要な部分は城塞である。そして、頭が失われれば、人体もまた失われるのと同様、城塞が陥落すれば、それによって統御されていた都市もまた陥落する」[25]。

図9　サンレオ砦(撮影:筆者)

この記述にあるように、フランチェスコの築城術においては、城郭が都市にとって最も重要な場所を占め、大塔は城郭にとって最も重要な部分に築かれている。たとえば『建築論』には、カーリの砦では敵の攻撃（とりわけ火砲の攻撃）に対して弱い方面に大塔を向けたと書かれているように[26]、フランチェスコは築城のさい、その都市・城郭にとって重要な部分を見定め、そこに重点をおいて設計している。そして「重要」の意味するところは、その都市や城郭によってそれぞれ異なっている。山頂に築かれたサンレオ砦は、砦から山のふもとへと通じる道を制圧するように二つの塔と屈曲した城壁を向け、「側面射撃」は砦への入り口を制圧している。サンレオ同様に山頂にあったセッラ砦も、山麓を見下ろすような位置に立つ城郭であった。

　このように、外敵の進路を塞ぐように築かれた砦がある一方、フォッソンブローネ砦の「頭」である稜堡は、外敵に対してではなく、同市の市街地に向けて築かれている。これはおそらくフォッソンブローネ市が以前はウルビーノの敵対者マラテスタ家の領地であり、ウルビーノの支配下に入った直後の一四四五年、フェデリーコに対して反乱を起こしたことがあるという事実とは無関係ではないだろう。同様にフロントーネ砦もマラテスタ家の旧領にあり、その稜堡を外部に対してではなく城下町の方へと向けている。つまり、人体と城郭のアナロジーは「城郭は、外敵か内乱かを問わず、その城郭の最も重大な脅威に力点をおいて設計されるべきである」というフランチェスコの主張と読み替えることができる。

　またさらに異なる読み替えも可能だ。たとえばフランチェスコはどういう順番に城郭を建設していったのかという点に注目してみよう。これは、彼が建築論第二稿で個々の城郭について解説した例から知ることができる。すると、実際に建てられた要塞六例中、モンダヴィオ砦をのぞく全てで、砦の「頭」となる大塔を最初に建設したことがわかる[27]（モンダヴィオでは二番目に建てられた施設であった）。フランチェスコがマスキオ Maschio（主塔）と呼んだこの頭にあたる塔は、もっとも堅固かつ強力な塔とされ、城主の住居や食料・武器・物資の倉庫、炊事場、さらに籠城に欠かせない井戸がそこに集められ、緊急時は跳ね橋を落とすことで敵の侵入を拒み、内部の反乱にも備えられるように工夫されていた[28]。またモンダヴィオやサッソコルヴァーロ砦の場合、塔の各階を貫く伝声管が設けられるなど、まさに司令塔としての役割を果たすよう設計されていた。つまり、指揮命令の中枢としての「頭」のアナロジーが成り立っている。

このような城郭の設計は、一五世紀当時のウルビーノという国の状況にも様々な面で合致していた。まず都市や城郭の建設地の要点を見抜き、そこに小型の砦ともいうべきマスキオから建設し始めるという手法は、短期間に強固な城郭をそろえることができるという利点を持つ。これは周囲に多くの敵対者をもち、さらに敵対するマラテスタ家の領地を新たに獲得したことで都市の反乱にも備えなければならなかったフェデリーコにとっては好ましい利点だっただろう。城郭の機能として、外敵のみならず内乱にも備えるという発想は、フランチェスコだけではなく、*De Re Aedificatoria*（『建築について』）の著者レオン・バッティスタ・アルベルティにもみられる[29]。フランチェスコの城郭はさらに時間的な要素も加味して、城郭を建設する具体的な手順にまで配慮しているように思われる。こういった建築家たちの配慮は、彼らのパトロンであったイタリアの君主たちの不安定な権力基盤を彷彿とさせる。

ウルビーノ公国は小国分立状態だった当時のイタリアでもとくに大国とはいえず、加えて周囲の国々と友好的な関係を維持していたとは言いがたい状態だった。そういった環境で、公爵フェデリーコは城郭にいくつかの機能を求めたが、そこに支配のシンボルとしての意味よりも実際的な機能を求めたとしても不思議ではない。つまり領地の防衛のため、反乱の抑制のため、また徴兵のための拠点となる城郭が必要だった[30]。だからこそフランチェスコがウルビーノで建設した城塞や城壁は、まず火器という現実の脅威に立ち向かうものになったのだろう。城郭は人体を模倣すべきであるというフランチェスコの言葉は、むしろ築城術における実践的な教訓の、ルネサンス的なメタファーと捉えることができる。

その比喩表現がどうであれ、フランチェスコは大変実利的な考えの築城家・軍事技師であった。火器に対するフランチェスコの関心と配慮は、ウルビーノ時代以前に書かれた彼のメモやデッサンからすでにうかがえるが、それがウルビーノで知ったウィトルーウィウスの建築書などと組み合わさって、確固とした築城術となったのはまさにフェデリーコの恩恵といえるだろう。先に述べたとおり、フランチェスコは一四七八年、フェデリーコとともに従軍し、ヴォルテッラという城郭都市の陥落を観察している。またフェデリーコは火器を重視した傭兵隊長の一人でもあった。たとえばファーノ市攻略やモリネッラの戦いなどでは、火器を大量に使用していた(31)。

そういった実践的な態度とともに、一流の文人であったフェデリーコの影響が、フランチェスコの築城術・軍事技術論における擬人論となって表れているのではないだろうか。すなわち、人体を模倣しつつ、細部においては現実的な「火器に対する防御」を備えた城郭や、優美な外観を持ち、内部を武器や機械のレリーフで飾った公爵宮殿にはフェデリーコの人物像がそのまま投影されている。彼の人物像は、その宮廷の空気を吸ったフランチェスコにも影響を与え、その結果として擬人論と軍事技術が融合した、独特な築城術が『建築論』に記されたのである。

三　アルフォンソ・ダラゴーナの戦争と沿岸防衛政策――南イタリアの事例――

では、ウルビーノ時代以降の、南イタリアにおけるフランチェスコの城郭建設はどのようなものだったのだろうか。南イタリアの城郭は、ウルビーノの城郭と同じ性格を持つともいえるし、異なる点もまた多い。その異なる性格については、やはり南イタリアにおけるフランチェスコのパトロンであったアルフォンソ・ダラゴーナの影響に帰することができるのではないかと思う。

ナポリ王の息子でカラブリア公爵の位を持つアルフォンソは、ウルビーノのフェデリーコと似た面も多い。アルフォンソは当時武人として活躍する一方、フェデリーコ同様ギリシャ・ローマ古典を好んで学ぶ文人であり、またよく知られた学芸のパトロンでもあった。とりわけ建築については、ナポリの凱旋門建設にあたって、自らウィトルーウィウスの『建築書』の写本を求めるほどの関心を持っていたとされる。[32] 彼は音楽・詩・彫刻・建築などさまざまな分野に対するパトロンであった一方で、ナポリ王国の対外戦争遂行を一身に担った軍事指揮官でもあった。とりわけ一四七八年～一四七九年の対フィレンツェ戦争と、一四八〇年～一四八一年の対トルコ戦争が彼の軍歴でも際立っているといえるだろう。対フィレンツェ戦争では、メディチ家のロレンツォ豪華王にナポリとの和平会談を決意させるまで追い詰め、対トルコ戦争ではハンガリーや教皇庁からの援軍を含めたキリスト教徒軍を率いて、トルコに占領された南イタリアの町オートラントを奪回した。

フランチェスコがアルフォンソの下で城郭建設に携わるのは、オートラントをめぐる対トルコ戦争が終結した翌年からのことである。彼の関わった城郭は、アドリア海を挟んでトルコと向かい合うプーリア地方の港町であった。現在でもイタリアの重要な軍港であるターラント Taranto、ターラントに近いガリポリ Galipoli、ギリシャへの海の玄関で古代ローマ街道の終着点ブリンディシ Brindisi、そしてオートラント Otranto にフランチェスコが建設あるいは改築した城郭が残っている。また近年の研究では、プーリア地方の北辺に位置するガルガーノ半島に建てられた、モンテサンタンジェロ Monte Sant'Angelo の砦もフランチェスコの手によるものであろうと考えられている。南イタリアにおけるフランチェスコ・ディ・ジョルジョの活動範囲はウルビーノ以上に記録が少なく、どの砦をフランチェスコが携わったものか特定することは難しい。実際一五世紀末にナポリ王国で建てられた無数の城郭は、フランチェスコ以外の建築家、たとえば彼の弟子であったチーロ・チーリや、ウルビーノでともに仕事をしたアントニオ・マルケージ、バッチョ・ポンテッリなどが携わっていた。そのいくつかには「フランチェスコ的」な要素を見出すこともできる。だが、本稿ではフランチェスコの関与が確実視されている、前述の四つの都市（ターラント、ガリポリ、ブリンディシ、オートラント）の城郭に限って分析する。

時系列的にも明らかだが、フランチェスコの登用によるプーリア地方の城郭建設はトルコによるオートラント占領に対応したものだった。実際、城郭建設が行われた都市は全て海に面した、重要な港湾都市である。四つの城郭のうちオートラントはフランチェスコの関与が城門などに限定されているため、城郭にはっきりとした擬人論的な性格を見出すことは難しいが、残る三つは、人体を模倣した形であると見てよいだろう。とくにターラント〔図10〕とガリポリ〔図11〕では、四隅を円筒形の塔に守られた城郭本体からその他の塔とははっきり異なる形状の堡塁が長く伸びており、これを「頭」と見るのは容易である。ブリンディシでは、港の沖合に伸びる砂州に建設されたCastello Rossoカステッロ・ロッソ（ロッソ城）〔図12〕が、大変細長くなってはいるものの、フランチェスコの描いた「ウィトルーウィウス的都市」やウルビーノにおけるサッソフェルトリオなどに酷似した配置を持っている。すなわち長方形の一方の短辺に大塔、反対側に城門とその両脇を守る小塔、という配置である。

前節で指摘したとおり、フランチェスコの建設した城郭の要点がその「頭」にあるとすれば、フランチェスコがターラント、ガリポリ、ブリンディシにおける防衛上の要点をどこに見定めていたのかも、その「頭」の位置によって類推できるはずである。この視点から観察すると、ターラントにおける要点は城郭のそばに渡された橋となる。ターラントは外海（地中海）と内海の間に浮かぶ島に築かれた都市であり、問題の橋はターラントへと渡る二つの橋の一方であるから、ここが防衛上の要点であることは疑いないだろう。ガリポリも半島状に突き出

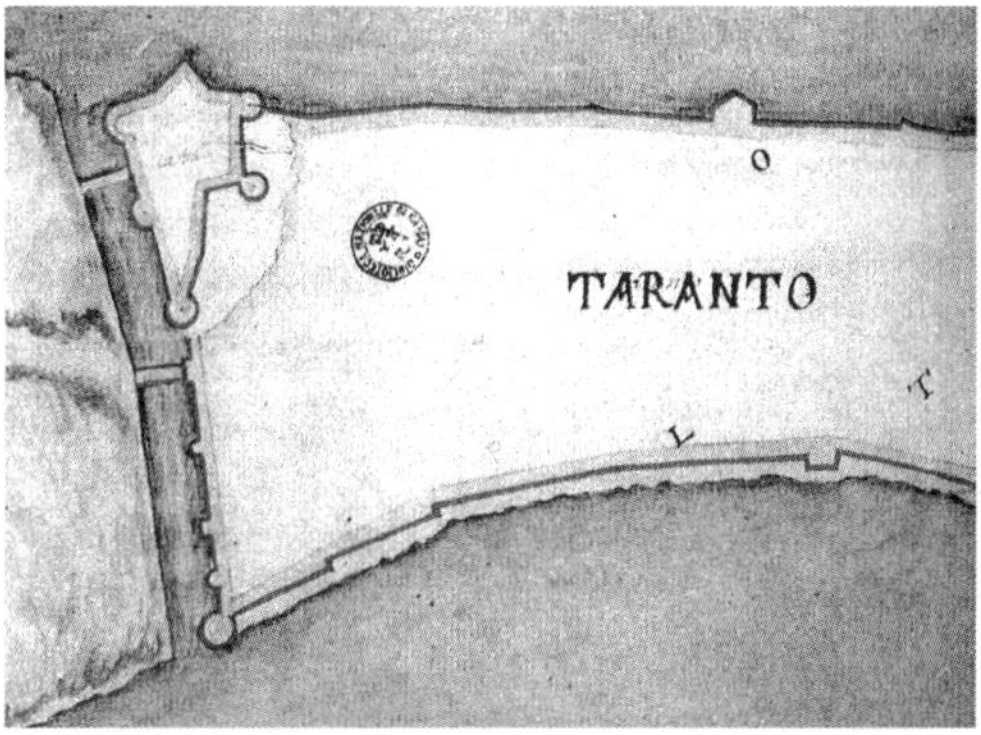

図10　ターラント（16世紀頃）

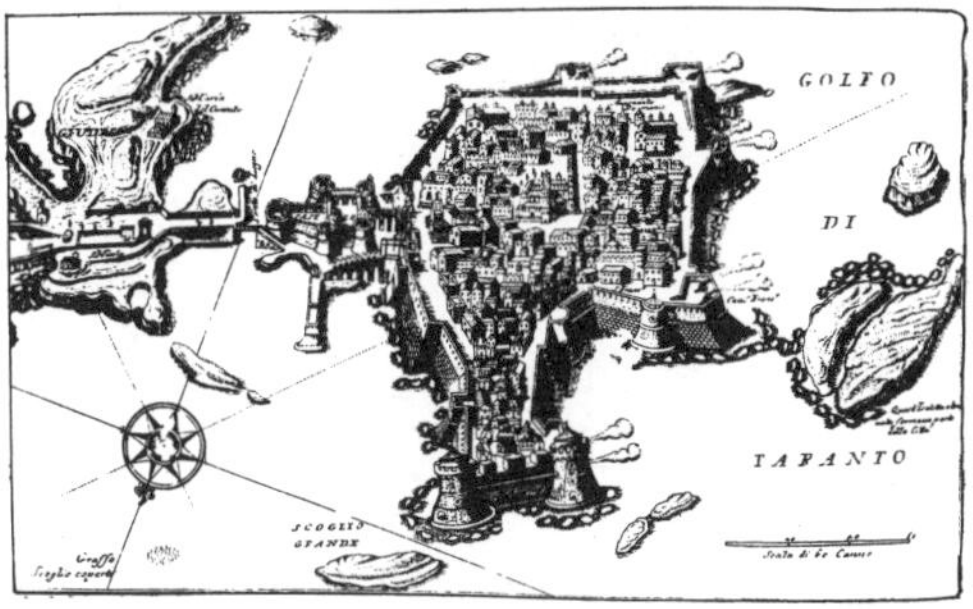

図11　ガリポリ（17世紀末）

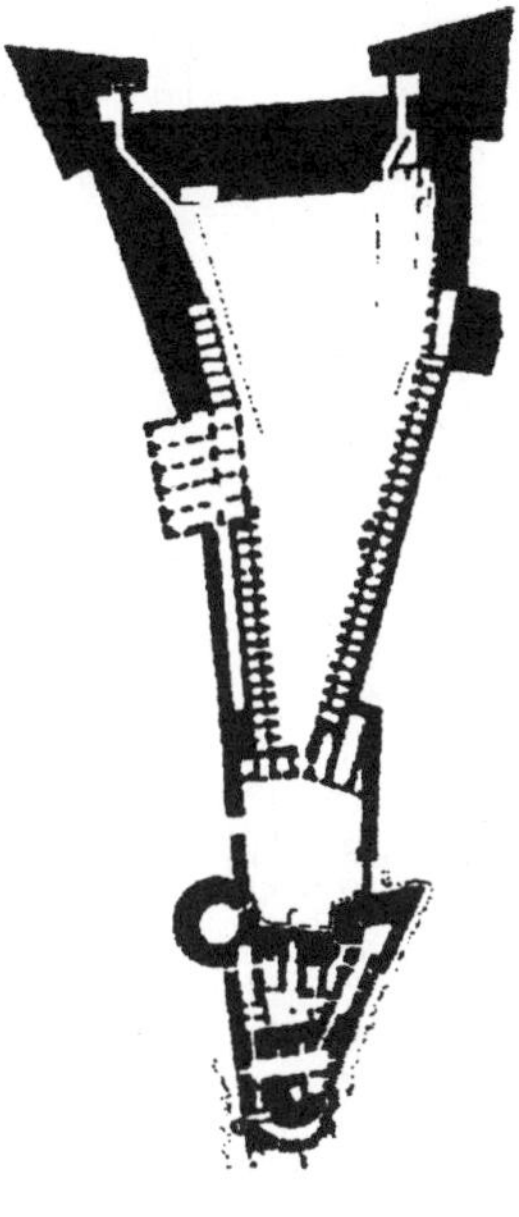

図12　ロッソ城の平面図

た陸地の先端に建設された都市である。城郭は半島と町の境に建設され、その「頭」を内陸部へと向けている。一方ブリンディシのロッソ城では「頭」は外海の方へと向けられている。これらの城郭は全て港湾都市に建設されたものである以上、全て海からの攻撃に備えたものといえよう。だがターラントとガリポリの城郭はその防衛上の要点は内陸方向へと向いていた。これは一見矛盾しているようにも思える。

　だがここで、これらの城郭が建設されるにいたった原因、つまりトルコ軍によるオートラント占領が城郭の配置におよぼした影響を考えてみたい。一四八〇年七月二八日、トルコ軍は一五〇隻の軍船に九〇〇〇の水兵と同数の陸兵（騎兵一三〇〇、砲兵六〇〇を含む）

の兵力でオートラント沖へと進出した。トルコ軍はまずオートラント郊外に少数の騎兵を偵察のために上陸させ、つづいて町の近くに全軍を上陸させる。その後包囲網を築いたトルコ軍は、大型の火器による市内への砲撃で、包囲開始から三日でオートラントを陥落させたのである。(33) オートラント陥落後、一年かけて兵力を集めたアルフォンソ・ダラゴーナもまた、海軍力で町を封鎖しつつ、陸側からの砲撃によって町を奪回した。フェデリーコ同様、アルフォンソもまた火器の使用に積極的な軍事指揮官だったのだ。

ここで注目したいのは、オートラント市を攻撃するに当たって艦砲射撃のような海側からの攻撃がなされていない点である。しかし火砲の利用についてはトルコ側もオートラント守備隊も軽視しているわけではない。むしろオートラント側の記録者は、守備隊がトルコの上陸をやすやすと許した理由を「市内には、トルコ軍を追い払い侵入されないように阻止できるような砲兵隊がいなかったからだ」としている。(34) つまりターラントやガリポリの防衛上の要点が内陸方向だった理由も、船からではなく上陸した敵からの砲撃から町と城郭を防衛することを意図していたからだと思われる。一方ブリンディシのロッソ城は、ブリンディシの町を直接守っているのではなく、港の沖合にのびた砂州の突端に建設されたものである。それゆえ、防衛の要点は外海側に向けられていたのではないかと想像できるのである。

この内陸指向とでもいえる特徴は、ナポリ王国に点在するフランチェスコ・ディ・ジョルジョが建設した、あるいは彼の関与が推定されている城郭でも、このプーリア地方の城郭にのみ見られる特徴である。たとえばアルフォンソ・ダラゴーナの領地であったカラブリア地方の城郭群はフランチェスコの関与が指摘されているが、(35) その特徴は砲撃に耐えるため傾斜を設けた城壁や、側面射撃といった設計上の類似にとどまり、「頭」にあたる大塔や稜堡も存在しない。唯一、レッジョ・カラブリア Reggio Calabria 市の城［図13］は、四角形の城であったものに、一四九〇年ごろ二重の堡塁が付け加えられて［図13］の形になったが、これはバッチョ・ポンテッリが主に担当した城郭で、フランチェスコの関与は限られている。(36) また、王国の都であるカンパニア地方のナポリ市には、フランチェスコが再建したとされるカステル・サンテルモ Castel Sant'Elmo（サンテルモ城）［図14］が存在する。(37) 一四九五年にフランス軍が占領していたこの城をフランチェスコが包囲の指揮をとって攻略した。その後再建されて現在の姿になったサンテルモ城は、確かに『建築論』に描かれた星形城郭のデッサン［図15］に酷似している。だが、プーリアの城郭に見られる擬人論的性格をそこに見出すのは、やはり困難である。

カラブリア地方の城郭やサンテルモ城には防御上の要点を思わせる「頭」もなく、プーリア地方の港湾都市に残された城郭とは性格を異にしているようにみえる。プーリア地方の城郭の性格を決めたのは、まずその戦略的な必要性、つまりトルコの再侵略を阻止すること、それから当時の火砲による攻撃を中心とした包囲戦術、そしてアルフォンソ自身の学芸への嗜好という三点の組み合わせであろう。

フェデリーコ同様、ウィトルーウィウスなどの古典文献にも親しんでいたアルフォンソにとって、城郭の基本理念として万物の理法の源である人体に倣うという考えは受け入れやすかっただろう。一方でその武人としての経験、とりわけオートラントを巡るトルコとの砲撃戦の経験が、フランチェスコの築城思想と合致していたことが、建築家フランチェスコの

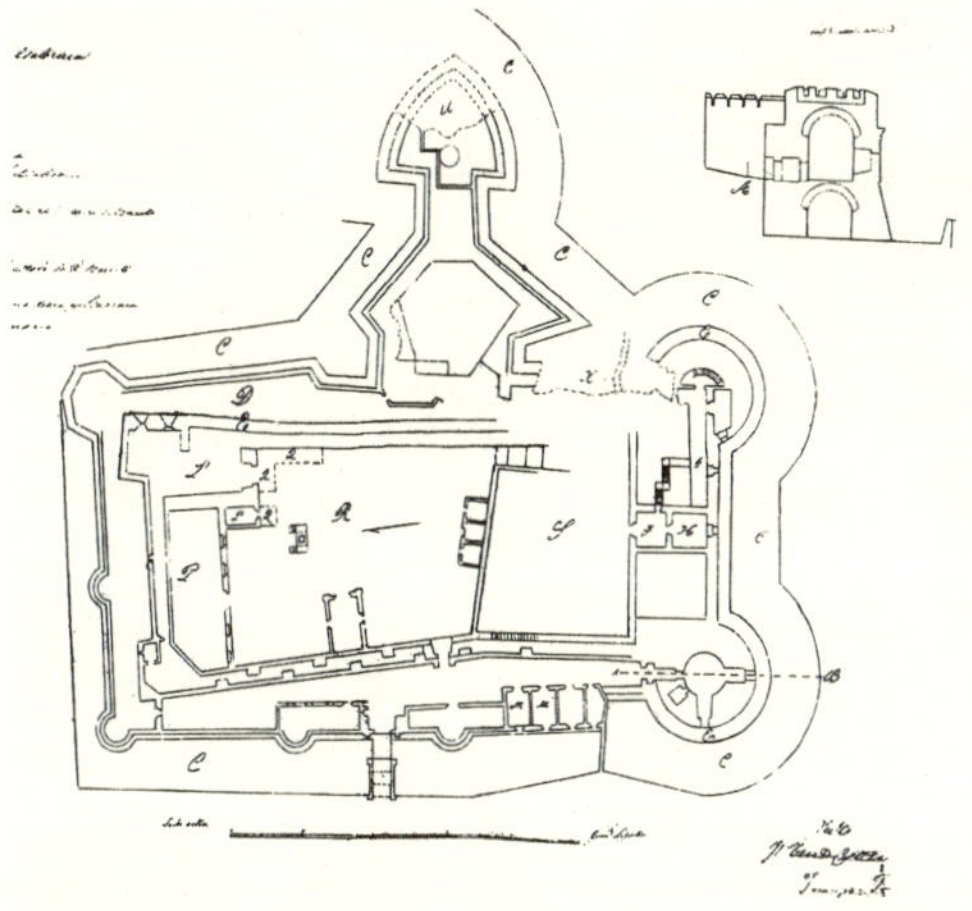

図13　19世紀末のレッジョ・カラブリア城：Archivio di Stato, Napoli, segr. Guerra, fs.2361, inc.691, f.117

コとパトロン・アルフォンソの関係を密接かつ円滑なものにしたに違いない（フランチェスコのアルフォンソから与えられた肩書きはカラブリア公爵の主任建築家というものであった[38]）。つまりフランチェスコの設計も、アルフォンソの経験も、港湾都市の防衛の焦点は、海からの鑑砲射撃ではなく、内陸からの砲撃にまず重点を置くべきである、という点で少なくともプーリアにおいては一致していたのである。

フランチェスコとフェデリーコ、そしてフランチェスコとアルフォンソの関係において注目したいのは、フラ

図14　現在のサンテルモ城

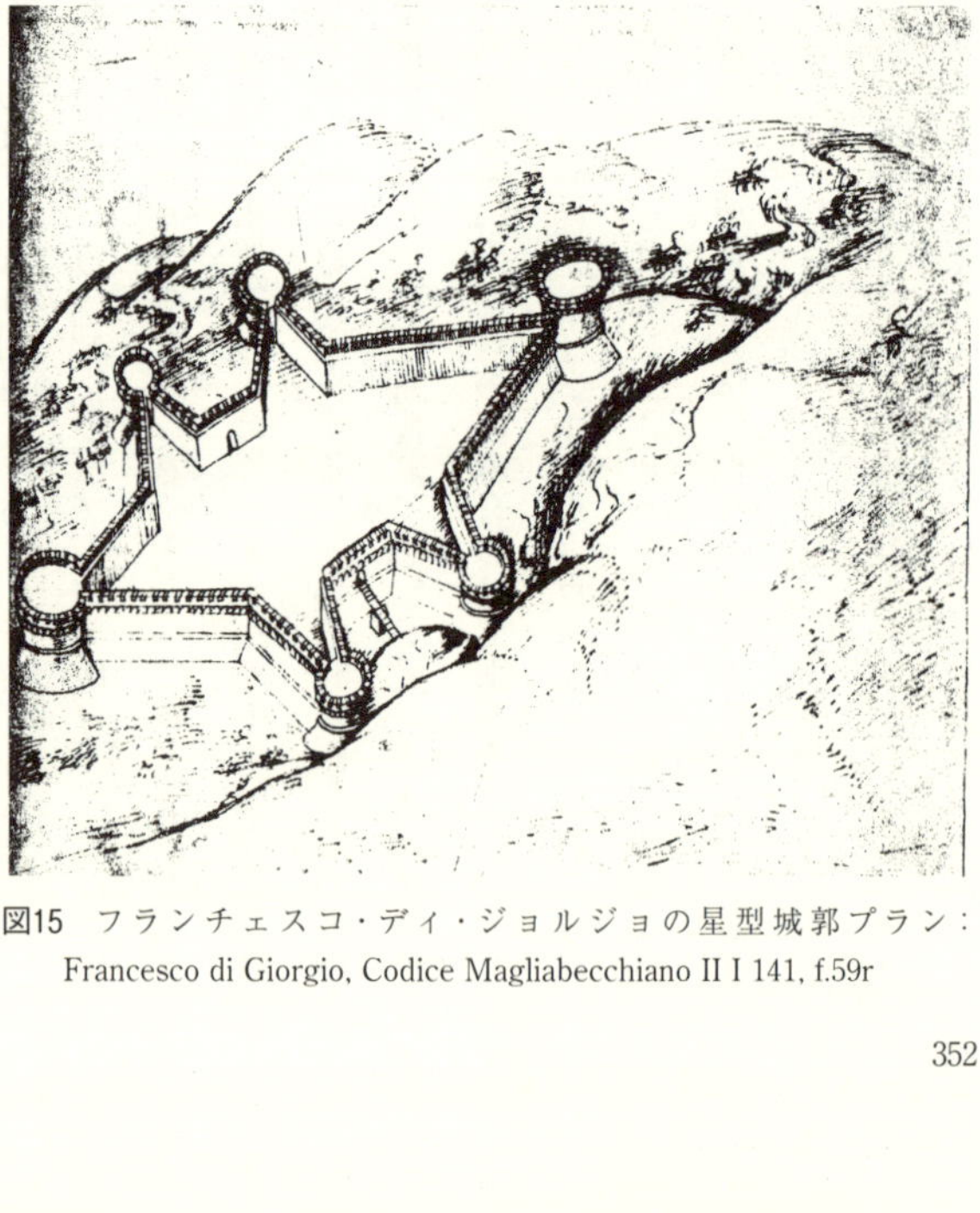

図15　フランチェスコ・ディ・ジョルジョの星型城郭プラン：
Francesco di Giorgio, Codice Magliabecchiano II I 141, f.59r

ンチェスコが古典古代に範を求めつつ、火器という当時の新兵器に十分関心を払っていたように、パトロンであった二人の君主も古典時代の学芸や思想を愛し、それに携わる人々の庇護者となる一方で、戦争という現実にしっかりと対応した有能な武人であったという点である。フランチェスコの著書、そして彼が関与した城郭にみられる「古代思想と新技術の融合」とでもいうべき特徴は、そのパトロンたちにも共通の態度であった。フランチェスコが建築論第二稿に書き記しているように、彼に『建築論』の執筆をうながし、助けてくれたのがフェデリーコであったとすれば、その内容と思想が建築家のみによって決定されたとは考えにくい。むしろ『建築論』や城郭はフランチェスコとパトロンだった君主が協力し、影響しあって生み出した子供なのではないだろうか。何しろフェデリーコへの謝辞は、建築論第二稿の『要塞と砦の形態 Forma di Fortezza e Rocca』の章に記されているのだから。つまりフランチェスコ・ディ・ジョルジョの築城術に現れた理念と実践の二面性は、文人と武人、思想家と技術者が未分化なルネサンスの文化環境があったからこそ生まれたものなのである。

おわりに　古典と新技術の融合——稜堡式築城の完成——

一五世紀のイタリアを舞台にした新しい築城形式の誕生には、建築家のみならず、その庇護者となった君主の果たした役割も大きかった。とりわけフランチェスコ・ディ・ジョルジョの城郭に関しては、古典古代の学芸を愛した二人の君主とその宮廷の性格がはっきり反映しているといえよう。ウィトルーウィウスのような古代人を権威として認める姿勢と、実際の領地支配や対外戦争のために新しい実践的知識を必要とする状況が、実際に著された建築書や城郭の設計の性格にも表れている。このような、君主が城郭建築におよぼしたさまざまな影響は、ウルビーノやナポリのみで見られるわけではない。むしろ一六世紀以降のイタリアにおける城郭は、大なり小なりこの二面的な傾向を有していた。さらに、一六世紀後半から稜堡式の城壁を有する城郭都市が建設されるようになっても、この二面的な傾向は変わることはなくむしろ融合していった。そういった都市の中には、古典古代を理想として建てられたロレートLoretoやサビオネッタSabionettaなどがあったが、これらの都市城壁から稜堡や火器に対する防御、そして側面射撃用の銃眼が消滅することは決してなかった。それどころか、イタリアにおける理想都市Città idealeの一つの完成形とされるパルマノーヴァPalmanova〔図16〕は、九角形の城壁、聖堂と市庁舎に囲まれた中央の広場、広場から放射状に、さらに同心円状に蜘蛛の巣のように伸びる街路など、幾何学的に均整の取れた形を取っているが、その内実は稜堡と約四〇〇門の火砲によって守られた軍事都市であった。[39]

ヴェネツィア共和国が東の国境地帯を防衛するために全くのゼロから建設したこの都市は、フランチェスコとほぼ同時代の建築家アントニオ・アヴェルリーノが著書で示した理想都市「スフォルツィンダ」〔図17〕が実現したかのような姿であった。しかしこの都市は、その辺鄙さゆえに住民が定着することはなく、ヴェネツィア政府は免税特権を与えてまで何とか住人を住まわせようとした。[40] パルマノーヴァはウィトルーウィウスやアルベルティ、アントニオ・アヴェルリーノが建築書で「理想の都市」として説明したような、美しく整然とした都市構造をもっている。しかし、彼らのもう一つの主張である、都市を養うだけの収穫が得られ、交通の便がよい場所に建てるべきであるという言葉[41]は、完全に無視されている。パルマノーヴァという都市は、稜堡式築城としての理想形ではあったが、実際に住民が生活する都市としては明らかに失敗であった。だが、もし当時の建築家や君主・政府に、建築に対する審美性や完全性への欲求がなければ、このように幾何学的に整った城郭都市が建設されなかったこともまた確かである。

最初の疑問にたちかえれば、グィッチャルディーニやマキァヴェッリが非難したような、「イタリアの軍事的後進性」といったものは存在しなかった。近年の研究では、マキァヴェッリが「チョーク一本で」成功させたと評したシャルル八世のイタリア遠征は、火器や軍制などの軍事的優位によるのではなく、むしろ外交や脅迫で優位を得たものであり、もしイタリアにすでにあった稜堡式城郭と戦っていれば（そしてその可能性はあった）、やすやすと進軍できたかは疑問だとする見解も建築史家からは表明されている。[42] すでに見てきたようにフランチェスコと、ルネサンスの君主たちは、新たな築城術の幕開けをもたらすだけの協力関係を作り上げていた。そして、そこに見られた古典古代を理想・規範としながら、実践においては火器への対応も追及するという二面性は、パルマノーヴァなどに見られたようにその後一六世紀をとおして、常にイタリアの築城術の根底にあった。

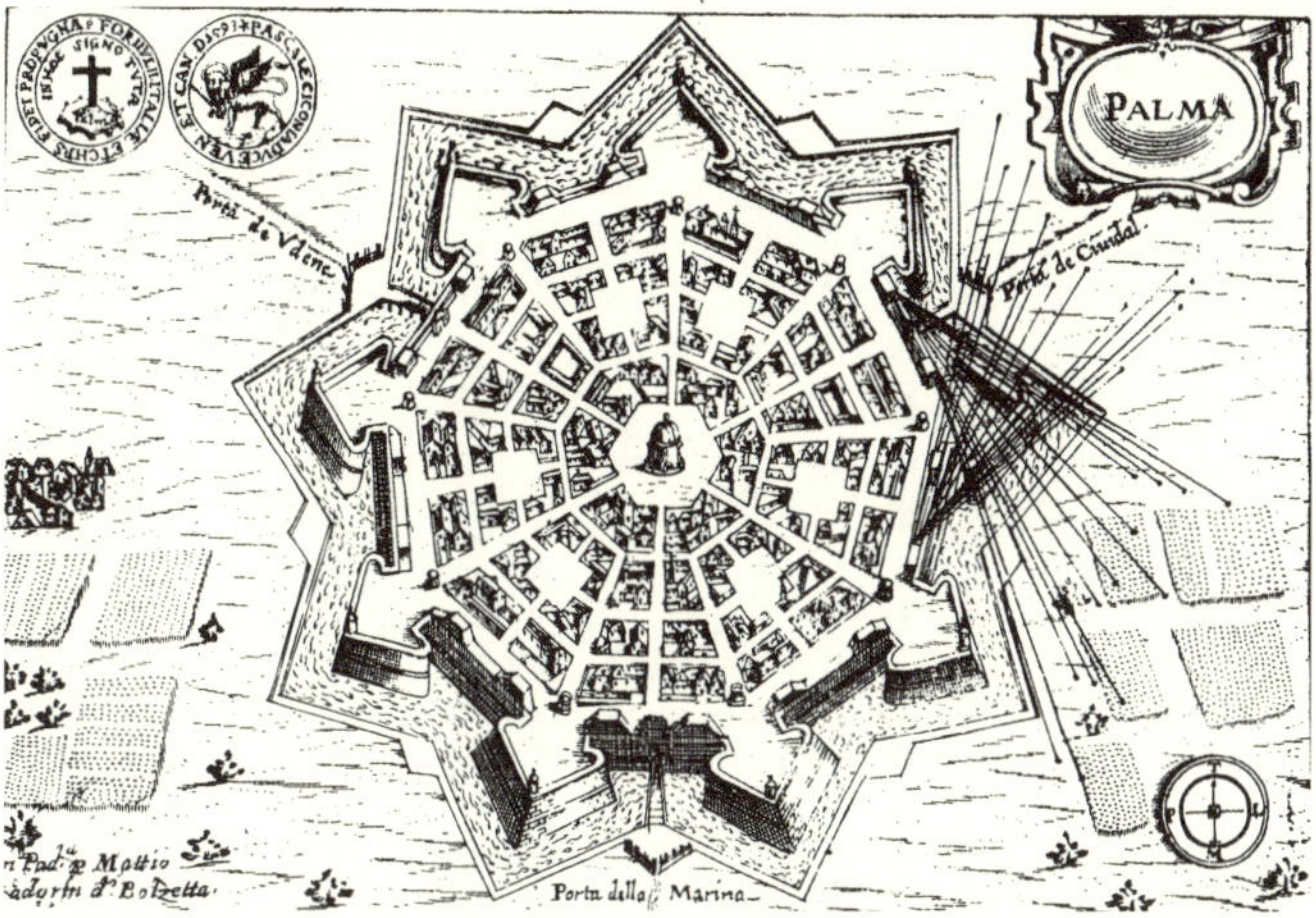

図16　パルマノーヴァ

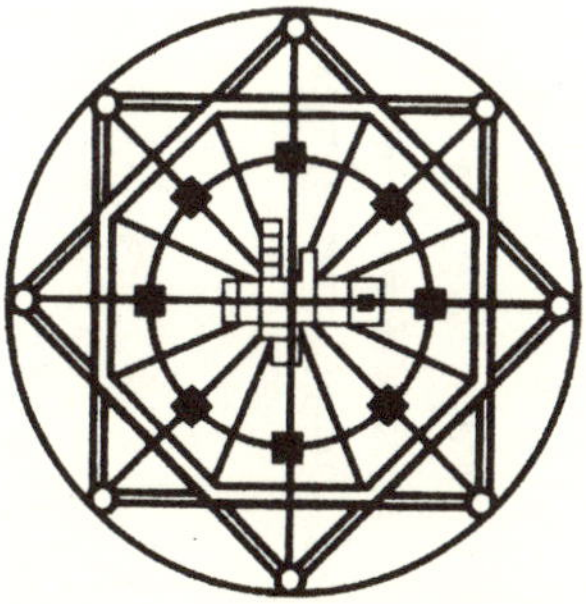
図17　スフォルツィンダの概念図

あえていうなら、ルネサンスの庇護者となった君主たちと、その下で働いた建築家が有した二面性こそ、稜堡式築城を完成させ、築城の新しい歴史を開く原動力となったのである。

（1）Guicciardini, F., *Storia d'Italia*, a cura di E. Mazzali, 3 voll., Garzanti, Milano, 1988, vol.I, cap.XI, p.92.
（2）ニッコロ・マキァヴェッリ『君主論：マキァヴェッリ全集I』、池田廉訳（筑摩書房、一九九八年）、四一～四二頁。
（3）Rogers, Clifford J. (ed.), *The Military Revolution Debate*, Westview Press, Boulder, 1995. pp.3-8.
（4）Martini, Francesco di Giorgio, *Trattati di Architettura ingegneria e arte militare*, II, Edizioni il Polifilo, Milano, 1967, p.427.
（5）Ibid. p.425.
（6）Scaglia, Gustina, *L'Opera di Architectura di Francesco di Giorgio Martini per Alfonso Duca di Calabria*, *Napoli nobilissima*, ser. 3, XV, 1976, pp.129-161.
（7）Giovio, Paolo, *delle istorie del suo tempo*, F. Rocca, Venezia, 1565. pp.120-121.
（8）フランチェスコ・ディ・ジョルジョ・マルティーニ『建築論』日高健一郎訳（中央公論社、一九九一年）、三頁。
（9）Martini, *op.cit.*, II, pp.416-417.
（10）註（8）フランチェスコ前掲書、四頁。Martini, *op.cit.*, I, p6. *ibid.*, II, p.418, p.422, p.424.
（11）Martini, *op.cit.*, II, p.423.
（12）*Ibid.*, p.424.
（13）註（8）フランチェスコ前掲書、八頁。
（14）同右書、四頁。
（15）Rendina, Claudio, *I Capitani di Ventura*, Newton & Compton, Roma, 2004, pp.198-199.
（16）*Ibid.*, p.204.
（17）ブルクハルト『イタリア・ルネッサンスの文化』柴田治三郎訳（中央公論社、一九七四年）、五四頁。

（18）ヴァザーリ『ルネサンス彫刻家建築家列伝』森田義之監訳（白水社、一九八九年）、二四一～二四二頁。Pezzini, Grazia Bernini, *Il Fregio dell'arte della guerra nel palazzo ducale di Urbino*, Istituto Poligrafico e Zecca dello Stato, Roma, 1985, pp.13-18.

（19）de la Sizeranne, Robert, *Federico di Montefeltro: capitano, principe, mecenate*, Argalita Editore, Urbino, 1972, p.139. Tommasoli, Walter, *La vita di Federico da Montefeltro (1422-1482)*, Argalita Editore, Urbino, 1978, pp.189-190.

（20）de la Sizeranne, *op.cit.*, pp.118-128.

（21）Lamberini, Daniera, Alla bottega del francione: L'architettura militare dei maestri fiorentini, Fiore, F. P. (ed.), *Francesco di Giorgio alla corte di Federico da Montefeltro*, Olschki, Città di Castello, 2004, p.493.

（22）de la Sizeranne, *op.cit.*, pp.256-258.

（23）Martini, *op.cit.*, II, pp.459-465.

（24）註（8）フランチェスコ前掲書、四～五頁。

（25）同右書、三頁。

（26）Martini, *op.cit.*, II, p.460.

（27）*Ibid.*, pp.460-465.

（28）*Ibid.*, p.429.

（29）アルベルティ『建築論』相川浩訳（中央公論美術出版、一九八二年）、二二七～二二八頁。

（30）Adams, Nicholas, L'architettura militare di Francesco di Giorgio, Fiore, F. P. & Tafuri A. (eds.), *Francesco di Giorgio architetto*, Siena, Electa, 1993, p.134.

（31）de la Sizeranne, *op.cit.*, pp.121-122. p.136.

（32）ピーター・バーク『イタリア・ルネサンスの文化と社会』森田義之・柴野均訳（岩波書店、二〇〇〇年）、一七六頁。

（33）Rovighi, Alberto, L'occidente cristiano di fronte all'offensiva turca in Italia nel 1480-1481: Aspetti militari, *Memorie Storiche Militari*, Esercito Comando del Corpo di Stato Maggiore. Ufficio Storico, Città di Castello, 1980, pp.241-317.

（34）Laggetto, Giovanni Michele, *Historia della guerra di Otranto del 1480*, Mariano, Galatina, 1940, p.21.

(35) Martorano, Francesca, In Calabria sulle tracce di Francesco di Giorgio, Nazzaro, B. & Villa, G. (eds.), *Francesco di Giorgio Martini Rocche, Citta, Paesaggi*, Edizioni Kappa, Roma, 2001, pp.173-188.

(36) Dechert, Michael S. A., The military architecture of Francesco di Giorgio in Southern Italy, *Journal of the Society of Architectural Historians*, vol.49:2, 1990, pp.161-180.

(37) Rusciano, Claudia, Presenza e interventi di Francesco di Giorgio in Campania, Nazzaro, B. & Villa, G. (eds.), *op.cit.*, pp.151-160.

(38) *Ibid.*, p.151.

(39) Prelli, Alberto, Armi e soldati nella fortezza di Palma, Devetag, Antonio (ed.), *Palmanova Fortezza Europea*, Edizioni della Laguna, Golizia, 1993, pp.26-27.

(40) Mallett, M. E. & Hale, J. R., *The military Organization of Renaissance State: Venice. c1400 to 1617*, Cambridge University press, Cambridge, 1984, p.420.

(41) ウィトルーウィウス『ウィトルーウィウス建築書』森田慶一訳（東海大学出版会、一九七九年）、二〇頁。註(29)アルベルティ前掲書、一〇〇～一〇一頁。

(42) Pepper, Simon, Castles and cannon in the Naples campaign of 1494-95, Abulfia, D. (ed.), *The French Descent into Renaissance Italy, 1494-95*, Variorum, Hampshire, 1995, pp.263-294.

〔引用図版〕

図1 Nazzaro, Barbara & Villa, Guglielmo (eds.), *Francesco di Giorgio Martini Rocche, Città, Paesaggi*, Edizioni Kappa, Roma, 2004, p.170, Fig.12.

図2 Martini, Francesco di Giorgio, *Trattati di Architettura ingegneria e arte militare*, II, Edizioni il Polifilo, Milano, 1967. Tav.275.

図3 *Ibid.*, Tav.274.

図4 Adams, Nicholas, L'architettura militare di Francesco di Giorgio, Fiore, F. P. & Tafuri,A. (ed.), *Francesco di Giorgio architetto*, Edizioni il Polifilo, Siena, 1993. p.137.

図5　Volpe, G. & Savelli, R., *La rocca di Fossombrone: una applicazione della teoria delle fortificazioni di Francesco di Giorgio Martini*, Banca Popolare del Montefeltro e del Metauro, Fossombrone, 1978. p.97, fig.34.

図6　Martini, *Ibid.*, Tav.276.

図7　*Ibid.*, Tav.277.

図8　*Ibid.*, Tav.279.

図10　Ventura, Antonio Immagini di Puglia, Capone Editore, Lecce, 2001. Tav.15.

図11　*Ibid.*,Tav.75.

図12　Ferruccio Canali (ed.), *Studi per il V centenario della morte di Francesco di Giorgio Martini (1501-2001)*, Alinea Editrice, Firenze, 2005. p.105, Fig.7.

図13　Barbara & Villa (eds.), *Ibid.*, p.183, Fig.22.

図14　*Ibid.*, p.153, Fig.4.

図15　Martini, *Ibid.*, Tav.255.

図16　Claudia Conforti & Richard J. Tuttle (eds.), *Storia dell'architettura italiana il secondo cinquecento*, Electa, Milano, 2001. p.498.

図17　Gino Pavan (ed.), *Palmanova fortezza d'Europa 1593-1993*, Marsilio Editori, Venezia, 1993. p.561.

あとがき

国際日本文化研究センター（日文研）では、教授は原則として三〜四年に亘る共同研究を主宰することになっている。私の場合、赴任してから停年退職まで四年しかなかったが、ギリギリで右の条件に叶っており、何か共同研究を実施するよう、周囲から何となく期待されていた。赴任初年度は、前任地（横浜市立大学）の授業や学生・院生の指導等、いわゆる残務整理に追われていたが、その相間をぬって共同研究の企画立案を行い、日文研の執行委員会（運営協議会）に諮らねばならなかった。

「王権と都市」というテーマは、二〇〇二年に刊行された岩波講座『天皇と王権を考える3』に於て、編集委員の故網野善彦氏が私に割当てられたものである。従って私のこの共同研究主宰に当っての基本的な考え方は、右の拙稿「王権と都市」を参照されたいが、私の基本的な疑問は、イブン＝ハルドゥーンが早くも一四世紀に提起した「都市とは王権が創造するもの」というテーゼが、本当に普遍的に妥当するものであろうか、ということであった。私の大学院時代の恩師、岸俊男先生は「古代宮都は天皇の象徴」と、概略ハルドゥーンと同様の趣旨のことを持論とされていた。しかし一方で、インダス文明のモヘン＝ジョ＝ダロやハラッパの如く、王権とストレートに結びつかないような都市遺跡の例があり、また中世西欧のカール大帝治下の諸都市の如く、アジア的規範では到底王権都市とは見られ難い小都市を、帝王が移動巡狩していたという事実がある。

右のような素朴な疑問は、結局〝都市とは何か〟という命題に行きつくものであろう。ともあれ、諸研究者にお集まり頂いて、このような諸問題を討論し、あわよくばハルドゥーンの命題の可否も検証できれば、というのが私のささやかな意向の一つであった。もう一つ、私が網野氏依頼の「王権と都市」執筆に当って参考とした重要な研究の一つに、長谷部史彦氏「王権と都市――カイロのマムルーク朝スルタンたち――」（岩波講座『世界歴史12』）があった。長谷部氏は、スルタン（王権）による都市統治を、従来のような軍事支配として把えるのでなく、都市住民への「文化戦略」として見ようとされた点が、私には卓越した、目からウロコが落ちるような新鮮さとして受止められた。長谷部氏の視角を借りて初めて、義満ら歴代足利将軍の京都支配の意味が明らかになるように思われた。従って当初から長谷部氏は、この共同研究のコアメンバーとして想定されていた。

最後に、この共同研究の幹事として宇野隆夫氏が終始編者を補佐して下さったことに、深謝の意を表したい。宇野氏は私の大学院生の時、少し下の後輩であり『史林』の編集委員として同僚の間柄であったと記憶するが、確か一九九〇年代の日本史研究会の大会報告で氏の「日本海圏流通」に関する考古学的報告を拝聴し、その豊富なデータと手堅い見通しに深い感銘を受けた。その数年後、私が富山大学に集中講義で出講したさい、久しぶりに歓談する機を得、めぐり巡って二〇〇四年に私が日文研に赴任することになって、同僚教授として再会することになった訳である。幸いなことに、氏は私の立てた「王権と都市」の主題に元来深い興味を持っておられ、その後共同研究会の討議の過程で、氏の時代区分概念がずっと以前から「王権と都市」を規準としておられたことに気付き、心強く思ったことである。そんな訳で、幹事の件も、私からお願いするに先立って、自ら進んで引受けて頂いた。誠に有難い次第で、「持つべきものは好き後輩」であると沁々感じた。

共同研究会のメンバーは、都市史研究の長老として、西川幸治、加藤祐三の両先生に入っていただき、中堅として前述の長谷部氏、編者の前任地で同僚たりし乙坂智子氏を招き、また若手として京都大学大学院の藤井真生氏（西洋中世史）に白羽の矢を立てた。その後藤井氏の紹介で図師宣忠氏の加入を得、またやはり筆者が二〇〇〇年度に日文研客員教授として組織した共同研究「王権と神祇」のさいに院生として協力して下さった土居浩氏、また長谷部氏の紹介で佐藤健太郎氏、大月康弘氏の加入をそれぞれ得、また私からお願いした国立歴史民俗博物館から仁藤敦史氏、白幡洋三郎氏の御令息白幡俊輔氏にそれぞれ御加入を得、陣容が大いに整った。岡田保良氏は私の古くからの知り合いであり、筒井清忠氏は昭和史の研究家として、共に私からお願いして参加して頂いた。本書に論文を寄せて頂いた金銀貞氏は、東北大院生としてオブザーバー参加であったが、三年目から正式に研究員となってもらった。

従って、右の内、白幡俊輔氏と金銀貞氏は博士課程院生の身分ではあるが、若手研究者を思い切って抜擢するのも研究代表者の責務と考え、敢えて若手の層を厚くしておいた。この種の論文集は、以前にも経験があるが、年輩、中堅の人々は多忙その他で逃げられてしまうことが多い。果して今度の本書の編集でも、締め切ってみるとやはり若手研究者の多くが充実した原稿を寄せて下さった。編者の思惑は図に当った訳である。

終りに、本研究の意義を認め、編集・出版を引受けて下さった思文閣出版の林秀樹氏、田中峰人氏に篤く御礼を申し上げたい。

〔共同研究会の記録〕

平成一七年度（二〇〇五年度）

第1回（5月28日）

今谷　明　トルコ圏の王権と都市（問題提起）

藤井真生　中世ボヘミアに於る王権の都市創出

第2回（8月27日）

仁藤敦史　古代王権と宮の構造

長谷部史彦　中世のスルターン権力と王都——マムルーク朝期のカイロ

井上章一　ヒトラーの都市計画——ナチスの目指した建築美

第3回（11月12日）

宇野隆夫　古代中国の王権と都市

岡田保良　西アジアに於る古代宮廷建築

加藤祐三　近代に於る都市比較論

第4回（12月17日）

白幡洋三郎　都市城壁と都市権力——ヨーロッパ近代を中心として

西川幸治　「隊商都市」をかんがえる

園田英弘　太平洋のゴールデントライアングル——横浜・バンクーバー・シドニー

第5回（3月25・26日）

土居　浩　徳川期日本に於る引廻し径路から「都市と王権」を考える

池内　恵　カイロの都市文化を読む

筒井清忠　二・二六事件と宮城占拠

乙坂智子　元代チベット仏教の都市儀礼
図師宣忠　中世南仏に於る誓約と文書——都市と王権をめぐって

平成一八年度（二〇〇六年度）
第1回（5月20日）
M＝リュッターマン　ドイツ人の日本学者からみた中近世に於る日本の都市
大月康弘　ビザンツ帝国と皇帝権
第2回（7月1日）
今谷　明　日本中世の都市建設——守護所を中心として
藤井真生　中世チェコの首都形成について
第3回（8月26・27日）
仁藤敦史　飛鳥地方史跡見学と解説（臨地講演）
佐藤健太郎　マグリブの王権とシャリーフ（予言者一族）の都市フエス
西川幸治　寺内町今井の見学と解説（臨地講演）
第4回（10月21日）
笠谷和比古　二条城論——徳川時代における王権と城都
長谷部史彦　王権・貴種・宦官——12～15世紀の聖地都市メディナ
第5回（12月16日）
森田登代子　近世即位礼と民衆
白幡俊輔　イタリアルネサンス期の都市と城壁
第6回（3月24・25日）
図師宣忠　13・14世紀南フランスに於る王権・異端審問・都市
西川幸治　近世城下町の形成

乙坂智子　元大都の遊皇城
宇野隆夫　インダス文明の都市
井上章一　日本に古代史はあったのか

平成一九年度（二〇〇七年度）

第1回（5月19日）

岡田保良　王の道とデカポリスの遺跡にみる前イスラーム時代オリエント都市の様相
土居　浩　民俗学に於る都市論再考

第2回（8月25・26日）

白幡俊輔　函館五稜郭史跡見学解説（臨地講演）
今谷　明　蝦夷地植民地化と都市松前
加藤祐三　幕末松前藩と日露交渉
今谷　明　福山城大館等史跡見学解説（臨地講演）

執筆者一覧（掲載順）

今谷　明（いまたに・あきら）→奥付に別掲

仁藤敦史（にとう・あつし）
1960年生．早稲田大学大学院博士後期課程史学（日本史）専攻満期退学．博士（文学）．国立歴史民俗博物館准教授．『古代王権と都城』（吉川弘文館，1998年）『古代王権と官僚制』（臨川書店，2000年）『女帝の世紀』（角川学芸出版，2006年）

金　銀貞（きむ・うんじょん）
1973年生．東北大学文学研究科博士前期課程修了歴史科学専攻．東北大学文学研究科博士後期課程在学中．

加藤祐三（かとう・ゆうぞう）
1936年生．東京大学人文科学研究科東洋史学専攻博士課程中退．国際日本文化研究センター客員教授．横浜市立大学前学長．『イギリスとアジア』（岩波書店，1980年）『黒船前後の世界』（岩波書店，1985年，同増補版 筑摩書房，1994年）『幕末外交と開国』（筑摩書房，2004年）

宇野隆夫（うの・たかお）
1950年生．京都大学文学研究科考古学専攻博士課程単位取得退学．国際日本文化研究センター教授．『荘園の考古学』（青木書店，2001年）『世界の歴史空間を読む』（編，国際日本文化研究センター，2006年）『実践 考古学 GIS』（編著，NTT 出版，2006年）

乙坂智子（おとさか・ともこ）
1962年生．筑波大学大学院博士課程歴史・人類学研究科（東洋史）．横浜市立大学国際総合科学部准教授．「蔵伝仏教和元朝漢民族社会」（『元史論叢』第10輯，2005年）『中華世界の歴史的展開』（共著，汲古書院，2002年）

長谷部史彦（はせべ・ふみひこ）
1962年生．慶應義塾大学大学院文学研究科博士課程単位取得退学．慶應義塾大学文学部准教授．『中世環地中海圏都市の救貧』（編著，慶應義塾大学出版会，2004年）「王権とイスラーム都市——カイロのマムルーク朝スルタンたち——」（岩波講座世界歴史10『イスラーム世界の発展』岩波書店，1999年）「アドルと『神の価格』——スークのなかのマムルーク朝王権——」（イスラーム地域研究叢書 4 『比較史のアジア——所有・契約・市場・公正——』東京大学出版会，2004年）

図 師 宣 忠（ずし・のぶただ）
1975年生．京都大学博士（文学）．京都造形芸術大学他非常勤講師．「中世フランス王権による南仏支配と慣習法――『トゥールーズ慣習法』の承認をめぐって――」（『洛北史学』5号，2003年）「中世南フランスにおける誓約の場――トゥールーズ伯領のフランス王領への編入から――」（『都市文化研究』4号，2004年）「中世盛期トゥールーズにおけるカルチュレールの編纂と都市の法文化」（『史林』90巻2号，2007年）．

藤 井 真 生（ふじい・まさお）
1973生．京都大学大学院文学研究科博士後期課程修了(西洋史学)．京都大学博士(文学)．三重大学他非常勤講師．「13世紀チェコ王権の政策における都市の役割」（『史林』87巻3号，2004年）「中世チェコの政治的統合――君主，貴族，共同体――」(博士論文，京都大学，2007年）「人文主義と宗教改革――チェコにおける人文主義の展開とフス派運動の影響」（南川高志編『知と学びのヨーロッパ史』山川出版社，2007年）

白 幡 俊 輔（しらはた・しゅんすけ）
1978年生．京都大学大学院人間・環境学研究科修士課程修了．京都大学大学院人間・環境学研究科博士後期課程在学中（専攻：軍事史，近代化論）．2004～2006年ローマ大学留学．「ルネサンス要塞設計理論の変化と役割――フランチェスコ・ディ・ジョルジョ・マルティーニの軍事技術とその歴史的意味――」（修士論文，2003年）「フランチェスコ・ディ・ジョルジョ・マルティーニと15世紀のイタリアの「戦術」」（『人間・環境学』16号，2007年）

◎編者略歴◎

今谷　明（いまたに・あきら）

1942年生．京都大学大学院文学研究科博士課程単位取得退学．文学博士．国際日本文化研究センター兼総合研究大学院大学教授．2008年4月より都留文科大学学長に就任予定．

『室町幕府解体過程の研究』（岩波書店，1985年）『守護領国支配機構の研究』（法政大学出版局，1986年）『室町の王権』（中公新書，1990年）『室町時代政治史論』（塙書房，2000年）

王権《おうけん》と都市《とし》

2008（平成20）年3月13日発行

定価：本体6,800円（税別）

編　者　今谷　明
発行者　田中周二
発行所　株式会社　思文閣出版
〒606-8203 京都市左京区田中関田町2-7
電話 075-751-1781（代表）

印　刷
製　本　株式会社 図書印刷 同朋舎

 ISBN978-4-7842-1396-2　C3020